国家出版基金项目
NATIONAL PUBLICATION FOUNDATION

当代中国教育改革与创新书系
总主编 **朱永新**

新职业教育

培养面向未来的人才

New Technical and Vocational Education and Training

Fostering Talents for the Future

刘立新 周凤华 编著

中国人民大学出版社
· 北京 ·

总 序

见证中国教育的成长

改革开放 40 年以来，中国发生了翻天覆地的变化。40 年前的 1978 年，中国的国内生产总值（GDP）只有 3 600 多亿元；2017 年，中国的 GDP 达827 122 亿元，增长了近 230 倍。中国奇迹、中国速度、中国故事，已经成为世界关注的重要话题。

在中国奇迹、中国速度的背后，中国教育的贡献是不言而喻的。如果没有中国教育为中国经济的发展提供重要的人力资源与智力支撑，这一切是不可能发生的。但是，中国教育一直没有引起真正的关注，直到一个偶然的事件，中国教育才为世界所瞩目。

2009 年，上海学生代表中国首度参加经济合作与发展组织（OECD）的国际学生评估项目（Programme for International Student Assessment，PISA）就拿了一个大满贯，包揽了数学、阅读和科学 3 个冠军。2013 年，上海学生以数学 613 分、阅读 570 分和科学 580 分的成绩，在所有 65 个国家（地区）中位居第一，再次夺魁。这一次，86.8%的上海学生的成绩达到或超过 OECD 的平均成绩 494 分，呈现出上海义务教育校际差异小、均衡程度高的特点。一时间，“养在深闺人未识”的中国教育成为世界教育的焦点。许多关注中国教育的人不断追问：“上海为什么能?”“中国教育到底有什么秘密武器?”

一直埋头学习别国教育的我们，也开始仔细地打量自己。有着重视教育的深厚文化传统的中国，这些年来，在“穷国办大教育”的背景下，用世界最快的速度推进了学前教育，普及了义务教育，实现了高等教育的大众化。中国教育的悄然变革，让我们也重新认识了自己。

在国家教育投入上，中国的教育投入连续多年占 GDP 的比重达 4%，2016 年中国教育经费总投入已达 3.89 万亿元，其中国家财政性经费投入首次超过 3 万亿元。

在教育普及上，2016 年，中国的学前教育毛入园率为 77.4%，小学净入学率为 99.9%，初中毛入学率为 104%，九年义务教育巩固率为 93.4%，高中阶段毛入学率为 87.5%，高等教育毛入学率为 42.7%。这些数据均超过中高收入国家的平均水平。

在信息化建设上，全国中小学生基本实现了电子学籍管理，各级各类学校互联网的接入率，从 2012 年的 20%左右，增加到 2017 年的 90%多。6.4 万个教学点实现数字教育资源全覆盖，惠及 400 多万偏远农村地区的孩子。

在推进教育公平上，90%以上残疾儿童享有受教育机会，80%以上的农民工随迁子女在流入地公办学校就学。全国 2 379 个县（市、区）通过了义务教育发展基本均衡督导评估，约占全国总数的 81%，11 个省份整体通过。高考录取率最低省份与全国平均水平的差距从 2010 年的 15.3%缩小至 2017 年的 4%以内。

在教育国际化上，我国已成为世界第三、亚洲最大的留学目的国，来华留学人员突破 44 万人，生源地国家和地区总数为 205 个。80%的出国留学人员选择了毕业后回国发展、为国服务。我国已与 188 个国家和地区建立了教育合作与交流关系，与 46 个重要国际组织开展了教育交流，与 47 个国家和地区签署了学历学位互认协议。

我们每个人都见证了中国经济的高歌猛进和中国教育的快速成长。40 年来，中国的教育成就是全方位、开创性的，中国的教育变革是深层次、根本性的。从“有学上”到“上好学”，从普及教育到均衡发展再到内涵发展，从教育大国迈向教育强国，中国教育进入了一个新时代。

在看到这些成就的同时，我们也要清晰地意识到中国教育面临的困难与问题，看到人民群众日益增长的对于美好教育的需求与我们教育自身发展的不均衡、不充分之间的矛盾，看到中国教育与世界先进国家教育之间的差距。

看到，是一种见证。见证，是为了建设。这就是我们编写“当代中国教育改革与创新书系”的初衷。一方面，我们希望通过这套丛书系统总结中国改革开放 40 年以来教育发展的经验和教训，梳理我们在幼儿教育、基础教育、职业教育、高等教育、国际教育，以及区域教育改革和民间教育实验等方面取得的成果；另一方面，我们希望把中国教育正在发生的故事介绍给世界，让世界了解真实的中国教育，并在与世界交流的过程中丰富和完善我们自己的教育。

“当代中国教育改革与创新书系”是一套开放的丛书，既有宏观层面的研究，也有微观层面的叙事。丛书既囊括了荣获首届“基础教育国家级教学成果特等奖”的情境教育，又分享了在全国具有广泛影响力的新教育实验的最新成果；既介绍了在科技不断发展和互联网革命背景下不断快速发展的职业教育、国际教育，也总结了日新月异的家庭教育、学前教育进程；既以在 PISA 评比中崭露头角的上海教育为典型探讨了如何通过教师教育培训提升教学质量，也分析了海门作为县级市在改变区域教育生态方面所做的内容和制度创新。我们希望尽可能全面地反映改革开放 40 年以来中国教育改革与创新的成果，但由于多种原因，难免有遗珠之憾，因此，欢迎各个领域的专家积极联系我们，为我们出谋划策，提出宝贵建议，帮助我们发现优秀的教育案例与故事，也欢迎读者毛遂自荐提供相关的素材，更欢迎相关专家指导和参与这套丛书的编写工作。

朱永新

于北京滴石斋

2018 年 6 月 4 日

目　录

第一章
当代中国的职业教育

职业教育是中国教育事业的重要组成部分，是服务经济社会发展和个人终身发展需要、面向经济社会发展和生产服务一线、培养高素质劳动者和技术人才并促进全体劳动者职业可持续发展的教育类型。近年来，特别是2010年《国家中长期教育改革和发展规划纲要（2010—2020年）》（简称“2010年国家教育规划纲要”）颁布、2014年全国职业教育工作会议召开，以及《国务院关于加快发展现代职业教育的决定》印发以来，中国职业教育进入改革创新阶段，现代职业教育体系建设进程加快，进一步深化产教融合、校企合作，制定职业教育标准和规范，加快信息化建设，倡导工匠精神和创新创业等，人才培养质量大幅提高，在创造更大人才红利方面做出了新贡献。职业教育在服务转方式、调结构、促改革、保就业、惠民生和工业化、信息化、城镇化、农业现代化同步发展方面发挥了重要作用，为打造中国经济升级版，促进就业和改善民生，加强社会建设和文化建设，满足人民群众生产生活多样化的需求提供了有力支撑。

第一节　职业教育发展背景

当前，中国经济面临着“三期叠加”（增长速度换挡期、结构调整阵痛期、前期刺激政策消化期）的阵痛，多重困难和挑战相互交织，改革转型任务繁重。面对复杂多变的国际环境和艰巨繁重的改革发展任务，中国紧紧围绕“五位一体”总体布局和“四个全面”战略布局，主动适应把握引领经济发展新常态，扎实推动“大众创业、万众创新”，坚持稳中求进工作总基调，不断创新宏观调控政策、思路、方式；坚持实施创新驱动发展战略，大力推进结构调整和转型升级；坚持改革开放不动摇，着力开拓发展新空间，激发新动力，实现了经济平稳较快发展和社会和谐稳定，为全面建成小康社会奠定了坚实基础。

一、国民经济保持中高速增长，经济结构明显改善

2011年以来，中国经济致力于调整结构，保持着中高速增长，GDP年均增长近7.5%，不仅高于同期世界2.5%左右的年均增速，在世界主要经济体中也名列前茅。

（1）经济总量稳居世界第二位。继2010年超过日本成为世界第二大经济体后，中国GDP稳步攀升，2017年达到827 122亿元（见图1-1）。与此同时，中国经济对世界经济复苏做出重要贡献，对世界经济增长的贡献率超过1/4。

（2）经济结构明显改善。服务业成为第一大产业。随着中国经济发展水平的提高，人民对生产性和生活性服务的需求不断扩大，服务业在国民经济中的地位上升。2012 年，第三产业现价增加值占 GDP 的比重上升到 45.5%，首次超过第二产业成为国民经济第一大产业。2015 年，第三产业增加值比重为 50.2%，首次突破 50%（见图 1-2）。内需特别是消费对经济增长贡献明显增强。在扩大内需战略的带动下，消费的基础性作用和投资的关键性作用得到较

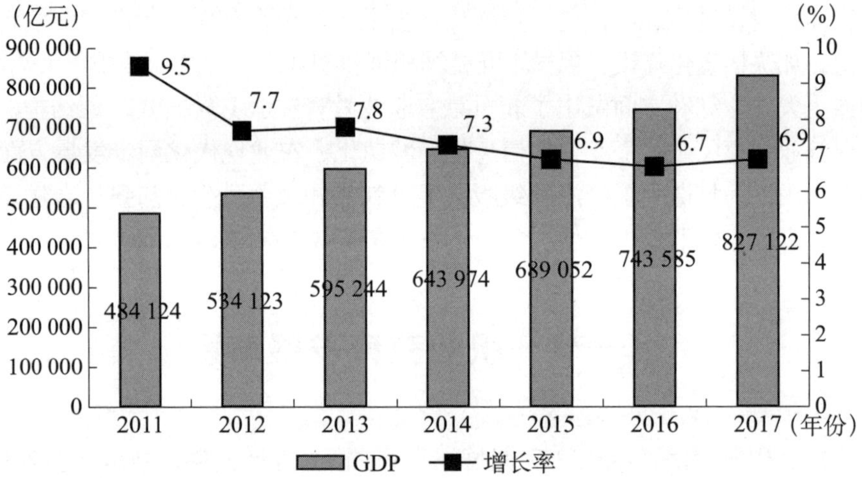

图 1-1　2011—2017 年 GDP 及其增长率

资料来源：国家统计局．中华人民共和国 2015 年国民经济和社会发展统计公报．国家统计局官网，2016-02-29；国家统计局．中华人民共和国 2017 年国民经济和社会发展统计公报．国家统计局官网，2018-02-28.

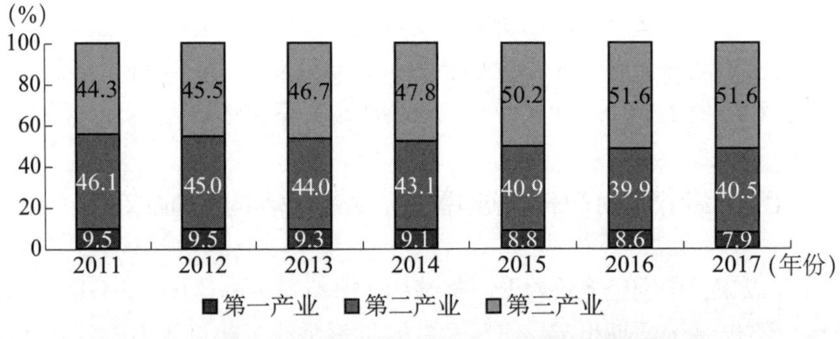

图 1-2　2011—2017 年三次产业增加值占 GDP 的比重

资料来源：国家统计局．中华人民共和国 2015 年国民经济和社会发展统计公报．国家统计局官网，2016-02-29；国家统计局．中华人民共和国 2017 年国民经济和社会发展统计公报．国家统计局官网，2018-02-28.

好发挥，特别是消费结构升级带动居民消费潜力有序释放，消费成为拉动经济增长的主动力。

(3) 人均 GDP 稳步提高。2011—2017 年，中国人均 GDP 逐年提高（扣除价格因素），2017 年达到 59 660 元（见图 1－3）。根据世界银行的数据，中国人均国民总收入由 2010 年的 4 300 美元提高至 2017 年的 9 400 美元，在中等收入国家中的位次不断提高。

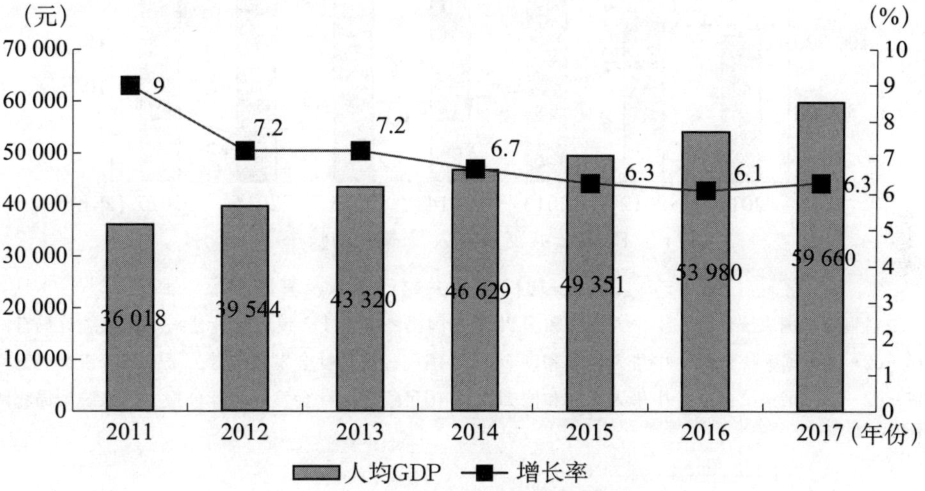

图 1－3　2011—2017 年人均 GDP 及其增长率

(4) 国家财政实力明显增强。2011 年，中国公共财政收入突破 10 万亿元大关，2017 年超过 17 万亿元（见图 1－4）。随着国家财政实力增强，财政对经济社会发展的支持力度不断加大。与此同时，居民收入持续增长。2017 年全国居民人均可支配收入 25 974 元，扣除价格因素，实际增长 7.3%（见图 1－5）。按常住地分，城镇居民人均可支配收入 36 396 元，扣除价格因素，实际增长 6.5%。农村居民人均可支配收入 13 432 元，扣除价格因素，实际增长 7.3%。全国农民工人均月收入 3 485 元，比上年增长 6.4%。国家财政实力的增强和居民收入的持续增长为教育发展提供了坚实的基础和保障。

二、人口总量稳步增长，新型城镇化稳步推进

2017 年末，全国总人口 139 008 万，比上年末增加 737 万，其中城镇常住人口 81 347 万，占总人口比重（常住人口城镇化率）为 58.52%，比上年末提高 1.17 个百分点（见表 1－1）。户籍人口城镇化率为 42.35%，比上年末提高

1.15 个百分点。全年出生人口 1 723 万，出生率为 12.43‰；死亡人口 986 万，死亡率为 7.11‰；自然增长率为 5.32‰。全国人户分离的人口[①] 2.91 亿，其中流动人口[②] 2.44 亿。

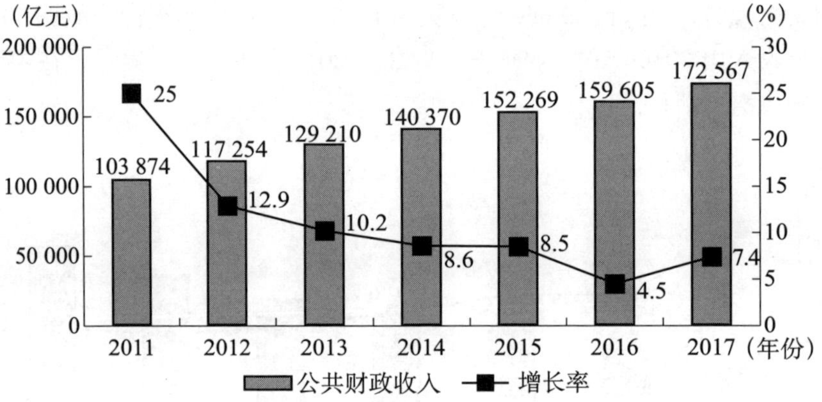

图 1-4　2011—2017 年公共财政收入及其增长率

资料来源：国家统计局．中华人民共和国 2015 年国民经济和社会发展统计公报．国家统计局官网，2016-02-29；国家统计局．中华人民共和国 2016 年国民经济和社会发展统计公报．国家统计局官网，2017-02-28；国家统计局．中华人民共和国 2017 年国民经济和社会发展统计公报．国家统计局官网，2018-02-28.

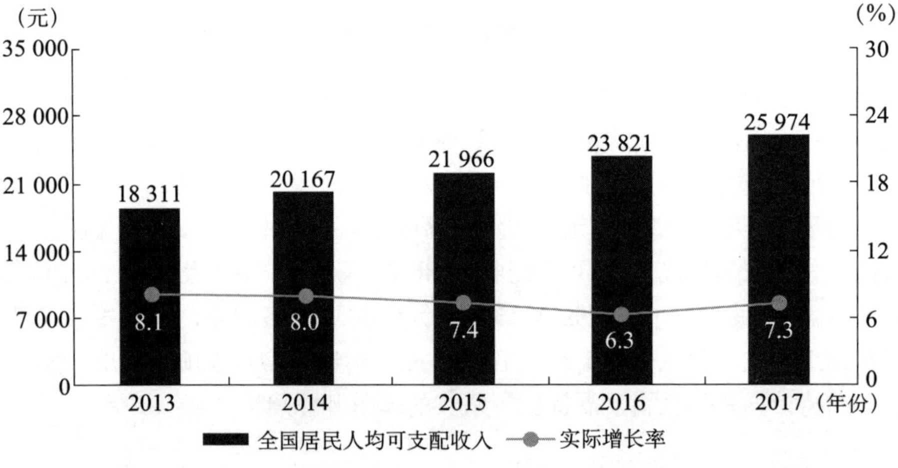

图 1-5　2013—2017 年全国居民人均可支配收入及其实际增长率

① 人户分离的人口是指居住地与户口登记地所在的乡镇街道不一致且离开户口登记地半年及以上的人口。

② 流动人口是指人户分离人口中扣除市辖区内人户分离的人口。市辖区内人户分离的人口是指一个直辖市或地级市所辖区内和区与区之间，居住地和户口登记地不在同一乡镇街道的人口。

表 1-1　　2017 年末人口数及其构成

指标	年末/万人	比重/%
全国总人口	139 008	100.00
其中：城镇	81 347	58.52
乡村	57 661	41.48
其中：男性	71 137	51.20
女性	67 871	48.80
其中：0～15 岁（含不满 16 周岁）	24 719	17.80
16～59 岁（含不满 60 周岁）	90 199	64.90
60 周岁及以上	24 090	17.30
其中：65 周岁及以上	15 831	11.40

新型城镇化稳步推进。2011 年末，城镇人口首次超过农村人口，城镇化率突破 50%；2017 年，城镇化人口占总人口的比重提高到 58.52%（见图 1-6)。2011—2017 年城镇人口每年增加近 2 000 万，带动了巨大的投资和消费需求。与此同时，农民工市民化稳步推进，中国城镇化不仅有量的扩大，还有质的提升。

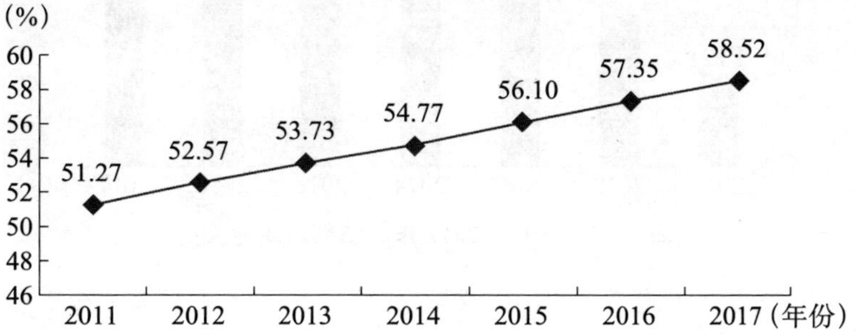

图 1-6　2011—2017 年城镇化人口占总人口的比重

三、推进“大众创业、万众创新”，就业人数稳步增加

积极推进“大众创业、万众创新”，高度重视并采取有力措施促进就业。在经济增速放缓的背景下，就业总量不降反升。2017 年末全国就业人口 77 640 万，其中城镇就业人口 42 462 万（见图 1-7)，占全部就业人口的比重为 54.69%，比 2010 年末提高了个 9.09 百分点。全年城镇新增就业口 1 351 万（见图 1-8)。2017 年末城镇登记失业率为 3.90%。全国农民工总量 28 652 万，其

中，外出农民工 17 185 万人，本地农民工 11 467 万人。

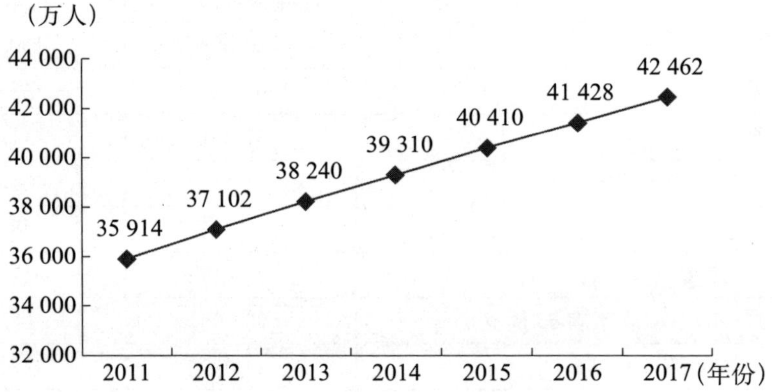

图 1-7　2011—2017 年中国城镇就业人口

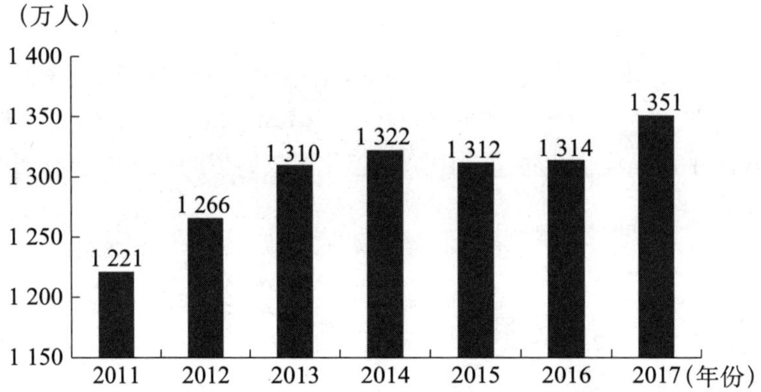

图 1-8　2011—2017 年城镇新增就业人口

2017 年，全员劳动生产率为 101 231 元/人，比上年提高 6.7%（见图 1-9）。

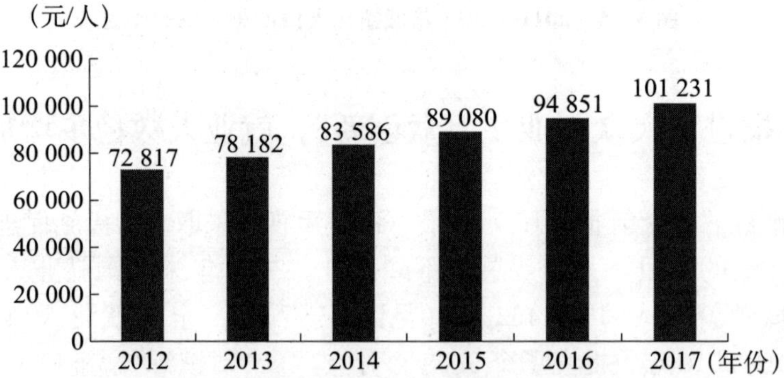

图 1-9　2012—2017 年全员劳动生产率

四、民生大幅改善，教育优先发展得到保障

2011 年以来，中国坚持民生优先，不断加强就业、收入分配、社会保障、住房等保障和改善民生的制度安排，全力推进基本公共服务均等化，人民生活水平有新提高，生活质量有新改善。

坚持教育优先发展，加大资金和政策保障力度，中国各级各类教育都得到了大发展（见表 1-2、图 1-10）。通过不懈努力，到 2017 年，中国九年义务教育巩固率达到 93.8%，高中阶段毛入学率达到 88.3%。2016 年，高等教育毛入学率达到 42.7%①。2015 年，主要劳动年龄人口平均受教育年限达到 9.28 年。

表 1-2　中国 2017 年各级各类教育情况　单位：万人

类型	招生	在校生	毕业生
学前教育		4 600.1	
普通小学	1 766.6	10 093.7	1 565.9
普通初中	1 547.2	4 442.1	1 397.5
普通高中	800.1	2 374.5	775.7
中等职业教育	582.4	1 592.5	496.9
普通本专科	761.5	2 753.6	735.8
研究生教育	80.6	264.0	57.8
特殊教育	11.1	57.9	6.9

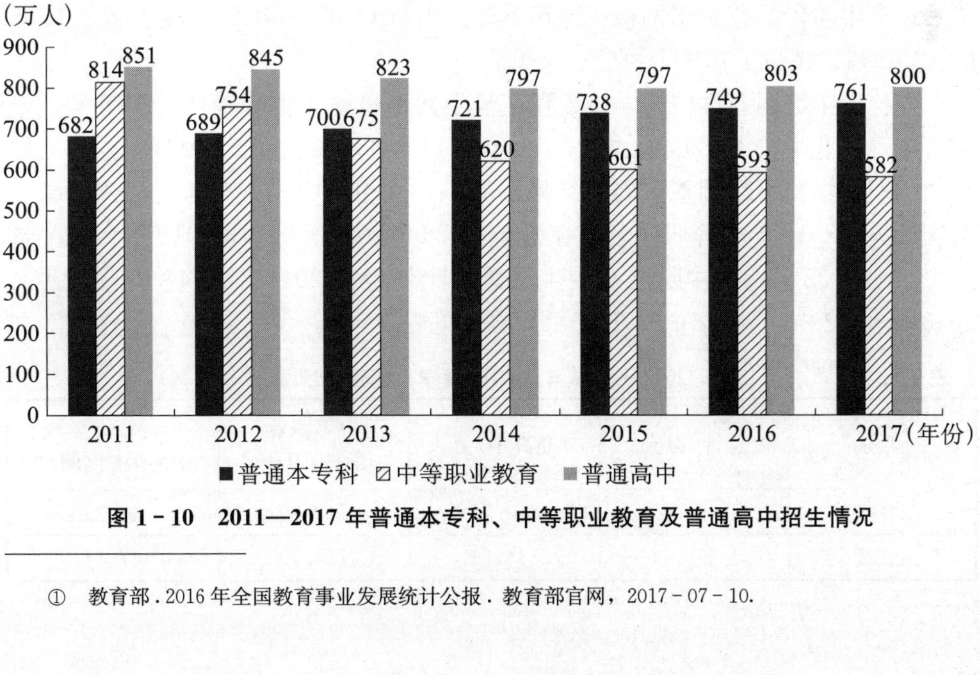

图 1-10　2011—2017 年普通本专科、中等职业教育及普通高中招生情况

① 教育部. 2016 年全国教育事业发展统计公报. 教育部官网，2017-07-10.

中国经济社会发展经受住了各种重大挑战和考验，取得了伟大成就。经济保持中高速增长，转型升级和改革创新稳步推进，人民生活持续改善，社会事业全面进步，综合国力和国际影响力显著提升，为中国职业教育的改革发展创造了良好的物质条件，反过来，职业教育事业发展又为经济社会发展贡献了自身的力量。

第二节　职业教育事业发展现状

中国有着世界上最大规模的职业教育，中等职业学校教育和高等职业学校教育的招生数、在校生数分别占到了高中阶段教育和普通高等教育的“半壁江山”，各类职业培训机构培训了数以千万计的高素质劳动者和技能型人才。职业教育成为高素质技能型人才的重要来源，为构建合理教育结构、推动经济发展方式转变、缓解就业结构性矛盾提供了有力支撑。

一、中等职业学校教育发展

中国的高中阶段教育主要由普通高中和中等职业学校实施。2011—2016年，中国中等职业学校的招生数呈逐年减少趋势，2016 年比 2011 年减少了 200 多万；高中阶段的招生比例也在逐年下降，由 2011 年的 48.89%减少到 2016 年的 42.49%，减少了 6.4 个百分点（见表 1-3）。

同样，中等职业学校的学校数和在校生数也呈逐年下降趋势。2016 年，全国有中等职业学校 10 893 所，比 2011 年的 13 093 所减少了 2 200 所。这一方面是中国职业学校不断调整布局的结果，另一方面也与中国近几年适龄人口减少密切相关。2016 年中等职业学校在校生有 1 599.01 万人，比 2011 年在校生数减少了 606.32 万；高中阶段在校生总数的比例也由 2011 年的 47.06%减少至 2016 年 40.28%，减少了 6.78 个百分点（见表 1-4）。

表 1-3　　2011—2016 年高中阶段学校招生情况

年份	总计/万人	普通高中/万人	中等职业学校/万人	中等职业学校招生所占比例/%
2011	1 664.65	850.78	813.87	48.89
2012	1 598.74	844.61	754.13	47.17

续前表

年份	总计/万人	普通高中/万人	中等职业学校/万人	中等职业学校招生所占比例/%
2013	1 497.46	822.70	674.76	45.06
2014	1 416.36	796.60	619.76	43.76
2015	1 397.86	796.61	601.25	43.01
2016	1 396.26	802.92	593.34	42.49

资料来源：2011—2015 年《中国教育统计年鉴》；教育部．2016 年全国教育事业发展统计公报．教育部官网，2017-07-10.

表 1-4　　2011—2016 年中等职业学校和在校生情况

年份	中等职业学校/所	中等职业学校在校生/万人	中等职业学校在校生占高中阶段在校生的比例/%
2011	13 093	2 205.33	47.06
2012	12 663	2 113.69	46.00
2013	12 262	1 922.97	44.00
2014	11 878	1 755.28	42.09
2015	11 202	1 656.70	41.03
2016	10 893	1 599.01	40.28

资料来源：2011—2015 年《中国教育统计年鉴》；教育部．2016 年全国教育事业发展统计公报．教育部官网，2017-07-10.

2011—2016 年，尽管中等职业教育事业发展速度有所降低，但其为社会提供了 3 000 多万毕业生，为中国产业发展提供了强大人才支撑。如 2015 年，全国中等职业学校毕业生人数为 515.47 万，就业人数为 496.42 万，就业率为 96.30%，对口就业率为 77.60%。从就业结构来看，在第一产业就业的占直接就业人数的 10.87%；在第二产业就业的占直接就业人数的 32.93%；在第三产业就业的占直接就业人数的 56.20%，比例仍在一半以上。从专业大类来看，首先是加工制造类专业毕业生数、就业人数、就业率均居首位，就业情况最好，就业率达到 97.30%；其次是信息技术类，达到 96.85%；交通运输类、教育类、休闲保健类、财经商贸类的就业率都在平均就业率 96.23%以上。这表明，中等职业教育与现代服务业、先进制造业发展同步，同时较好地支撑了交通运输、电子商务、现代物流等新型产业的发展，对推动实体经济发展具有较好的支撑作用。从就业地域分布看，本地就业的占直接就业人数的 70.75%；异地就业的占直接就业人数的 28.92%；境外就业的 1.07 万，占直接就业人数的

0.33%。这表明中职毕业生的就业地域仍以本地就业为主，是区域经济社会发展的生力军。同时，超过70%的中职毕业生入学时为农村户籍，但毕业后超过90%的学生在城镇就业。这表明，中等职业教育帮助农村青年学子获得了就业的技能和稳定的工作，促进学生融入城市生活，有力推动新型城镇化建设。

二、高等职业学校教育发展

中国高等教育包括本科和专科两个层次的教育，前者由普通高等学校实施，后者由高等职业技术学院和高等专科学校（两者都属于专科层次）实施。2011—2016年，高等职业学校数逐年增加，2016年比2011年增加79所。招生数2016年比2011年增加近18.35万，在校生数增加近124.04万。招生数、在校生数占普通高等教育的比例起伏不大，基本稳定（见表1-5）。

表1-5　2011—2016年高等职业教育事业发展情况

年份	高等职业学校/所	高等职业学校招生/万人	高等职业学校在校生/万人	高等职业学校招生数占普通高等教育的比例/%	高等职业学校在校生数占普通高等教育的比例/%
2011	1 280	324.86	958.85	47.67	41.54
2012	1 297	314.78	964.23	45.70	40.32
2013	1 321	318.40	973.64	45.50	39.45
2014	1 327	337.98	1 006.63	46.85	39.51
2015	1 341	348.43	1 048.61	47.22	39.94
2016	1 359	343.21	1 082.89	45.85	40.17

资料来源：2011—2015年《中国教育统计年鉴》；教育部．2016年全国教育事业发展统计公报．教育部官网，2017-07-10.

2011—2016年，在高等教育大众化背景下，中国高等职业教育规模有了较快发展，并且数量保持相对稳定增长。这既与中国重视发展高等职业教育有关，也与高等职业教育自身坚持改革创新有关。中国高等职业教育每年为社会培养300多万名高技能人才，他们成为中国产业大军的重要来源，有力地支撑了中国经济转型升级。

三、职业培训事业发展

近几年，中国职业培训事业发展势头良好。2016年，全国职业培训机构近

93 358 所，注册学生数 4 135.20 万，结业学生数 4 234.99 万（见表 1-6）。多样化的培训机构、灵活的培训方式，为人民群众和企业职工就业、再就业以及转岗、岗位提升等提供了丰富的选择。

表 1-6　2013—2016 年职业培训机构情况

年份		2013	2014	2015	2016
学校（所）	总计	112 293	105 055	98 958	93 358
	职工技术培训学校（机构）	2 982	2 684	2 340	2 124
	农村成人文化技术培训学校	89 014	82 167	76 244	70 982
	其他培训机构	20 297	20 204	20 374	20 252
注册学生（万人）	总计	4 515.97	4 237.72	4 218.40	4 135.20
	职工技术培训学校（机构）	305.51	294.78	291.97	292.35
	农村成人文化技术培训学校	3 043.04	2 868.13	2 870.14	2 800.63
	其他培训机构	1 167.42	1 074.81	1 056.29	1 042.22
结业学生（万人）	总计	4 715.60	4 479.53	4 379.50	4 234.99
	职工技术培训学校（机构）	294.56	295.59	295.33	297.69
	农村成人文化技术培训学校	3 416.04	3 207.72	3 112.52	2 978.76
	其他培训机构	1 005.00	976.22	971.65	958.54

资料来源：2011—2015 年《中国教育统计年鉴》，教育部发展规划司《中国教育事业发展统计简况 2016》。

四、民办职业教育发展

民办职业教育主要包括民办中等职业教育和民办高等职业教育。中国鼓励社会力量举办职业教育，希望民办教育成为教育新的增长点和促进教育改革的重要力量。2010 年以后，二者发展呈现出不同的趋势和特点。

（一）民办中等职业教育基本情况

2010—2015 年，民办中等职业教育的学校数、招生数、在校生数逐年递减。但 2016 年，民办中等职业学校的招生数、在校生数比 2015 年分别增加 2.71 万、0.77 万，出现了止跌之势（见表 1-7）。从 2014 年开始，民办中等职业学校的招生数和在校生数占整个中等职业学校的比例也出现了上升趋势，到 2016 年，两者分别所占比例为 12.41%和 11.52%（见图 1-11）。

表 1-7　　2010—2016 年民办中等职业教育发展情况

年份	中等职业教育			民办中等职业教育		
	学校/所	招生/万人	在校生/万人	学校/所	招生/万人	在校生/万人
2010	13 872	870.42	2 238.50	3 123	113.19	306.99
2011	13 093	813.87	2 205.33	2 856	95.74	269.25
2012	12 663	754.13	2 113.69	2 649	83.75	240.88
2013	12 262	674.76	1 922.97	2 482	73.16	207.94
2014	11 878	619.76	1 755.28	2 343	71.95	189.57
2015	11 202	601.25	1 656.70	2 225	70.93	183.37
2016	10 893	593.34	1 599.01	2 115	73.64	184.14

注：民办中等职业学校数据不含技工学校数，下同。

资料来源：2010—2015 年《中国年鉴》；教育部发展规划司《中国教育事业发展统计简况 2016》。

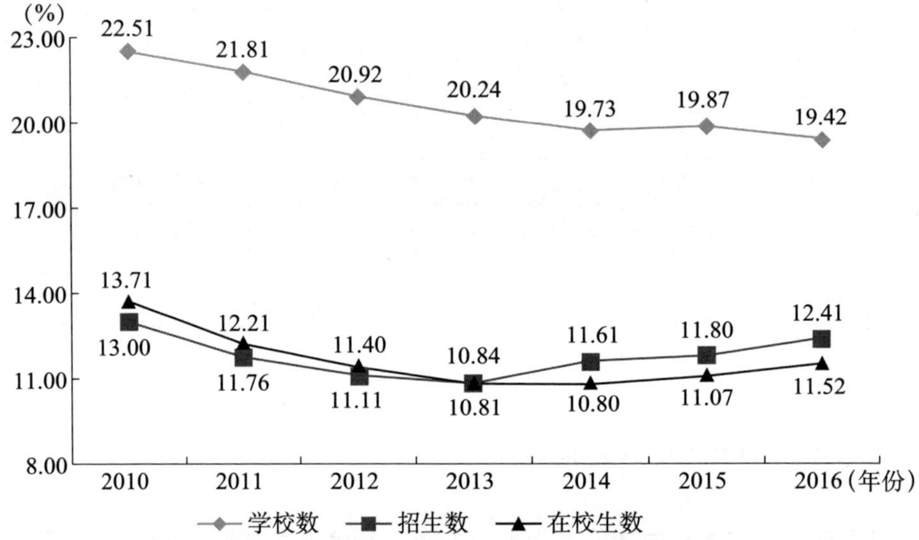

图 1-11　2010—2016 年民办中职学校数、招生数、在校生数占全国中职比例情况

与此同时，民办中职的校均规模普遍较全国中职学校的校均规模要小，2016 年为 871 人，为全国中职学校的校均规模 1 468 人的 59%（见表 1-8）。

表 1-8　　2010—2016 年民办中等职业教育校均规模情况

年份	2010	2011	2012	2013	2014	2015	2016
中等职业教育校均规模/人	1 614	1 684	1 669	1 568	1 478	1 479	1 468
民办中等职业教育校均规模/人	983	943	909	838	809	824	871
民办中职校均规模与中职校均规模比例/%	61	56	54	53	55	56	59

（二）民办高等职业教育基本情况

2010—2015 年民办高等职业教育的学校数、招生数、在校生数整体上呈递增趋势（除个别年份有少量下降）。2016 年，民办高职（专科）的招生数为 80.90 万，比 2015 年减少了 0.39 万；在校生数为 242.46 万，比 2015 年增加了 14.94 万；学校数、招生数、在校生数分别占整个高等职业教育的比例为 23.33%、23.57%、22.39%（见表 1-9、表 1-10）。

表 1-9　2010—2016 年民办高职（高专）基本情况

年份	高等职业教育			民办高职（专科）		
	学校/所	招生/万人	在校生/万人	学校/所	招生/万人	在校生/万人
2010	1 246	310.50	966.18	303	64.15	195.70
2011	1 280	324.86	958.85	308	65.41	193.25
2012	1 297	314.78	964.23	316	65.75	191.94
2013	1 321	318.40	973.64	325	68.03	195.85
2014	1 327	337.98	1 006.63	307	80.17	212.28
2015	1 341	348.43	1 048.61	310	81.29	227.52
2016	1 359	343.21	1 082.89	317	80.90	242.46

注：民办高职（专科）招生数和在校生数包括普通专科和成人专科。

资料来源：2010—2015 年《中国教育统计年鉴》；教育部发展规划司《中国教育事业发展统计简况 2016》。

表 1-10　2010—2016 年民办高职学校数、招生数、在校生数占全国高职总数比例情况

（%）

年份	学校数	招生数	在校生数
2010	24.32	20.66	20.26
2011	24.06	20.13	20.15
2012	24.36	20.89	19.91
2013	24.60	21.37	20.12
2014	23.13	23.72	21.09
2015	23.12	23.33	21.70
2016	23.33	23.57	22.39

五、职业教育师资

（一）中等职业教育师资

2011 年以来，中国中等职业学校教职工总数、专任教师数持续减少，但受学生数量减少的影响，专任教师比例和生师比逐年提高，与普通高中相比，差距仍然较大（见表 1 - 11）。

表 1 - 11　　2011—2016 年中等职业教育师资发展情况

年份	教职工总数/万	专任教师数/万	专任教师占比/%	中等职业学校学生与专任教师之比	普通高中学生与专任教师之比
2011	121.12	88.19	72.81	25.01	15.77
2012	118.94	88.10	74.07	24.19	15.47
2013	115.34	86.79	75.25	22.97	14.95
2014	113.21	85.84	75.82	21.34	14.44
2015	110.18	84.41	76.61	20.47	14.01
2016	108.61	83.96	77.30	19.84	13.65

资料来源：2011—2015 年《中国教育统计年鉴》；教育部发展规划司《中国教育事业发展统计简况 2016》；教育部 . 2016 年全国教育事业发展统计公报 . 教育部官网，2017 - 07 - 10.

“双师型”教师是衡量职业教育教师队伍结构、质量的一个重要指标。2011—2015 年，中等职业学校“双师型”教师比例逐年提高，2015 年比 2011 年提高了 5 个百分点（见图 1 - 12），但对照中国《中等职业学校设置标准》提出的“双师型”教师比例不低于 30%的标准，仍存在一定差距。

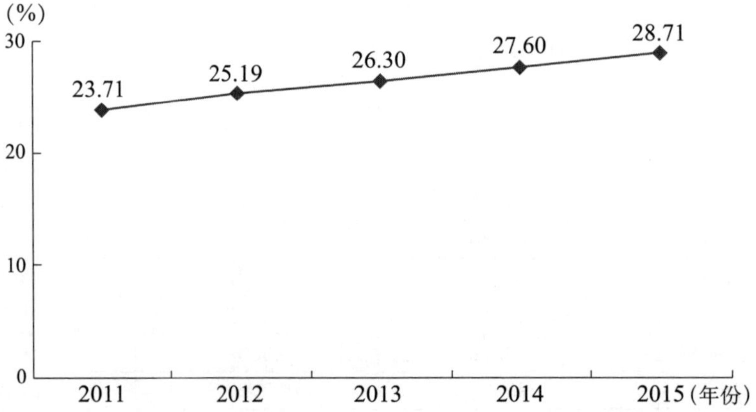

图 1 - 12　2011—2015 年中等职业学校“双师型”教师占比情况

中等职业学校教师队伍整体学历水平持续提升。到 2016 年，中等职业学校专科及以下学历教师比例为 9.17%，本科学历教师比例为 83.67%，硕士研究生及以上学历教师比例为 7.16%，而专任教师本科及以上学历比例为 92.84%。与 2011—2015 年相比（见图 1 - 13），学历结构明显优化。

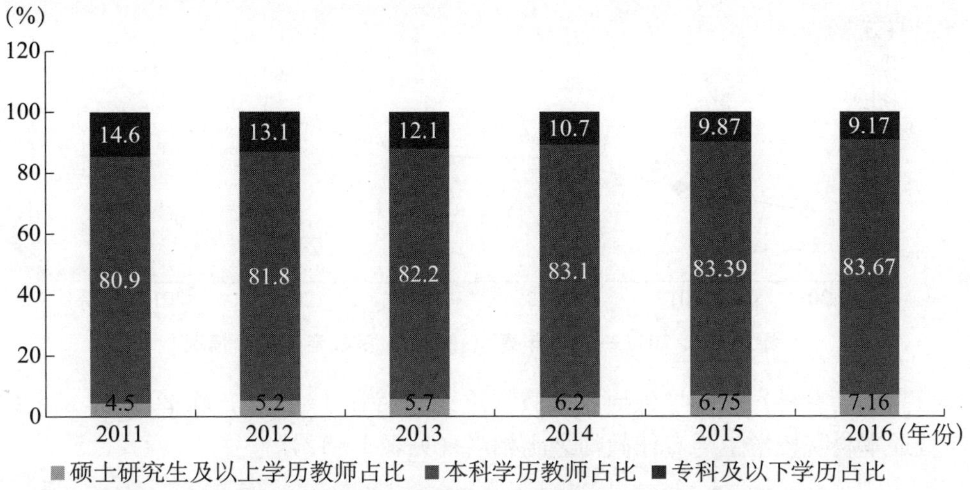

图 1-13　2011—2016 年中等职业学校分科专任教师比例变化情况

资料来源：2011—2015 年《中国教育统计年鉴》；教育部发展规划司《中国教育事业发展统计简况 2016》。

（二）高等职业教育师资

2011 年以来，中国高等职业学校教师队伍规模总体呈增长趋势，其中专任教师数量稳步增长。2016 年全国高等职业学校（专科）教职工总数为 65.26 万，专任教师 46.69 万，专任教师占比 71.54%（见图 1-14、图 1-15）。

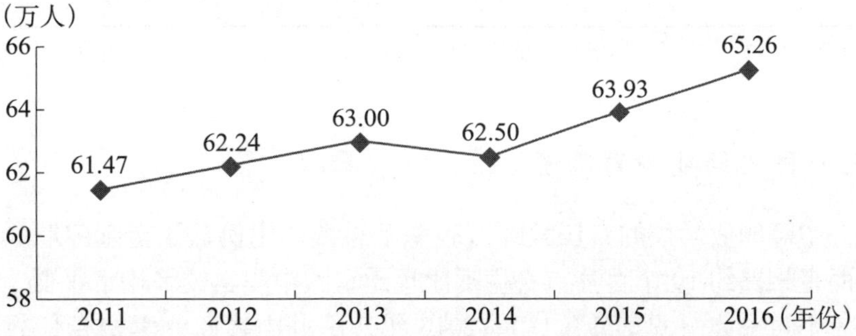

图 1-14　2011—2016 年高职（专科）院校教职工数量

资料来源：2011—2015 年《中国教育统计年鉴》；教育部发展规划司《中国教育事业发展统计简况 2016》。

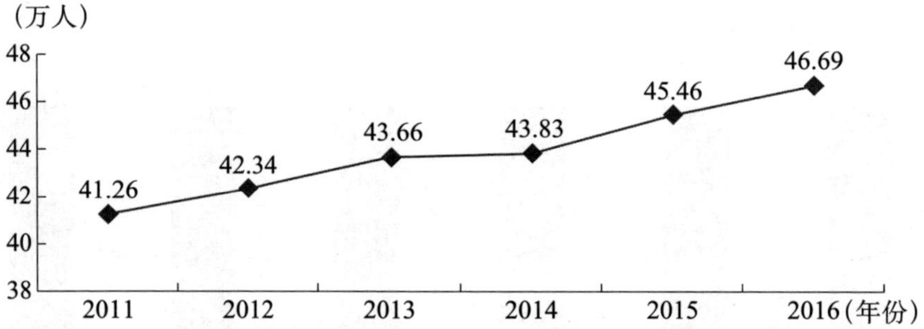

图 1-15　2011—2016 年高职（专科）院校专任教师情况

高职（专科）院校学生与专任教师之比保持在 17 以上，除 2016 年，大体与普通本科院校学生与专任教师之比相当（见表 1-12）。

表 1-12　2011—2016 年高职（专科）院校师资情况

年份	高职（专科）院校学生与专任教师之比	普通本科院校学生与专任教师之比
2011	17.28	17.48
2012	17.23	17.65
2013	17.11	17.71
2014	17.57	17.73
2015	17.77	17.73
2016	17.73	16.78

资料来源：2011—2015 年《中国教育统计年鉴》；教育部发展规划司《中国教育事业发展统计简况 2016》。

（三）民办职业教育师资

民办中等职业学校的专任教师占教职工总数的比例低于全国中职学校平均水平，两者相差约 10 个百分点；生师比也比全国中职学校平均水平低，平均相差约为 4 个百分点（见表 1-13）。2016 年，民办中等职业学校专任教师占比 68.05%，与整个中职的平均水平低 9.25 个百分点；生师比为 25.94，与整个中职的平均水平相差 6.1，有拉大趋势，也与《中等职业学校设置标准》规定的 20∶1 要求还有一定的差距。

表 1-13　　2010—2016 年民办中等职业学校专任教师规模变化情况

年份	民办中职教职工总数	民办中职专任教师总数	专任教师占比/%		生师比	
			民办中职	全国中职	民办中职	全国中职
2010	165 634	103 449	62.46	71.27	29.68	25.69
2011	148 686	95 501	64.23	72.82	28.19	25.01
2012	134 488	88 120	65.52	74.07	27.34	24.19
2013	117 814	77 881	66.11	75.25	26.70	22.97
2014	111 070	74 290	66.89	75.82	25.52	21.34
2015	106 589	72 075	67.62	76.61	25.44	20.47
2016	104 291	70 975	68.05	77.30	25.94	19.84

资料来源：2010—2015 年《中国教育统计年鉴》；教育部发展规划司《中国教育事业发展统计简况 2016》；教育部 . 2016 年全国教育事业发展统计公报 . 教育部官网，2017-07-10.

第三节　职业教育的重大改革创新

2010 年国家教育规划纲要明确提出："到 2020 年，形成适应经济发展方式转变和产业结构调整要求、体现终身教育理念、中等和高等职业教育协调发展的现代职业教育体系，满足人民群众接受职业教育的需求，满足经济社会对高素质劳动者和技能型人才的需要。"这为中国职业教育中长期发展指明了方向。2014 年，国务院召开全国职业教育工作会议，颁布《国务院关于加快发展现代职业教育的决定》；教育部、国家发展和改革委员会（简称国家发改委）、财政部、人力资源和社会保障部（简称人社部）、农业部、国务院扶贫办等六部门印发《现代职业教育体系建设规划（2014—2020 年）》，中国加快了现代职业教育体系建设进程，职业教育改革创新进入了新阶段。

一、完善现代职业教育体系，拓宽人才成长多样化渠道

中国的教育体系主要由四部分组成，即基础教育、职业技术教育、高等教育和成人教育（见图 1-16）。职业教育是中国教育体系的重要组成部分。

（一）中国职业教育体系

中国职业教育体系包括职业学校教育与职业培训。长期以来，职业学校教

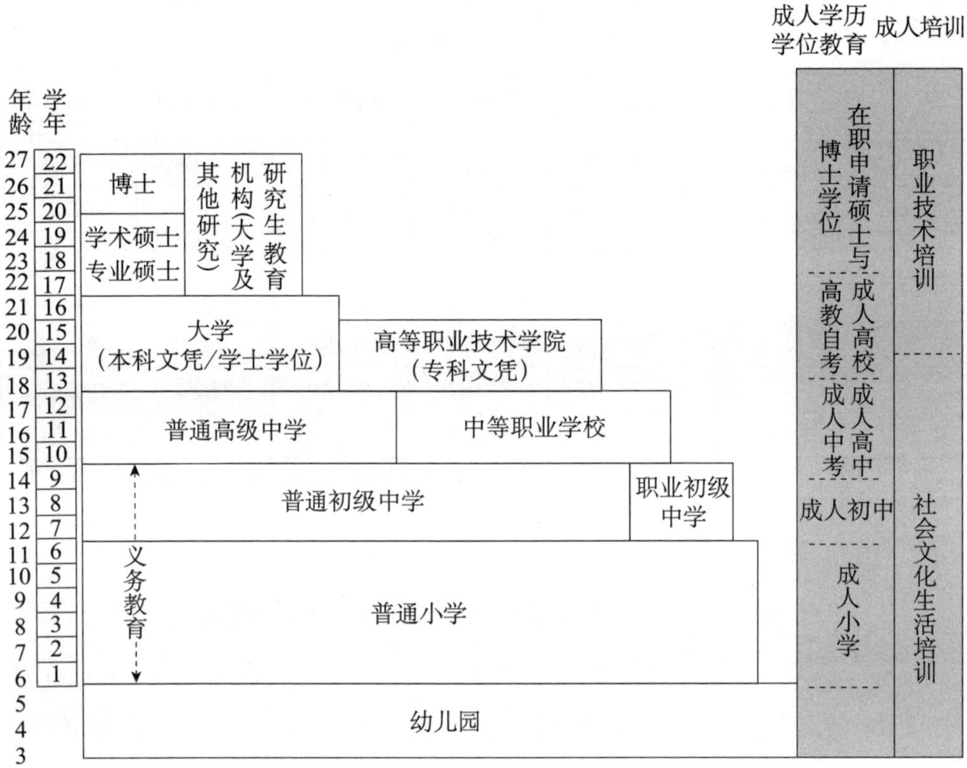

图 1－16　中国教育体系框架

说明：中国儿童 6 岁开始接受 9 年义务教育，其中小学 6 年、初中 3 年。高中阶段（普通高中和中等职业教育）一般学制 3 年。高等职业技术教育学制 2～3 年，本科大学教育学制 4 年。

育实施以初中后为重点的小学后、初中后、高中后三级教育分流政策，职业学校教育有初等、中等、高等（专科层次）三个层次（见图 1－17）。

随着中国整体教育水平的提高，初等职业学校教育规模已经非常小，其学生数几乎可以忽略不计。

中等职业学校教育主要是指高中阶段的职业学校学历教育，它主要由普通中专、技工学校、职业高中和成人中专实施，在培养各级各类中、初级职业资格的技能人才方面发挥着主导作用。这几类职业学校在较长一段时间内都有各自的定位，办学形式和人才培养目标也不同。21 世纪后，传统的这四类中等职业学校都以招收应届初中毕业生为主，学制以 3 年为主，培养目标逐步趋同，办学形式也日益接近，国家通过改革、布局结构调整和资源整合等方式，逐步打破部门界限，推动它们走向融合。

高等职业学校教育，目前以专科层次为主，毕业生不授予学位。这类教育

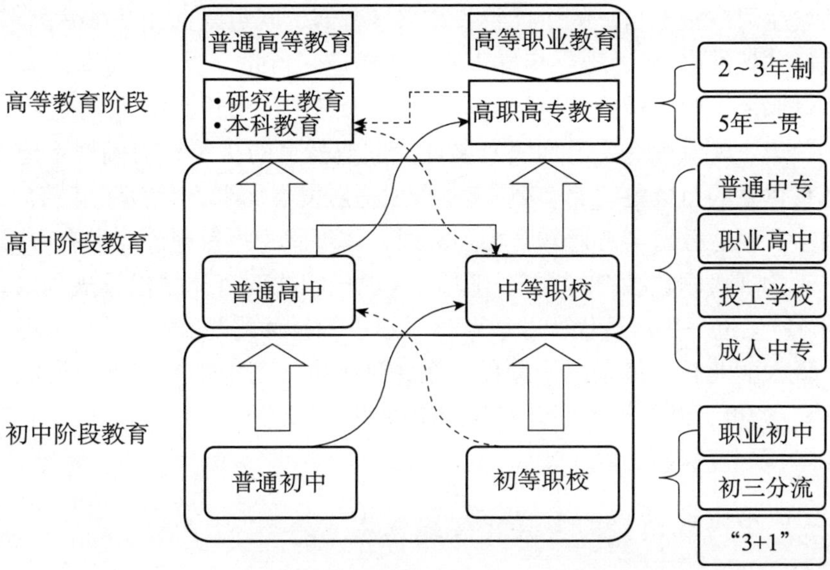

图 1-17　中国教育体系中的职业学校教育

主要培养经济建设所需的中、高级专业技术和管理人才。高等职业学校教育主要招收普通高中毕业生及中等职业学校毕业生，学制以 3 年为主。

（二）招生考试制度改革促进了中高职衔接

随着终身教育体系建设的推进，人们要求教育提供多样化选择的需求越来越强烈。在职业教育的招生考试制度方面，职业教育经历了比较曲折的过程。1985 年《中共中央关于教育体制改革的决定》虽然明确规定高职教育要“优先对口招收中等职业技术学校毕业生以及有本专业实践经验、成绩合格的在职人员入学”，但直至 1998 年底，在教育部颁布的《面向 21 世纪教育振兴行动计划》中对中等职业技术学校毕业生进入高职学校的比例还限制在“3％左右”。2006 年，教育部推行中职“对口升学”政策——各地安排高职院校对口招收中等职业教育应届毕业生的规模不得超过当年本省（区、市）中等职业学校应届毕业生的 5％，而高等职业教育的学生也很难通过正规教育系统进入普通高等教育体系。由此可见，职业教育自身的体系尚不完善。

2010 年国家教育规划纲要明确提出，现代职业教育体系要体现终身教育理念。之后，各地在推进中高职衔接方面进行了很多探索。2014 年 9 月，《国务院关于深化考试招生制度改革的实施意见》提出了一个重大改革举措——“加快推进高职院校分类考试”，即采取“文化素质＋职业技能”的评价方式。分类考试使学生可以根据自己的个性特长和兴趣爱好，既可以选择“学术高考”，也可以选择“技能高考”，提供多样化的成才渠道。自此，全国各地基本建立起了分类考试制度，中等职业教育学生进入高等教育的通道得到快速拓展。

2014 年，《国务院关于加快发展现代职业教育的决定》明确规定建立现代职业教育体系的目标是“到 2020 年，形成适应发展需求、产教深度融合、中职高职衔接、职业教育与普通教育相互沟通，体现终身教育理念，具有中国特色、世界水平的现代职业教育体系”。随后，《现代职业教育体系建设规划（2014—2020 年）》又进一步对现代职业教育体系建设的具体路径和措施做出系统设计，加快了现代职业教育体系建设进程。在此过程中，各地加大探索建设职业教育“立交桥”力度，并开展中职升专科层次高职、中职升本科、高职升本科等方面的招生考试制度探索。

（三）中高职衔接的多样化实践探索

在实践中，各地通过改革招生考试制度，推进中高职衔接，搭建起职业教育“立交桥”，这在一定程度上突破了职业教育的“天花板”，为人民群众提供了多样化教育选择。如四川省将“示范高职单独招生”纳入省级教育体制改革首批试点项目，推行“知识＋技能”的单独招生考核方式，通过对口高职、5 年制高职、高职自主招生等多种方式不断提高中职学校毕业生升学比例。2015 年，四川省全省 39 所高职院校开展单独招生试点工作，录取学生 30 600 名，其中中职毕业生 12 571 名，占单独招生录取学生总数的 41.08％。山东省在建立 5 年制高等职业教育制度的基础上，开展中职与本科“3＋4”、高职与本科“3＋2”对口贯通分段培养试点，年均招生规模达到 1 万余人，并积极发展应用型本科教育，遴选了 200 个本科专业点进行重点建设。浙江省 2015 年启动 4 年制高等职业教育人才培养试点，浙江机电职业技术学院等 5 所高职院校联合应用本科院校在 6 个专业开展试点，首批安排招生计划 300 人，全部面向中职招生；2016 年遴选金华职业技术学院等 10 所高职院校的机械设计制造及其自动化等 10 个专业为 4 年制高等职业教育试点，安排招生计划 800 人。

二、探索普通本科高校向应用技术类型高等学校转型之路

当前，中国已经建成了世界上最大规模的高等教育体系，为现代化建设做出了巨大贡献。但面对经济结构深刻调整、产业升级加快步伐、社会文化建设不断推进特别是创新驱动发展战略的实施，高等教育人才培养与经济社会发展

对人才需求的结构性矛盾相对突出，迫切需要引导部分地方本科高校向应用型转变，走与地方经济社会发展和产业技术进步融合发展之路，直接面向地方和行业发展需求培养应用人才，担当为地方经济社会和学习者发展创造更大价值的历史使命，全面增强服务区域经济社会发展的能力。为此，《国务院关于加快发展现代职业教育的决定》明确提出要“引导普通本科高等学校转型发展”。同时还提出，“采取试点推动、示范引领等方式，引导一批普通本科高等学校向应用技术类型高等学校转型，重点举办本科职业教育”。

为贯彻落实国务院决定，教育部会同发改委、财政部于 2015 年出台了《关于引导部分地方普通本科高校向应用型转变的指导意见》，标志着中国引导一批地方普通本科学校向应用技术型高等学校转变的大幕正式拉开。截至 2015 年底，据不完全统计，有 12 个省（区、市）正式发文确定了 111 所高校整体转型，36 所高校部分转型。

三、加大经费投入力度，增强基础能力

（一）实施国家项目，加强基础能力建设

实施职业教育实训基地建设项目。针对中职学校办学条件不足问题，“十一五”以来，国家发改委、教育部、人社部共同实施“中等职业教育基础能力建设项目”，重点支持中等职业学校改善教学基础设施和实训设施设备条件，截至 2014 年累计投入 260 亿元，支持了 4 635 所学校。针对职业院校实训条件不足问题，中央财政自 2004 年开始实施“职业教育实训基地建设项目”，引导职业院校探索校内生产性实训基地建设新模式，截至 2013 年累计投入 78.6 亿元，支持建设了 4 556 个集教学、科研、培训、技术服务等功能于一体的实训基地。

实施国家职业教育改革发展示范学校建设计划。为打造一批发挥引领示范作用的职业院校，中央财政累计投入 140 多亿元，分别于 2006 年启动建设 100 所国家示范性高等职业院校，2010 年启动建设 100 所国家骨干高职院校、1 000 所国家中职改革发展示范学校，形成一批在职业教育改革发展中发挥引领、骨干和辐射作用的优质学校，建成一批优质资源、职教品牌和改革试验田。此外，2011 年以来，中央财政投入 40 亿元，支持了 1 812 个高职院校专业点的建设；投入 30 多亿元，先后支持实施了中职教师素质提高计划、职业院校教师素质提高计划；投入约 3 亿元，支持实施了职业教育专业资源库的建设。以此为引导，各级财政形成了一手抓基本建设、一手抓实训条件，一手抓普遍提高、一手抓

示范引领，一手抓硬件投入、一手抓教学改革和师资提升的职业教育基础能力投入模式。

（二）中央资金带动地方投入

四川省实施职教中心、实训基地、示范院校、职教师资建设四大基础能力提升工程。2011 年以来，四川省全省投入职业教育基础能力建设超过 160 亿元，并将 70%以上的职教资金向农村职业学校倾斜，200 多所农村中职学校办学条件得到了改善。山西省推动县级职教中心达标建设，2015 年有 82 个县(市、区) 职教中心建设通过省级验收。山东省自 2013 年启动“山东省规范化中等职业学校建设工程”以来，投入 8.4 亿元，已基本实现省政府提出的“每个县（市）至少建成 1 所规范化中等职业学校”的目标，同时启动了 100 所示范校、优质特色校建设工程，建设了 25 所山东省技能型高职（专科）特色名校。

（三）制定落实职业教育生均经费标准

2014 年，财政部、教育部联合颁布了《关于建立完善以改革和绩效为导向的生均拨款制度　加快发展现代高等职业教育的意见》。2015 年，财政部、教育部、人社部联合颁布了《关于建立完善中等职业学校生均拨款制度的指导意见》，推动各地建立和落实职业教育生均拨款制度。截至 2016 年底，全国已有 27 个省（区、市）建立了中职生均拨款制度，都制定了高职生均拨款制度，并规定了实现目标的路线图和时间表。如山西省 2015 年高职院校生均财政拨款达到 9 000 元，2016 年达到 10 500 元，2017 年达到 12 000 元。有的地方（如山东省）甚至按专业类别确定生均公用经费拨款标准。2012 年，浙江省明确要求全省各地要逐步将中职学校生均公用经费提高到普通高中的 1.5 倍以上。

四、推进教学改革，提高人才培养质量

提高质量是中国中长期教育改革发展规划对各级各类教育提出的核心任务。近年来，中国职业教育树立科学的质量观，突出促进人的全面发展、适应社会需要，坚持以服务发展为宗旨，以促进就业为导向，注重内涵发展，鼓励引导学校特色办学，深入推进教学改革创新，强化教学管理，制定实施教育教学标准，建立健全质量保障体系，加强教师队伍建设，提高教师整体素质，职业教育质量不断提升。

（一）坚持育人为本，德育为先

改进德育课程，开发人文素养教育系列教材，连续多年举办“文明风采”竞赛活动，推进文化育人。

（二）建立职业教育标准

教育部贯彻依法治教要求，于2010年和2015年先后发布《中等职业学校专业设置管理办法（试行）》和《普通高等学校高等职业教育（专科）专业设置管理办法》，进一步完善了专业设置管理制度建设。教育部确定了专业目录的动态调整机制，高职规定“每5年修订一次，每年增补一次专业”，中职规定“定期修订”。教育部于2010年、2015年先后发布新版中职、高职专业目录，分别对10年前的中高职专业目录进行了全面修订。

制定统一的专业教学标准成为新时期促进职业教育专业教学科学化、标准化、规范化的重要举措。2010年起，教育部主持启动了全国职业教育专业教学标准研制和开发工作，委托行业主导的各专业类教学指导委员会负责，由教研机构、职业院校和行业企业共同参与制定，先后于2012年和2014年审定发布了410个高等职业学校专业教学标准和230个中等职业教育专业教学标准。2014年，教育部印发了《中等职业学校德育大纲（2014年修订）》，并修订德育课程标准。与此同时，教育部还启动研制中高职衔接的专业教学标准。2015年，《教育部关于深化职业教育教学改革　全面提高人才培养质量的若干意见》对职业教育教学改革做出全面设计。

（三）加强实践教学

规范学生实习管理，探索建立实习标准动态更新机制，实施职业院校学生实习责任保险制度。2016年4月11日，由教育部与财政部、人社部等联合发布的《职业学校学生实习管理规定》，针对职业学校学生实习中的突出重点难点问题，完善顶层设计，建立相应制度，进一步加强和规范职业学校学生实习管理。

（四）建立职业院校技能大赛制度

定期举行职业教育信息化教学技能大赛，制度设计更趋成熟。从2008年起，每年举办全国性的职业院校技能大赛，建立“校校有比赛、层层有选拔、国家有大赛”的职业院校技能竞赛序列，形成“普通教育有高考，职业教育有大赛”的人才评价与选拔制度。

此外，加快发展职业教育信息化，以信息化促进职业教育的现代化。2011年，教育部启动了国家示范性职业学校数字化资源共建共享计划，建立了全国职业教育数字化资源共享联盟。

五、深化产教融合、校企合作

（一）实行在政府主导下，行业、企业、社会共同参与的多元办学格局

《中华人民共和国职业教育法》规定：县级以上地方各级人民政府应当举办发挥骨干和示范作用的职业学校、职业培训机构，对农村、企业、事业组织、社会团体、其他社会组织及公民个人依法举办的职业学校和职业培训机构给予指导和扶持。企业应当根据本单位的实际，有计划地对本单位的职工和准备录用的人员实施职业教育。国家鼓励事业组织、社会团体、其他社会组织及公民个人按照国家有关规定举办职业学校、职业培训机构。2005年发布的《国务院关于大力发展职业教育的决定》确定：继续完善“政府主导、依靠企业、充分发挥行业作用、社会力量积极参与、公办与民办共同发展”的多元办学格局。随着经济所有制成分的多样化，初步形成了多元化办学格局。2010年国家教育规划纲要提出了“建立健全政府主导、行业指导、企业参与的办学机制，制定促进校企合作办学法规，推进校企合作制度化”，进一步明确了今后一段时期职业教育的发展方向。2014年《国务院关于加快发展现代职业教育的决定》提出要研究制定促进校企合作办学的有关法规和激励政策，深化产教融合，鼓励行业和企业举办或参与举办职业教育，发挥企业重要办学主体作用。

（二）逐步建立健全政府主导、行业指导、企业参与的办学机制

建立完善行业指导职业教育的机制。2010年以来，教育部委托相关行业主管部门或行业组织牵头，陆续组建了62个行业职业教育教学指导委员会，汇聚各方面专家3 000多人，搭建起行业指导职业教育的组织平台。在此基础上，教育部联合行业主管部门和行业组织每年举办产教对话活动，至今已累计举办70多次。这些对话活动以“对接、合作、共赢”为主线，通过对接，让教育机构、地方政府、行业、企业围绕教育教学改革、行业技术变革和人才需求，共聚在同一屋檐下，倾听彼此、携手并进。通过合作，成立各种组织，签订各种协议，促进产教合作走向深入，推动职业教育改革向纵深发展，从而实现共

赢——行业作用发挥赢得平台，产业发展得到支撑；地方共享教育与产业融合成果，推动区域特色经济发展；教育通过政府主导、行业指导、企业参与机制进入新的发展阶段，各方共享职业教育改革发展成果。通过对话活动，推动了制度建设。教育部已经会同农业部、交通运输部、中国有色金属工业协会、中国物流与采购联合会等部门，联合召开了行业职业教育工作会议，出台了一系列政策文件，行业指导体现出制度化、规范化、科学化的发展趋势。

积极推动政府、行业、企业、学校、科研机构及其他组织开展集团化办学。发端于 20 世纪 90 年代初的集团化办学，产生于实践，根植于基层，是实践中走出来的法宝，提升了政府、行业、企业、院校、研究机构和其他社会组织参与职业教育的积极性。截至 2016 年底，全国共建成职业教育集团 1 400 多个，覆盖了 91%的高职院校、47%的中职学校和近 3 万家企业。2005 年以后，国家相继出台相关政策，指导、扶持、规范集团化办学。尤其是 2015 年颁布的《教育部关于深入推进职业教育集团化办学的意见》明确提出到 2020 年，全国要初步建成 300 个具有示范引领作用的骨干职业教育集团。在此政策引导下，各地开展了相关的制度建设。截至 2016 年底，全国有近 2/3 的省（区、市）出台了专门的职业教育集团化办学的文件，有的地方开始了骨干示范性职业教育集团的遴选，比如山东省、福建省。集团化办学历经 20 多年的发展，从最初的校际“抱团取暖”到现在的多方参与，在资源统筹共享、人才培养质量提高、社会服务能力提升方面发挥了重大作用，引起了社会的极大关注。这些职业教育集团呈现出多种治理结构和组建模式，成为中国目前深化产教融合、校企合作的重要机制，完善人才多样化成长渠道的重要载体，创新职业教育体制机制的重要探索，提升职业教育服务能力的重要途径。在推动现代化的背景下，集团化办学获得了强大的生命力，一个重要经验就是始终坚持服务于国家重大战略。一方面，瞄准高端制造业，着力为中国的装备制造业提供强有力的支持。如机械行业，推动组建了智能装备制造、新能源技术装备产业等 10 个行业性职业教育集团，促进了教育链和产业链的对接。另一方面，重心下移，积极服务精准脱贫。东部地区 10 个职业教育集团对口滇西扶贫，创新了“教育＋产业”扶贫模式，取得了良好效果，成为实现职业教育精准脱贫的重要载体。此外，积极推动国际交流与合作。在“一带一路”倡议下，一些集团内院校依托集团化办学模式，配合中国企业和产品协同“走出去”，助推了我国企业在当地的发展，促进我国与合作国的民心相通。2017 年，中国有色矿业集团有限公司（简称中国有色集团）牵头的“走出去”试点项目已经取得了重要进展，在赞比亚开局良好，可以说为扩大试点蹚了条路子。

探索现代学徒制。2013 年，中国教育部委托部分地区、科研机构、职业院校与企业，开展现代学徒制理论研究和实践探索。2014—2015 年，《教育部关于开展现代学徒制试点工作的意见》《关于开展现代学徒制试点工作的通知》印发，对试点工作进行全面部署，选择部分地区、职业院校、行业企业开展试点工作。2015 年 8 月，教育部遴选 165 家单位作为首批现代学徒制试点单位和行业试点牵头单位。2017 年 8 月，教育部确定第二批 203 个现代学徒制试点单位。这些试点取得实践经验后将作为典型案例向全国推广。

（三）各地深化产教融合、校企合作的创新与实践

一是探索产教融合发展机制。四川省、市（州）、县（区）三级地方政府将职业教育纳入经济社会发展规划统筹谋划，明确地方政府对发展职业教育的主体责任。宁波市教育局、人社局与发改委就建立产业规划、人才规划、教育规划同步制定、信息共享的新机制达成共识，共同推动各级政府和行业主管部门将职业教育纳入区域和产业发展规划，实现产业规划、园区建设与职业教育布局规划、产业人才规划同步制定。

二是制定校企合作政策。2015 年山西省出台了《山西省职业教育校企合作促进办法（试行）》，对参与校企合作各方的权利义务做出明确规定。宁波市、杭州市、嘉兴市等地方政府也出台了促进校企合作的政策法规。例如，杭州市人民政府办公厅出台的《杭州市人民政府办公厅关于促进中等职业教育校企合作的若干意见》规定，对接纳学生实习 1 个月及以上的企业给予 200 元/生·月的补贴，并每年评选优秀校外实训基地，每个基地奖励资金 10 万元。山东省梳理出台多项校企合作税收优惠政策，促进了校企合作的深入开展。

三是积极搭建校企合作平台。组建职业教育集团是各省的普遍做法，有的地方还出台了相关支持政策。如辽宁省从 2011 年起，实施了以省政府为主导的省级示范性职业教育集团建设工程，先后组建了 9 个省级示范性职业教育集团。探索多元主体办学，促进校企深度合作。山东省、辽宁省一些职业院校先后与企业进行合作共建二级学院或专业的探索与尝试，为进一步推进全省职业教育办学体制改革提供了可借鉴的宝贵经验。山东省以设区市为主集中建设 20 个左右大型公共实训中心。2014 年起，山西省在职业院校开展了“百校千企”工程，确定 106 所职业院校与 1 082 家企业的校企合作项目作为正式项目，推进企业发挥重要办学主体作用。宁波市建立“校企通”职业教育校企合作平台，开发“实习通”App 软件，学校、企业、学生、家长四方发力，实现学生实习全过程监控。

六、加强教师队伍建设，提高师资水平

（一）建立国家标准和制度

职业教育教师专业标准体系不断完善。2013 年教育部颁布《中等职业学校教师专业标准（试行）》，是中等职业学校教师培养、准入、培训、考核等工作的基本依据。2015 年 1 月 10 日，教育部印发了《中等职业学校校长专业标准》，在强调 6 项校长专业职责上提出了 60 条专业要求，为制定中等职业学校校长任职资格标准、培训课程标准、考核评价标准等提供了重要依据。

职业院校教师素质提高计划稳步实施。职业院校教师素质提高计划包括职业院校专业骨干教师培训项目、中等职业学校青年教师企业实践项目、职业院校兼职教师推进项目和职教师资培养培训体系建设项目等 4 个项目。“十一五”期间，中央财政投入 5 亿元支持职教师资队伍建设。“十二五”期间，中央财政投入至少 26 亿元，继续实施该计划。2013－2014 年，职业院校专业骨干教师国家级培训项目培训中等职业学校专业骨干教师 2 万名，出国进修 800 名，高等职业学校专业骨干教师培训项目共计 1 021 个，其中，国内培训项目 466 个，企业顶岗项目 483 个，国（境）外培训项目 72 个；中等职业学校青年教师企业实践项目安排 8 031 名中等职业学校青年教师参加企业实践；职教师资培养培训专业点建设项目启动 165 个。2015 年选派 9 万名中高职教师参加培训，组织 9 000 名中高职教师到企业实践。

构建教师培养培训体系。教育部依托高等学校、职业院校和大中型企业建立了北京理工大学等 101 个全国重点建设职教师资培养培训基地，其中具备培养本科职教师资资格的学校有 62 所，引导各地建立了 300 个省级职教师资培训基地、580 多家教师企业实践单位，以国家级基地为引领、省级基地为主体的职教师资培养培训体系已经基本形成。

（二）地方出台配套政策和改革措施

一是制定中等职业学校教师编制标准。2016 年山西省教育厅等联合出台了《进一步创新全省职业院校编制和人事管理的意见》，从职业院校人员编制、经费管理、补充机制、分配制度及教师发展和能力提升等方面进一步完善职业院校教师队伍建设的各项保障措施。

二是建立兼职教师管理制度。四川省规定教师总编制的 10％由各学校根据

实训教学需要聘用具有相应专业执业资格的专业技能人才，实行定编不定人的管理方式，财政部门给予经费保障，为中职学校聘请能工巧匠担任兼职教师提供了制度保障。山东省允许职业院校教职工编制总额的20%不纳入实名制编制管理，由学校自主聘用专业兼职教师，财政参照“副教授”平均薪酬水平确定经费拨付标准。2016年11月2日，山东省又出台新修订的《山东省事业单位机构编制管理规定》，提出从2017年1月1日起对已制定编制标准的高等学校、中等职业学校等公益二类事业单位实行人员控制总量备案管理。广西壮族自治区推行中职学校教师“实名制+非实名制”灵活编制管理，为职业院校统筹社会优质师资提供了便利。

三是改革教师评聘办法。《四川省人力资源和社会保障厅关于职业院校公开招聘工程类“双师型”教师、实习（训）指导专业技术人员的通知》出台，对职业院校公开考核招聘工程类“双师型”教师和实习（训）指导专业技术人员的条件和程序做出了明确规定，打破了传统教师招考政策，为职业院校与行业企业人员互聘兼职打通了渠道。浙江省结合职业教育特点，为职业院校教师制定了专门职称评聘办法。山东省从2017年起赋予高职院校自主招聘教师和开展职称评审的权利。

四是加强教师培养培训。四川省大力开展国家骨干教师、青年教师企业实践和省级专业教师培训，年培训教师近3 000人次。广西壮族自治区参与中职教师国家培训计划的同时，组织实施自治区培训计划、青年教师企业实践项目、名师培养工程、校长领航工程等项目，2015年培训中职教师2 000余人，资助中职学校特聘200名能工巧匠，资助中职学校专业课教师200人到企业进行为期3个月的实践。全省职业院校“双师型”教师数量达到3.8万，占专任教师数量的67.3%。浙江省从2011年起，建立了全省中职教师专业培训制度，规定中职学校专任教师每5年参加专业培训不少于360学时，每位教师5年内至少参加一次90学时的集中培训，每两年进行两个月以上的企业实践等。

七、关注基础薄弱地区和弱势群体，促进社会公平

（一）实施职业教育国家资助政策

2005年，《国务院关于大力发展职业教育的决定》明确提出要“建立职业教育贫困家庭学生助学制度”。2006年，《财政部　教育部关于完善中等职业教育贫困家庭学生资助体系的若干意见》和《中等职业教育国家助学金管理暂行办法》两个文件建立了中职贫困家庭困难学生助学体系的基本框架。2007年，

《国务院关于建立健全普通本科高校高等职业学校和中等职业学校家庭经济困难学生资助政策体系的意见》提出，职业教育建立以国家助学金、免学费为主，以校内奖学金、学生工学结合、顶岗实习、学校减免学费为辅的资助政策体系，明确把中等职业学校学生资助政策纳入国家家庭经济困难学生资助政策体系，并在经费安排上实行重点倾斜。其中，国家助学金的资助标准是每名学生每年 1 500 元。2009 年 12 月，财政部、国家发改委、教育部、人社部联合出台了《关于中等职业学校农村家庭经济困难学生和涉农专业学生免学费工作的意见》，决定从 2009 年秋季学期起，对中等职业学校农村家庭经济困难学生和涉农专业学生逐步免除学费，免学费的标准是每名学生每年 2 000 元。2010 年，教育部会同财政部等有关部门印发了《关于扩大中等职业学校免学费政策覆盖范围的通知》，决定从 2010 年秋季学期起，将免学费政策覆盖范围扩大到城市家庭经济困难学生。从 2015 年春季学期起，将中等职业学校国家助学金资助标准由生均每年 1 500 元提高到2 000 元。

中等职业教育国家资助为家庭经济困难学生提供了有力帮助。中等职业学校学生 90%来自农村以及城市经济困难家庭，家庭收入普遍较低，教育支付能力相对较弱，许多农村以及城市初中毕业生因家庭经济困难无法继续就学。以国家助学金和免学费为主的中职学生资助政策的实施，为这些学生接受高中阶段教育、圆继续读书之梦提供了有效保障，极大地改变了中职学校学生的学习、生活状况，不少因家庭经济困难外出打工的青年重返学校，接受中等职业教育，资助政策的扶贫助困的初衷得以实现。中职免学费政策的实施是中国继义务教育免费以后的第二项免费政策，将为广大农村学生改变命运、享有平等接受教育权利提供更加有力的保障；让那些暂时处于困难状态的学生燃起对幸福生活的希望，也将极大地促进教育公平和社会公平。

高等职业学校学生享受国家奖学金、助学金和助学贷款等各项奖补政策，受资助面达 20%以上。

（二）各地职教扶贫效益突显

近年来，一些地方把职业教育看作精准扶贫、精准脱贫的重要手段，采取多种举措发挥职业教育在扶贫脱贫中的作用。四川省按照中央和省委关于打好扶贫攻坚战的统一部署，研究制定《四川省教育厅职业教育扶贫 2016 年专项工作方案》，在中职基础能力建设专项资金分配上，按比例给予贫困地区倾斜，2016 年投入资金 5 123 万元，支持贫困地区中职学校加强基础设施和教学设施设备建设。甘肃省通过制定职业教育扶贫政策、加大职教招生扶贫、加强职教扶贫资助、实施职教精准培育、广泛动员职业院校扶贫、广泛开展职业技能培训等手段实现精准扶贫。省内高职院校在贫困县制定单独招生计划，面向省内

58 个贫困县（市、区）和 17 个“插花型”贫困县（市、区）实施分县单独测试招生，对贫困家庭子女单独划线、单独录取。对省内高职院校建档立卡的贫困家庭学生按照每学年 5 000 元标准免除学费和书本费，还为考入包含高职在内的高等教育院校贫困家庭学生提供生源地信用助学贷款。加强对贫困家庭学生职业教育和就业咨询辅导，对贫困户学生，职业学校安排专人逐一面谈，帮助学生选择专业。就业后，学校要开展为期 3 年的跟踪服务，确保其稳定就业。

教育部组织实施东部 10 个职业教育集团滇西扶贫。为推动连片特困地区扶贫攻坚，按照《滇西边境片区区域发展与扶贫攻坚规划（2011—2020 年）》中对“人力资源开发扶贫示范区”的战略定位，教育部以职业教育为突破口推进滇西地区扶贫工作。2012 年 4 月，在与有关省份协商的基础上，10 个东部地区职业教育集团以“一对一”的方式对口帮扶滇西边境山区 10 州市各 1 所中等职业学校，并在昆明市组织签署了对口帮扶协议。协议商定：利用东部地区的优质资源，实现资源共享、合作共赢，提高职业学校办学质量，为区域经济社会发展服务。参加签约的 10 个东部地区职业教育集团，覆盖了 20 多家行业协会、300 多家企业、近 20 家科研机构、80 多所中职校、20 多所高职校，具有良好的办学资源和声誉。2013 年，为进一步扩大帮扶效果，利用东部地区职业教育集团教育、企业优势发展滇西地区支柱、特色产业，教育部决定在职业教育集团对口帮扶中职学校发展的基础上，启动职业教育集团与滇西 10 州市战略合作。经与云南省有关方面商定，东部 10 个职业教育集团与计划帮扶的中职学校所在 10 州市签署战略合作协议，创新了“教育＋产业”的扶贫模式。

八、扩大区域合作和国际交流，协同企业“走出去”

（一）不断扩大区域合作领域

东西部、城乡联合招生合作规模继续扩大，联合招生规模达到 30 万，职业学校的国际合作与交流规模不断拓展。坚持扩大和深化国际合作与交流，是中国职业教育的重要政策。职业学校的国际合作与交流活动呈现频繁态势。目前，中国职业教育与 30 多个国家、十几个国际组织建立了合作关系，涵盖政策对话、人员互访、校际交流、师资培训、技术支援、课程开发、学校建设、科学研究等众多领域。从合作的内容和方式来看，职业教育国际合作与交流呈现三个趋势：一是从单向的输入型、学习型合作转变为需求导向的建设性合作，从接受国外援助、来什么要什么，发展到提出需求、购买服务；二是从资源引入、技术支援、人员培训为主的合作，深化为政策对话、制度建设层面的合作，2012 年以来中国与德国、英国、荷兰、法国、澳大利亚、新西兰等多国签署合作备忘录或意向书，建立了政策对话机制；三是从以“引进来”为主的合作发展为“引进来”与“走出去”并举的合作，如在广西壮族自治区等地建设面向东南亚的 10 个职业教育培训中心。

（二）推动职业院校海外办学

2015 年 3 月，国家发改委、外交部、商务部联合发布了《推动共建丝绸之路经济带和 21 世纪海上丝绸之路的愿景与行动》（“一带一路”倡议）。2016 年，教育部制定并出台了《推进共建“一带一路”教育行动》。该文件把职业教育作为重要行动领域，赋予职业教育国际合作与交流新任务、新的发展空间，也提出了新要求。

一些中国企业在“走出去”的过程中，积极与职业院校合作，推动职业院校在国外办学。如中国有色集团高度重视职业教育工作，将其作为“走出去”的重要配套和支撑。目前，中国有色集团的境外企业具备了开展职业教育“走出去”的初步条件，在赞比亚企业接管和成立了 2 所技工学校和 1 所中学，已开设了机械电气、应急救护等专业的学历教育和培训。在此基础上，中国有色金属工业协会在 2015 年底牵头在有色行业开展职业教育“走出去”试点，并将中国有色集团作为试点企业。中国有色集团与吉林电子信息职业技术学院、哈尔滨职业技术学院、南京工业职业技术学院、湖南有色金属职业技术学院、广东建设职业技术学院、陕西工业职业技术学院、白银矿冶职业技术学院等 7 家院校签署合作框架协议。

第四节 职业教育存在的问题及原因

中国职业教育经过这些年的改革发展，取得的成就有目共睹。但是，随着经济发展方式转变、产业结构调整升级以及技术革新加快，中国劳动力供求不匹配的矛盾越来越突出。要满足经济社会发展对其高质量、多样性人才的需求，职业教育面临着诸多挑战，存在不少突出问题。

一、职业教育改革发展面临的主要问题

（一）办学条件整体上没有达到设置标准的基本要求，优质资源稀缺

一是总体办学条件薄弱。中等职业学校普遍存在基本建设陈旧、教学设备简陋等情况，不能满足实践教学需要。一些农村地区、贫困地区和民族地区的中职办学条件达不到国家基本办学标准要求。与此同时，区域间和学校间差距较大。

二是优质资源不足。全国 200 所国家示范骨干高职院校仅占高职院校总数的 16%，1 000 所国家示范中职学校仅占中职院校总数的 8%左右。全国相当一部分职业院校办学条件十分简陋，缺乏举办职业教育的必要条件。

（二）教师队伍区域性结构性不平衡，“双师型”教师严重不足

师资问题是职业教育领域较为突出的问题之一，主要表现在以下两个方面：

一是教师数量总体不足。从中职的师生比来看，按国家《中等职业学校设置标准》的要求，师生比应该是 1∶20，直到 2015 年才达到 1∶20.47，尚未达标。中西部地区教师缺口尤为严重。其中，安徽是 1∶28，江西是 1∶29，重庆是 1∶22，四川是 1∶25，贵州是 1∶34，云南是 1∶23，青海、宁夏是 1∶32，新疆是 1∶22，均低于标准。其中，连片特困地区中等职业学校专任教师缺口约达 2 万，少数民族地区缺口约达 3 万。东部沿海地区部分省份同样存在教师总量不足问题，福建是 1∶23，广东、海南是1∶26（见表 1－14）。

表 1－14　2015 年全国各省（区、市）中等职业学校师生比情况

分档	东部省份	中部省份	西部省份
≤20	北京（14）、天津（15）、河北（14）、辽宁（16）、上海（14）、江苏（16）、浙江（16）、山东（18）	山西（14）、吉林（8）、黑龙江（16）、河南（20）、湖北（18）	内蒙古（15）、西藏（14）、陕西（20）、甘肃（15）
＞20	福建（23）、广东（26）、海南（26）	安徽（28）、江西（29）、湖南（25）	广西（36）、重庆（22）、四川（25）、贵州（34）、云南（23）、青海（32）、宁夏（32）、新疆（22）

资料来源：教育部官网发布的 2015 年教育统计数据。

二是“双师型”教师短缺，教师专业实践和教学能力不足。2015 年，全国有一半的中职学校专任教师总数未达到《中等职业学校设置标准》规定的专任教师一般不少于 60 人的标准；2015 年中等职业学校“双师型”教师占专任教师的比例为 28.71%，低于《中等职业学校设置标准》规定的最低标准 30%，与《现代职业教育体系建设规划（2014—2020 年）》提出的有实践经验的专兼职教师占专业教师总数的比例达到 60%以上这一标准差距很大。2016 年，在对全国中职学校校长联席会议代表及参加“西部中等职业教育改革发展研讨会”的中等职业学校校长的调研中发现，专业教师中无企业工作经历的教师所占比例达 42%，有一年以下的占 28%，有 3～5 年的仅占 11%，有 5 年以上的仅占 11%。在对 2016 年江苏省职业教育领军人才研修班成员的调研中发现，仅有

15.3%的专业教师具有3年以上企业实际工作经验。根据对全国9个省市1 000名教师的调研，有1年及以上企业实践经验的教师仅占13.54%。

（三）学校和专业结构布局不合理，面向“三农”等艰苦行业的专业发展困难

一是由于部门分割等多种原因，职业院校存在重复办学、办学资源分散等情况。以河北省为例，多数地方职业教育机构及专业重复设置，如一个二三十万人口的县（市）既办职业中学，也办技工学校、农广校等，致使有限的、本已不足的职教资源分散甚至浪费。

二是专业结构布局不合理，专业设置不能很好对接区域产业发展，专业的重复和低水平建设现象仍然比较严重，职业教育的品牌专业明显缺乏。陕西省部分企业反映，很少有职业院校愿意与之联合培养企业急需的有色冶金、现代农业等相关专业技术技能人才。

三是农民素质提高和现代农业后继乏人的问题突出，为“三农”服务的职业教育十分薄弱。2015年，全国中等职业学校农林牧渔类专业招生数为22.28万，不到中职招生总数的4%。辽宁省开设涉农专业的县级职教中心少，部分涉农专业点已经不招生或者隔年招生。一些涉农类专业设置与区域农业产业脱离，没有及时引进适应农村新形势的高科技成果。

（四）教育质量与经济社会和人的发展需求吻合度不强、吸引力较弱

一是职业教育生源基础教育水平不合格。许多中等和高等职业学校录取分数线很低，特别是中职学生文化基础薄弱，就业创业能力特别是可持续发展能力不强，教学组织难度很大。由于中等职业学校实现注册入学制，没有参加中考的初中毕业生、没有拿到初中毕业证书的初中肄业生等都可以通过注册免试进入中等职业学校就读。河北等省的一些地方通过春季招生把初中未毕业、成绩较差的学生录入中职。在对2016年江苏省职业教育领军人才研修班的调查中显示，近几年学校招收的新生中有16.22%的学生实际上未达到初中毕业水平。职业教育承担了既要为基础教育补课同时还要培养合格的技术技能人才的任务，给职业教育提高教学质量带来困难。

一些地方大幅降低高职高专的高考录取分，相当一部分学生不具备接受高职教育所要求的基础教育水平。职业院校教学组织和教学活动开展相当困难，文化基础课程、课程标准无法实施。很多学生毕业时实际达不到国家专业教学标准规定的基本要求，在难以做到“宽进严出”的情况下，职业院校不得不进

行质量上的“放水”。在对 2016 年江苏省职业教育领军人才研修班的调查中显示，有 33.6%的毕业生实际上达不到专业教学标准的基本要求。这种状况反过来又对职业教育的声誉带来消极影响。

二是教育教学不能适应技术技能人才培养的要求。产教融合不深，专业课程标准等与职业及岗位及相关技术标准对接不紧密，工学结合缺乏制度化保障。教师教学观念陈旧，教学方法不适应职业教育和学生特点，教育教学模式不能充分体现时代特征和职业教育特点。信息技术在教学过程中应用不广泛、不充分。教材选用不规范，有些地方和学校不能严格落实职业教育教材管理的相关规定，随意选用教材，由于利益的驱动和地方保护主义，一些地方教育行政部门以“教改实验区”“课程改革”等名义自编、自用德育和文化基础课教材；由于监管不严，部分职业院校未按规定建立教材选用机构和教材选用制度，不能开齐开足课程，任意删减规定必修课程。

三是部分职业院校在办学中弱化以促进就业为导向的原则，过度强调升学。在建立现代职业教育体系的大背景下，一些地方和院校出现升学导向，有的还出现了片面追求升学率的现象，有些中等职业学校甚至办成了普通高中，举办普高升学班，偏离了职业教育的办学方向。在对 2016 年全国中职学校校长联席会议代表及参加“西部中等职业教育改革发展研讨会”的中等职业学校校长的调研中发现，未来 3 年有 54.1%的中职学校有升格或并入高职高专等高等院校的意向。此外，相当一部分骨干示范高职院校想方设法升格为本科。

（五）职业教育规模与经济社会发展对技术技能人才的需求不相适应

在缺少有效调控普通高中和中等职业教育招生规模机制的背景下，普通高中规模虽然略有下降，但总体稳定，在高中阶段教育中的比例显著上升。与之相对应的是中等职业学校招生和在校生规模快速下降。中等职业学校招生困难增大，尤其在中西部地区表现得尤为突出。中等职业学校的招生规模呈现下滑趋势，占高中阶段教育的比例呈逐年下降趋势。高中阶段招生职普比从 2010 年的 50.9∶49.1 下降到 2015 年的 43.0∶57.0。2015 年，全国 17 个省份中职招生比例低于全国平均水平 43.1%，12 个省份低于 40%。同样，中等职业学校的在校生数也呈现下降趋势，从 2010 年的2 238.50 万下降到 2015 年的 1 656.70万，比例由 2010 年的 47.9%下降到 2015 年的 41.0%。

普通高等教育保持强劲发展势头，招生数和在校生数快速上升。对照 2010 年国家教育规划纲要对全国教育事业发展目标的规定可以发现，2014 年全国高等教育总规模达到 3 359 万、毛入学率 37.5%，已经提前 1 年超额实现了 2010

年国家教育规划纲要提出的 2015 年高等教育总规模 3 350 万、毛入学率 36%的指标要求；2015 年，高等教育总规模达到 3 647 万、毛入学率达到 40.0%，提前 5 年实现了 2020 年的目标。高等职业院校规模虽然一直保持增长，但与高等教育整体规模增长不同步，招生规模增幅小于同期普通本科招生增幅，在校生规模占普通高等教育的比例逐年减少。2015 年全国高职院校招生 348.43 万，在校生数为 1 048.61 万，占普通高等教育在校生规模的 39.94%，比 2010 年的 43.29%下降 3.35 个百分点，全国各地都出现部分高职院校完不成招生计划的情况。

与此同时，劳动力市场对职业教育的需求却很旺盛。全国劳动力市场监测结果显示，近年来，中国劳动力供给与需求出现双重转变。一方面，劳动力市场的用工需求总体上已经比较稳定地超过了求职需求，出现劳动力短缺。2010 年 1 季度以来，人社部统计的全国部分省市人才市场求人倍率①呈现逐步上升趋势，从 2010 年 3 季度开始始终保持在 1 以上（见图 1-18)。另一方面，市场对具有较高技术技能等级的劳动力的需求不断增长，高级工、技师和高级技师等的中高端技术技能人才短缺尤为突出②。面对这种社会现实，作为培养技术技能人才主渠道的职业教育规模近年来不但没有增长，反而逐渐缩小，从国家经济社会发展的长远考虑，这一趋势值得重视。

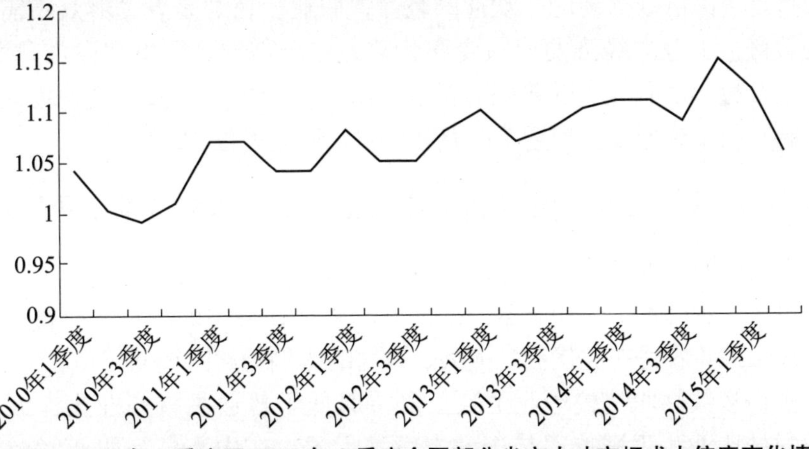

图 1-18　2010 年 1 季度至 2015 年 2 季度全国部分省市人才市场求人倍率变化情况

资料来源：人社部官网发布的《全国部分省市人才服务机构市场供求情况分析报告》(2010 年 1 季度—2015 年 2 季度)。

① 求人倍率是劳动力市场在一个统计周期内有效需求人数与有效求职人数之比。

② 参见中国人力资源市场信息监测中心发布的《部分城市公共就业服务机构市场供求状况分析》(2010—2015 年)。

二、主要原因分析

（一）各界对职业教育重要性认识不足

一些地方政府和社会有关方面对职业教育和技术技能人才的重要性认识不到位，甚至一些教育行政部门负责人认为职业教育“可有可无”，认为高中阶段的职业教育“可以取消”，对于职业教育工作没有予以足够重视，对职业教育的特点认识不深入，工作力度不够，在推动整个教育事业的发展中“拆东墙、补西墙”。例如，为了发展高等教育，大部分原有的优质、重点中等职业学校升格或并入高等学校，为了扩大本科教育规模，把优质、骨干高等职业学校升格为本科院校，等等，造成职业教育的骨干力量不稳定。一些地方忽视职业教育自身特点，按照普通教育思路抓职教，把普通高校的干部或教师安排到职业院校担任主要领导，由于理念上的偏差和对职业教育规律认识的不足，一些职业院校按照普通高校的模式进行办学，偏离了职业教育应有的办学方向。一些地方特别是贫困地区和少数民族地区的教育行政部门负责人，认为基础教育和普通高等教育是人民群众需要的、欢迎的教育，职业教育则是人民群众不需要、不欢迎的教育，不考虑经济发展需要和劳动力市场需要，简单地迎合升学要求，工作中重普教、轻职教，以普教为重点、以升学为核心，教育经费投入、教师职称评聘、教学仪器设备配置等向普教倾斜，职教地位相对较低。

（二）技术技能人才地位低、待遇差，用人取向“唯学历”严重

首先，产业工人和农民是中国社会主义现代化建设的主力军，但一段时间以来，工人、农民等生产和服务一线的劳动者在社会中的地位没有得到应有体现。一线工人、农民在党代会、人大、政协的比例仍然比较低。

其次，多数高职院校毕业生的工资待遇低于普通高校毕业生，大多数中等职业学校毕业生工资待遇与进城农民工无异。在中、高等职业学校毕业生就业较多的制造业，其就业人员平均工资占人均 GDP 之比一直低于全国就业人员平均工资占人均 GDP 之比（见图 1－19）。

最后，用人取向“唯学历”。不论什么单位、什么岗位招聘员工，动辄要求本科甚至硕士研究生以上学历，待遇、晋升、职称评定等也与之挂钩。近年来提出的干部革命化、年轻化、知识化和专业化即“四化”标准，在实际执行中被简单地理解为“高学历化”，助长了“学历热”。比如：山西省发改委想招聘

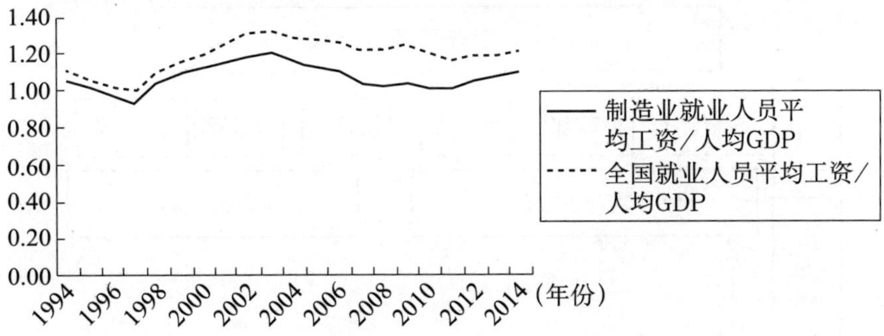

图1-19　制造业就业人员平均工资占人均GDP与全国就业人员平均工资占人均GDP之比

资料来源：1994—2014年《中国劳动统计年鉴》。

一个工勤人员，职业学校的毕业生足够用，但根据相关规定必须招聘大学本科以上的毕业生；山东省某区招聘事业编制的“环卫工”也要求本科学历；山西省某银行招聘一个柜台人员，即便是金融专业的高职生都拒之门外，连报名的资格都没有，而宁愿选择专业不对口的本科生。

（三）职业教育相关政策不配套、不协同

1996年，《职业教育法》规定“国务院教育行政部门负责职业教育工作的统筹规划、综合协调”，从而确定了教育部门在职业教育管理中的中心地位。2005年，《国务院关于大力发展职业教育的决定》确定了“在国务院领导下，分级管理、地方为主、政府统筹、社会参与”的管理体制，建立了职业教育工作部际联席会议制度（见图1-20）。国务院教育行政部门负责职业教育工作的统筹规划、综合协调、宏观管理；县级以上地方各级人民政府应当加强对本行政区域内职业教育工作的领导、统筹协调和督导评估。

职业教育是跨界教育，在实际工作中需要不同领域不同部门间的配合，但存在相关领域政策不配套、不协同的情况。表现为：一是财税政策使企业参与职业教育的成本无法纳入企业成本；二是劳动就业政策使学生在企业实践学习阶段没有获得特殊员工地位，无法确立劳动关系，使得相应成本无法纳入企业用工成本。在此情况下，企业参加职业教育，意味着增加额外负担，难以承受。

企业参与职业教育，国家应建立相应补偿机制，调整财税及劳动政策，或者建立政府购买服务机制对企业补偿。

（四）行业组织发展不健全，缺乏指导职业教育的能力

中国虽然明确了行业指导在职业教育办学中的重要作用和地位，但是，从

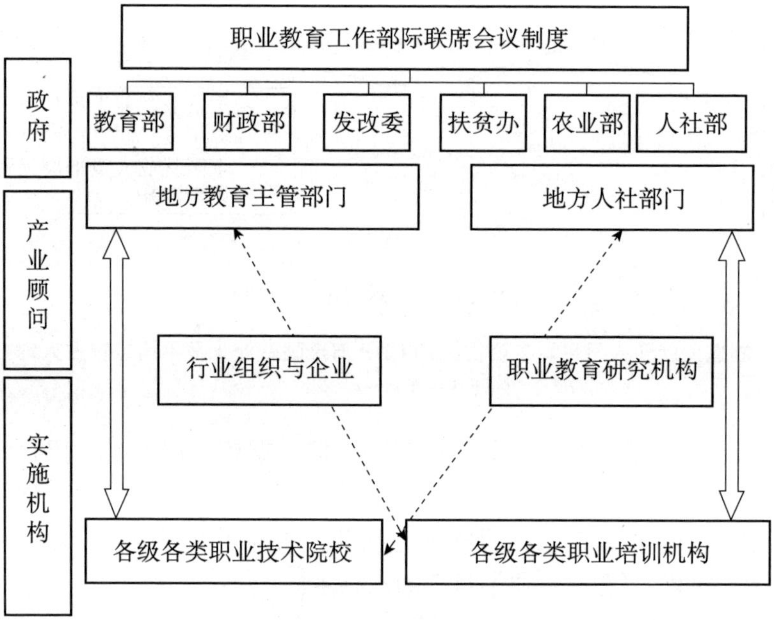

图 1-20　职业教育管理框架

整体来看，中国的行业组织发展不健全，自身能力不强，对职业教育的指导作用非常有限。2014 年，《国务院关于加快发展现代职业教育的决定》明确提出要加强行业指导、评价和服务。加强行业指导能力建设，分类制定行业指导政策。通过授权委托、购买服务等方式，把适宜行业组织承担的职责交给行业组织，给予政策支持并强化服务监管。行业组织要履行好发布行业人才需求、推进校企合作、参与指导教育教学、开展质量评价等职责，建立行业人力资源需求预测和就业状况定期发布制度。在实践中，行业组织在宏观层面参与职业教育的政策制定和规划不够，微观层面参与制定教学标准和教学内容也不够，导致职业教育存在“去行业化”现象。同时，宏观经济部门对职业教育的统筹规划和宏观指导不到位，更加加剧了职业教育与经济社会的不适应性。

（五）职业教育经费总量不足

中等职业教育经费投入不足的问题始终是影响其发展的一个重要因素。尽管“十二五”期间，全国中等职业教育经费投入逐年增长，中职人才培养的基础条件有所改善，但是还存在与需要相比总量仍然不足、经费来源结构不合理、支出结构不科学、国家投入政策未落实等问题。如 2015 年，从投入总量上看，即便不考虑职业教育的特殊性，仅从职业教育分别占高中教育和高等教育“半壁江山”的情况来说，职业教育国家财政性教育经费投入与同级别普通教育相比仍明显偏低（见图1-21），高职教育经费仅为普通本科的一半左右。

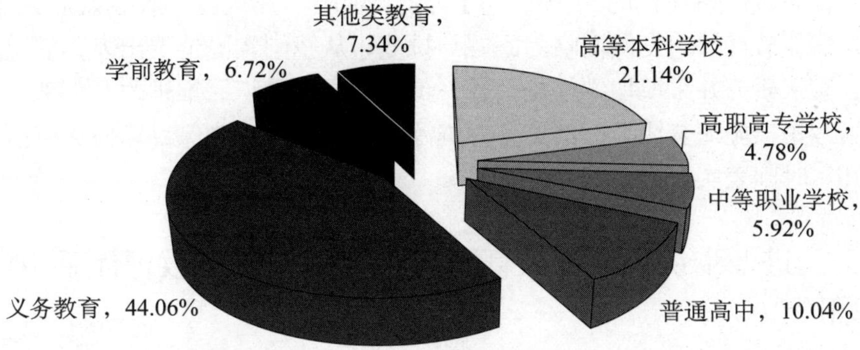

图1-21　2015年国家财政性教育经费在各级各类教育中的分配比例

资料来源：教育部，国家统计局．中国教育经费统计年鉴2016．北京：中国统计出版社，2017.

《职业教育法》和相关文件规定，国家鼓励通过多种渠道依法筹集发展职业教育的资金，鼓励社会力量参与办学，形成公办与民办共同发展的多元办学格局。但是，职业教育经费来源渠道仍较单一，主要呈现“两元”主体结构：一是财政投入，二是学费收入。2015年，国家财政性经费占经费总投入的比例中职为87.04%，高职为63.09%；而学杂费收入占经费总投入的比例，中职为5.32%，高职为26.85%，多渠道筹资能力不强。民办职业教育举办者投入占总投入的比例，中等职业教育平均不足1%，高等职业教育最高也不足2%。

建立职业教育生均拨款制度是1996年《职业教育法》提出的明确要求，但直到2016年各省才陆续建立中职生均拨款制度。生均经费拨款政策长期落实不到位，不能形成职业教育发展的保障机制，导致不少职业院校基础能力仍然薄弱，办学条件长期得不到改善。从已经出台的生均经费标准情况来看，高等职业教育生均经费标准明显低于普通本科标准，在一些省市，中等职业教育财政预算生均经费水平低于普通高中。这与职业学校实际办学需求相比，缺口明显。

第五节　加快发展现代职业教育

加快发展现代职业教育是中国立足全面建成小康社会现实要求，从落实“五位一体”总体布局和“四个全面”战略布局高度确立的国家决策。2014年印发的《国务院关于加快发展现代职业教育的决定》以及《现代职业教育体系建设规划（2014—2020 年）》已经明确了发展现代职业教育的目标、任务，制定了现代职教体系建设的路线图和时间表。中国职业教育在改革发展过程中，应针对职业教育改革发展面临的问题与挑战，从我国实际情况出发，借鉴国际经验，深入研究并采取切实措施，进一步凝聚社会共识，推进改革创新，加强各领域政策措施配套协同，汇聚多方资源，综合发力，确保目标任务按照既定路线图和时间表实现。

一、进一步认识职业教育在人力资源开发和教育体系中的重要作用

明确各级政府是加快发展现代职业教育的责任主体。要从社会主义现代化建设全局和战略的高度出发，把发展职业教育真正摆在更加突出的战略位置，切实履行统筹规划、政策引导、监督管理和提供服务的职责，切实把职业教育纳入经济社会发展和产业发展规划，促使职业教育规模、专业设置与经济社会发展需求相适应。省政府把职业教育作为省级统筹职责的重要内容，制定推动全省职业教育发展的法规、政策，制定全省职业教育发展规划。市县级政府制定本地区职业教育发展规划，制定和实施推进本地区职业教育的政策和具体措施，统筹本地区高中阶段教育发展规划，对所属辖区内的中等职业学校进行整合，优化资源配置，认真履行对职业教育发展的投入职责。要把职业教育改革发展作为各级政府主要领导政绩考核的重要指标，制定实施职业教育督导评估办法，依法建立健全对政府有关部门履行发展职业教育法定职责的督导机制。

统筹各级各类型职业教育协调发展。落实中等职业教育在发展现代职业教育中的基础性地位，在“十三五”期间坚持初中后教育分流不动摇，坚持高中阶段职普比“大体相当”不动摇，各省职业教育办学规模应高于高中阶段总规模的 40%。国家要把各地区的职普比视为地方教育现代化水平和教育综合改革进度的重要指标，并纳入中央财政拨款和专项资金奖补的重要条件。统筹高等职业教育与高等本科教育，严格控制高等职业院校升格本科院校，控制高等本科教育的招生规模，将新增高等教育招生计划主要用于高等职业教育。

二、推进职业院校现代化建设

发挥地方政府的统筹协调作用，优化职业院校布局和资源配置，提升职业

院校办学基础能力。制定职业院校现代化标准，提出职业院校现代化指标体系，实施职业院校“校校达标”计划，明显提升办学水平。中央重点支持农村地区、民族地区、贫困地区薄弱职业学校建设，实现所有的职业院校全部达标。同时，瞄准国际先进水平，形成一批高水平职业院校，建设具有国际竞争力的技术技能人才培养高地。

提高职业教育信息化水平。在推进职业院校“三通两平台”建设基础上，进一步提高职业院校信息化程度，建设公共信息管理与服务体系，为职业教育跨校选课、教师互聘、课程互选、学分互认、学分累积转换提供信息技术保障。实施“中国职业教育数字化学习平台”建设计划，推广优质的教育教学资源，实现优质资源共享共用。建设职业教育数字化资源开发基地，加强网络课程和学习资源开发。推进职业教育信息化资源跨区域、跨行业共建共享，逐步实现所有专业的优质数字教育资源全覆盖。推进专业课程配套的虚拟仿真实训系统开发与应用。建设职业教育网络课程认证体系，保障在线课程和学习资源的质量。

三、提高人才培养质量

推动各级各类职业教育科学定位，系统设计技术技能人才培养体系，建立合理人才培养结构布局。各层次职业院校要明确定位，坚持以服务发展和促进就业为导向。发挥中等职业教育在现代职业教育体系中的基础作用，培养一线岗位从事基础技术性的操作工作、具有中等技术水平的技术技能人才；发挥高等职业教育在优化高等教育结构中的重要作用，培养管理岗位从事技术性操作、技术开发应用及管理工作，具有中、高等技能水平的技术技能人才；发展应用型本科，适应经济社会发展和新产业、新业态、新技术发展的需要，培养专业基础扎实、技术开发能力强的应用型人才。要加强专业培养目标和课程体系之间的衔接，发挥“文化素质＋职业技能”评价方式的主渠道作用，保障学生就业有能力、深造有途径。

全面实施素质教育，加强职业道德教育和文化基础教育。实施“工匠精神进校园”行动计划。加强产业文化育人实践，把提高学生职业技能和培养职业精神高度融合，增强学生职业认同和职业自信，培养学生敬业爱岗、规范严谨、精益求精、灵活创新的工匠精神，提升学生职业素质。

健全专业预警和动态调整机制，优化专业布局。围绕国家发展战略和区域经济重点领域，统筹建设适应需求、特色鲜明的专业群。健全教学标准与职业标准联动开发机制，完善教学标准体系并全面实施。强化教学实践性和职业性，深化教学方法改革，推广项目教学、案例教学、情景教学、仿真教学等方法，提高教育教学质量。学习和引进国际先进课程体系和教学模式。

实施职业院校课程与教材革新计划。建立企业技术人员、课程专家共同参与的课程与教材动态开发机制。对接职业标准、行业标准和岗位规范，完善课程标准体系。遵循职业能力培养规律，综合考虑学生认知水平，调整课程结构，更新课程内容，推进专业课程模块化、项目化和综合化，深化课程模式改革。统筹规划各类教材建设，制定出台职业教育教材编写、审定、出版、发行、选用等管理办法，建立教材出版资质准入与退出制度，健全符合职业教育特点、适应产业升级要求的教材规范管理办法体系。

大力推进产教深度融合，加强行业指导和校企协同育人机制，创新人才培养模式。鼓励行业企业参与专业建设、课程开发、教学实施、实训实习、质量评价等协同育人全过程。积极建立和推广校企联合招生、联合培养、一体化育人的现代学徒制。

建立职业院校专业认证制度，组织开展第三方认证与评估，并纳入认证认可管理体系。建立健全职业院校教学质量诊断与改进等全面质量管理体系，对人才培养过程进行全面质量控制和管理。鼓励职业院校引入国际标准，对专业进行认证审核，实现认证审核的国际化、标准化。健全以专业为核心、以教学效果为导向、重视社会服务能力的职业教育质量监测和评估体系。

四、落实行业企业发展职业教育的责任

结合新时期、新形势国家财税及劳动就业政策，切实调动企业深度参与职业教育。由教育部联合国家发改委、财政部、国资委，支持行业、国有企业履行办学责任；将国有企业或国资控股企业举办的职业院校纳入公办学校范畴，享有与公办职业院校同等的待遇，由财政拨付生均经费。对社会力量举办的民办职业院校给予土地、税收、财政扶持等优惠支持政策。建立政府投入为主导、行业企业办学为主体的多元办学体制。

赋予行业组织全面参与人才培养全过程的职责，包括发布行业人才需求、制定行业人才培训发展规划、推进校企合作、开发课程、参与指导教育教学、开展质量评价等。凡适宜行业组织承担的，都通过授权、委托、购买服务等方式交给行业组织。

加快出台职业教育校企合作促进办法，形成校企协同双主体育人的新机制。

实施产教融合的教育型企业认证计划，对通过认证的企业赋予教育权，鼓励其承担职业教育责任，并享受财政资金支持和相关税费优惠。建立企业参与职业教育的成本核算和补偿机制，企业因接纳实习生实际发生的与取得收入有关的合理支出，按法律规定在计算应纳税所得额时扣除。通过同等享受职业院校公用经费标准、政府购买服务或教育费附加返还等多种形式，鼓励和支持企业办学。此外，还要对学生实习明确特殊劳动关系，给予学生特殊员工待遇，从而为相关成本纳入企业成本提供依据。

五、建立完善多方参与的职业教育治理结构

加强政府对职业教育的统筹管理和服务。理顺职业教育管理体制，县级以上地方人民政府建立统筹职业教育与劳动就业的管理和服务机构，统筹职业教育、职业培训和就业服务，实现政策统筹、资源统筹和服务统筹，切实提高治理效率。

推动职业院校成立政府、学校、行业、企业、社区等共同参与的理事会或董事会，制定理事会或董事会章程，赋予理事会或董事会决策、管理、监督职责，形成多方治理平台。改革职业教育管理方式，扩大职业院校在专业设置和调整、人事管理、教师评聘、收入分配、校企合作、经费使用等方面的自主权，增强其自主办学和自主发展的能力。

六、建设适应职业教育发展需要的“双师型”教师队伍

适应职业教育现代化的需要，建立灵活的职业院校教师编制，较大幅度降低生师比，适应小班化教学的需要。落实职业院校的教师聘用自主权，建立教师资源市场化配置机制，通过政府购买岗位和全员聘任等方式，全面落实招收具有生产经验和“双师”素质的企业人员到职业院校任教的机制，并加大兼职教师比例，逐步实现有实践经验的专兼职教师占专业教师总数比例达到 80%以上。

在规模以上企业选聘若干能到职业院校教学的“能工巧匠”，建立“职业院校兼职教师库”。建立企业经营、管理与技术人员和职业院校领导、骨干教师“双向挂职或交流”制度，打通企业技术职称与职校教师职称（职务）的转聘、互认通道。实施“万名教师进企业，万名企业技术人员进校园”交流计划，由各级财政提供经费支持，全国每年选派 1 万名职业院校的在职专业课教师到企

业进行为期 1 年的顶岗实践，选拔 1 万名企业技术人员到职业院校担任专业课和实习指导课教师，逐步达到职业院校专任专业教师应有不少于 2 年的工作经验。

积极完善适应现代职业教育发展需要的教师培养体系。根据实际需要，加大职业技术师范院校建设力度，提升其他高校的职业教育教师培养能力；全面推行职业教育教师特设岗位计划，提高教师队伍的整体素质；实施职业院校教师“2＋2”专业硕士定向培养计划，选择优秀本科毕业生到企业进行 2 年工作实践，再攻读 2 年制职业教育专业硕士学位；加强职业院校教师在职培训，实施 5 年一周期的教师全员培训制度。

七、健全经费投入保障机制

借鉴一些发达国家的职业教育经验，在国家财政性教育经费占 GDP 的比例逐步提高的同时，同步提高用于发展职业教育的比例，为职业教育加快发展提供可靠保障。应该根据职业教育的特点，制定科学合理的职业院校生均经费标准，逐步提高中等职业学校免学费和资助标准，适当降低高职学费标准。进行职业教育办学投入督导评估，督促各地加快建立完善职业院校经费标准，形成与经济发展水平相适应的动态调整机制。

完善政府购买行业企业服务的财政制度，明确规定购买服务的清单、购买价格和定价原则、纳入公共财政经费预算程序、支付方式、监督问责机制等，使购买服务真正得以实施。制定企业和社会资金进入职业教育的财税政策，引导股权产权合作，探索建立政府控股、行业企业参与的股份制职业院校，政府产权引导、学校董事会决策的合作制职业院校，政府资产租赁或托管、行业企业管理的职业院校。

八、提升职业教育服务经济社会发展能力

提高职业教育服务国家战略的能力。职业教育要积极适应经济社会发展新趋势、新需求，紧紧围绕落实中央提出的“四个全面”战略布局、供给侧结构性改革、“中国制造 2025”、“一带一路”倡议、京津冀协同发展、长江经济带发展、“大众创业、万众创新”、“互联网＋”等一系列重大战略，切实将专业结构布局规划与产业发展规划协调起来，发展适应国家战略支柱产业、新兴产业、特色产业发展需要的新专业，促进职业教育专业链、人才链与产业链的有效

衔接。

发挥职业教育在精准扶贫中的作用。要瞄准贫困人群建档立卡，提高扶贫精准性，构建新型的“到人到户”的职教扶贫模式，保障每一个贫困人口的职业教育权利。各级教育部门以及职业院校要根据各级扶贫部门掌握的贫困人群信息，对贫困地区劳动力资源进行深入调查，摸清贫困人口劳动力的数量情况、分布特点、教育程度以及接受职业教育的意向，进行科学分类，做好建档立卡工作，制定贫困人口职业教育计划。

拓展职业院校服务社会的能力。职业院校应坚持学历教育和各类培训并举并重，在继续做好传统学历教育的基础上，面向社区积极开展继续教育、社会培训、老年教育等，开辟灵活多样的学习渠道和方式，推动职业教育的大众化、社区化发展。职业院校开展的各种短期课程和灵活多样的培训项目，应折合成全日制学生数，纳入办学规模；属于公益性的课程和项目申请政府财政拨款。

丰富职业院校的专业服务面，提升专业服务的针对性和社会吸引力。职业院校要向全社会所有社会成员开放，根据不同社会群体的实际学习需求，设置专业学习内容，开发教学资源。职业院校应加强与当地企业事业单位、社区教育机构、老年教育机构的沟通与合作，了解其目标服务人群的特殊学习需求以及对学习方式、时间等方面的偏好，对师资、教学资源、教学组织等实践环节进行设计开发。

地方教育行政机构要改革评价考核标准，激励职业院校的转型发展。上级主管部门在经费支持方面，要鼓励职业院校以灵活多样的方式拓宽受益人群，除了向职业院校足额提供面向学龄未成年人的办学经费，而且要整合不同经费来源，使职业院校在开展继续教育、社会培训和老年教育等方面得到相应经费保障。同时，教育行政主管部门要改革对职教师资的考核评价标准，引导并提升职教师资在职业教育战略转型过程中的专业化水平。

九、推进职业教育国际化

制定职业教育国际化促进办法，实施“引进来”与“走出去”战略，推进国际多边和双边合作。推动职业院校开放办学，引进国际优秀师资、课程标准、教学资源、办学模式，培养适合国际产业标准的技术技能人才。鼓励职业院校面向国际办学，招收国际留学生；鼓励有条件的职业院校到国外设立分支机构或与当地学校合作办学。实施“鲁班工坊”国际建设计划，建立外交部、商务部、财政部、国家发改委、教育部等部门的政策联动机制，将“鲁班工坊”建设列入“一带一路”教育共同体建设专项资金支持范围，同时增加财政投入，重点在中资企业海外用工集中的地方建立技术技能人才培养基地，逐步形成文化传播有孔子学院，技术技能培养有“鲁班工坊”、哪里有中资企业、哪里就有“鲁班工坊”的局面，提升中国文化和技术技能传播能力。

切实推进国际多边和双边合作。充分利用现有国际合作机制，带动职教界拓展领域、创新形式、建设标准、提升水平，推动职教国际化实质性发展。逐步实现大多数高职院校及相当一部分中职学校拥有国际合作与交流项目，逐步增强职业院校学生的就业能力，拓宽职业院校学生国际视野。推动职业院校开放办学，充分利用国际优秀师资、课程标准、教学资源，引进和创新办学模式，培养适合国际产业标准的技术技能人才。积极参与国际职业教育标准制定，在国际职业教育领域推广中国标准。

参考文献

[1] 国家中长期教育改革和发展规划纲要（2010—2020 年）. 教育部官网，2010-02-29.

[2] 国家中长期人才发展规划纲要（2010—2020 年）. 中国政府网，2010-06-06.

[3] 国家中长期科学和技术发展规划纲要（2006—2020 年）. 中国政府网，2006-02-09.

[4] 中华人民共和国职业教育法. 中国政府网，1996-05-15.

[5] 国务院关于大力推进职业教育改革与发展的决定. 中国政府网，2002-08-24.

[6] 国务院关于大力发展职业教育的决定. 中国政府网，2005-10-28.

[7] 袁贵仁. 中国教育. 北京：北京师范大学出版社，2013.

[8] 王继平. 中国教育改革大系：职业教育卷. 武汉：湖北教育出版社，2015.

[9] 教育部职业技术教育中心研究所. 中国特色职业教育发展之路. 北京：高等教育出版社，2012.

[10] 吴江，田小宝. 人力资源蓝皮书：中国人力资源发展报告（2011—2012）. 北京：社会科学文献出版社，2012.

[11] 黄林芳. 教育发展机制论. 上海：上海财经大学出版社，2006.

[12] 孙绵涛. 教育行政学概论. 武汉：华中师范大学出版社，1989.

[13] 余祖光. 增强职业教育吸引力的问题研究. 中国职业技术教育，2009（34）.

第二章
职业教育体系建设

中国职业教育体系是国民教育体系的一部分。加快建设职业教育体系是党中央、国务院做出的重大决策。2010 年国家教育规划纲要就提出，“到 2020 年，形成适应经济发展方式转变和产业结构调整要求、体现终身教育理念、中等和高等职业教育协调发展的现代职业教育体系”，第一次将建立现代职业教育体系作为职业教育改革发展的重要任务。2012 年，党的十八大提出，要加快发展现代职业教育，十八届三中全会从全面深化改革角度进一步提出要深化教育领域综合改革，加快现代职业教育体系建设，深化产教融合、校企合作，培养高素质劳动者和技能型人才。2014 年，《国务院关于加快发展现代职业教育的决定》提出“到 2020 年，形成适应发展需求、产教深度融合、中职高职衔接、职业教育与普通教育相互沟通，体现终身教育理念，具有中国特色、世界水平的现代职业教育体系”的目标任务。同年，《现代职业教育体系建设规划(2014—2020 年)》明确了现代职业教育体系建设的具体建设目标，要求“2015 年，初步形成现代职业教育体系框架”。“2020 年，基本建成中国特色现代职业教育体系”。规划对体系的基本架构做出了系统设计，即按照终身教育的理念，形成服务需求、开放融合、纵向流动、双向沟通的现代职业教育的体系框架和总体布局，明确体系建设的重点任务、制度保障等。该规划从职业教育改革发展出发，着眼于全面建成小康社会的总目标，重视职业教育的改革与创新，明确中国建设现代职业教育体系的路线图，是职业教育改革发展的重要纲领性文件。

第一节 职业教育的层次结构

中国基于职业教育作为服务经济社会发展需要，面向经济社会发展和生产服务一线，培养高素质劳动者和技术技能人才并促进全体劳动者可持续职业发展的教育类型的基本认识，确定职业教育包括初等职业教育、中等职业教育和高等职业教育，明确了现代职业教育体系的层次结构。《职业教育法》明确规定了职业学校教育分为“初等、中等、高等职业学校教育”。按照《职业教育法》的有关规定，接受职业教育的学生来源主要是“以初中后为重点的不同阶段的教育分流”。

随着中国教育改革的发展，国民教育水平的整体提高，初等职业教育已逐步萎缩，但其在职业教育体系中发挥着独特的作用；中等职业教育长期是中国职业教育改革发展的重点，新时期，中等职业教育在中国职教体系中发挥着基础性作用，是我国职业教育体系建设的重点，也是普及高中阶段教育的重点；高等职业教育在21世纪以来不断创新发展方式，迅速占据中国高等教育体系的“半壁江山”，在中国职业教育体系中发挥着引领作用。

一、教育水平不断提高，初等职业教育逐渐萎缩

初等职业教育是现代职业教育体系的初级层次，包括初等职业学校教育和初等职业技术培训。随着教育的普及化，特别是九年义务教育以及高中阶段教育的普及，我国初等职业教育的规模迅速缩小。从规模来看，初等职业学校教育在职业教育体系中的比重已经非常小。在大力普及高中阶段教育的背景下，初等职业学校教育在全国层面已经不再具有普遍意义，初等职业教育的重心在于职业技术培训。因此，《现代职业教育体系建设规划（2014—2020年）》指出：“在有需要的地方继续办好初等职业教育学校。各类职业院校、培训机构和用人单位内部开展实用技术技能培训，使学习者获得基本的工作和生活技能。”

（一）当前初等职业教育规模逐步萎缩

初等职业教育在我国职业教育发展历程中曾做出重要贡献，特别是在针对成人提供实用技术培训以及普及九年义务教育方面发挥了重要作用。21世纪初，中国实现了基本普及九年义务教育和基本扫除青壮年文盲的战略目标，相应地，初等职业学校教育规模不断萎缩。随着高中阶段教育大力推进，我国职业教育总体规模在快速增长的同时，初等职业教育规模相应萎缩。2010年，我国中等职业教育招生人数为870多万，招生规模达到历史最高水平，而职业初中的招生人数仅为10 885；2011—2016年，我国职业初中的招生人数分别是7 208、5 305、3 534、2 373、1 773、1 395（见图2-1），呈逐年递减趋势。但是，同期，我国职业院校大规模开展社会培训，特别是针对农民的实用技术培训、农民工转移培训等，为职业教育发展，也为经济社会发展做出了重要贡献。

（二）“有温度的”初等职业教育学校

虽然我国初等职业教育的整体规模小，但发挥着独特作用。事实上，目前中国初等职业教育学校大多位于农村偏远地区或主要面向特殊教育学生，为学习者传授基本的工作和生活技能，培养独立人格，从而帮助他们能够融入社会、立足社会，为他们提供生存的基础条件。

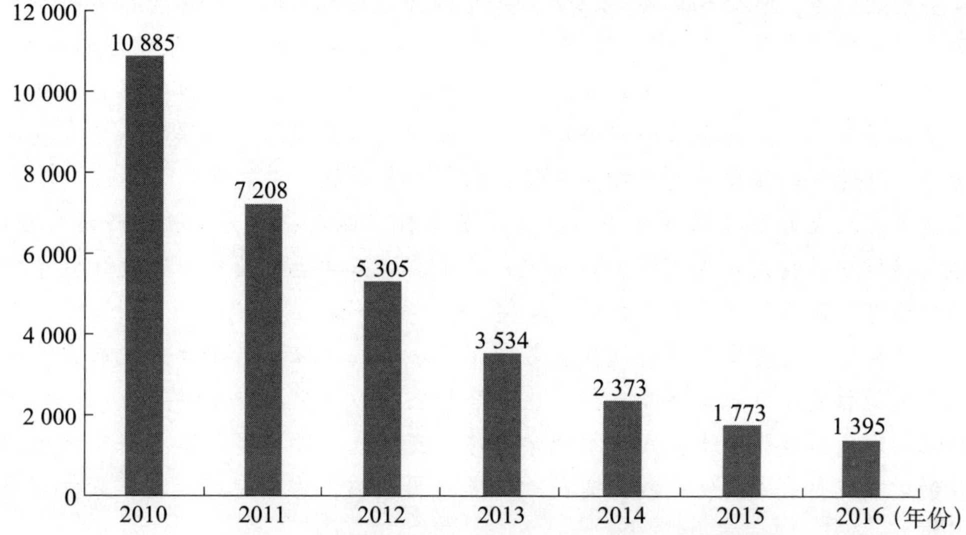

图 2-1　全国职业初中的招生人数（2010—2016 年）

资料来源：2010—2016 年教育部发展规划司发布的教育统计数据。

专栏 2-1

上海市长宁区初级职业技术学校：每个孩子都是金子

上海市长宁区初级职业技术学校是一所针对随班就读结业和辅读学校毕业的智障学生开展初级职业技术教育的特殊教育学校。学校办学历史悠久，创建于 1926 年，曾是上海第一所聋哑学校，1998 年转制为初级职业技术学校。

学校现有 15 个教学班、171 名学生、57 名教职员工。教师队伍中具有研究生学历和完成华东师大特殊教育学研究生课程班进修的教师占 92%，有高级技师、技师 7 名，中高级教师 31 名。学校各项设施齐全，各专业都配备了专门的教室及设备，建立了规范的医务室和康复训练室。学校还与 10 余家企业建立了长期合作关系，建立了 15 家实习基地。

学校在“科研兴校”的管理理念下，引领教师积极投入教科研，围绕“智障学生的转衔教育”持续进行深入的实践研究。经过 18 年的探索，学校共开展了 85 个课题、334 个教研主题的扎根性实践研究，在全国率先开发了一套完整的支持式职业教育课程，率先实施轻度智障学生个别化职业转衔服务计划，为智障学生顺利的职业转衔、更好的社会融合寻求一种可行的教育模式。

支持式职业教育课程以“学会主动参与、学会依法办事、学会自信负责、学会敬业吃苦、学会合作共处、学会感恩惜福”的“六会”目标为核心，不仅要求学生掌握一种或几种职业技能，而且注重培养学生良好的职业情感与态度，力争使学生具备基本的文化素养及健康的生理、心理素质，使他们成为自食其力的劳动者和适应社会的现代公民。学校开发了包括通用基础课程、专业技术课程、岗位体验课程、人与社会课程、综合康复课程、潜能开发课程在内的六大类课程。在专业技术课程中，共开设了烹饪、面点、园艺、服务四门专业，学校持续进行精致化教学的系列研究，其中“智障学生专业技能精致化教学的实证研究”获全国职教科研成果一等奖。

学校以心理健康教育引领教育教学工作，形成了以支持学生展现自我、融入社会为目的，以优势潜能支持、生涯全程支持、全员参与支持为原则，以支持式心理课程建设、支持式课程教学实施、支持式心理环境营造为基本途径的特教学校支持式心理健康教育模式。2014 年再次被评为上海市心理健康教育示范校。

以课程为中心，学校设置了课程研究开发室、课程实施管理室、课程质量评估室、课程资源保障室，有效保障了支持式职业教育课程的研发与实施。经过多年的课程开发与建设，学校共编写出 80 余册校本教材，实施了 730 余个学生个别化教学计划，积累了 11 500 余份“学生进步档案”、6 000 余篇学生发展叙事，积累了包括教材库、教案库、课件库、习题库、学习视频库、教学视频库等在内的丰富课程资源。“智障学生初职教育支持式课程的研究”获得上海市第八届教科研优秀成果一等奖，被教育部基教司评为特教 A 级科研成果。

以支持式职业教育课程为基础，学校还为学生提供个别化的支持手段，引领他们克服从“学校人”走向“社会人”的诸多困难。学校主要以个别化职业转衔服务计划（IVTSP）为抓手，针对智障学生职业转衔三个阶段（准备期、关键期和稳定期）的不同需求，构建了一个较为成熟的个别化职业转衔服务体系。

经过多年的辛勤耕耘，学校办学取得了丰硕的成果。学生专业考证通过率高达 100%。学生初次就业率保持 100%，就业留存率达到 73.3%，学生毕业实习大多进入四、五星级酒店，西式快餐连锁、大型超市、连锁面包坊等。学生各项潜能也获得充分发展，与普通学生同台竞技，获得陶艺、美术、摄影等全国比赛一等奖 10 余项，两获全国中小学劳技教育创新金奖，还有学生荣获 2011 年上海市教育年度人物提名奖。教师具备较强的教育教学能力和科研能力，教师团队获得首届“浙沪苏”长三角地区教育科学研究优秀团队。2004 年以来，教师教科研成果超过 1 000 项，发表核心期刊论文 30 余篇，全国一等奖论文 130 余篇，出版专著 23 本、专辑 3 本，“轻度智障学生职业生涯发展教育的研究与实施”获首届基础教育国家级教学成果二等奖、上海市一等奖。学校办学取得了良好的社会反响，学校获全国模范职工小家、上海市文明单位等国家、市区级荣誉 100 余项。接受区政府教育督导评估，学校连续 4 次获得全“优”的好成绩，家长满意度不断提升，每年达到 95%以上。

展望未来，上海市长宁区初级职业技术学校将继续在科学发展观引领下，以融合教育理念为指导，推进现代学校制度建设，深化支持式课程开发与实施，为师生生涯发展提供支持，努力把学校办成一所具有教育与康复、转衔与服务功能的特教学校，促进学生的社会融合与终身发展。

资料来源：上海市长宁区初级职业技术学校．爱让梦想成真，支持每个学生发展：上海市长宁区初级职业技术学校简介．(2014-04-04). http://www.cncz.com.cn/?page_id=414.

二、保持“大体相当”，中等职业教育发挥基础作用

长期以来，发展中等职业教育是中国职业教育改革发展的重点，是我国培养高素质劳动者和技能人才的重要支柱，在加快发展现代职业教育中发挥着基础性作用。经过改革开放以来的长足发展，中国中等职业教育的中心从规模发展转向内涵发展，提高质量成为改革发展的核心任务，同时，中职招生和在校生规模与普通高中总体保持“大体相当”，中等职业教育有效发挥基础作用。

（一）加强招生统筹管理

2010 年国家教育规划纲要确立了“到 2020 年……普及高中阶段教育，毛入学率达到 90%”的目标，“十二五”期间，高中阶段教育毛入学率要从 2009 年的 79.2%提高到 2015 年的 87.0%。为实现普及高中阶段教育的发展目标，2010 年国家教育规划纲要要求各地“根据经济社会发展需要，合理确定普通高中和中等职业学校招生比例，今后一个时期总体保持普通高中和中等职业学校招生规模大体相当”。

普及高中阶段教育，中等职业教育是重点。2014 年，《国务院关于加快发展现代职业教育的决定》进一步要求“各地要统筹做好中等职业学校和普通高中招生工作，落实好职普招生大体相当的要求，加快普及高中阶段教育”。随后，《现代职业教育体系建设规划（2014—2020 年）》也明确提出：“中等职业教育是职业教育发展的重点，今后一个时期总体保持普通高中和中等职业学校

招生规模大体相当。”

2015 年，教育部办公厅印发《关于做好 2015 年高中阶段学校招生工作的通知》，提出“总体保持普通高中和中等职业学校招生规模大体相当是当前和今后一个时期高中阶段学校招生工作的基本原则”，要求各地“根据区域经济社会发展对技术技能型人才的需要和本地区初中毕业生的实际数量等，按照大体相当的原则，科学合理确定 2015 年高中阶段教育普职招生比例”，还要求各地“要继续加强对高中阶段教育招生统筹管理，建立统一的高中阶段学校招生工作平台，从制订招生计划、发布招生信息、组织招生宣传、招生报名、实施录取等方面，切实保障普通高中和中等职业学校招生机会公平、程序公正，确保高中阶段教育协调可持续发展”，强调在欠发达地区和民族地区，要以发展中等职业教育作为普及高中阶段教育的重点。

为贯彻落实 2010 年国家教育规划纲要、《国务院关于加快发展现代职业教育的决定》和《现代职业教育体系建设规划（2014—2020 年）》，各省分别召开全省教育工作会议、职业教育工作会议，制定本地区中长期教育改革和发展规划纲要、落实《国务院关于加快发展现代职业教育的决定》的实施意见和本地区现代职业教育体系建设规划，制定本地区 2015 年、2020 年高中阶段教育的具体发展目标，合理确定本地区普通高中和中等职业学校招生比例，全面落实普职比大体相当的要求。

一些地方落实政府在统筹和发展职业教育中的主体责任，将发展职业教育、落实普职比大体相当的情况列入政府目标责任并实施考核。例如：四川省、贵州省以签订责任书的形式，将高中阶段招生任务按普职比大体相当的要求层层分解落实，纳入市、县政府工作目标督办并进行考核。浙江省制定省级财政补助与市县职业教育发展挂钩考核办法，规定“当年本地区中职教育与普通高中教育招生规模大体相当，中职招生总人数占高中阶段招生总数的 50%，且毕业率 98%以上为优秀；中职招生总人数占高中阶段招生总数的 45%以上，且毕业率 90%以上为合格；其余不得分”。天津、黑龙江、上海、江苏、江西、四川等省市则建立高中阶段招生工作平台，实行了中等职业学校和普通高中同一平台招生，统筹中等职业学校和普通高中招生工作，推进职业教育与普通教育协调发展。

（二）完善资助政策体系

2010 年国家教育规划纲要要求“完善职业教育支持政策。逐步实行中等职业教育免费制度”，“免除中等职业教育家庭经济困难学生和涉农专业学生学费”,“完善普通本科高校、高等职业学校和中等职业学校家庭经济困难学生资助政策体系”。为此，自2010年以来教育部联合其他部委颁布了诸多文件，进一步落实中等职业教育资助政策的实施，为低收入家庭学生选择职业教育提供保障。

2010年，财政部、国家发改委、教育部、人社部联合印发的《关于扩大中等职业学校免学费政策覆盖范围的通知》提出，从2010年秋季学期起，对公办中等职业学校全日制正式学籍一、二、三年级在校生中城市家庭经济困难学生免除学费（艺术类相关表演专业学生除外），并对享受免学费政策的城市家庭经济困难学生分地区进行比例确定（西部地区15%、中部地区10%、东部地区5%）。2012年，财政部、国家发改委、教育部、人社部联合印发的《关于扩大中等职业教育免学费政策范围　进一步完善国家助学金制度的意见》指出，从2012年秋季学期起，对公办中等职业学校全日制正式学籍一、二、三年级在校生中所有农村（含县镇）学生、城市涉农专业学生和家庭经济困难学生免除学费（艺术类相关表演专业学生除外）。2013年，财政部、教育部、人社部联合印发的《中等职业学校免学费补助资金管理办法》要求中央财政统一按每生每年平均2 000元测算标准和一定比例与地方财政分担，并对公办和民办中等职业学校免学费资金的补助方式做出了详细规定。同年，财政部、教育部、人社部联合印发的《中等职业学校国家助学金管理办法》提出，面向具有中等职业学校全日制学历教育正式学籍的一、二年级在校涉农专业学生和非涉农专业家庭经济困难学生提供国家助学金资助，国家助学金由中央和地方政府共同出资，主要资助受助学生的生活费开支，资助标准为每生每年1 500元。2014年，《财政部　教育部　中国人民银行　银监会关于调整完善国家助学贷款相关政策措施的通知》印发，该通知指出全日制普通本专科学生（含第二学士学位、高职学生）国家助学贷款全国平均资助比例应与当年国家助学金资助比例相当，各地区、各高校资助比例应与本地区、本高校当年国家助学金资助比例相当。2015年，国务院扶贫办、教育部、人社部联合印发的《关于加强雨露计划支持农村贫困家庭新成长劳动力接受职业教育的意见》提出，面向贫困家庭子女参加中、高等职业教育的，给予家庭扶贫助学补助。学生在校期间，其家庭每年均可申请补助资金。

随着中等职业教育资助政策体系的逐步完善，中等职业教育免学费和学生资助政策覆盖面逐步扩大。仅2009—2013年，中央财政就安排中职免学费补助资金289亿元。目前，中等职业教育所有农村（含县镇）学生、城市涉农专业学生和家庭经济困难学生都免除了学费，享受免学费学生人数约占中职在校生数的 91.5%。全日制正式学籍一、二年级在校涉农专业学生和非涉农专业家庭经济困难学生在享受免学费政策的基础上还能享受国家助学金，助学金覆盖率近 40%。

2015 年 2 月 25 日，李克强主持召开国务院常务会议，决定从 2015 年春季学期起，将中等职业学校和普通高中国家助学金标准由生均每年 1 500 元提高到 2 000 元。山西、内蒙古、江苏、山东、重庆、广西、贵州、西藏、青海、宁夏等省份在此之前就已经达到了中等职业教育补助标准生均每年 2 000 元的标准。

各地积极根据地方经济发展逐步提高职业教育学生的资助标准。如云南省从 2014 年秋季开始，在执行国家资助政策的基础上，省财政对试点学校普通全日制农村户籍学生，初中起点在校第一学年、第二学年，高中起点在校第一学年，每生每学年再给予 2 500 元的生活补助。青海省根据省政府《三江源地区"1+9+3"教育经费保障补偿机制实施办法》和《三江源地区异地办学奖补机制实施办法》，从 2011 年秋季学期开始，对三江源当地就读学生每年补助 4 200 元，异地就读学生每生每年补助 6 500 元。

（三）保持规模"大体相当"

总体上来看，受适龄人口数量变化的影响，2011 年以来，我国整体高中阶段教育的招生数呈逐年下降趋势，中等职业教育招生数同样呈现逐年下降趋势。2010 年，我国中等职业教育招生数为 868.14 万，2011 年为 813.87 万，2013 年降至 674.76 万，2015 年降至 601.25 万，2016 年再降至 593.34 万。

随着中等职业教育招生数呈现出逐年下降的趋势，全国中等职业教育招生数占高中阶段教育招生数的比例也逐年下降。但由于中央和地方采取了相关政策措施，全国中等职业教育招生数占高中阶段教育招生数的比例总体保持在 43%以上，实现了普通高中与中等职业学校招生规模"大体相当"的目标。根据统计数据，2016 年全国共有中等职业学校（包括普通中专、成人中专、职业高中和技工学校）1.09 万所，在校生数1 597.32 万，在校生占高中阶段教育在校生的 40.25%。2016 年招生数 587.57 万，占高中阶段教育招生的 42.26%[①]。

从全国各省份情况来看，以 2015 年为例，如图 2－2 所示，2015 年全国中等职业学校招生数占高中阶段教育招生数的比例与普通高中招生数占高中阶段

---

① 教育部职业教育与成人教育司．中等职业教育改革发展的思路与举措．(2017－04－06)．http：//www.moe.edu.cn/jyb_xwfb/xw_fbh/moe_2069/xwfbh_2017n/xwfb_170406/170406_sfcl/201704/t20170406_301933.html.

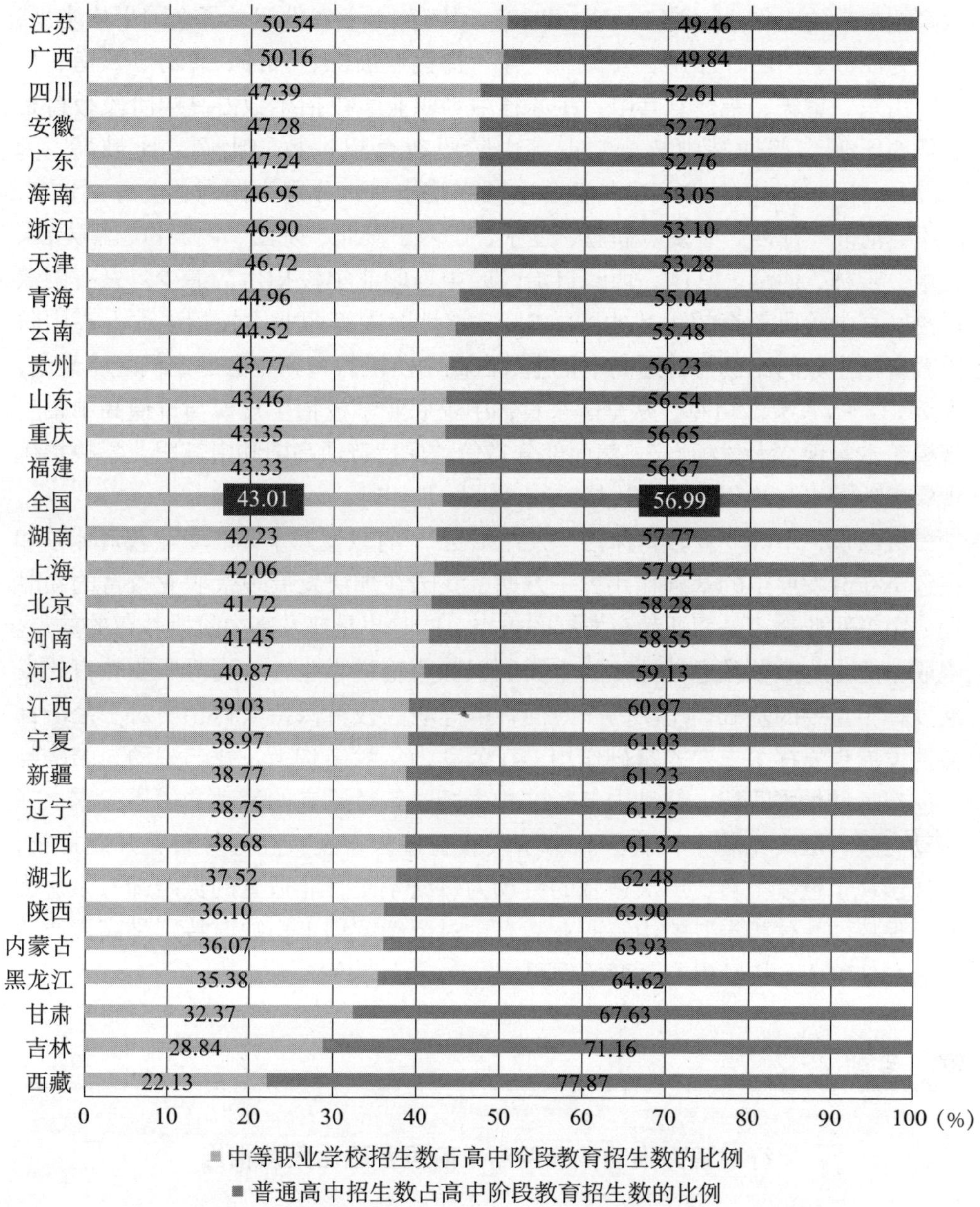

图 2－2　2015 年全国及各省份中等职业学校招生数与普通高中招生数各自占高中阶段教育招生数的比例

注：此处“中等职业学校”包括了普通中专、成人中专、职业高中、技工学校（未包括上海、西藏 2015 年技工学校）。

资料来源：教育部发展规划司发布的 2015 年教育统计数据；国家统计局人口和就业统计司，人力资源和社会保障部规划财务司．中国劳动统计年鉴 2016. 北京：中国统计出版社，2017.

教育招生数的比例之比为 43.01∶56.99。共有 14 个省份超过了全国平均水平，分别为江苏、广西、四川、安徽、广东、海南、浙江、天津、青海、云南、贵州、山东、重庆、福建。其中，江苏省中等职业学校招生数占高中阶段教育招生数的比例与普通高中招生数占高中阶段教育招生数的比例之比最高，为 50.54∶49.46。共有 17 个省份低于全国平均水平，分别为湖南、上海、北京、河南、河北、江西、宁夏、新疆、辽宁、山西、湖北、陕西、内蒙古、黑龙江、甘肃、吉林、西藏。其中，西藏自治区的中等职业学校招生数最少，只占西藏自治区高中阶段教育招生数的 22.13%，该地区中等职业学校招生数占高中阶段教育招生数的比例与普通高中招生数占高中阶段教育招生数的比例之比最低，为 27.13∶77.87。可见，从全国来看，中等职业学校招生规模与普通高中招生规模基本实现“大体相当”，然而部分省份“保持普通高中和中等职业学校招生规模大体相当”的任务面临挑战。

可以说，中等职业教育保持“大体相当”，有效发挥了其在职业教育体系和在经济社会发展中的基础作用。一方面，我国在加快发展现代职业教育的新时期，中等职业教育是职业教育发展的重点，同时也是普及高中阶段教育的重点。中职毕业生为高职及近年开始的本科层次教育输送学生，为高等职业教育的发展发挥了重要的基础作用。另一方面，中等职业教育保持大体相当对于经济社会的发展也发挥了重要的基础作用。在劳动力年龄结构上，我国劳动力结构与人口年龄结构不匹配，劳动力年龄结构失衡，年龄适宜的劳动力供不应求；在劳动力教育层次结构上，我国高中阶段教育还未普及，高等教育就开始扩招，导致出现了过度教育，层次适宜的劳动力供给不足，非适宜的供给却有余。因此，保持“大体相当”的中等职业教育，对于缓解用工短缺，特别是高素质劳动者和技能人才短缺具有重要的作用。

专栏 2-2

行政强力推动，确保高中阶段普职比大体相当

为落实“职普招生大体相当，加快普及高中阶段教育”的要求，安徽、浙江两省采取了高中阶段教育招生统筹政策。安徽省教育厅、安徽省发展和改革委员会、安徽省财政厅、安徽省人力资源和社会保障厅联合出台了《关于加强职业教育市级统筹的指导意见》，按照初中毕业生报考人数的 53%划定普通高中录取分数线，线外考生一律不准注册普通高中学籍，确保高中阶段普职比大体相当；浙江省则严格按

照1∶1划定普通高中录取分数线，稳定中职学校在校生人数。

2010年以来，安徽省中职（未包括技工学校数据）招生数占高中阶段招生总人数的45.15%～49.23%，基本保持了高中阶段普职比大体相当（见表2-1）。

表2-1 安徽省初中毕业生升学情况统计（2010—2015年）

年份	初中毕业生人数	中职招生人数	高中招生人数	升学人数	中职占比/%	高中占比/%
2010	922 004	349 069	424 086	773 155	45.15%	54.85%
2011	922 116	405 504	441 743	847 247	47.86%	52.14%
2012	869 576	408 824	439 725	848 549	48.18%	51.82%
2013	723 950	369 049	380 526	749 575	49.23%	50.77%
2014	666 342	334 170	370 649	704 819	47.41%	52.59%
2015	640 927	306 770	363 302	670 072	45.78%	54.22%

浙江省也保持了普职比基本稳定的态势（见表2-2）。2015年，浙江省中职（未包括技工学校数据）招生18.71万人。2013—2015年，浙江省中职（未包括技工学校数据）招生数占高中阶段招生总人数的比例维持在42%左右。

表2-2 浙江省初中毕业生升学情况统计（2013—2015年）

年份	中职招生		普高招生	
	招生/万人	占比/%	招生/万人	占比/%
2013	19.15	41.93	26.52	58.07
2014	17.90	41.56	25.17	58.44
2015	18.71	41.86	25.99	58.14

三、示范引领，高等职业教育创新发展

20世纪90年代后期，为适应知识发展要求，迎接知识社会挑战，中国提出跨世纪教育行动计划，确定了实现高等教育大众化的目标。1998年12月，教育部发布的《面向21世纪教育振兴行动计划》提出：到2000年，高等教育入学率达到11%左右；到2010年，在全面实现“两基”目标的基础上，城市和经济发达地区有步骤地普及高中阶段教育，全国人口受教育年限达到发展中国家的先进水平；高等教育规模有较大扩展，入学率接近15%。随后中国高等

教育规模迅速扩大，到 2002 年，中国仅用了 4 年时间，高等教育毛入学率即从 1998 年近 8%提高到 15%，提前 8 年实现进入高等教育大众化的目标。此后，高等教育规模毛入学率继续快速提高，到 2015 年，中国高等教育毛入学率即达到 40%，提前 5 年实现了 2010 年中国确定的 2020 年毛入学率达到 40%的目标。2016 年，中国高等教育毛入学率进一步提升，达到 42.7%。在此过程中，中国高等职业教育也得到快速发展，走出了一条创新的发展道路，为职业教育发展和高等教育大众化实现做出了突出贡献。特别是 21 世纪以来，在经历了高等职业院校规模迅速扩张之后，高等职业教育随即面临着从“量变”到“质变”的课题。

（一）创新发展思路，高职实现快速发展

从 20 世纪 80 年代初开始，在我国东南沿海及一些经济较发达地区率先出现了一批由中心城市举办的地方性大学和职业大学，这些就是我国最早的高等职业学校①。在后来的近 40 年的改革发展中，我国高等职业教育不断创新发展思路与发展方式，实现了快速发展。

一是依托优质中职校，合并重组发展高职。1985 年出台的《中共中央关于教育体制改革的决定》明确要求“积极发展高等职业技术院校”，首先明确了高等职业教育在职教体系中的地位。1994 年，在党中央、国务院召开的全国教育工作会议上，国家领导人更加系统地提出发展高等职业教育的任务，同时，明确了“三改一补”的发展途径，即通过现有职业大学、部分高等专科学校和独立设置的成人高校改革办学模式，调整培养目标来发展高等职业教育，在仍不满足时，经批准可利用少数具备条件的重点中等专业学校改制或举办高职班等方式作为补充。依托优质中职校发展高职是我国高职迅速成长的重要方式之一，目前，许多高职院校是在中专校基础上升格的。据统计，在 100 所国家示范性高职院校、100 所国家骨干性高职院校中，80%～85%是由中职“升”上来的，这些“中职校”主要是“中专学校”②。

二是充分利用社会资源，民办高职迅速发展。1982 年 3 月 13 日，北京市工农教育办公室批复北京科学社会主义学会关于举办中华社会大学的申请。这在新中国成立以来的教育史上具有开创性意义。1993 年 8 月 17 日发布的《民办高等学校设置暂行规定》规定民办高等学校及其教师和学生享有与国家举办

---

① 王继平．中国教育改革大系：职业教育卷．武汉：湖北教育出版社，2016：15.

② 杨金土．20 世纪我国高职发展历程回顾．中国职业技术教育，2017（9）：5－17.

的高等学校及其教师和学生平等的法律地位，其学历教育纳入高等教育招生计划，学生毕业后自主择业，国家承认学历。民办高等学校不得以营利为办学宗旨。1995 年 5 月，中国成人教育协会民办高等教育委员会成立，并经国家教委批准、民政部备案。1995 年 5 月 25—27 日，中国成人教育协会民办高等教育委员会成立会暨研讨会在北京召开。这是新中国成立以来民办高等教育的第一个全国性团体组织。1998 年 12 月和 1999 年 7 月，教育部高校设置评议委员会分别在湖南省长沙市和河北省三河市举行会议，共计通过了 25 所民办高等职业技术学院的建立。至 1999 年 10 月，全国具有颁发学历文凭资格的民办高校共达 37 所[①]。进入 21 世纪，民办高职迅速发展。2003 年，《中华人民共和国民办教育促进法》颁布，该法指出“国家对民办教育实行积极鼓励、大力支持、正确引导、依法管理的方针”，“民办学校与公办学校具有同等的法律地位”，“民办学校享受国家规定的税收优惠政策”等。2004 年，国家颁布《中华人民共和国民办教育促进法实施条例》，对《中华人民共和国民办教育促进法》实施中的具体问题予以规范。截至 2015 年，全国共有民办高校 734 所，其中专科学生当年毕业生数为 62.84 万，在校生数为 227.52 万[②]。

三是示范引领，提高高职整体质量水平。随着我国高等教育的迅速扩张，高等职业教育随即面临着从“量变”到“质变”的转变。2006—2010 年，国家财政投资 20 亿元，重点支持 100 所示范性高等职业院校建设项目，按年度、分地区以地方为主、中央引导、突出重点的原则分批推进。其中，2006 年首批立项建设 28 所高职院校，2007 年第二批立项建设 42 所高职院校，2008 年第三批立项建设 30 所高职院校。截至 2011 年 3 月，由国家财政投资支持的 100 所立项建设示范高职院校已先后完成全部建设项目，并顺利通过省级和国家级验收，但示范验收仅仅是高职院校发展的起点。在示范建设过程中，各示范高职纷纷致力于彻底打破传统的学科课程模式，转变为基于工作任务的项目课程模式，凸显就业性的培养目标和特色[③]。2010 年教育部、财政部继续加强国家示范性高等职业院校建设，启动了国家骨干高职院校建设项目，在全国遴选了 100 所国家骨干高职院校，着力推进骨干高职院校进行办学体制机制创新，增强办学活力，以专业建设为核心，强化内涵建设，提高人才培养质量，带动本地区高

① 杨金土．20 世纪我国高职发展历程回顾．中国职业技术教育，2017（9）：5－17.

② 教育部．各级各类民办教育基本情况．(2016－10－12)．http：//www.moe.edu.cn/s78/A03/moe_560/jytjsj_2015/2015_qg/201610/t20161012_284508.html.

③ 向红梅，聂强．国家示范高职后示范建设现状及期望路径．职业技术教育，2012（25）：49－52.

等职业教育整体水平提升[①]。国家在“十二五”期间新增100所国家骨干高职院校，被称为国家示范性院校二期建设项目，是构建以国家示范院校为引领、国家骨干院校为带动、省级示范院校为支撑的现代职业教育体系的重要举措。2006年至2015年，教育部、财政部启动实施的“国家示范性高等职业院校建设计划”在创新体制机制、深化教学改革、提升服务能力、提高办学质量等方面取得了显著成效，成为这一时期高等职业教育改革发展的亮点。2015年，教育部印发的《高等职业教育创新发展行动计划（2015—2018年）》提出建设200所优质专科高等职业院校的目标，为高职战线树立起改革发展的“新标杆”。关于优质校建设的标准，教育部高职发展处处长林宇提出：一要坚持工学结合培养人才，深化促进校企合作体制机制改革；二要坚持围绕专业建设，调整结构、改善条件、提振师资，提高专业服务产业发展的能力；三要坚持教学内容与方法改革，提高学生自主学习能力和创新能力；四是坚持开放办学，加强技术技能积累。可以说，从我国高职的示范校、骨干校建设，到目前的优质校建设，遵循了一条清晰的发展逻辑：从重点抓工学结合的专业建设，到重点抓校企合作的体制机制创新，而优质高职建设则重点抓产教融合的院校整体质量提升[②]。“示范校”“骨干校”“优质校”建设直接涉及的虽然仅是部分高职校，不是高职全部，但对高等职业教育的发展确实发挥了很好的示范引领作用。高职（专科）发展在高等教育规模扩张中快速发展，走出了一条示范引领的创新发展之路。

四是创新发展，培养本科、研究生层次的高等职业教育人才。2014年，《国务院关于加快发展现代职业教育的决定》明确提出了职业教育的目标任务：“到2020年，中等职业教育在校生达到2 350万人，专科层次职业教育在校生达到1 480万人，接受本科层次职业教育的学生达到一定规模。”为此，要“创新发展高等职业教育……探索发展本科层次职业教育。建立以职业需求为导向、以实践能力培养为重点、以产学结合为途径的专业学位研究生培养模式”，还要“引导普通本科高等学校转型发展。采取试点推动、示范引领等方式，引导一批普通本科高等学校向应用技术类型高等学校转型，重点举办本科职业教育。独立学院转设为独立设置高等学校时，鼓励其定位为应用技术类型高等学校。建立高等学校分类体系，实行分类管理，加快建立分类设置、评价、指导、拨款制度。招生、投入等政策措施向应用技术类型高等学校倾斜”。

① 王长文．国家骨干高职院校建设的实践与思考．职业技术教育，2011（17）：54－56.

② 翟帆．优质校建设，高职改革举起“新标杆”．中国教育报，2016－11－08.

随后，《现代职业教育体系建设规划（2014—2020年）》提出，“在办好现有专科层次高等职业（专科）学校的基础上，发展应用技术类型高校，培养本科层次职业人才。应用技术类型高等学校是高等教育体系的重要组成部分，与其他普通本科学校具有平等地位。高等职业教育规模占高等教育的一半以上，本科层次职业教育达到一定规模。建立以提升职业能力为导向的专业学位研究生培养模式”。

为进一步贯彻落实《国务院关于加快发展现代职业教育的决定》，2014年教育部明确提出了改革方向：国家普通高等院校1 200所学校中，将有600多所转向职业教育，转型的大学本科院校约占高校总数的50%。而这次高校改革调整的重点是1999年大学扩招后“专升本”的600多所地方本科院校，将率先转向职业教育。

可以说，这次高校改革针对的是高校毕业生就业难和市场上所需要的技术技能人才供给不足的矛盾。今后，中国将以建设现代职业教育体系为突破口，以培养技术技能型人才为核心，对教育结构实施战略性调整。在这样的改革设想下，中国将建立专科、本科、研究生等多层次的高等职业教育体系（见图2-3），专业学位研究生教育则被视为现代职业教育体系中的最高层次（见图2-4）[①]。

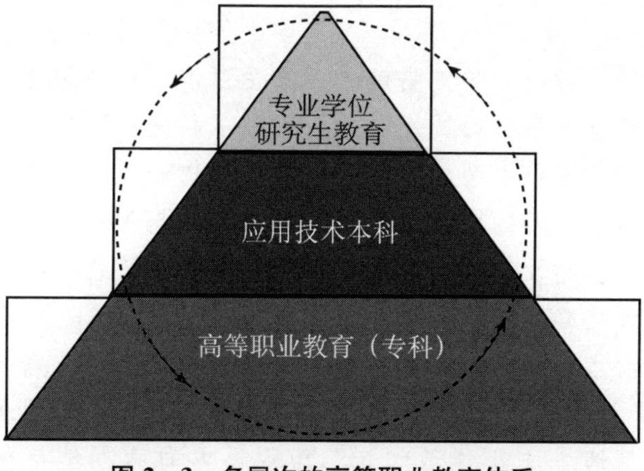

图2-3 多层次的高等职业教育体系

① Tang N，Shi W. Youth employment and technical and vocational education and training（TVET）in China//Pilz M. Vocational education and training in times of economic crisis. Switzerland：Springer，2017：269-283.

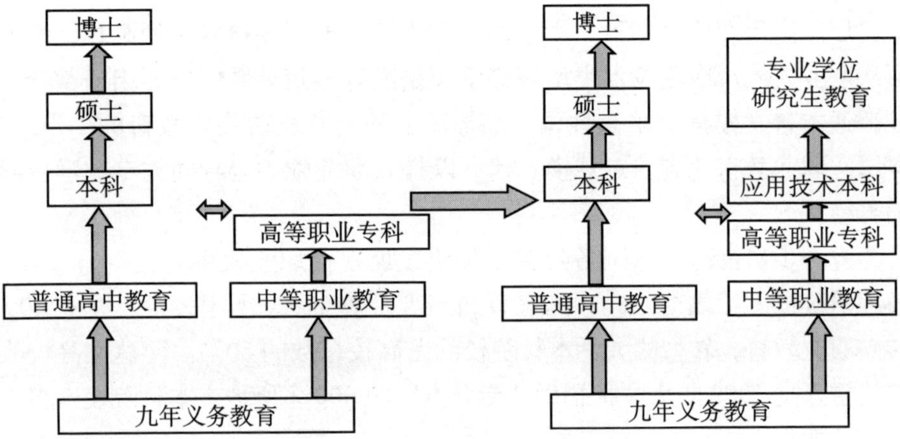

图 2-4　现代职业教育体系建设

专栏 2-3

商洛学院建设应用型大学的实践探索

培养应用型人才是我国社会经济发展的迫切需求。多年来，商洛学院积极探索向应用型大学转型之路，在应用转型中谋发展，在服务地方上求支持，取得了良好的成就。

经过深入调研、讨论，学校明确了“立足商洛，面向地方，服务基层，培养应用型人才，建设多学科协调发展的应用型本科院校”的目标定位。围绕这一定位，全校就“建设应用型本科院校”这一历史命题开展了大讨论，在讨论中逐步明晰了应用型大学的内涵、特征和要求。以此为指导，商洛学院从学科专业结构、课程体系建设等方面着手，探索具有自身特色、符合学校实际的应用型本科院校建设之路。

在实践中，商洛学院紧扣应用型大学服务面向当地人才需求，凝练打造出“秦岭现代中药资源和绿色食品开发利用，秦岭矿产资源综合开发利用，贾平凹研究、秦岭画派等地方文化传承创新”为主要方向的办学特色。学校打造了“陕西省尾矿资源综合利用重点实验室”、陕西（高校）哲学社会科学重点研究基地——“商洛文化暨贾平凹研究中心”、生物学优势学科 3 个省级教学科研平台。

逐步调整专业结构，保留师范类专业传统优势，积极发展与地方主导产业关系密切的相关工科和管理类专业，将原来单一的教育学科发展到现在的文、理、工、管、法、史、教、艺8个学科领域。本科专业由升本之初的6个增加到2014年底的31个，其中应用型专业15个，占到48%。现有的金属材料工程、制药工程、食品科学与工程等专业与商洛地方四大主导产业做到了有机衔接，在专业设置、专业建设与管理等方面主动与地方企事业单位对接，充分适应了地方上的需求。

着力打造适应应用型人才培养要求的师资队伍。学校一方面有计划地选派实践性需求较强的专业教师到相关政府部门、行业、企业单位参加顶岗实践，提升教师的实践教学能力；另一方面，积极从地方政府、企业及其他合作单位聘用兼职教师，全过程参与应用型人才培养。经济与管理学院从企业中聘请工程师参与指导信息管理与信息系统专业的课程论文（设计），在校企联合课程设计新模式方面进行了有益的探索，新华网还对此还做了专题报道。

围绕应用型人才对知识、能力、素质的要求，学校不断优化课程体系，建立通识课、专业课和集中实践三大平台。坚持分类培养原则，在人才培养方案中设置了考研课程模块、职业技能模块，满足学生个性化成才需求。学校考研通过率连续3年保持在14%以上，2014年本科毕业生初次就业率达到92.74%。

加强与经济界合作，加强实践教学。商洛学院通过校地、校企合作，先后建立了111个校外实习基地，拥有两个陕西省大学生实践教学基地，在宁波北仑区、天津滨海新区、新疆生产建设兵团建立了实践教学基地群。学校将新校区直接建在了商丹循环经济工业园区之内，更便于师生实践教学活动的开展。

加强科技或科研工作服务地方发展。从2011年起，商洛学院专门设立了“商洛学院服务地方专项科研计划”。目前，学校承担的各级各类科研项目中，有53%是与商洛经济、社会、文化发展直接相关的项目，其科研经费占到学校科研经费总额的70.5%。学校教师选育的小麦新品种“商麦5226”“商麦1619”以耐寒、耐旱，适宜旱原地区播种、增产幅度高的优势进入国家种质资源库，成为商洛及周边地区小麦骨干品种，产生了显著的经济效益和社会效益。

紧扣地方文化传承和创新，商洛学院把贾平凹研究、秦岭画派等地方文化传承创新作为办学特色之一，在贾平凹研究、商洛民俗研究、秦岭画派创作等方面取得了一系列成果。学校与商洛市剧团合作成立商洛学院戏曲学院，大力推进商洛文化的传承、创新。

经过10年的实践探索，商洛学院办学条件不断改善，办学规模稳步扩大，教学水平持续提高，社会影响日益增强，初步探索出了一条建设应用型本科院校的路子。

资料来源：张景书，刘建林．商洛学院建设应用型大学的实践探索．中国教育报，2015-04-21.

（二）高等职业教育（专科）规模占据“半壁江山”

全国普通本专科教育规模稳步增长，高等职业教育（专科）规模也呈现出稳步增长的态势。从招生规模来看，2010年，全国高等职业院校1 113所，招生310.5万人。2011年，全国高等职业教育（专科）招生324.86万人，比2010年增长4.63%。2012年、2013年全国高等职业教育（专科）招生规模微弱调整。2015年，全国高等职业院校1 341所，招生348.43万人，招生人数比2010年增长12.22%。到了2016年，全国高等职业院校1 359所，招生343.21万人，招生规模比2015年略有减少。

从招生比例来看，全国高等职业教育（专科）招生数占普通本专科教育招生数的比例维持在45%以上，2015年为47.22%，整体比例基本持平。可见，全国高等职业教育（专科）招生规模占普通本专科教育招生规模的“半壁江山”。2016年，全国高等职业教育（专科）招生数占普通本专科教育招生数比例略有下降，为45.85%。

从全国各省份情况来看，各地区高等职业教育（专科）招生数占普通本专科教育招生数的比例情况有所不同。以2016年为例，共有14个省份的高等职业教育（专科）招生数占比超过了全国平均水平，分别为贵州、江西、新疆、广西、河南、山东、青海、湖南、河北、广东、内蒙古、安徽、四川、海南，前8个省份的普通专科招生数比例均超过了50%，其中占比最大的为贵州省，高等职业教育（专科）招生数占普通本专科教育招生数的56.39%。共有17个省份的高等职业教育（专科）招生数占比低于全国平均水平，分别为湖北、重庆、云南、浙江、陕西、甘肃、山西、西藏、江苏、福建、宁夏、天津、黑龙江、辽宁、上海、吉林、北京，其中占比最低的为北京市，高等职业教育（专科）招生数仅占普通本专科教育招生数的15.5%（见图2-5）。可见，专科层次的高等职业教育在各个省份的发展情况各有不同。

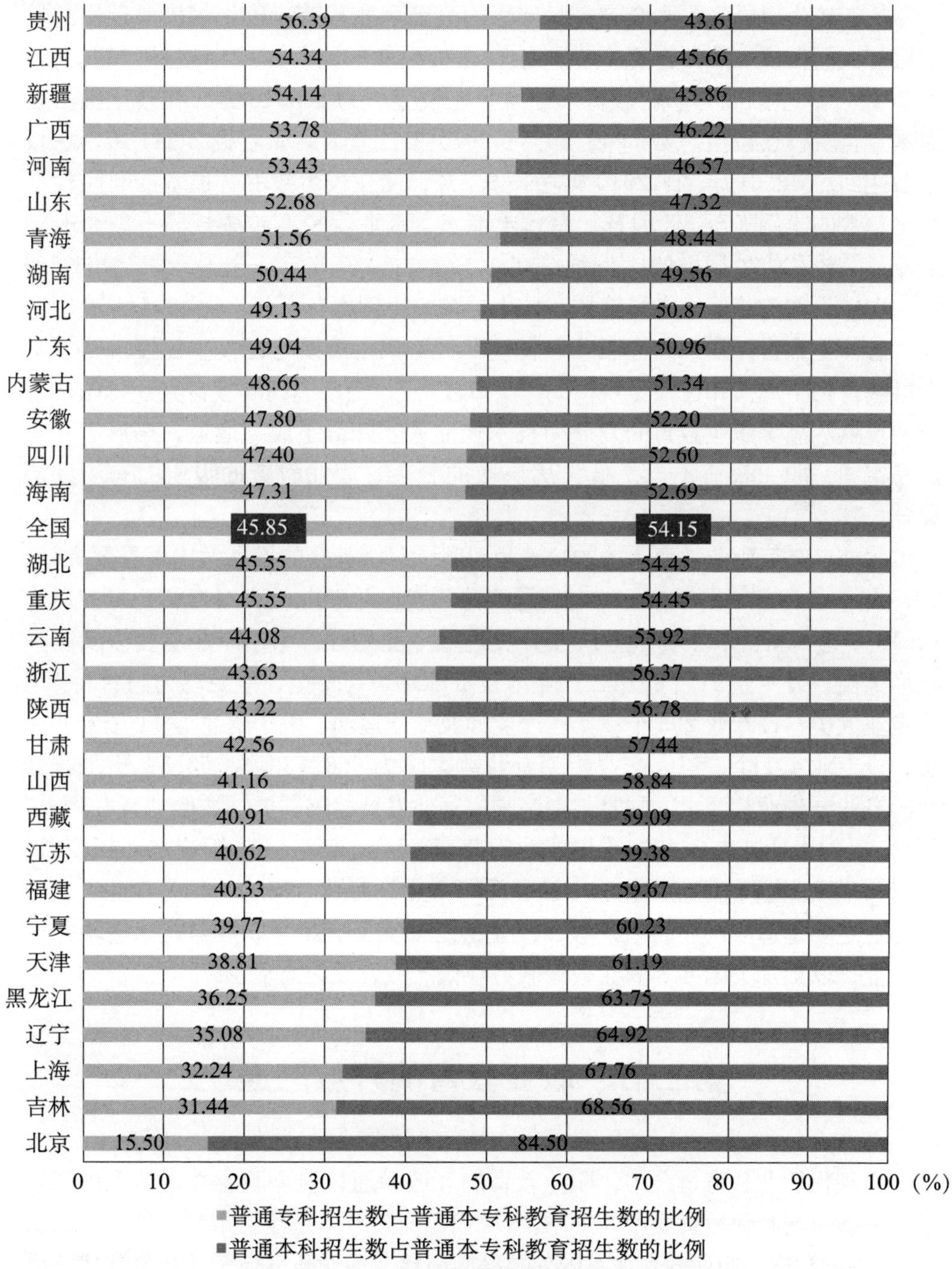

图 2－5　2016 年全国及各省份高等教育普通专科招生数与普通本科招生数各自占普通本专科教育招生数的比例

资料来源：教育部发展规划司发布的 2016 年教育统计数据。

从在校生规模来看，全国专科层次的高等职业教育在校生规模呈现出总数量增长，而在校生数占普通本专科教育在校生数的比例“稳中略降”的态势。如2010年，全国高等职业教育（专科）在校生数为966.18万，在校生数占普通本专科院校在校生总数的43.29%；2015年，全国高职院校1 341所，在校生数达到1 048.61万，比2010年增长8.5%，而在校生数占普通本专科院校在校生总数的比例降至39.94%。总体上而言，高职院校在校生规模占整个普通本专科院校在校生规模的比例维持在40%左右。2016年，全国高职院校1 359所，在校生数占普通本专科院校在校生总数的比例略有上升，为40.17%。

总体上来看，我国高等职业教育（专科）招生规模与在校生规模占普通本专科教育招生规模和在校生规模的“半壁江山”，为推进高等教育大众化做出了重要贡献。高等职业教育的发展为技术技能人才开辟了成长通道，拓展了人才成长空间，职业教育不再是低学历层次的教育，职业教育的吸引力有了大幅提升。

另外，高等职业教育人才的培养也对我国经济社会的发展做出了重要贡献。2015年，教育部印发新修订的《普通高等学校高等职业教育（专科）专业目录(2015年)》，新目录主要根据产业分类进行专业划分：第一产业主要涉及农林牧渔大类，设专业51个；第二产业涉及资源环境与安全、能源动力与材料等8个专业大类，设专业295个；第三产业涉及交通运输、电子信息等11个专业大类，设专业401个；三大产业相关专业数之比为6.8∶39.4∶53.8，更加符合我国产业结构调整要求。同时，围绕国家产业发展战略需要，按照“互联网+”行动、“中国制造2025”等要求，对接新产品、新技术、新业态、新模式，2015年修订的目录重点调整、增设了面向产业价值链中高端的相关专业。新增的专业主要是适应产业转型升级、产业链延伸交叉、新兴职业与技术进步需要的专业，以更加突出高等职业教育服务现代产业发展的需求。

第二节 职业教育的开放融通

在现代职业教育体系中，职业教育的开放融通体现了职业教育体系内部以及职业教育与其他教育类型的关系。《现代职业教育体系建设规划（2014—2020年)》明确指出，职业教育体系内部要纵向衔接、职业教育与普通教育要横向融通。而只有建立开放融通的现代职业教育体系，才能保证各层级职业教育的健康发展。

一、打破“天花板”，实现纵向衔接

2014年，《现代职业教育体系建设规划（2014—2020年）》明确提出，要在职业教育体系内部“系统构建从中职、专科、本科到专业学位研究生的培养体系，满足各层次技术技能人才的教育需求，服务一线劳动者的职业成长。拓宽高等职业学校招收中等职业学校毕业生、应用技术类型高等学校招收职业院校毕业生通道，打开职业院校学生的成长空间。在确有需要的职业领域，可以实行中职、专科、本科贯通培养”。为进一步落实《现代职业教育体系建设规划（2014—2020年）》的要求，职业教育在体系内部各个层次的衔接方面做了诸多探索，以打破“天花板”，实现职业教育的纵向衔接。

（一）中高职贯通培养改革有效推进

在职业教育体系内部，中高职贯通培养的规模在逐年递增。从全国中职招生情况来看，受适龄人口数量变化的影响，我国整体中等职业学校招生数呈现出逐年下降的趋势，其中5年制高职中职段招生数却逐年递增。如图2-6所示，2011年全国中等职业学校（未包括技工学校）招生数约为649.96万，其中5年制高职中职段招生数约为28.57万，约占全国中等职业学校招生数的4.4%。2015年，全国中等职业学校招生数约为479.82万，约比2011年减少26%，其中5年制高职中职段招生数约为44.95万，约占全国中等职业学校招生数的9.37%，约比2011年的占比增加4.97%。2016年，全国中等职业学校招生数约为466.14万，其中5年制高职中职段招生数约为47.72万，约占全国中等职业学校招生数的10.24%。

很显然，逐年递增的中高职贯通培养规模得益于中等和高等职业教育贯通培养模式改革的有效推进。在中高职衔接方面，各地探索出依托国家级示范性中等职业学校、高等职业院校、行业性或专业性职业教育集团开展五年一贯制、“3+2”分段培养等多种一体化培养人才的模式。上海市为满足产业发展对高层次技能人才的需求，2014年在3个专业率先启动“中职-应用本科”贯通培养试点，2015年又新增13个专业。浙江省启动4年制高职人才培养试点，遴选5所高职院校，联合5所本科院校，在6个专业开展试点，首批安排300名招生计划。北京市启动护理等专业贯通培养的试点，辽宁等省市制定了普通本科院校招收高等职业学校学生的计划，与职业院校联合培养高层次应用型人才。此外，2016年起，国务院学位委员会决定开展职业技术教育领域教育硕士专业学

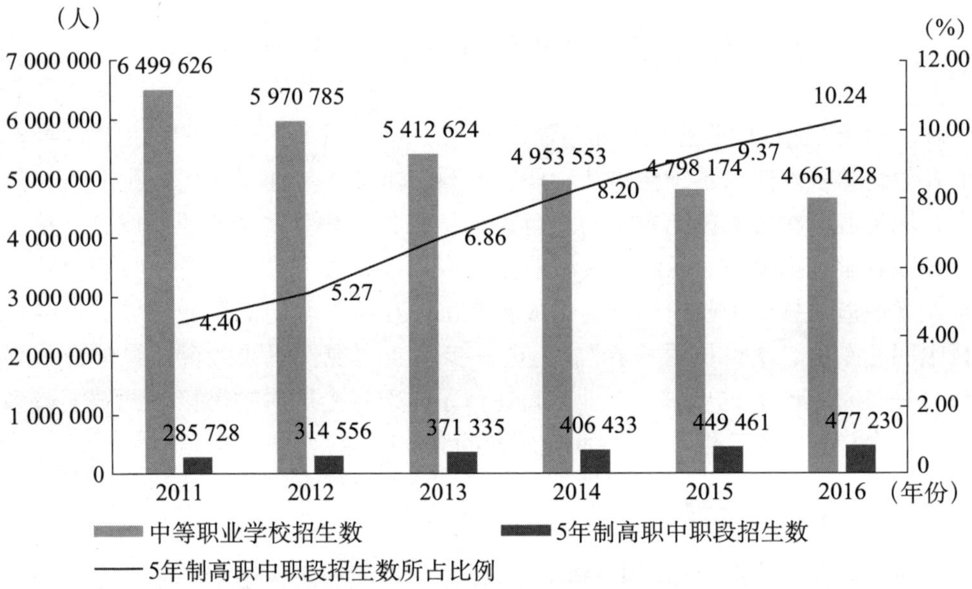

图 2-6　全国中等职业学校招生数及其中 5 年制高职中职段招生情况（2011—2016 年）

注：图中数据不包括技工学校数据。

资料来源：教育部发展规划司发布的 2011—2016 年教育统计数据。

位研究生招生和培养工作，探索具有职业教育特色的研究生培养模式和质量评价机制，目前已遴选确定浙江工业大学等 45 所院校为试点院校。

（二）考试招生制度改革不断深入

为推进中等职业教育和高等职业教育衔接的现代职业教育体系建设，2013 年 4 月，教育部印发《教育部关于积极推进高等职业教育考试招生制度改革的指导意见》，强调高等职业教育考试招生制度改革按照有利于科学选拔人才、促进学生健康发展和维护社会公平的原则，逐步与普通高校本科考试分离，重点探索“知识＋技能”的考试评价办法，为学生接受高等职业教育提供多样化入学形式。该指导意见还指出要建立以高考为基础的考试招生办法、改革单独考试招生办法、探索综合评价招生办法、完善面向中职毕业生的技能考试招生办法、规范中高职贯通的招生办法和实施技能拔尖人才免试招生办法等。

2014 年 9 月，国务院印发《关于深化考试招生制度改革的实施意见》，明确提出“加快推进高职院校分类考试。高职院校考试招生与普通高校相对分开，实行‘文化素质＋职业技能’评价方式。中职学校毕业生报考高职院校，参加文化基础与职业技能相结合的测试。普通高中毕业生报考高职院校，参加职业适应性测试，文化素质成绩使用高中学业水平考试成绩，参考综合素质评价。学生也可参加统一高考进入高职院校”。在中央文件的指导下，2014 年全国高职院校分类考试招生数达到 151 万，占当年高职院校招生总数的 45%，其中浙江省高等职业教育全部实现了分类考试招生。

与此同时，各省均出台分类考试实施办法，通过改革招生考试制度，推进中等职业教育和高等职业教育衔接，为学生接受高一层次的职业教育提供多样化入学通道。例如，四川省将“示范高职单独招生”纳入省级教育体制改革首批试点项目，推行“知识＋技能”的单独招生考核方式，通过对口高职、5 年制高职、高职自主招生等多种方式不断提高中职学校毕业生升学比例。2015 年，四川省全省 39 所高职院校开展单独招生试点工作，录取学生 30 600 名，其中中职毕业生12 571 名，占单独招生录取学生总数的 41.08%。山东省在建立 5 年制高等职业教育制度的基础上，开展中职与本科“3＋4”、高职与本科“3＋2”对口贯通分段培养试点，年均招生规模达到 10 000 余，并积极发展应用型本科教育，遴选了 200 个本科专业点进行重点建设。浙江省 2015 年启动 4 年制高等职业教育人才培养试点，浙江机电职业技术学院等 5 所高职院校联合应用本科院校在 6 个专业开展试点，首批安排招生计划 300 人，全部面向中职招生；2016 年遴选金华职业技术学院等 10 所高职院校的机械设计制造及其自动化等 10 个专业为 4 年制高等职业教育试点，安排招生计划 800 人。

专栏 2-4

中考高分学生选择中本贯通职业教育不是退而求其次选择

上海市副市长翁铁慧在 21 日《市长热线》访谈节目中表示，2016 年上海中本（中职和本科）贯通最高分达到 590 分，平均分 546 分，高于普高线 51 分，均在重点高中线上。

据悉，上海从 2010 年就打通了中职和高职的“天花板”，2014 年打通了中职和本科的通道。2016 年已有 21 个专业、26 个专业点开展中本贯通培养；涉及 22 所中职校、12 所本科院校，包括应技大、工技大、二工大、电机学院、上师大天华学院、上海商学院等本科院校。

2016 年中职校录取的最高分考生是延安初中毕业的马旭峰，选择的是上海市工业技术学校——上海二工大“中本贯通”机械工程专业。据了解，马旭峰父母也全力支持儿子的选择，觉得儿子适合走技术发展的路，经过 7 年的学习，既能拿到本科文凭，又能拿到这种技术证书。

翁铁慧介绍说，上海注重职业教育课程连贯设计，中高（中职和高职）、中本贯通人才培养方案的制定，不是中职与高职或本科原有两段课程简单叠加的“物理反应”，而是课程结构一体化设计的“化学反应”。

“我们调查了解到，上海在先进制造业、现代服务业、互联网+、文化创意等领域的应用型人才，特别是中高级应用型人才的缺口十分巨大。”翁铁慧说。

除了推行“双证融通”，即越来越多的职校学生毕业时能够获得学历证书和职业资格证书，上海还引进国际先进职业教学标准，推动国际通用职业资格证书落地，例如汽车行业国际公认的 IMI2 级考证点落户上海市交通学校、澳大利亚 TAFE 证书落户上海市医药学校，学生通过学习可获得国际权威证书。

资料来源：上海：中考高分学生选择中本贯通职业教育不是退而求其次选择．(2016－07－12)．http://finance.ifeng.com/a/20160721/14624620_0.shtml.

二、搭建“立交桥”，实现横向融通

普通教育与职业教育间的横向融通是实现终身学习、多样成才的重要基础。2010 年国家教育规划纲要即把构建体系完备的终身教育作为战略目标，明确提出了“职业教育和普通教育相互沟通”。针对高中阶段教育，又提出具体路径，即“推动普通高中多样化发展……鼓励有条件的普通高中根据需要适当增加职业教育的教学内容。探索综合高中发展模式。采取多种方式，为在校生和未升学毕业生提供职业教育”。2014 年颁布的《国务院关于加快发展现代职业教育的决定》又把“职业教育与普通教育相互沟通”作为现代职业教育体系的重要内涵和特征，也是对现代职业教育体系建设的基本要求。因此，“普职融通”是当前现代职业教育体系构建的重要内容之一。《现代职业教育体系建设规划(2014—2020 年)》进一步明确了“普职融通”的具体路径，即“建立职业教育和普通教育双向沟通的桥梁。普通学校和职业院校可以开展课程和学分互认。学习者可以通过考试在普通学校和职业院校之间转学、升学。普通高等学校可以招收职业院校毕业生，并与职业院校联合培养高层次应用型人才”。

为落实国家总体部署和要求，各级各校采取多种措施，积极探索普职融通的具体实现路径。2014 年 7 月，广西壮族自治区人民政府出台《关于贯彻〈国务院关于加快发展现代职业教育的决定〉的实施意见》，该实施意见明确提出“加强职业教育与普通教育沟通，为学生多样化选择、多路径成才搭建‘立交桥'"，并把“推进职教和普教相互沟通”作为主要任务之一。同时还提出多条具体措施：一是要探索开展职业认知教育，鼓励各地在小学阶段加强劳动技术、通用技术课程教学；二是要积极开展初中职业教育渗透，鼓励初中开设职业指导课程，对于希望升入中职学校或较早开始职业生涯的初三学生，初中学校可以通过开设职业教育班或与中等职业学校合作等方式开展职业教育；三是要加强高中阶段教育的双向沟通，鼓励有条件的普通高中独立或与中职学校合作适当增加职业教育课程，积极创设学生在普通高中与中职学校间相互转学的渠道①。

2016 年，青岛市在 6 所职业学校和 4 所普通高中学校开设普职融通实验班，探索建立普职融通机制。具体而言：报考普职融通实验班的学生，注册职业中专学籍。学生在高一下半学期，可以参加普通高中组织的测试考核，达到相关要求的学生，由青岛市教育局审批后转入普通高中并注册普高学籍，学生在原学校获得的学分按照有关规定予以认定。普职融通实验班学生报考本科的录取率，由山东省当年春季高考的招生计划、报考学生数和学生学业水平决定。实验班学生主要学习与山东省春季高考相关的文化基础课和专业技能课，转普高学籍没有比例限制，但需要达到申请转入普高测试考核的相关要求，青岛市教育局批准后方能注册普高学籍。转入普高学校的学生，与中考进入普高的学生具有同样的身份、权利和义务。具有普高学籍学生可参加春季高考，也可参加夏季高考②。

宁波市就开展普职融通试点出台专门文件。市教育局 2016 年印发《关于深化普职融通育人模式改革试点工作的意见》，提出从 2016 年起，各县（市）区至少要选择 1 所普通高中和 1 所中职学校对口举办普职融通班（考虑到普通高中的学额预留，每所中职学校举办普职融通班一般不超过 3 个班级），稳步扩大普职融通的规模与范围，丰富普职融通的形式与资源；全市中职学校全面参与义务段学校课程改革，职业体验与职业认知全面进入义务教育拓展性课程。到 2020 年，基本建成区域或校际“普职融通共同体”“课改支持联盟”等，基本建立普通学校与中职学校之间学籍互转、学分互认、课程互选、师资互通、活动互动的工作机制，进一步提高职业学校学生在专业、课程、学制、发展方向上的自主选择权，形成“五互四选”格局，基本实现普通教育与职业教育的开

① 广西壮族自治区人民政府．广西壮族自治区人民政府关于贯彻《国务院关于加快发展现代职业教育的决定》的实施意见．（2014-07-04）．http：//www.gxedu.gov.cn/UploadFiles/qqzyjygzhyzt/2014/12/2014122162812.pdf.

② 孙军．中招试点设普职融通实验班．中国教育报，2016-07-13.

放与融合[1]。

然而，在各级各校积极探索普职融通的具体路径的同时，也遇到了诸多困难。目前，很多尝试也只是从普通高中转向职业学校。在职校向普高转学方面，由于职校学生的文化课基础普遍不是很好，即使到普通高中也很难跟得上进度，这就使得职业学校学生向普通高中转学的路子并不顺畅。如何能够加快普职融通步伐？普职融通“单向通道”何时能变“双向通道”？配套政策和制度如何完善？在普职融通过程中，这些令人关注的问题亟待解决。由于目前各地都处在实践探索阶段，国家也没有相关政策，所以需要试点学校和当地教育行政部门联合，结合自身实际开展实践探索。同时，国家的各种配套政策和制度也亟须完善[2]。

专栏 2-5

普职融通，让学生有“二次选择”的机会

为进一步深化普通高中教育改革，探索普通高中多样化发展模式，推动普通高中特色化内涵发展，2014 年，河南省教育厅在全省启动实施了普通高中多样化发展试点工作，在全省遴选了一批试点学校并分为四个类型开展。其中，普职融通类试点工作尤其引人关注，这不仅为基础教育和职业教育架起了一座相互连通的立交桥，也将夯实高素质应用型人才培养的基础。

普职融通，开创高中发展新模式

2014 年 6 月，河南省教育厅出台《关于开展普通高中多样化发展试点工作的意见》，启动在全省开展普通高中多样化发展试点工作。河南省教育厅在各地逐级遴选上报的基础上，组织专家对申报试点学校进行实地考察评估，研究确定郑州市第一中学等 58 所学校为首批“河南省普通高中多样化发展试点学校”，并将这 58 所学校分为综合创新类、学科特色类、普职融通类、国际特色类四种类型，其中的普职融通类尤其引人关注。

普职融通高中以培养“合格＋技能”的高素质劳动者和技能人才为主，学校发展融合升学预备教育和职业技能教育，具有融通两种教育的多元开放课程体系和灵活务实的管理机制，能够满足学生升学和就业的双重需求。普职融通为普通教育和职业教育架起了一座相互连通的立交桥。目前，河南省有郑州市

---

① 宁波市教育局．关于深化普职融通育人模式改革试点工作的意见．(2016-07-11). http://www.nbedu.gov.cn/zwgk/article/show_article.asp? ArticleID=50743.

② 杜帅鹏．普职融通，让学生有“二次选择”的机会．教育时报，2015-01-30.

第十中学、延津县高级中学、长葛市第一高级中学、商丘市第三高级中学、长垣县第十中学、邓州市第六高级中学等 6 所学校开展普职融通试点。

"学籍互转、学分互认"，普职融通的重要前提

江苏省南京市是国家普通高中多样化办学改革试点地区之一。早在 2011 年 8 月，南京市就出台了《南京市推进普通高中多样化特色化建设实施意见》和《关于启动普通高中多样化特色化建设工程的通知》，启动了普职融通试点改革。

"不能机械化理解普职融通就是学生在普通高中和职业高中之间互换，其更主要的目的是实现两种学校资源共享，打破教育同质化瓶颈，提供多样化、个性化教育平台。"南京市教育局局长吴晓茅表示。

南京市的普职融通有 3 个层次：一是普高开职业课程，渗透职教因素；二是如果有学生对职教感兴趣，可以通过学分互认方式换到职校；三是高中生和职校生可以互转学籍，进入职业学校或普通高中完成学业，实行学籍流动和学分互认。

2014 年 12 月，河北省石家庄市正式出台《石家庄市普通高中教育与中等职业教育融合贯通试点工作方案》，计划利用 3 年时间，在全市首批 13 所普通高中和中等职业学校深入开展普职融通试点工作。

无论是省内还是省外，"学籍互转、学分互认"无疑是开展普职融通的重要前提，让学生有了"二次选择"的机会。

资料来源：杜帅鹏．普职融通，让学生有"二次选择"的机会．教育时报，2015-01-30.

第三节 职业教育的终身一体

中国现代职业教育体系建设基于终身学习理念，终身教育的理念贯穿始终。《现代职业教育体系建设规划（2014—2020 年）》明确提出了体系的基本架构："按照终身教育的理念，形成服务需求、开放融合、纵向流动、双向沟通的现代职业教育的体系框架和总体布局。"职业教育的"终身一体"主要体现在职业教育体系通过提供多种多样的职业辅导教育以及职业继续教育，使劳动者能够在职业发展的不同阶段通过多次选择、多种方式灵活接受职业教育和培训，促进学习者为职业发展而学习，使职业教育成为促进全体劳动者可持续发展的教育。

一、职业辅导教育，促进学生职业发展

2014 年，《现代职业教育体系建设规划（2014—2020 年）》明确提出："普通教育学校为在校生和未升学毕业生提供多种形式职业发展辅导。普通高中根据需要适当增加职业技术教育内容。职业院校和普通教育学校开展以职业道德、职业发展、就业准备、创业指导等为主要内容的就业教育和服务。"目前，中国职业辅导教育在实践中以职业生涯辅导、就业创业辅导等内容为主。

（一）开展职业生涯辅导教育

职业生涯辅导以个体的职业生涯发展为着眼点，面向全体参与辅导的个体，尊重每个人的个体差异，促进个体对职业生涯形成成熟认知、树立自我设计并通过自身行为逐步实现自身职业生涯规划。近年来，中国高度重视并大力开展各种形式的职业生涯辅导。

一是利用多种形式针对初中生介绍职业教育及相关职业知识，引导学生树立对职业教育和劳动以及职业的理性认知和兴趣。2014 年起，北海市教育局大力开展职业教育渗透模式试点工作，针对初中二年级、三年级在校生等开展各试点中等职业学校组织的不同时限、不同形式的"职业教育渗透"特色课程教学，提升他们对职业生涯的认识和职业教育自身的吸引力。

二是通过普职融通针对高中生开展职业生涯辅导。2010 年国家教育规划纲要明确指出："鼓励有条件的普通高中根据需要适当增加职业教育的教学内容。"2014 年《现代职业教育体系建设规划（2014—2020 年）》又再次强调了这一点。为贯彻落实这一政策，各地方教育主管部门也做出了许多尝试。如 2010 年，《山东省中长期教育改革和发展规划纲要（2011—2020 年）》鼓励高中增加职业教育内容。根据文件要求，山东省将促进普通高中优质发展，合理确定普通高中布局，严格控制学校规模和班额，新建学校不超过 50 个班。到 2015 年，全省所有普通高中达到基本办学条件标准，班额控制在 50 人以内；到 2020 年，办学条件进一步改善，班额控制在 40 人以内。从 2011 年开始，新入学高中学生不再进行文理分科。2014 年，山东省对高考科目设置与考试方法进行相应的调整。创造条件开设丰富多彩的选修课，推行选课走班的教学模式和学分认定的教学管理制度，保障学生选择发展方向的权利。实施高等学校与特色高中联合育人计划，通过联合开发课程、开放高校实验室等方式，对有特殊才能的高中学生进行联合培养。鼓励普通高中根据需要适当增加职业教育教学内容，为

学生学习提供多元选择机会。再如2013年，哈尔滨市教育局下发《关于加强普通高中建设工作的意见》，建议普通高中开设高职预科课程，为学生升入高职院校建立绿色通道。文件建议，普通高中自身要摆脱“升学率”束缚，关心每个学生，促进每个学生主动、活泼地发展，发挥学校自身特点和优势，结合区域特点和学生发展需求，明确学校发展定位，探索适合学校自身发展的新途径和新模式。同时，哈尔滨市教育局支持有条件的普通高中增加职业教育内容，为学生毕业后就业创造条件。哈尔滨市教育局鼓励学校进行普通高中与高职院校办学内容互相渗透的综合高中模式改革，探索分流教育；鼓励学校与高职专科学校联合办学，在高中开设高职预科课程，为学生升入高职院校建立绿色通道。

三是针对普通本科院校和职业院校学生开展职业生涯辅导。随着近年来大学生就业形势的日趋严峻，对大学生进行职业生涯辅导就显得极为重要。大学生职业生涯辅导首先要激发大学生的职业生涯规划意识，培养职业意识和规划意识；其次要针对大学生自身情况开展职业生涯规划活动，包括自我认知、环境分析、确定职业目标、制定职业生涯路线、反馈评估等；最后，还得加强大学生自身的职业素质修养，包括构建合理的知识结构、培养职场的实践能力、培养良好的职业道德等①。

可以说，近些年来我国各高校、普通高中和职业学校等都特别重视对学生的职业生涯辅导，除了开设相关的职业生涯辅导课程和开展职业预备教育，还注重培训相关的师资，成立相关的职业生涯辅导中心，培养学生的职业意识和初步职业能力，让学生了解职业生涯和职业教育，以便在今后能选择真正适合自己的求学方向。除了学校的职业生涯辅导教育以外，各种社会培训机构也提供职业生涯辅导服务，为各级各类学生今后的职业发展提供规划。

（二）落实就业创业辅导教育

普通高等学校毕业生就业一直是党中央、国务院关注的重点问题。为促进普通高校毕业生就业工作，国务院于2011年印发了《关于进一步做好普通高等学校毕业生就业工作的通知》。这一文件的颁布，对促进毕业生就业发挥了重要作用。但毕业生就业仍是近几年来较为突出的就业难题。2014年，全国普通高校毕业生有727万人，比2013年增加28万，毕业生就业压力进一步增大。

2014年，国家把普通高校毕业生就业工作作为就业工作的头等大事，把创业培训作为积极就业政策的主要内容，印发了《国务院办公厅关于做好2014年

---

① 房云．大学生职业生涯辅导研究．南京：南京师范大学，2008：17.

全国普通高等学校毕业生就业创业工作的通知》。该通知指出，鼓励高校毕业生到城乡基层就业，鼓励小型微型企业吸纳高校毕业生就业，实施大学生创业引领计划，加强就业指导、就业服务和就业援助等，通知还在创业辅导和就业辅导方面做了相关规定。

第一，在创业辅导方面，该通知提出2014年至2017年，要在全国范围内实施大学生创业引领计划。通过提供创业服务，落实创业扶持政策，提升创业能力，帮助和扶持更多高校毕业生自主创业，逐步提高高校毕业生创业比例。各地要采取措施，确保符合条件的高校毕业生都能得到创业指导、创业培训、工商登记、融资服务、税收优惠、场地扶持等各项服务和政策优惠。各高校要广泛开展创新创业教育，将创业教育课程纳入学分管理，有关部门要研发适合高校毕业生特点的创业培训课程，根据需求开展创业培训，提升高校毕业生创业意识和创业能力。各地公共就业人才服务机构要为自主创业的高校毕业生做好人事代理、档案保管、社会保险办理和接续、职称评定、权益保障等服务。

第二，在就业辅导方面，该通知指出各地区要继续推动离校未就业高校毕业生技能就业专项行动，结合当地产业发展和高校毕业生需求，创新职业培训课程，提高职业培训的针对性和实效性。在高校毕业生集中的城市，要提升改造一批适应高校毕业生特点的职业技能公共实训基地。国家级重点技工院校和培训实力雄厚的职业培训机构，要选择一批适合高校毕业生的培训项目，及时向社会公布。

为促进普通高校毕业生就业工作，落实就业创业辅导教育，在中央文件精神的指导下，2014年，全年共组织毕业年度高校毕业生就业技能培训近39万人次，创业培训近49万人次。另据统计，2014年有20余万大学生毕业后报读职业教育类院校，参加技能培训[①]。

2015年5月，《国务院办公厅关于深化高等学校创新创业教育改革的实施意见》提出2015年起全面深化高校创新创业教育改革，推出完善人才培养质量标准、创新人才培养机制、健全创新创业教育课程体系、改革教学方法和考核方式、强化创新创业实践、改革教学和学籍管理制度、加强教师创新创业教育教学能力建设、改进学生创业指导服务、完善创新创业资金支持和政策保障体系等九大任务举措，要求2017年取得重要进展，形成科学先进、广泛认同、具有中国特色的创新创业教育理念，形成一批可复制可推广的制度成果，普及创

---

① 杨进．中国职业教育发展报告2015．北京：高等教育出版社，2016：41.

新创业教育，实现新一轮大学生创业引领计划预期目标。到 2020 年建立健全课堂教学、自主学习、结合实践、指导帮扶、文化引领融为一体的高校创新创业教育体系，人才培养质量显著提升，学生的创新精神、创业意识和创新创业能力明显增强，投身创业实践的学生显著增加。

“大众创业、万众创新”是党中央、国务院在经济新常态下推动经济增长的关键举措之一，也是激励群众参与改革、推动改革、形成全面深化改革局面的强大动力。在国家大力推动创新创业教育，特别是提出“大众创业、万众创新”的新形势下，各地和职业院校积极行动，试点探索创新创业教育新模式。例如，2015 年 6 月，青岛市教育局印发《关于在青岛市中等职业学校开展创客教育试点工作的通知》，确定 10 所中等职业学校进行创客教育试点，在试点学校逐步探索创客教育活动的一般规律，促进创客教育与职业教育的有机融合。2015 年 9 月，浙江省启动第八届中等职业学校学生创新创业大赛，比赛项目主要有小发明小创造竞赛、创业计划竞赛、创意设计竞赛。这一举措可有效推动浙江省中职学校创新创业教育，激发中职学生创新精神与创造活力，提升中职学生创新创业能力。2015 年 9 月，由经济日报社主管、《经济》杂志社主办，与职业教育关联的高等院校、高职院校、中职院校、科研院所、企（事）业单位、社会团体组成的中国职业教育创新联盟成立大会在北京召开，第十一届全国人大常委会副委员长周铁农为联盟成立进行了揭牌。2015 年 10 月，经教育部批准，全国 75 所高职院校、27 家知名企业发起成立全国高等职业院校创新创业教育联盟，标志着引领全国高职院校创新创业教育平台的启动，高职院校创新创业教育跨入了合作、创新和跨越的发展阶段①。

专栏 2-6

江西：高校毕业生就业创业可获补贴

每年，江西省都会出台相应举措促进高校毕业生就业创业。2017 年起，江西省在全省实施“高校毕业生就业创业促进计划”，包括组织一批优质职业培训机构、职业院校（含技工院校）开展大学生技能提升培训；对符合条件（在校及毕业 5 年内）的大学生给予一次性 5 000 元创业补贴。

---

① 杨进. 中国职业教育发展报告 2015. 北京：高等教育出版社，2016：124.

组织职业院校提升大学生技能水平

据介绍，江西省把学生职业发展与就业指导课程贯穿于整个人才培养体系，纳入教学计划和学分管理。

人社部门组织一批优质职业培训机构、职业院校（含技工院校）等开展大学生技能提升培训。另外，公共就业人才服务机构联合高校开展有针对性的职业指导活动。

毕业5年内创业可获补贴5 000元

江西省加大高校毕业生创业扶持力度，对符合条件（在校及毕业5年内）的大学生给予一次性5 000元创业补贴。对已进行就业创业登记并参加社会保险的自主创业大学生，按灵活就业人员待遇给予社会保险补贴。经工商登记注册的网络商户从业人员，同等享受各项就业创业扶持政策；若未进行工商登记注册则享受灵活就业人员扶持政策。对入驻企业、个人在创业孵化基地发生的物管费、卫生费、房租费、水电费进行补贴，补贴标准按每月不超过其实际费用的60%给予补贴，补贴期限不超过3年。对符合条件的创业高校毕业生发放创业担保贷款，并按规定贴息。适当降低创业担保贷款反担保门槛，对高校毕业生创业项目前景好但自筹资金不足且不能提供反担保的，可采取信用担保或互联互保方式进行反担保，给予创业担保贷款扶持。

打造10所创新创业教育示范学校

另外，高校将创新创业教育融入人才培养全过程，顺应“互联网+”的发展趋势，有计划地组织开展电子商务创业培训。

充分利用创新创业平台，为大学生创业提供场地支持，孵化一批创新创业项目。着力扶持一批服务优、效果好、有特色的示范基地，力争打造十所创新创业教育改革示范学校，建设百个校内孵化基地，培训千名一线创新创业教师，引领万名大学生创客。

对离校未就业学子实施见习帮扶

开展离校未就业高校毕业生实名制登记。对辖区内已实名制登记的离校未就业高校毕业生，制定个性化求职就业方案，提供1次以上的职业指导、岗位信息、政策咨询等就业创业服务。

要结合离校未就业高校毕业生专业特点，鼓励一批规模较大、有实力的企事业单位作为就业见习单位，为有见习需求的离校未就业高校毕业生提供见习机会，并按规定给予见习补贴。

各高校要依托高校毕业生数据库，准确掌握困难家庭特别是建档立卡贫困家庭、零就业家庭毕业生，以及少数民族、农村生源、残疾等毕业生的具体情况，做好个性化指导和岗位推荐。

资料来源：章娜，王智，刘燕侠．江西：高校毕业生就业创业　可获5 000元的补贴．江南都市报，2017-04-11.

二、职业继续教育提供终身学习机会

职业继续教育对职业生涯发展、终身发展具有重要的意义。中国开展职业继续教育的主体包括：一是各类职业院校，通过多种教育形式为所有劳动者提供终身学习机会；二是企事业单位，举办职工教育，建立制度化的岗位培训体系；三是社会培训机构，依法自主开展职业培训和承接政府组织的职业培训。当前我国各级各类职业培训蓬勃发展，在规模和成效方面均取得了一定的突破。

（一）各类职业培训大规模开展，成效显著

2010年国家教育规划纲要明确提出，“职业教育要面向人人、面向社会”。可以说，通过多种教育形式和开展各类职业培训为所有劳动者提供终身学习机会是职业教育“终身一体”的重要体现。当前，各类非学历继续教育和职业培训事业蓬勃发展，取得了显著的成效。

一是农村劳动力培训。农村劳动力转移就业技能培训是指对有意从事非农产业的农村劳动者和已在岗的农民工进行有针对性的职业技能、职业道德、职业纪律、相关法律法规、维权知识以及城市生活常识的培训。农村劳动者转移就业技能培训是促进农村劳动者转移就业和提升在岗农民工技能的重要措施，是增强农民工就业竞争力和工作能力的重要手段[①]。《农民工职业技能提升计划——“春潮行动”实施方案》明确提出，到2020年，力争使新进入人力资源市场的农村转移就业劳动者有机会接受一次相应的就业技能培训；力争使企业技能岗位的农村转移就业劳动者有机会接受一次岗位技能提升培训或高技能人才培训；力争使具备一定创业条件或已创业的农村转移就业劳动者有机会接受创业培训。“春潮行动”实施的重点对象是农村新成长劳动力。每年面向农村新

① 国务院农民工办课题组．中国农民工问题前瞻性研究．北京：中国劳动社会保障出版社，2009.

成长劳动力和拟转移就业劳动者开展政府补贴培训700万人次，培训合格率达到90%以上，就业率达到80%以上；每年面向在岗农民工开展政府补贴培训300万人次，培训合格率达到90%以上；每年面向有创业意愿的农村转移就业劳动者开展创业培训100万人次，培训合格率达到80%以上，创业成功率达到50%以上。文件指出，各地要严格执行职业培训补贴和职业技能鉴定补贴政策，落实补贴资金；加大政府用于职业培训的各项资金的整合力度，提高资金使用效益。同时，调整就业专项资金支出结构，逐步提高职业培训支出比重，指导企业按照有关法律法规足额提取职工教育经费，增加企业在岗农民工培训经费投入。

二是城镇困难人员培训。2012年，为落实《国务院关于加强职业培训促进就业的意见》，国家首次启动了全国百家城市职业培训（试点）推动工作，并取得较为显著的成效。在总结百家城市职业培训推动工作的基础上，2013年，人社部推出了全国百家城市技能振兴专项活动。为进一步贯彻落实党的十八届三中全会精神，加快构建劳动者终身职业培训体系，全面推进职业培训工作，人社部于2015年起在全国开展第二批百家城市技能振兴专项活动。通过开展技能振兴专项活动，率先在重点城市构建劳动者终身职业培训体系，形成职业培训促进就业和稳定就业的良性互动工作格局；率先在重点城市建立培养体系完善、考核评价科学、激励保障健全的技能人才工作机制，培养大批与经济社会发展相适应的技能人才；率先在重点城市建设全国高水平的职业培训和技能人才队伍建设的综合示范区，为推动全国技能振兴改革发展提供新经验、探索新路径、创建新模式。2012年以来，为全面贯彻党的十八届三中、四中全会精神，服务保民生、托底线、救急难、促公平，帮助各类就业困难人员和残疾登记失业人员实现就业，努力让困难群众不为失业所忧，真正感受到党和政府的关怀和温暖，人力资源和社会保障部与中国残疾人联合会在每年元旦、春节期间在全国组织开展就业援助月专项活动。该项活动采取集中帮扶的做法，依托就业培训机构组织开展特色培训活动，集中为有技能需求的援助对象进行培训，落实培训补贴；依托创业服务机构开展创业助推活动，集中为有创业意愿的援助对象进行创业培训，提供创业帮扶；集中时间为符合条件就业困难人员落实税费减免、社会保险补贴、岗位补贴、培训补贴、职业技能鉴定补贴、创业补贴等优惠政策。

三是企业学徒培训。2015年，人社部办公厅、财政部办公厅联合印发了《关于开展企业新型学徒制试点工作的通知》。该通知部署了在北京市、天津市、内蒙古自治区等省（区、市）开展企业新型学徒制试点工作，并印发了《企业新型学徒制试点工作方案》。该通知的发布，意味着国家站在加强企业技能人才队伍建设、增强企业核心竞争力、推动产业转型升级和稳定就业、化解就业结构性矛盾等战略高度，在职业培训领域启动重大人才培训试点工作。这次企业新型学徒制试点文件将企业在技能人才培养体系中的主体地位做了清晰的表述：一是活动的发起者和主要责任者都是企业。文件规定，企业有需求，才向政府人社部门提交试点工作方案，并且规定“学徒培养的主要职责由企业承担”。二是培养对象是企业的签约职工，采取“企校双制、工学一体”的培养模式。三是在培养目标、培训内容和考核标准等方面体现企业为主的原则。文件规定，“学徒的培养由企业结合岗位需求确定，培养目标以中、高级技术工人为主，培养期限为1～2年。培养内容主要包括专业知识、操作技能、安全生产规范、职业素养等。要以企业为主导确定具体培养任务，由企业和培训机构分别承担。在企业培养主要是通过企业导师带徒方式，在培训机构培养主要是采取工学一体化教学方式”。四是学徒合格认定方面企业有很大的自主性。文件规定，“学徒培训期满，经鉴定考核合格，可按规定取得相应职业资格证书或培训合格证书”，即学徒所学职业（或工种），国家有职业标准和考核题库的，按照国家要求进行考核取证。若学习的职业（工种），国家暂时没有现成的标准，企业也可根据自己的实际，经过适当考核方式，决定是否合格，颁发相应的培训合格证书。这为企业开展学徒培训提供很大的自由空间。

（二）职业院校承担职业培训，急需配套政策

近年来，全国各级职业教育非学历教育学生规模有增有减。如图 2 - 7 所示，从高等教育层次来看，2010 年，高等教育进修及培训注册学生数仅为 263.69 万，2012 年为 343.95 万，2013 年猛增至 626.84 万，至 2015 年，达到了 688.37 万，相比 2010 年增长了 161%。2016 年，高等教育进修及培训注册学生数继续增长，达到了 829.02 万。可见，高等教育层次的职业培训规模实现了跨越式的发展。然而相反的是，中等职业教育非学历教育学生规模却呈现出了减少的趋势。如图 2 - 7 所示，2010 年，中等职业教育非学历教育注册学生数为 5 291.91 万，2012 年为 4 969.81 万，2016 年则跌至 4 462.69 万，相比 2010 年减少了 13.8%。显然，这与适龄人口数量变化有关，“十二五”期间我国整体中等职业学校招生数呈现出逐年下降的趋势。

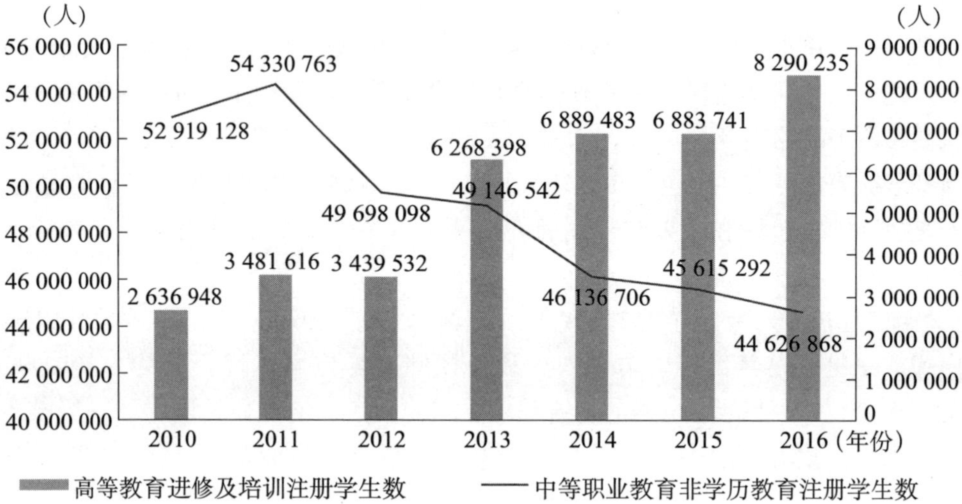

图 2－7　全国各级职业教育非学历教育注册学生数（2010—2016 年）

资料来源：教育部发展规划司发布的 2010—2016 年教育统计数据。

从全国各级资格证书培训与岗位证书培训注册学生数情况来看，以高等教育层次为例，高等教育层次资格证书培训注册学生数一直在稳步增加。2010 年，高等教育层次资格证书培训注册学生数仅为 41.01 万，2012 年增至 106.30 万，2015 年则增至 230.34 万，相比 2010 年增加了 4.6 倍。2016 年，高等教育层次资格证书培训注册学生数继续增长，增至 286.93 万。而高等教育层次岗位证书培训注册学生数则呈现出有增有减的趋势，但总体上，2015 年的注册学生规模比 2010 年增加了 4.16 倍，2016 年的注册学生规模达到 231.90 万，比 2010 年增长了 5.36 倍。从中等职业教育层次来看，资格证书培训与岗位证书培训注册学生规模均呈现增长中略有回落的态势，两者在 2013 年均达到峰值，分别为 1 167.03 万和 802.84 万。2016 年，中等职业教育资格证书培训注册学生规模跌至 636.29 万，而岗位证书培训注册学生规模略有上涨，为1 190.33 万。整体上而言，2010—2016 年，中等职业教育岗位证书培训注册学生数均大于资格证书培训注册学生数。可见，在中等职业教育层次，岗位证书培训需求要大于资格证书培训需求；而在高等教育层次，两者差别不是很大，2016 年高等教育层次资格证书培训需求略高于岗位证书培训需求（见图 2－8）。

而从中等职业教育层次的中等职业学校和职业技术培训机构开展的非学历教育情况来看，如图 2－9 所示，两者的非学历教育注册学生数均在递减，这与我国整体中等职业学校招生数呈现逐年下降的趋势是保持一致的。2016 年，中等职业学校和职业技术培训机构的非学历教育注册学生规模分别为 327.48 万和

4 135.20 万。而从培训规模来看，职业技术培训机构的非学历教育学生数要远远多于中等职业学校的非学历教育学生数，前者基本上是后者的十几倍。这充分说明，各类职业学校承担了继续教育的功能，通过多种教育形式为劳动者提供终身学习机会，而社会职业技术培训机构更是职业继续教育的重要组成部分。

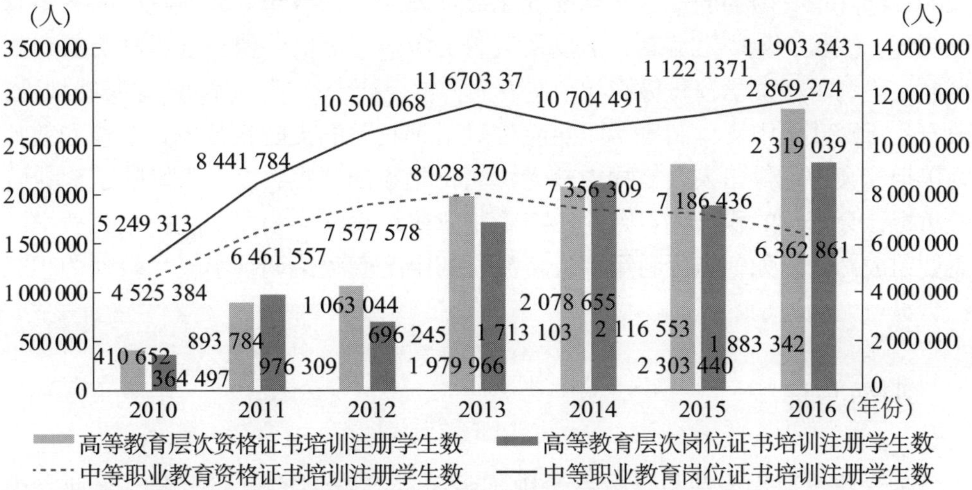

图 2－8　各级资格证书培训与岗位证书培训注册学生数（2010—2016 年）

资料来源：教育部发展规划司发布的 2010—2016 年教育统计数据。

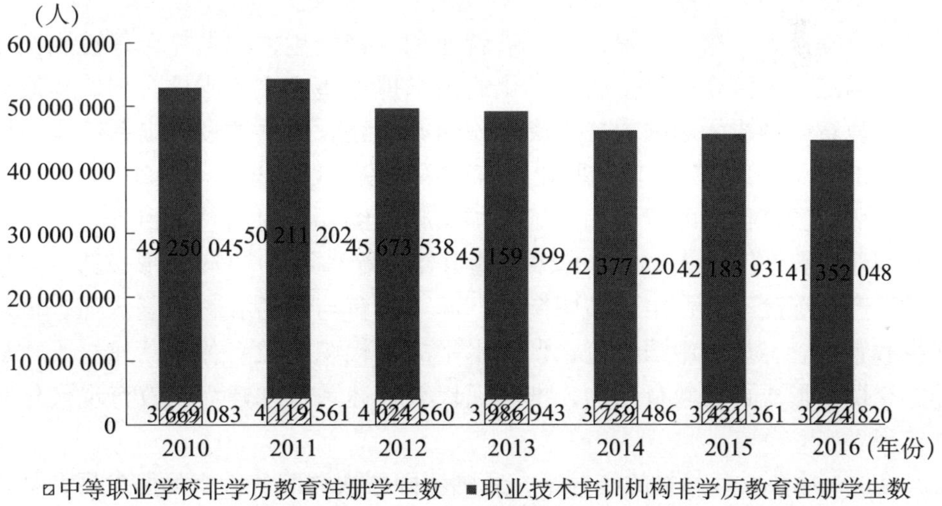

图 2－9　中等职业教育非学历教育注册学生数（2010—2016 年）

资料来源：2010—2016 年教育部发展规划司发布的教育统计数据。

虽然说社会职业技术培训机构是职业继续教育的重要组成部分，但从全国各级职业教育非学历教育学生规模总体情况来看，不可否认职业院校承担着职业培训的重要职能。职业院校通过多种教育形式为劳动者提供终身学习机会，职业培训已逐渐成为职业院校教育教学的重要组成部分。然而，现实中职业院校的管理并没有因为职业教育功能的拓展而发生相应改革。职业院校的各项管理制度、拨款、教职工编制、学校及教职工考核等等仍停留在基于学历教育的层面，不利于激发学校积极性与创造性大力承担社会培训。例如，在某些地区，政府实行财政集中支付制度，职业院校对培训收益的支配权减少，学校和教师为承担社会培训付出人力与物力却无法获得相应的回报，这大大影响了职业院校承担社会培训的积极性。因此，随着职业培训逐渐成为职业院校教育教学的重要组成部分，如何充分利用现有资源、制定配套政策调动学校和教师的积极性，显得尤为迫切。

小结与展望

加快建设现代职业教育体系是中国经济社会发展的迫切需要。当前，中国正在大力推进经济结构调整和转型升级，在人口结构变化背景下，打造中国经济升级版，更需创造更大人才红利。因此，必须加快建设现代职业教育体系，从而夯实人才培养基础，大规模培养高素质劳动者和技术技能人才，并进一步提升人才培养质量，为促进就业和改善民生，加强社会建设和文化建设，满足人民群众生产生活多样化的需求提供坚实人才支撑。加快发展现代职业教育已经成为中国的战略决策，国家已经对体系建设做出系统设计以及整体部署。2014 年，《现代职业教育体系建设规划（2014—2020 年）》为我国现代职业教育体系的建设构建了一幅宏伟蓝图，它提出总体目标是：牢固确立职业教育在国家人才培养体系中的重要位置，到 2020 年，形成适应发展需求、产教深度融合、中职高职衔接、职业教育与普通教育相互沟通，体现终身教育理念，具有中国特色、世界水平的现代职业教育体系，建立人才培养立交桥，形成合理教育结构，推动现代教育体系基本建立、教育现代化基本实现。

在这一中央文件精神的指导下，我国不同层次的职业教育均衡发展，初等职业教育、中等职业教育、高等职业教育依据各自重点发展方向取得了突破式的进展；职业教育体系的建设注重建立开放融通的关系，职业教育体系内部纵向衔接，与其他教育类型实现横向融通；除此之外，职业教育体系建设还按照终身教育的理念，大力发展职业辅导教育和职业继续教育等，以建立“终身一体”的现代职业教育体系。

近年来，现代职业教育体系的建设取得了显著成效。放眼未来，为实现《现代职业教育体系建设规划（2014—2020年）》提出的2020年基本建成中国特色现代职业教育体系这一总体目标，要切实解决和克服一些现实问题与困难，例如：社会上对现代职业教育体系的理念和认识上还存在诸多误区，对现代职业教育体系理解片面化；职业教育体系开放性不够；现代职业教育体系建设的配套政策滞后；等等。因此，需要重点突破现代职业教育体系建设的障碍，以顺利实现《现代职业教育体系建设规划（2014—2020年）》提出的总体目标。

参考文献

[1] Tang N，Shi W. Youth employment and technical and vocational education and training (TVET) in China//Pilz M. Vocational education and training in times of economic crisis. Switzerland：Springer，2017.

[2] 杜帅鹏．普职融通，让学生有“二次选择”的机会．教育时报，2015-01-30.

[3] 房云．大学生职业生涯辅导研究．南京：南京师范大学，2008.

[4] 广西壮族自治区人民政府．广西壮族自治区人民政府关于贯彻《国务院关于加快发展现代职业教育的决定》的实施意见．(2014-07-04)．http：//www.gxedu.gov.cn/UploadFiles/qqzyjygzhyzt/2014/12/2014122162812.pdf.

[5] 国家统计局人口和就业统计司，人力资源和社会保障部规划财务司．中国劳动统计年鉴2016．北京：中国统计出版社，2017.

[6] 国务院农民工办课题组．中国农民工问题前瞻性研究．北京：中国劳动社会保障出版社，2009.

[7] 教育部．各级各类民办教育基本情况．(2016-10-12)．http：//www.moe.edu.cn/s78/A03/moe_560/jytjsj_2015/2015_qg/201610/t20161012_284508.html.

[8] 教育部职业教育与成人教育司．中等职业教育改革发展的思路与举措．(2017-04-06)．http：//www.moe.edu.cn/jyb_xwfb/xw_fbh/moe_2069/xwfbh_2017n/xwfb_170406/170406_sfcl/201704/t20170406_301933.html.

[9] 孙军．中招试点设普职融通实验班．中国教育报，2016-07-14.

[10] 王继平．中国教育改革大系：职业教育卷．武汉：湖北教育出版社，2016.

[11] 王长文．国家骨干高职院校建设的实践与思考．职业技术教育，2011 (11).

[12] 向红梅，聂强．国家示范高职后示范建设现状及期望路径．职业技术教育，2012 (25).

[13] 杨金土．20世纪我国高职发展历程回顾．中国职业技术教育，2017 (9).

[14] 杨进．中国职业教育发展报告2015．北京：高等教育出版社，2016.

[15] 翟帆．优质校建设，高职改革举起“新标杆”．中国教育报，2016-11-08.

第三章
职业教育制度建设

新中国成立以来，职业教育进行了一系列法律法规制度建设，逐步形成了以《宪法》为根本，以《教育法》《劳动法》为基本依据，以《职业教育法》为核心，以大量的政策性文件为重要补充的职业教育制度体系。

近年来，伴随着经济社会的转型发展，职业教育被提到了前所未有的高度，受到了前所未有的重视。2014 年 6 月，习近平总书记对职业教育做出重要指示，强调要高度重视、加快发展。国务院召开全国职业教育工作会议，印发《国务院关于加快发展现代职业教育的决定》，提出以培养技术技能人才为目标，到 2020 年形成具有“中国特色、世界水平”的现代职业教育体系。伴随着政府的高度重视，职业教育飞速发展，制度建设也不断完善。近年来，职业教育制度建设进入重要阶段，较之以往，此阶段的制度建设更为密集，不仅是中国职业教育适应国家发展需要的反应，也体现出中国职业教育的发展走向。

第一节　逐步健全完善的中国职业教育制度体系

《中华人民共和国教育法》第 19 条指出：“国家实行职业教育制度和成人教育制度。各级人民政府、有关行政部门以及企业事业组织应当采取措施，发展并保障公民接受职业学校教育或者各种形式的职业培训。”近年来，中国职业教育在制度建设方面取得了很大的进展。

一、职业教育制度建设的历程回顾

中国职业教育制度建设历程大体可以分为三个阶段：第一阶段是从新中国成立至 1979 年，计划经济体制下中国职业教育制度初步建立；第二阶段是从 1980 年到 2001 年，中国在由计划经济向社会主义市场经济转变的过程中初步形成了职业教育制度体系；第三阶段是从 2002 年至今，国务院于 2002 年、2004 年、2005 年、2014 年 4 次召开全国职业教育工作会议，职业教育制度体系不断完善。党的十八大以来，制度建设紧锣密鼓，中国特色现代职业教育制度体系初具雏形。

（一）第一阶段（1949—1979 年）：计划经济体制下中国职业教育制度的初建

1951 年，《政务院关于改革学制的决定》指出：“中等专业学校按照国家建设需要，实施各类的中等专业教育。”由此确立了职业教育的地位。1952 年

《政务院关于整顿和发展中等技术教育的指示》《中等技术学校暂行实施办法》，及 1954 年《政务院关于改进中等专业教育的决定》《中等专业学校章程》等的颁布，确立了以中等专业教育和技工教育为主体，包含农业中学、职业中学及各种培训的中等职业教育制度。1952 年全国中等技术教育委员会和中等技术教育司成立，1953 年政务院决定由劳动部门对全国技工学校进行综合管理，确立了职业教育管理体制和办学体制。这一历史时期，初步明确了职业教育的地位、层次和管理体制。

（二）第二阶段（1980—2001 年）：建立以《职业教育法》为核心的职业教育制度体系

这一阶段，中国职业教育由计划体制向市场体制转型，经历了从停滞中恢复—在调整中发展—发展中经历低谷的起伏过程，进一步确立了中等职业教育的地位，完善了管理制度。最重要的是《职业教育法》的颁布，使职业教育有法可依，为指导、推动和保障职业教育改革发展奠定了法治基础。

从法制建设上，《职业教育法》于 1996 年 9 月 1 日起正式实施，含总则、职业教育体系、职业教育的实施、职业教育的保障条件及附则共 5 章 40 条，对中国职业教育改革和发展产生了重大影响。

从职业教育规模与结构、定位与管理上，国务院批转《教育部、国家劳动总局关于中等教育结构改革的报告》。1985 年《中共中央关于教育体制改革的决定》，调整了中等教育结构，进一步巩固了中等职业教育的地位。1999 年，教育部《关于调整中等职业学校布局结构的意见》提出：一要改变“条块分割”的布局结构，二要改变在教育内部由不同部门按职业教育与成人教育分别规划管理中等职业教育的状况，三要改变分散办学、重复办学、资源配置不合理、办学效益低的状况，四要改变中等职业教育主要靠外延发展的状况。

从职业教育体系建设制度上，1985 年《中共中央关于教育体制改革的决定》提出逐步建立职业教育体系。1991 年《国务院关于大力发展职业技术教育的决定》提出职业教育体系的基本框架。1996 年《职业教育法》指明了职业教育制度体系建设的方向。1980 年，国家教委批准成立 13 所短期职业大学，中国高等职业教育发端，开始了具有中国特色高等职业教育的探索。1985 年《中共中央关于教育体制改革的决定》颁布后，开始了对初中起点的 5 年制高职教育的积极探索。

这一阶段末期，行业企业发展职业教育的作用弱化，高校扩招带动普高热。1999 年，中职招生人数开始持续下降，2000 年招生仅 408 万，比 1998 年减少 122 万，1996 年到 2001 年中职招生占高中阶段教育招生数的比例从 67%降至

43%。职业教育发展遭遇低谷。

（三）第三阶段（2002 年至今）：职业教育步入高速发展期，职业教育制度不断完善

2002 年、2004 年、2005 年和 2014 年，国家先后召开全国职业教育工作会议，明确了新时期职业教育的发展方向。这一阶段，职业教育的制度不断完善：从管理体制上，多方参与的职业教育管理格局确立。2002 年《国务院关于大力推进职业教育改革与发展的决定》确立“在国务院领导下，分级管理、地方为主、政府统筹、社会参与”的职业教育管理体制。2004 年国务院建立职业教育工作部际联席会议制度。2014 年全国职业教育工作会议的召开及《现代职业教育体系建设规划（2014—2020 年）》的颁布，说明现代职业教育体系的制度建设有新突破。

针对中国长期以来职业教育制度缺少自己的制度和标准，鲁昕指出，“要尽快落细落实现代职业教育体系建设的顶层设计”，建立健全职业教育支撑产业发展制度、职业教育管理体制、职业教育行业指导制度、职业教育企业参与制度、现代职业学校制度、职业教育考试招生制度、职业教育资助制度、职业教育督导评估制度、就业准入制度，是职业教育国家制度建设的重要领域。在这一阶段，中国加快了职业教育的制度建设。据不完全统计，2010—2015 年，国家颁布了中国职业教育领域涉及管理、教学等政策、制度 169 项，职业教育的制度环境不断完善，自身特色的不断彰显，为中国职业教育在新时代的有序发展提供了有力保障。

2014 年全国职业教育工作会议会场

二、国家职业教育制度的发展走向

职业教育制度体系分为多个层面、多项内容，由于篇幅所限，本章主要聚焦于国家层面的职业教育制度建设情况。从内容上，将职业教育制度分成职业教育管理制度、职业教育体系制度、职业教育投入保障制度、职业教育社会合作制度、职业教育与培训就业制度等方面。

（一）职业教育管理制度："重心逐步下移""主体逐步多元"

职业教育的管理制度的走向主要体现为"重心逐步下移""主体逐步多元"。

首先是职业教育管理重心从高度集中于中央政府和中央教育行政管理部门，发展到给予地方政府和学校更多的管理权和自主权。1996 年的《职业教育法》指出，"国务院教育行政部门负责职业教育工作的统筹规划、综合协调、宏观管理。国务院教育行政部门、劳动行政部门和其他有关部门在国务院规定的职责范围内，分别负责有关的职业教育工作"。2002 年《国务院关于大力推进职业教育改革与发展的决定》提出，"推进职业教育管理体制改革，建立并逐步完善在国务院领导下，分级管理、地方为主、政府统筹、社会参与的职业教育管理体制。在国务院领导下，建立职业教育工作部际联席会议制度，研究解决职业教育工作中的重大问题"。2005 年，《国务院关于大力发展职业教育的决定》指出，职业教育实行"在国务院领导下，分级管理、地方为主、政府统筹、社会参与"的管理体制。2014 年，《国务院关于加快发展现代职业教育的决定》要求职业教育"完善分级管理、地方为主、政府统筹、社会参与的管理体制"。管理重心的下移，使职业教育与各个地区的发展状况相结合，调动了地方各级政府和人民发展职业教育与办学的积极性，形成了职业教育发展新的支持机制，拉动了整个社会对教育的投入。

参与主体逐步多元。改变政府包揽办学的格局，逐步建立以政府办学为主体，社会各界共同参与的职业教育办学体制。2002 年，《中华人民共和国民办教育促进法》的颁布，标志着国家层面的民办教育法律体系基本形成，对民办职业教育发展产生重大影响。2006 年教育部印发的《教育部关于大力发展民办中等职业教育的意见》提出，各地教育行政部门今后要坚持在师资队伍建设、招生和学生待遇方面对民办职业院校与公办学校一视同仁，进一步推动了民办职业教育的改革和发展。2010 年国家教育规划纲要明确提出"民办教育是教育事业发展的重要增长点和促进教育改革的重要力量"。2014 年《国务院关于加快发展现代职业教育的决定》指出，要“推动公办与民办职业教育共同发展”，引导支持社会力量兴办职业教育。创新民办职业教育办学模式，积极支持各类办学主体通过独资、合资、合作等多种形式举办民办职业教育；探索发展股份制、混合所有制职业院校，允许以资本、知识、技术、管理等要素参与办学并享有相应权利。探索公办和社会力量举办的职业院校相互委托管理和购买服务的机制。引导社会力量参与教学过程，共同开发课程和教材等教育资源。社会力量举办的职业院校与公办职业院校具有同等法律地位，依法享受相关教育、财税、土地、金融等政策。健全政府补贴、购买服务、助学贷款、基金奖励、捐资激励等制度，鼓励社会力量参与职业教育办学、管理和评价。2016 年 11 月，第十二届全国人民代表大会常务委员会第二十四次会议审议通过了《关于修改〈中华人民共和国民办教育促进法〉的决定》。社会力量办学已成为职业学校教育发展主体的重要补充，并在一定程度上缓解了政府办学的压力，适应了现代社会不断扩大的教育需求。

（二）职业教育体系制度：从“参照执行”到“类型教育”的职业教育体系

中国职业教育在很长时间里，都缺少自己的制度和标准。中等职业教育参照中小学执行、高等职业教育学校参照本科学校执行，职业教育作为一种类型的教育，却缺少自己的体系和标准。近年来，中国加快了职业教育体系建设的制度顶层设计，中高职自身的标准在不断完善。2011 年以来，教育部在中等职业教育方面制定了《中等职业学校管理规程》《中等职业学校学生学籍管理办法》《中等职业学校设置标准》《中等职业学校专业目录》等，制定了 230 个中等职业学校专业教学标准，高等职业教育方面颁布了《教育部办公厅关于建立职业院校教学工作诊断与改进制度的通知》《教育部关于公布 2015 年高等职业学校专业设置备案结果的通知》，职业教育不断彰显自身的特色。

《现代职业教育体系建设规划（2014—2020 年）》提出，“到 2020 年，形成适应发展需求、产教深度融合、中职高职衔接、职业教育与普通教育相互沟通，体现终身教育理念，具有中国特色、世界水平的现代职业教育体系”。文件明确了中等职业教育、专科层次职业教育、本科层次职业教育和专业学位研究生教育的多层次多类型职业教育使命。同时，文件强调职业教育与普通教育、继续教育要相互沟通，建立学分积累与转换制度，推进学习成果互认衔接，明确了中国现代职业教育体系实现自我完善基础上的融通和开放。

（三）职业教育的投入保障制度：不断降低学生就学经济负担

职业院校绝大多数学生来自农村和城市经济困难家庭。职业教育也是重要的民生工程，是减少贫困代际传递、促进社会纵向流动的重要途径。鉴于此，近年来，职业教育经费投入制度的发展总体而言是不断加大投入、不断降低学生就学经济负担。

一是提供制度保障，明确生均教育经费，加大经费投入。经费投入保障制度的完善为职业教育的良性健康发展提供了物质保障。1996 年《职业教育法》规定，国家建立以财政拨款为主、其他多种渠道筹措教育经费为辅的制度，但经费不足一直是制约职业教育发展的重要原因。2002 年以来，职业教育的经费投入保障制度不断出台，2002 年《国务院关于大力推进职业教育改革与发展的决定》主要对加强政府对职业教育经费投入的责任、制定生均经费标准、落实职业教育专项经费，以及企业职工经费的提取等做了进一步强调。2005 年，国家决定从落实城市教育费附加用于职业教育的政策及建立职业教育学生资助制度两方面加以明确。2014 年，教育部等六部门印发的《现代职业教育体系建设规划（2014—2020 年）》明确要求，2015 年底前，各地依法出台职业院校生均经费标准或公用经费标准；同年 10 月 30 日，财政部、教育部印发的《关于建立完善以改革和绩效为导向的生均拨款制度　加快发展现代高等职业教育的意见》明确提出：2017 年各地高职院校年生均财政拨款水平应当不低于 12 000 元；从 2014 年起，中央财政建立“以奖代补”机制。截至 2016 年底，各省（区、市）均已建立高职生均拨款制度。

二是不断完善职业院校学生资助体系。中职学校学生 90%来自农村以及城市经济困难家庭，2015 年，高职学生父母为农民工的比例超过了 50%。职业教育的生源决定了职业教育也是民生。从教育促民生的角度，中国近年来加大了职业教育资助制度的建设。2005 年，《国务院关于大力发展职业教育的决定》明确提出要建立国家职业教育贫困家庭学生助学制度，使农村和城镇低收入家庭学生通过国家帮助和本人勤工俭学顺利完成学业。2007 年和 2009 年，国家分别开始实施中等职业学校国家助学金和中等职业学校免学费政策。2012 年，《关于扩大中等职业教育免学费政策范围　进一步完善国家助学金制度的意见》印发，对国家助学金和免学费政策进行调整。2013 年，国家发布《中等职业学校国家助学金管理办法》和《中等职业学校免学费补助资金管理办法》。2015 年，国务院决定从当年春季学期起将中职学校国家助学金标准由生均每年 1 500 元提高到 2 000 元。目前，中职助学金覆盖近 40%学生，免学费覆盖近 90%学生，高职助学金覆盖25%以上学生。

（四）职业教育社会合作制度：从“伙伴式合作”到“利益相关深度融合”

产教融合、校企合作是职业教育的本质要求和基本特征。近年来，中国行业企业参与职业教育在探索中不断强化。《职业教育法》第23条规定，职业教育“应当实行产教结合”，确立了产教结合的法律地位。2002年，《国务院关于大力推进职业教育改革与发展的决定》提出，“要充分依靠企业举办职业教育。企业要根据实际需要举办职业学校和职业培训机构……企业要和职业学校加强合作，实行多种形式联合办学”，“行业主管部门要对行业职业教育进行协调和业务指导，继续办好职业学校和培训机构”。2005年，《国务院关于大力发展职业教育的决定》提出“大力推行工学结合、校企合作的培养模式”，首次在国务院文件中将职业教育的培养模式明确为“工学结合、校企合作”。2010年国家教育规划纲要提出“实行工学结合、校企合作、顶岗实习的人才培养模式”，要求“制定促进校企合作办学法规，推进校企合作制度化”。2014年，《国务院关于加快发展现代职业教育的决定》提出要“深化产教融合、校企合作”“发挥企业重要办学主体作用”“加强行业指导、评价和服务”，逐步形成和完善行业企业参与职业教育的宏观（产教融合）、中观（校企合作）、微观（工学结合）要求。2017年12月5日，国务院办公厅印发的《关于深化产教融合的若干意见》明确提出构建教育和产业统筹融合发展格局，并强调指出：深化产教融合的主要目标是，逐步提高行业企业参与办学程度，健全多元化办学体制，全面推行校企协同育人，用10年左右时间，教育和产业统筹融合、良性互动的发展格局总体形成，需求导向的人才培养模式健全完善，人才教育供给与产业需求重大结构性矛盾基本解决，职业教育、高等教育对经济发展和产业升级的贡献显著增强。

行业指导从分散逐步转向制度化。2010年以来，教育部联合行业组织每年举办产教对话活动，已累计举办近百次。教育部会同有关行业部门、行业组织，组建了基本覆盖国民经济各门类的62个行业职业教育教学指导委员会，汇聚各方面专家3 000多人，搭建起行业指导职业教育的组织平台。职业教育治理结构逐步优化。近年来，教育部探索集团化办学、现代学徒制等制度，校企合作从松散型逐渐向紧密型发展。集团化办学的兴起，为深化产教融合、校企合作，推进校企优势互补、资源共享，健全职业院校治理结构探索了更为有效的实现路径。2014年，《教育部关于开展现代学徒制试点工作的意见》印发，要求各地积极开展“招生即招工、入校即入厂、校企联合培养”的现代学徒制试点，逐步建立起“政府引导、行业参与、社会支持、企业和职业院校双主体育人”的中国特色现代学徒制。从最初主要依靠人际关系的伙伴式合作到集团化办学，再到现代学徒制试点，校企合作不断实现制度化，利益相关者逐渐深度融合。

（五）职业教育与培训就业制度：从“突出学龄人口教育”走向“兼顾多种教育需求”

服务对象的多元化，日益成为职业院校办学的一个突出特点。2002 年《国务院关于大力推进职业教育改革与发展的决定》强调，要坚持学历教育与职业培训并重，实行灵活的办学模式和学习制度。2005 年《国务院关于大力发展职业教育的决定》提出“四个服务”，即职业教育要为中国走新型工业化道路、调整经济结构和转变增长方式服务，为农村劳动力转移服务，为建设社会主义新农村服务，为提高劳动者素质特别是职业能力服务，为此部署实施了国家技能型人才培养培训工程、国家农村劳动力转移培训工程、农村实用人才培训工程、成人继续教育和再就业培训工程等“四大工程”。2010 年国家教育规划纲要强调要“坚持学校教育与职业培训并举，全日制与非全日制并重”，并特别提出“加快发展面向农村的职业教育”，支持和鼓励各级各类学校积极参与培养新型农民，开展进城务工人员和农村劳动力转移培训。2014 年《国务院关于加快发展现代职业教育的决定》进一步提出，要“建立有利于全体劳动者接受职业教育和培训的灵活学习制度”，“面向未升学初高中毕业生、残疾人、失业人员等群体广泛开展职业教育和培训”，要求“完善面向农民、农村转移劳动力、在职职工、失业人员、残疾人、退役士兵等接受职业教育和培训的资助补贴政策”。随着中国经济社会快速发展，终身学习越来越成为每个人的需求，开展面向各类社会群体的教育和培训，成为职业院校必须承担的任务。职业教育的服务对象从以学龄人口为主的学校教育，拓展到企业职工、社区居民、农村转移劳动力、新型职业农民等各类群体，职业教育不断满足多种教育需求，为实现人人出彩、扩大中等收入群体、促进社会稳定提供重要支撑。

三、中国职业教育制度建设发展展望

中国职业教育制度建设不断完善，是近年来中国职业教育飞速发展的结果，也是职业教育持续发展的保障。在整个教育体系中，职业教育仍然是中国教育领域中相对薄弱的环节，整体发展水平还不高，吸引力不足，支撑可持续发展的制度建设仍然任重而道远。

一是现行《职业教育法》已不能较好适应发展现代职业教育的要求，对于推动政府履行职责、发挥行业企业作用、激发学校办学活力等方面，难以提供充分有效的法律约束和保障。二是职业教育与经济社会发展速度尚不同步，没有形成与经济发展相配套的制度性安排。三是职业教育管理分散、职责交叉、政出多门。四是统筹职业教育的主体责任没有落实到位。五是职业教育投入机制仍不健全，经费责任分担不合理。六是行业指导和企业参与办学缺少激励政策，企业的主体作用难以发挥，校企合作普遍缺乏有效的支持政策，多数行业组织在职业教育发展中无力承担应有责任。

加快发展现代职业教育，关键在于深化体制机制改革，明确和落实政府、行业、企业各方责权利，调动社会各方面参与。这需要把制度特别是法制建设作为改革的重点，以此破解体制机制障碍，保障和推动职业教育发展。未来中国的职业教育制度建设将以《职业教育法》的修订为重要契机，一是明确政府责任，促使政府加强统筹管理，理顺职业教育和培训的统一归口管理，形成稳定的投入机制，健全问责机制；二是完善行业指导、企业参与的制度建设，明确行业指导的法定职责，明确企业作为职业教育重要办学主体的法律地位，调动行业企业参与职业教育的积极性；三是完善其他相关配套政策。建立灵活学制，宜长则长、宜短则短、有机衔接和沟通，便于搭建促进人才职业可持续发展的成长“立交桥”。探索建立国家资格框架制度，逐步推进“双证书”融合制，切实形成“不唯学历凭能力”的评价体系。

第二节 高等职业教育考试招生制度改革

招生考试制度是国家教育制度的重要组成部分。职业教育招生考试制度是职业教育管理和制度建设的重要内容，是职业教育可持续发展的有力保障。中国高等职业教育考试招生制度经历了从“逐步开放”到“分类考试”的发展历程，目前，高等职业教育“分类考试”是中国职业教育改革的重点、难点。

一、职业教育招生考试制度的发展历程

（一）高等职业教育考试招生的逐步开放阶段（1985—2005 年）

1985 年《中共中央关于教育体制改革的决定》提出，发展职业技术教育要

以中等职业技术教育为重点，发挥中等专业学校的骨干作用，同时积极发展高等职业技术院校，优先对口招收中等职业技术学校毕业生以及有本专业实践经验、成绩合格的在职人员入学，逐步建立起一个从初级到高级、行业配套、结构合理又能与普通教育相互沟通的职业技术教育体系。

1987年，国家教委印发了《普通高等学校招收少数职业技术学校应届毕业生的暂行规定》，指出为适应职业技术教育迅速发展的需要，加速培养中等职业技术学校专业课和实习指导教师，在国家核定培养职业技术师资的招生计划中，安排中等职业技术学校招收少数优秀应届毕业生升入普通高等学校学习，毕业后分配到中等职业技术学校任教。该文件规定，高职统考由省、自治区、直辖市普通高校招生委员会组织命题、考试和阅卷，考试科目分文化课和专业课两部分，文化课考政治、语文、数学，专业课考试由招生学校根据专业要求确定一门专业课和一门专业基础课考试科目。

1991年，《国家教育委员会关于推荐应届职业高中毕业生参加高考有关问题的通知》下发，允许推荐部分应届职业高中毕业生报考普通高等学校。1997年，《关于招收应届中等职业学校毕业生举办高等职业教育试点工作的通知》下发，决定从1997年开始在北京、上海、河北等10个省（区、市）开展高职招收中等职业学校应届毕业生的试点。

1999年，教育部出台《试行按新的管理模式和运行机制举办高等职业技术教育的实施意见》指出，新高职"可招收少量的中等职业学校应届毕业生"。"对招收相关或相近专业的少量的中等职业学校应届毕业生，其文化课和职业技能水平应由省级招生部门单独组织考试，并确定具体的录取标准。"同年6月，中共中央、国务院颁布《关于深化教育改革全面推进素质教育的决定》，再次强调"职业技术学院（或职业学院）可采取多种方式招收普通高中毕业生和中等职业学校毕业生"。

2002年颁布的《国务院关于大力推进职业教育改革与发展的决定》指出：高等职业学校可单独组织对口招生考试，优先招收中等职业学校优秀毕业生；注重专业知识、职业技能的考核，对取得相应中级职业资格证书的中等职业学校毕业生，可以免除技能考核。

这一阶段，高等职业教育的考试模式不尽相同，但大体上都是采取"文化课（语、数、外）＋专业综合课"的形式，主要是理论考试，很少甚至完全没有涉及对学生实际操作能力、职业技能和思想道德水平的考核。

（二）高等职业教育分类考试招生的探索阶段（2005年至今）

近年来，高等职业教育院校的招生制度不断变革，高职的招生考试制度在实行统考统招的基础上，更是进行了多样化、多元化的尝试。

2005年，上海市教委决定，在教育部批准的“上海市教育综合改革试验”的框架内，在2005年试行“高职高专层次普通高等学校依法自主招生改革试验”。改革的基本思路是参与改革试点的高校依法自主进行入学考试、自主确定入学标准、自主实施招生录取。

2006年11月，教育部、财政部颁发的《关于实施国家示范性高等职业院校建设计划 加快高等职业教育改革与发展的意见》规定，“各地要制定相关政策，优先安排招生录取批次，鼓励开展单独招生试点，保证生源质量”。

2010年国家教育规划纲要提出要推进考试招生制度改革。文件指出要探索招生与考试相分离的办法，政府宏观管理，专业机构组织实施，学校依法自主招生，学生多次选择，逐步形成分类考试、综合评价、多元录取的考试招生制度。

2011年，教育部出台的《关于推进中等和高等职业教育协调发展的指导意见》指出：“改革招生考试制度，拓宽人才成长途径。根据社会人才需求和技能型人才成长规律，完善职业学校毕业生直接升学和继续学习制度，推广‘知识＋技能’的考试考查方式。”

2013年，《教育部关于积极推进高等职业教育考试招生制度改革的指导意见》明确要求改革高等职业教育考试招生制度，逐步与普通高校本科考试分离，重点探索“知识＋技能”的考试评价办法，为学生接受高等职业教育提供多样化入学形式。逐步形成省级政府统筹管理，学生自主选择、学校多元录取、社会有效监督的高等职业教育考试招生制度。文件新增两种招生考试入学渠道：一是技能拔尖人才免试入学，对于获得由教育部举办或联办的全国职业院校技能大赛三等奖及以上奖项，或由省级教育行政部门主办或联办的省级职业院校技能大赛一等奖的中等职业学校应届毕业生以及其他技能拔尖人才，可由有关高等职业学校免试录取。二是综合评价招生办法，即注册入学，于高考前，主要依据考生普通高中学业水平考试成绩和综合素质评价结果综合评价，择优录取。注册入学不是全面放开，主要是对于那些社会确有需求，但是实际招生困难的专业。

2014年，《国务院关于加快发展现代职业教育的决定》明确提出：完善职业教育人才多样化成长渠道。健全“文化素质＋职业技能”、单独招生、综合评价招生和技能拔尖人才免试等考试招生办法，为学生接受不同层次高等职业教育提供多种机会。

2014年9月，《国务院关于深化考试招生制度改革的实施意见》正式启动了高考恢复以来最全面、最系统的一次考试招生制度改革。文件明确提出加快推进高职院校分类招考，主要有三项举措：一是明确高职院校的考试招生在考试方式、内容、时间上与普通本科院校相对分开，实行“文化素质＋职业技能”的考试评价方式。二是明确普通高中毕业生和中职学校毕业生参加考试的方式。中职学校毕业生报考高职，参加由省（区、市）或者学校组织的文化素质与职业技能相结合的测试，并注重对职业技能的考查；普通高中毕业生报考高职院校，要参加职业适应性测试，文化素质使用其高中学业考试的成绩，参考综合素质评价。三是明确继续保留考生通过参加统一高考进入高职院校的通道。将高职院校的考试招生与普通高校相对分开，既有利于适应高职院校的办学定位，选拔和培养技术技能型人才，同时也有利于一部分学生尽早地选择适合自己的教育，减轻高考的备考负担。

2015 年 10 月颁布的《高等职业教育创新发展行动计划（2015—2018 年）》明确提出，“根据不同生源特点和培养需要，规范实施专科高等职业院校以高考为基础的考试招生、单独考试招生、综合评价招生、面向中职毕业生的技能考试招生、中高职贯通招生、技能拔尖人才免试招生”，推进分类考试招生，“2016 年通过分类考试录取的学生占高等职业院校招生总数的一半左右，2017 年成为主渠道”。

高职考试招生制度改革已初步建立起多样化的技能人才招生方式，对于推动现代职业教育体系建设产生了一定的积极作用。

二、高职院校考试招生现状与发展趋势

建立健全符合职业教育特点的考试招生制度，是引导职业院校以就业为导向深化教学改革、系统培养技术技能人才、建设现代职业教育体系的重要一环。职业教育考试招生制度改革的重要举措，是实行高职院校教育招生与普通高校招生相对分离。2015 年，全国 31 个省份均开展了高职分类考试，通过分类考试录取的学生占到高职招生计划数的 50%，约有 170 万名考生通过多样化的考试录取方式升入高职院校。

（一）高职院校招生考试的主要形式及各地的探索

2013 年，《教育部关于积极推进高等职业教育考试招生制度改革的指导意见》规定了高职分类考试招生的 6 种方式和各自对应的生源或专业条件：一是以高考为基础的考试招生办法，二是改革单独考试招生办法，三是综合评价招

生办法，四是面向中职毕业生的技能考试招生办法，五是中高职贯通的招生办法，六是技能拔尖人才免试招生。

专栏3-1

各地对口单招考试方式

江苏省采取“专业技能考试＋文化统考”的方式，专业技能考试由各专业大类联考委确定，文化统考科目（专业综合理论、语文、数学、英语）由各市招生考试部门组织实施。北京市采取“公共文化课＋专业课”的方式，公共文化课（语文、数学、外语）由全市统一命题、统一考试、统一评卷，专业课考试由招生学校根据不同专业需要设置并自行组织。湖北省采取“技能操作考试＋文化考试”的方式。辽宁省实行“3＋2综合”考试形式，考试科目为语、数、外三科及专业理论综合、专业实践综合。其中，专业理论综合包含本专业必须开设的专业基础课程，专业实践综合包含专业技术课程和实训课程。甘肃省采取“文化综合素质测试＋专业基础知识测试＋专业技能水平测评”方式。同时，优秀中等职业学校毕业生可择优推荐免试入学。

专栏3-2

各地培养试点开展情况

上海市为满足产业发展对高层次技能人才的需求，2014年在3个专业率先启动“中职-应用本科”贯通培养试点，2015年又新增13个专业。浙江省启动4年制高职人才培养试点，遴选5所高职院校，联合5所本科院校，在6个专业开展试点，首批安排300名招生计划。

专栏3-3

各省纷纷积极探索高职院校分类招生

四川省推进招生考试改革，将“示范高职单独招生”纳入省级教育体制改革首批试点项目，推行“知识十技能”单独招生考核方式，通过对口高职、5年制高职、高职单招等多种方式，不断提高中职学校毕业生升学比例，初步形成中高职有效衔接的人才培养通道。

陕西省高职院校分类考试招生将分4种形式进行：一是国家级示范高职院校和省级示范高职院校均实施单独考试招生。二是除单独考试招生的高职院校外，省内其他高职院校均实行综合评价招生。三是实施技能拔尖人才免试招生。四是实施面向“三校生”单独组织的普通高等职业教育省级统考及录取工作，进一步推进中高职衔接。

（二）高等职业教育考试招生制度存在的问题

与制度的推进方向一致，中国推进高职院校考试招生与本科高校相对分离，2015年高职分类考试招生数达到170万，占高职招生总数的50%。体量的确有所增大，但高等职业教育招生制度中存在的问题也越来受到关注。

一是“招生录取先本后专”的录取原则降低了高职教育的社会地位。目前，高考招生录取，高职院校安排在最后，本科三批录取后才着手录取专科。这一制度安排成为高等职业教育发展的一大阻力。二是入学测试环节内容趋同并且方法类似。在入学测试环节，很多职业院校仍然以语文、数学、外语为主考科目，缺乏适合本院校所设各个专业的测试内容。这样，很难让考生感受到自主招生的独特之处，也限制了考生特长的充分发挥；对院校来说，也会错失一些适合本校相关专业发展的人才。虽然目前各地都在不断探索“如何考”“考什么”，但还没有实现突破。三是自主招生花费的成本较高。一般高职高专院校在自主招生上主要分为笔试和面试两个环节，与高考相比，其成本较高。对于笔试环节来说，各自主招生院校需要设计不同的试卷并安排多场考试。从试题的选择到试卷的印制、保管再到考试的举行，最后到试卷的批改，需要较多熟悉高中、职高、技校所用教材的教师，这将耗费巨大的人力、物力。而在面试环节，所耗费的材料成本和师资，意味着更多的支出。高昂的自主招生成本对高校财政来说是一个不小的挑战。同时，对于学生而言，由于考试的时间不同、方式不同，加之大部分选择职业院校的学生都来自普通家庭，学生需要投入更多成本。四是考试招生过程中存在公平问题。首先是区域间差异带来的公平问题。由于不同地区之间、相同地区城乡之间经济文化的差异，会造成不同地区之间考生素质的差异。当前高职院校的自主招生在测试内容和组织形式上更有利于来自城市的学生和办学质量好的学校的学生。比如，在职业技能测试方面，贫困地区的学生由于经济和教育条件限制，在许多方面处于弱势。这势必造成自主招生的不公平。其次是面试环节主观因素较多，容易产生不公平的问题。

（三）高等职业教育考试招生制度的发展趋势

分类考试招生，打破“一考定终身”，为个性化的人才成长铺设了道路，更有利于招生计划与社会需求之间形成有效的衔接，为中国现代经济社会多样化发展提供动力。在 2017 年全国职业教育与继续教育工作会议上，教育部再一次指出，2017 年的工作“目标要稳，加快构建现代职业教育体系，做强中职、做优高职、做大培训、做好职业启蒙，推进考试招生制度改革，构建更加开放畅通的人才成长‘立交桥’”，“要按照到 2020 年形成‘分类考试、综合评价、多元录取’考试招生模式的总体目标，推进高职院校考试招生与普通高校相对分开，完善‘文化素质＋职业技能’的评价方式，严格规范考试的标准、内容和程序，特别要实施好职业技能考试的环节，发挥好考试招生制度对教与学的引导作用”。

高职院校招生考试改革的核心问题是通过何种途径体现出高等职业教育对生源要求的特殊性。“分类考试、综合评价、多元录取”将是未来中国高职招生考试制度建设的总方向。分类考试招生所占份额越来越大，需要分类考试、平行录取，使高职院校招生录取自成体系；需要改革考试方法与内容，扩大高职院校办学自主权，进一步做好对口招生考试工作；通过同组院校中的相同专业联考来降低自主招生成本；建立职业教育考试招生监督评估机制。

第三节　职业院校技能大赛制度

全国职业院校技能大赛（简称“大赛”）是教育部、天津市人民政府发起，联合国务院有关部门、行业组织共同举办的一项全国性职业院校学生技能竞赛活动，旨在树立“人人皆可成才，人人尽展其才”的人才观，引导建立符合职业教育发展规律的人才评价体系。大赛是推动中国职业教育发展的一项重大制度创新，被誉为中国职业教育的“奥林匹克”。从 2008 年第一届大赛举办至今，大赛从一项创新性的国家教育制度，逐渐成为广大职业教育师生展示风采、实现梦想的年度盛会，对深化职业教育专业与教学改革、促进职业教育人才培养模式创新起到了积极作用，并成为沟通中国职业教育与世界职业教育的重要平台。

一、大赛的发展历程与意义

（一）大赛发展历程与成绩

1. 大赛发展的源起与定位

在大赛成为一项制度之前，中国举办过类似的比赛并取得良好的效果，为大赛成为一项专门制度打下了基础。2008 年 6 月，教育部提出要逐步建立和完善职业教育技能竞赛制度，并在天津举办了第一届大赛。大赛是中国职业教育为适应经济社会发展新形势新需要而进行的一项制度创新。关于大赛最初的定位，在首届大赛新闻发布会和开幕式上，教育部有关负责人指出，“举办职业院校技能大赛，是对近些年来职业教育工作深入贯彻落实国务院关于大力发展职业教育的方针，深化改革、加快发展所取得的成果的一次大检阅，是对职业院校广大师生奋发向上、锐意进取的精神风貌和熟练技能的一次大展示”，“举办职业院校技能大赛是对职业教育发展成果的一次大的检阅，要通过定期举办全国职业院校技能大赛，把多年来职业教育发展过程中逐步探索出的具有中国特色的工学结合、校企合作、顶岗实习的经验和做法加以制度化和规范化，形成‘普通教育有高考，职业教育有技能大赛’的新局面”。“这是中国教育工作的一项重大制度设计与创新，是新时期职业教育改革与发展的重要推进器。”

2. 从数据角度看大赛发展

大赛是一次制度创新，10 年来，大赛在探索中不断成熟和完善。

（1）主办单位总体增多。2008 年，大赛由教育部、天津市人民政府、人社部、农业部、国务院扶贫办、工业和信息化部、交通运输部、住房和城乡建设部、中华全国总工会、共青团中央、中华职教社等联合举办。2009 年，参与主办单位为 10 家。2010 年，参与主办单位 16 家。2011 年，参与主办单位为 16 家。2012 年，参与主办单位为 23 家。2013 年，参与主办单位为 31 家。2014 年，参与主办单位为 30 家。2015 年，参与主办单位为 31 家。2016 年，参与主办单位达到了 37 家。2017 年，参与主办单位达 36 家（见图 3－1）。

（2）教师、学生辐射面不断扩大。大赛参加决赛的选手不断增多：2008 年参赛选手为 2 500 人，2009 年参赛选手为 3 000 人，2010 年参赛选手近 4 000 人，2011 年参赛选手为 5 038 人，2012 年参赛选手为 9 018 人，2013 年参赛选手为 9 840 人，2014 年参赛选手为 10 300 人，2015 年参赛选手为 10 943 人，

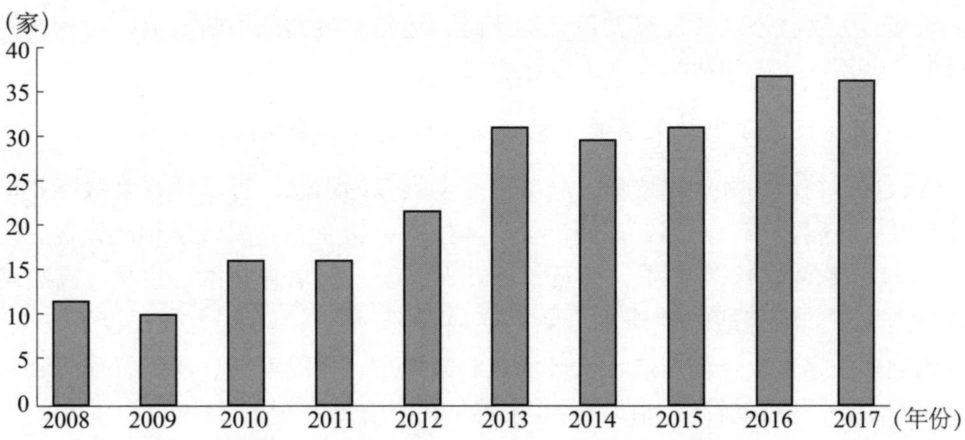

图 3-1　2008—2017 年大赛参与主办单位数量变化

2016 年参赛选手为 12 042 人。2008 年至 2015 年，历年大赛中职组、高职组获奖选手共计 34 613 人。大赛覆盖全国 31 个省（区、市），5 个计划单列市和新疆生产建设兵团。

(3) 赛项总体上增多。2008 年大赛设计了 10 个专业类别近 30 个赛项，2009 年为 12 大类 35 个赛项，2010 年为 14 大类 42 个赛项，2011 年为 55 个赛项，2012 年大赛共有 96 个赛项，2013 年共设 14 个专业大类的 100 个赛项，2014 年共设 12 个专业类的 95 个赛项，2015 年共设 15 个专业大类的 98 个赛项，2016 年共设 94 个赛项，2017 年共设赛项 81 个（中职 35 个、高职 46 个）、行业特色赛项 4 个。

(4) 分赛区制的建立，调动了更多省份的积极性。2012 年，大赛首次在天津主赛区以外设立了 10 个分赛区，分别为天津主赛区和河北、山西、吉林、江苏、浙江、安徽、山东、河南、广东、贵州等 10 个分赛区。2013 年，在天津主赛区和河北、山西、吉林、江苏、浙江、安徽、福建、山东、河南、广东、贵州、甘肃、广西、大连和宁波等 15 个分赛区举行。2014 年，在天津主赛区和北京等 12 个分赛区举行。2015 年，在北京、天津、河北、山西、吉林、江苏、浙江、安徽、山东、河南、湖北、广东、广西、重庆、贵州、甘肃、青岛 17 个赛区举行。2016 年在天津主赛区和北京、山西、吉林、江苏、浙江、安徽、山东、河南、湖北、广东、重庆、甘肃、青岛、宁波 15 个分赛区举行。2017 年在天津主赛区和吉林、江苏、浙江等 19 个分赛区举行。

（二）大赛的特点

大赛之初，“检阅”“展示”“营造氛围”是制度设计者的初衷。经过 10 年的发展，大赛在不断实现最初设计的同时，随着影响力的不断扩大，对竞赛的理解不断深入，发展成为一个综合性的平台。

1. 大赛促进了职业教育更加贴近服务于经济社会发展

大赛坚持“引领人才培养，服务产业发展”的理念，赛项设置紧跟产业革命和新一轮科技革命，都针对新产业、新技术、新业态发展做了相应设置。在2013年新增的26个赛项中，涉及节能环保、新一代信息技术、生物、高端装备制造、新能源等战略性新兴产业的赛项有22个。2014年大赛开设云安全、三维建模数字化设计与制造、水环境监测与治理、智能家居、飞机发动机装调与维修等新产业、新技术相关的32个赛项，占全部赛项的34%。2015年的大赛，对接先进制造业，设置了注塑模具CAD/CAE与主要零件加工、工业机器人技术应用、三维建模数字化设计与制造、飞机发动机拆装调试与维修、船舶主机和轴系安装等赛项；紧贴“互联网+”新业态发展，设置了云计算技术与应用、4G全网建设技术、智能家居安装维护等赛项；关注健康生活、绿色环保，设置了农产品质量安全检测、大气环境监测与治理技术、风光互补发电系统安装与调试等赛项。2016年大赛共有涉及信息技术、智能制造、高端装备、新能源等领域的赛项30个，如云计算技术与应用、物联网技术应用、移动互联应用软件开发、工业产品造型设计与快速成型、工业机器人技术应用等。同时，关注健康生活、绿色环保以及技术革命对生活方式带来的深刻影响，设置了智能家居安装与维护、电子商务技能、大气环境监测与治理技术、风光互补发电系统安装与调试、农产品质量安全检测等赛项。2017年大赛赛项设置在遴选过程中，就突出服务国家战略。一是在网上评议阶段，请各地综合考虑国家战略、本地区产业发展对技术技能人才的需要，以及本地区职业教育改革发展的实际，对申请赛项提出设置意见，同意设置省份数量不到50%的赛项直接淘汰。二是在评议评审阶段，把反映行业产业发展趋势、体现国家重点发展和扶持产业领导人才培养需求的指标权重，由原来的10%提高到20%。三是支持设置与“制造强国战略”和“战略性新兴产业”联系紧密，对接新产业、新技术、新业态的赛项。赛项中涉及智能制造、高端装备、信息技术、节能环保、新能源等新产业、新业态的数量接近50%。

赛项设置紧密联系生产实际和产业热点，及时反映区域经济发展趋势和企业需求。大赛已成为产业转型的风向标，通过赛项设置可以感知产业变化，同时又通过感知产业变化来设置赛项，大赛已成为职业教育对接产业发展、与产业形成良好互动的重要抓手，对促进职业院校与经济社会发展结合、完善技能型人才培养长效机制具有重要意义。

2. 大赛引领职业教育教学改革

职业教育大赛形成了引领“教学改革、专业建设、课程建设”的工作思路，成为职业教育内涵式发展的“推手”。

首先，大赛内容设计体现职业教育教学改革的理念。如注重体现工匠精神，关注人才培养德技并重。到 2016 年，90％以上的赛项将职业素养纳入考核范围，64％的赛项是注重团队合作的团体比赛。比赛对选手的技术技能要求更加精益求精，如装配钳工技术赛项，在装配工艺和精度上提出追求极致的新要求，其配合和运动精度需达到 0.03 毫米（约为人体头发丝的 1/2）标准。比赛要求选手操作更加严谨规范，80％以上赛项的成绩评定更加注重细节和过程，如汽车检测与维修赛项，每个操作细节都有相应评分标准，最小分值细化到 0.25 分；化工生产技术赛项在是否按规范操作上实行一票否决制。大赛对选手综合职业能力考核方面更加注重创新创意，40％的赛项加强了这方面的考核权重，如三维建模数字化设计与制造赛项，比赛内容包括“数据采集、建模与创新设计”和“创新产品加工、装配验证”两部分，重点考核参赛选手的自由创新能力。2017 年，大赛强调内容设计对接专业教学标准，集中考察专业或专业大类的核心技能、核心知识、职业规范、职业精神与创新意识，并整合技能要求过于单一的赛项。例如，整合中职酒店服务、中职服装设计与工艺、高职测绘等以往分赛项较多的比赛，形成综合赛项；将中职汽车运用与维修原来的 5 个分赛项归并为 3 个分赛项。

其次，大赛通过竞赛和评价实现职业院校教学改革的“倒逼”机制。职业院校技能大赛作为一项比赛，其竞争性促使各省职业教育形成“你追我赶”的局面。作为一项教育评价活动，通过设立评价指标，对职业学校教学水平进行全面综合的评价，从而也对职业学校的教学活动形成“倒逼”机制，推动教学改革。技能竞赛用企业标准引领技能大赛标准，以充分反映相关行业、企业要求为目标，例如 2017 年，强调技能要求对接新技术、新工艺。如在高职中药技能赛项中增加了行业已经广泛使用的紫外可见分析仪、荧光分析仪、化学检验方法等内容。大赛的各个环节都吸收了相关行业、企业的人员参与和指导，如技能竞赛的一些竞赛项目与企业联办，企业以不同的形式参与到大赛中来。行业企业的相关人员参与大赛成果的评判，使评判标准与企业生产接轨。这一切都将使希望在大赛上获奖的学校及师生把关注点放到行业、企业的技术和需求上。

最后，大赛成果转化机制的完善进一步落实了大赛对职业教育教学改革的引领。只有将大赛比赛过程中产生的很多好的做法、经验、资源等用到职业教育教学过程中，用到教师教学过程里，才能真正发挥大赛对教学改革的引领作用。10 年来，将大赛成果进行资源转化的工作正在步步落实。从 2015 年开始，大赛重推成果资源转化，提出成果资源转化是大赛内涵发展的关键环节。2016 年，所有赛项都制定了较完备的资源转化工作方案、共享试题库和视频资源库，80%的赛项开发了相应的教材和课件，以带动相关专业建设、提升紧缺人才培养能力。2017 年，大赛要求赛项申请单位必须制定成果转化方案，并在规定时间内完成转化任务。成果转化的进度和成效作为下一年度赛项遴选的主要依据。

3. 大赛推动了职业院校校企合作

大赛本身就是校企合作的产物。通过大赛，学校的教育理念得到了提升，与各行各业紧密合作的力度得到加大。2008 年大赛提出“政府统筹、企业支持、院校参与”的原则，注重“充分调动和发挥相关企业支持大赛的积极性”，企业主要以赞助商的形式支持大赛，行业则主要以专家担任裁判的方式参与赛事各赛项中没有赞助企业的竞赛项目。2009 年、2010 年大赛则和企业行业融合更加紧密，开始形成“企业积极支持大赛，大赛人才回报企业”的共赢态势，部分赛项由企业单独冠名，并建立了企业对大赛优秀选手的招聘机制。2011 年，行业企业对大赛的参与度更深更广，各个赛项都实现了由行业企业参与、教育部门配合的工作态势。在大赛的引领之下，地方企业对各级比赛的参与数量也越来越多。据不完全统计，2011 年全国各级职业院校技能大赛得到 2 800 多家企业的支持。2013 年，大赛由 80 个行业组织牵头，行业企业专家广泛参与项目的设计、组织、命题、裁判和器材提供工作。行业企业在大赛中的作用进一步提高。到 2016 年，大赛内容设计紧密对接行业标准和企业生产实际，80%以上的赛项有国内外知名企业深度参与，注重引入产业最新技术、先进设备和人才需求标准。2017 年起，大赛探索设置行业特色赛项，大赛执委会为此制定了《全国职业院校技能大赛行业特色赛项设置管理工作实施方案》和《全国职业院校技能大赛行业特色赛项设置与管理办法》，印发了《关于开展行业特色赛项工作的通知》。

经过多年探索，大赛开始成为解决行业、企业现实问题的重要途径，如 4G 全网建设技术赛项开发的竞赛平台已经成为电信企业员工培训的主要平台，被广东移动、广东电信、江苏电信等企业采用。企业发现了更合适的人力资源供给者，发现了参与职业教育的更多切入点。

4. 大赛是中国与世界职业教育交流的重要平台

让大赛成为中国职业教育向世界展示的窗口，一直是大赛的顶层设计的内容之一。2014 年《国务院关于加快发展现代职业教育的决定》指出："提升全国职业院校技能大赛国际影响。" 10 年来，大赛成为引入国际标准、助推中国职业教育国际化的平台，从职业教育的角度向世界展示一个生机蓬勃的中国，成为向外输出中国标准的平台。

(1) 向世界展示中国：从职业教育的角度向世界展示一个生机蓬勃的中国。

大赛顶层设计中的国际化定位，为国际友人了解中国职业教育提供了良好的服务：10 年来，从论坛研讨和观摩比赛到举办国际赛项（见表 3-1），大赛国际交流与合作的内容越来越丰富、途径越来越多样，让国际职业教育专家和友人认识了中国职业教育、中国的职教人。

表 3-1　历年大赛国际交流与合作活动

年份	外宾规模	参与形式	相关活动
2008		观摩比赛、论坛研讨	中国职业教育改革与发展高峰论坛
2009		观摩比赛	
2010		观摩比赛、论坛研讨	首届中国天津职业教育国际论坛
2011	9 个国家（地区）216 名代表	观摩比赛、现场体验	近 50 位外国专家、教师和留学生机器人世界体验之旅技术体验和展示活动
2012	55 个国家（地区）574 名代表	正式参赛、观摩比赛	"计算机网络"和"自动化生产线安装与调试"赛项，选手通过网络或现场展开友谊赛
2013	50 个国家（地区）500 名代表	正式参赛、观摩比赛、论坛研讨	• "自动化生产线安装与调试"赛项，8 支外国队正式参赛 • 自动化工程实践创新国际交流会暨工程实践创新项目国际挑战赛
2014	50 个国家（地区）	正式参赛、表演赛、观摩比赛、论坛研讨	中英职业教育"影子校长"圆桌会
2015	近 50 个国家（地区）	观摩比赛、正式参赛、现场体验、论坛研讨	现代学徒制国际研讨会

世界技能大赛主席杜塞多普先生两次到访大赛

(2) 让中国职教走向世界：大赛成为向外输出中国标准的平台。

大赛向世界展示中国，大赛也成为中国职业教育走向世界的一个平台。

经过多届连续举办和不断完善规则，中国标准不断被国际技能组织借鉴和引进。如高职组“自动化生产线安装与调试”赛项成为东盟第八届、第九届技能大赛的正式指定赛项，其自动化竞赛设备选用中国职业院校技能大赛指定设备，竞赛内容和标准均采纳中国竞赛内容和标准。第十届东盟技能大赛的“CNC maintenance 数控维修”赛项是继“自动化生产线安装与调试”赛项竞赛设备和竞赛标准走出国门后的又一成果输出。中国技术技能标准不断走向世界。为保持和中国职业院校技能大赛赛项技术训练同步发展，增进和中国职业教育的沟通和交流，东盟地区自 2011 以来，每年均在大赛同期派队来华参赛。与之配套的，2012 年，天津高职院校牵头开发了《自动化生产线安装与调试》（英文版）教学资源。这是中国第一本结合中国职业院校技能大赛赛项开发的国际化教学资源，被东盟地区很多国家作为实践培训教材引进。

德国选手在参加“亚龙杯自动化生产线安装与调试”国际邀请赛

(3) 博采世界众长：大赛成为引入国际标准助推职业教育国际化的平台。

早在2010年，大赛就注重比赛规程和评判标准的设计要与最新行业标准、企业生产流程和国际技能竞赛体系标准衔接与靠近，既立足国情，又面向世界。大赛标准对接国际标准，直接影响院校教育教学改革进程。大赛的一些赛项实现了与国际行业大赛的对接，从而使国际标准直接影响教育教学改革。优秀职业院校的国际化改革成果通过大赛实现辐射带动效应。许多赛项的承办方是在此赛项上有影响力的学校，它们在教育教学中对国际化标准的引入起到了更大的辐射和引领的作用。

二、大赛制度从“摸索着干”走向“制度化”

制度建设是大赛在实践中不断总结反思完善的结果。大赛作为中国职业教育的一项制度创新，其自身的制度建设经历了许多曲折。多年来，我们体验了许多探索成功的喜悦，也走了许多弯路、经历了很多挫折。我们在成绩中学习，更在挫折中前进，到现在，大赛制度建设基本成型。重新回顾每一届大赛，其制度建设过程中的努力清晰可见。

（一）竞赛体系上，“人人都参与、专业大覆盖、层层有选拔”的职业院校技能竞赛体系基本形成

办赛之初，主要是教育部和相关联合部门直接办大赛。经过 10 年的发展，由国赛、省赛、校赛组成的全国职业院校技能竞赛体系逐步形成。

2013 年，在省赛方面，有 28 个省份和 4 个计划单列市组织了技能竞赛，开设赛项不仅全部覆盖国赛赛项，部分省市还结合本地区产业特点开设了特色赛项。在校赛方面，赛项相关专业近 1/3 在校生直接或间接参加了选拔赛和相关活动。2014 年，在国赛的带动下，各地省赛、市赛和校赛广泛开展，全国 28 个省（区、市）、4 个计划单列市都开展了比赛，举办技能竞赛总量超过 2 000 场次。其中，13 个省（区、市）的赛项均超过 100 项。大部分地区还举办了极具地方特色的比赛，有的实施了在校生“普赛制”试点。各级竞赛的中、高职专业类覆盖面超过了 80%，竞赛已成为提高学生技能学习兴趣、评价学校人才培养质量的重要手段。2016 年，全国 30 个省（区、市）和所有计划单列市都举办了省（区、市）赛和国赛选拔赛，形成了国赛、省赛、校赛共同组成的全国职业院校技能竞赛体系和由主赛区、分赛区共同承办的办赛格局。各级各类技能竞赛活动的学生数由 2008 年的近 10 万，发展到目前的3 000万。

（二）管理方式上，政府角色转变，调动更多方面的积极性

大赛组织上政府不断调整角色，从“直接做”再到“组织做”再到“指导做”。办赛之初，大赛由教育部等直接操办，教育部职成司每一个处负责几个赛项。但是随着大赛品牌的形成，大赛的组织逐渐过渡到现在由政府组织、行业牵头。

另外，在大赛的组织体系（见图 3-2）中，由最初发挥一个地区、一部分人的积极性，发展到承办赛项的省份越来越多，发挥了各地区优质教育资源的辐射作用；带动了更多地区新闻媒体的参与，加大了对职业教育的宣传；挖掘了更多的职业教育的关注者和支持者，开辟了职业教育的新通道。各地区的优质教育资源能够服务于大赛，为提升大赛的赛项质量和办赛水平提供了新的保障。

（三）制度规章上，大赛运行管理逐步完善

大赛本身的制度也在不断完善。2009 年，大赛各赛项制定了裁判规则和执

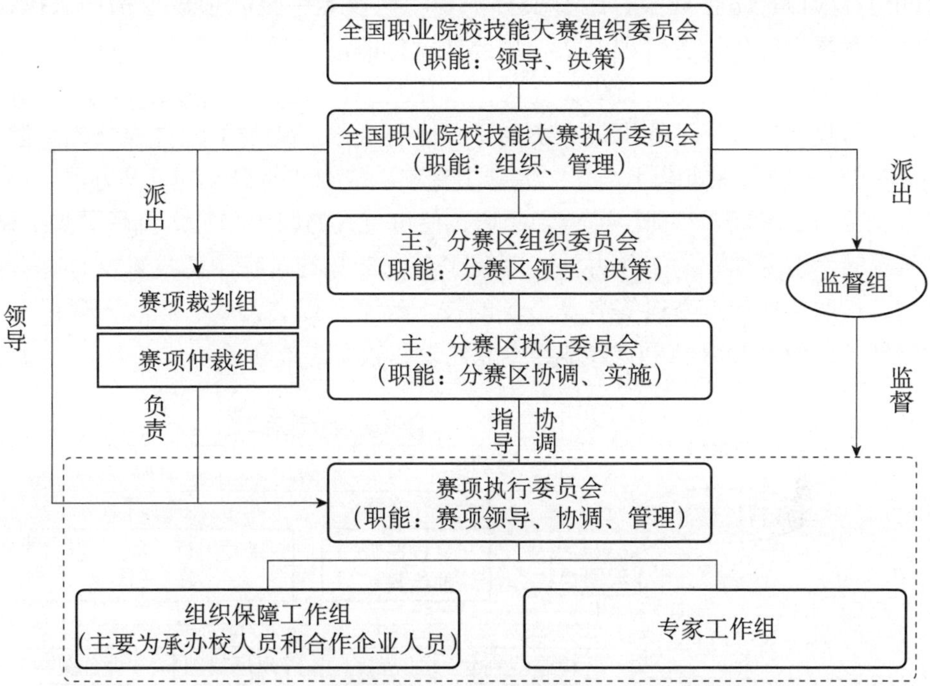

图 3-2 大赛组织体系

法要求。2012 年，大赛执委会制定了一系列规范性文件，内容涉及大赛的筹备、裁判与仲裁、奖励、标识使用、企业合作、经费管理、安全管理等工作。

2013 年，教育部发布《全国职业院校技能大赛三年规划（2013—2015 年)》，提出了未来 3 年大赛的指导思想、发展目标和主要任务。文件对大赛未来发展做出了顶层设计，改变了往年大赛“一年一策划”的办法，使办赛做到有据可依，走上科学化健康发展轨道。这一年，大赛进一步加强了对办赛机制的完善，建立健全了职责明确、相互协调的三级大赛组织机构体系。大赛制定了组织机构与职能分工、奖励规定、赛事筹备与实施要求等 12 个方面的制度，规范了大赛运作程序，加强了约束监督，强化了安全防控。

2014 年，大赛加强制度建设，修订形成了 18 项管理制度，对赛事全程相关工作做了较为全面、明确、具体的规定。加强赛事过程管理，进一步规范了赛项和合作企业遴选程序，强化办赛全过程约束监督。加强专业化队伍建设，成立了职业技术教育学会院校技能竞赛工作委员会，并依托其组建大赛专家库、裁判库和监督员库。加强大赛资源转化，要求将各赛项竞赛过程中的技术文件、竞赛平台、试题库和视频资料等各类资源，转化成满足职业教育教学要求的共享性教学资源。

2015 年，在大赛 18 项管理制度中，完善了廉洁自律的相关规定，重申所有的比赛项目、比赛环节、比赛安排都要严格按照中央八项规定精神来执行。完善了竞赛设施与设备管理办法，用公开竞标的形式规范赛项设备选用，用制度来规范赞助企业的相关行为。完善了合作企业管理办法，规定合作企业参与大赛不得收费培训，不能绑架大赛和干预比赛成绩。完善了大赛成绩的管理办法（见图 3 - 3），保证公平公正。完善了专家、裁判和监督员的管理办法，增加了专家手册、裁判员手册、监督员手册，使每个人的职责和工作流程更加细化。完善了教学资源转化的工作办法，明确了各赛项竞赛过程中的技术文件、竞赛平台、试题库和视频资料等各类资源的技术标准、提交方式、版权归属以及使用管理等，使大赛可以更有效地为专业建设和教学改革服务。

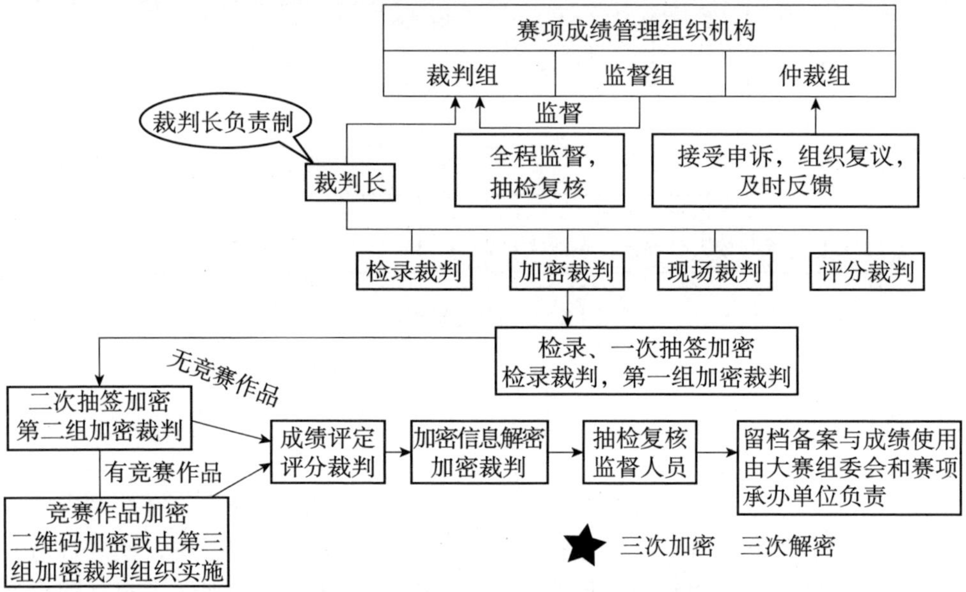

图 3 - 3　大赛成绩管理制度

2016 年，大赛修订完善了 21 项管理制度，即完善了大赛组织机构与职能分工、赛项申报与遴选管理办法、经费管理暂行办法、企业合作管理办法。新成立 2016—2020 年大赛组织委员会和执行委员会，组委会成员单位由原来的 31 家增加到 37 家。大赛落实国务院简政放权、放管结合、优化服务要求，进一步明确了组委会与执委会的定位与职能，并增设了执委会经费管理委员会。大赛从强调阳光、廉洁办赛的角度，进一步完善了合作企业管理、经费管理、监督仲裁（见图 3 - 4）等方面的制度。

大赛本身制度的不断完善，为大赛的有序进行、公平公正提供了保障。

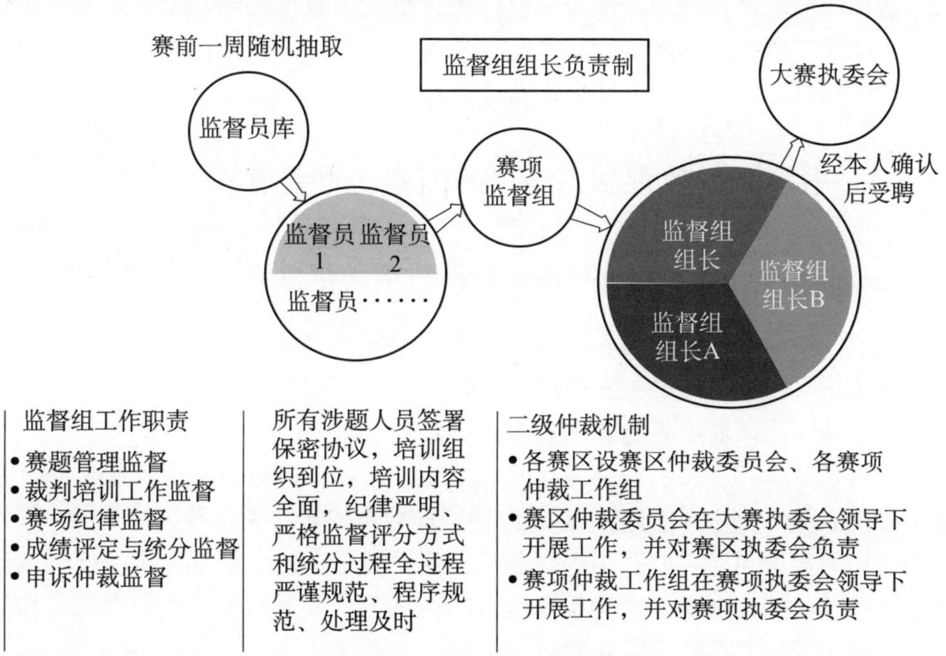

图 3-4　大赛监督仲裁制度

（四）大赛制度的发展趋势

《国务院关于加快发展现代职业教育的决定》明确提出“开展职业技能竞赛”“提升全国职业院校技能大赛国际影响”。大赛将进一步引领职业教育改革，成为评价职业教育质量的重要手段，并促进职业教育国际交流与合作。在 2016 年大赛总结会上，教育部对未来的大赛提出了“提高质量、完善制度、阳光操作、创新发展”的总体思路，全面提升大赛质量、继续完善大赛制度、促进专业队伍建设、强化阳光办赛及推进创新发展将是未来大赛制度的发展趋势。

第四节　中等职业教育学生资助体系

社会公平正义是社会和谐的基本条件，制度是社会公平正义的根本保证。教育公平是社会公平的重要内容，其核心在于保障每个人都有受教育的权利。“要让贫困家庭的孩子都能接受公平的有质量的教育，不要让孩子输在起跑线上。”教育资助制度是维护教育公平的重要制度。经过多年努力，中国已经建立起了包括职业教育在内的、覆盖学前教育至研究生教育的国家学生资助政策体系，实现了家庭经济困难学生全覆盖，教育公平迈出了重大步伐。中等职业教育阶段学生资助政策是国家助学政策的重要组成部分。

一、中等职业教育学生资助的内容与重要意义

（一）中国中等职业教育学生资助的组成与内涵

目前，中国已经建立起以国家免学费、国家助学金为主，学校和社会资助及顶岗实习等为补充的学生资助政策体系。

免学费即国家对中等职业学校全日制正式学籍一、二、三年级在校生中所有农村（含县镇）学生、城市涉农专业学生和家庭经济困难学生免除学费（艺术类相关表演专业学生除外）。对民办中等职业学校符合免学费条件的学生，按照当地相同类型同专业公办中等职业学校免学费标准给予补助。学费标准高出公办学校免学费标准部分由学生家庭负担；低于公办学校免学费标准的，按照民办学校实际学费标准予以补助。

国家助学金的资助对象为全日制正式学籍一、二年级在校涉农专业学生和非涉农专业家庭经济困难学生，资助标准生均每年 2 000 元。家庭经济困难学生比例按区域确定，六盘山区等 11 个连片特困地区和西藏、四省藏区、新疆南疆四地州中等职业学校农村学生（不含县城）全部纳入享受助学金范围。地方出台的中等职业教育免学费政策和助学金政策，范围大于或相关标准高于国家标准的，可按照本地的办法继续实施。

顶岗实习即安排中等职业学校三年级学生到单位顶岗实习，获得一定报酬，用于支付学习和生活费用。

奖学金指地方政府、相关行业、企业安排专项资金设立中职学生奖学金。学校免学费指中等职业学校每年安排一定的经费，用于国家免学费政策之外的学费减免、勤工助学、校内奖学金和特殊困难补助等。其他资助指的是鼓励和支持社会团体、企事业单位以及个人资助中职学校家庭经济困难学生。

（二）中职学生资助的重大意义

1. 中职资助是一项民生工程

我国中职学校学生绝大部分来自农村以及城市经济困难家庭，家庭收入普遍较低，教育支付能力相对较弱。中职教育不仅满足了不同特点学生的学习需

要，对于农村和城乡低收入家庭的学生来说，通过接受中等职业教育掌握一技之长，顺利实现就业和推动其家庭脱贫致富，是党和政府对民生问题的高度关注的体现，也直接反映了中职教育在改善民生、扶贫助困、促进和谐、维护社会稳定等方面的巨大作用。

2. 中职资助有力地促进了教育公平

以国家助学金和免学费为主的中职学生资助政策的实施，为许多没有条件的学生接受高中阶段教育、圆继续读书之梦提供了有力保障，极大地改变了中职学校学生的就学、生活状况。不少因家庭经济困难外出打工的青年重返学校，接受中等职业教育，使职业教育真正成为面向人人、面向社会的教育。

3. 中职资助是中国教育保持均衡发展的重要途径

中职学生资助政策的实施，吸引广大青少年接受职业教育，促进了中等职业教育规模发展，进一步优化了高中阶段教育结构，实现了职业教育与普通高中教育协调发展，对加快普及高中阶段教育、促进教育的科学发展发挥了重要作用。

二、中等职业教育学生资助制度的发展

（一）中等职业教育资助制度不断完善

2006 年 7 月，国家开始建立中等职业教育家庭经济困难学生资助制度，当年中央财政安排专项助学金 8 亿元，资助了 80 万名中等职业学校家庭经济困难学生。10 年间，中职资助政策不断完善，制度不断健全，建立了以国家免学费、国家助学金为主，以学校和社会资助及顶岗实习等为补充的立体式中等职业教育学生资助体系。

2007 年，《国务院关于建立健全普通本科高校高等职业学校和中等职业学校家庭经济困难学生资助政策体系的意见》把中等职业学校学生资助政策纳入国家整个家庭经济困难学生资助政策体系，扩大中等职业学校受助学生比例，提高学生资助标准，受助学生每生每年资助 1 500 元。

2009 年，财政部、国家发改委、教育部、人社部发布《关于中等职业学校农村家庭经济困难学生和涉农专业学生免学费工作的意见》，从 2009 年秋季学期开始，对公办中等职业学校全日制正式学籍一、二、三年级在校生中农村家庭经济困难学生和涉农专业学生逐步免除学费（艺术类相关表演专业学生除外），西藏和新疆喀什、和田、克孜勒苏柯尔克孜三地州农村户籍的学生全部享

受免学费政策。

2010 年，财政部、国家发改委、教育部、人力资源社会保障部联合发布《关于扩大中等职业学校免学费政策覆盖范围的通知》，从 2010 年秋季学期起，对公办中等职业学校全日制正式学籍一、二、三年级在校生中城市家庭经济困难学生免除学费（艺术类相关表演专业学生除外）。对教育行政管理部门依法批准的民办中等职业学校就读的一、二年级符合免学费政策条件的学生，按照当地同类型同专业公办中等职业学校免除学费标准给予补助。

2012 年，财政部、国家发改委、教育部、人社部发布《关于扩大中等职业教育免学费政策范围进一步完善国家助学金制度的意见》，从 2012 年秋季学期起，对公办中等职业学校全日制正式学籍一、二、三年级在校生中所有农村（含县镇）学生、城市涉农专业学生和家庭经济困难学生免除学费（艺术类相关表演专业学生除外），其中第三学年学校免学费不足部分由财政按照不高于三年级享受免学费政策学生人数 50%的比例和免学费标准适当补助学校。对在职业教育行政管理部门依法批准、符合国家标准的民办中等职业学校就读的一、二年级符合免学费政策条件的学生，按照当地同类型同专业公办中等职业学校免除学费标准给予补助。从 2012 年秋季学期起，将中等职业学校国家助学金资助对象由全日制正式学籍一、二年级在校农村（含县镇）学生和城市家庭经济困难学生，逐步调整为全日制正式学籍一、二年级在校涉农专业学生和非涉农专业家庭经济困难学生。

2014 年，财政部、教育部、人社部发布了《关于下达 2014 年第四批义务教育等转移支付预算的通知》，将中等职业学校全日制正式学籍一、二、三年级在校生中所有农村（含县镇）学生、城市涉农专业学生和家庭经济困难学生（艺术类相关表演专业学生除外）纳入免学费政策范围。

2015 年，财政部、教育部、人社部发布《关于下达 2015 年第二批学生资助补助经费（中等职业学校国家助学金和免学费补助资金）预算的通知》，从 2015 年春季学期起中等职业学校国家助学金标准由年生均 1 500 元提高到 2 000 元；国务院办公厅印发了《关于支持戏曲传承发展的若干政策》，对中等职业教育戏曲表演专业学生实行免学费；国务院发布《关于加快发展民族教育的决定》，民族地区实行免费中等职业教育。

（二）中等职业教育学生资助制度的发展状况与特点

1. 中职资助金额投入力度加大

从资助人数看，2012 年，全国共资助中职学校学生 1 838.11 万人次；

2013 年，全国共资助中等职业学校学生1 577.79 万人次；2014 年，全国共资助中等职业学校学生 1 783.73 万人次；2015 年，全国共资助中等职业学校学生 1 567.01 万人次；2016 年，全国共资助中等职业学校学生 1 502.66 万人次；2017 年，全国共资助中等职业学校学生 1 509.92 万人次。从资助的金额看，2014 年，资助总额为 362.89 亿元；2015 年，资助总额为 346.18 亿元；2016 年，资助总额为 332.13 亿元；2017 年，资助总额为 365.29 亿元。

2. 中等职业学校国家助学金政策更加完善

助学金的发放对象越来越宽，并且针对性越来越强，资助的扶贫目标更为清晰。从 2012 年秋季学期起，将中等职业学校国家助学金资助对象由全日制正式学籍一、二年级在校农村（含县镇）学生和城市家庭经济困难学生，逐步调整为全日制正式学籍一、二年级在校涉农专业学生和非涉农专业家庭经济困难学生。2006—2015 年，共有中职学生 7 102.90 万人享受国家助学金，资助金额 1 012.59 亿元。其中，2013 年资助 349.88 万人，资助金额 62.21 亿元；2014 年资助 314.60 万人，资助金额 47.20 亿元；2015 年资助 264.90 万人，资助金额 52.98 亿元。

3. 中等职业学校免学费政策范围总体扩大

2015 年，约 1 050.3 万中职学生享受免学费政策，占一、二、三年级全日制在校生 90%以上；约 264.9 万中职学生享受国家助学金政策，约占一、二年级全日制在校生 40%。2009—2015 年，共有中职学生 5 740.20 万人享受免学费，资助金额 970.10 亿元。其中，2013 年资助 954.40 万人，资助金额 159.07 亿元；2014 年资助 1 234.10 万人，资助金额 246.80 亿元；2015 年资助 1 046.30 万人，资助金额 209.30 亿元。2017 年资助 998.52 万人，资助金额 199.71 亿元。

4. 形成了以政府投入为主的中职资助格局

按照建立公共财政体制的要求，中职学生资助资金形成了以政府投入为主、学校为辅和社会捐助为补充的资助格局。财政投入是国家学生资助经费的主要来源，政府发挥了主导作用。如 2015 年，中职教育财政资金投入 267.08 亿元，占中职资助总额的 77.15%。

三、中职学生资助制度的未来发展重点

针对中等职业教育，中职学生资助工作线长面广、情况复杂，工作任务十分繁重。特别是中职学生流动性强、学籍管理难度大等特点，给中职资助工作者带来较大挑战。针对中职资助工作存在的问题，教育部提出“十个精准”的要求：一是预算分配要精准，避免“一刀切”；二是资助对象要精准，兜住底线、探索认定方法；三是资助力度要精准，做好三个“加法”，即国家资助＋地方政府资助、国家资助＋学校资助、国家资助＋社会资助，特别是要充分调动社会捐资助学的积极性，探索分档资助；四是资金发放与使用要精准，包括发放时间、标准和程序的精准；五是信息管理要精准，确保所有资助信息及时、完整、真实、准确；六是技术手段要精准，充分利用互联网等信息化技术手段进行管理；七是政策宣传要精准，包括宣传对象、内容、时间、渠道、方式的精准；八是资助育人要精准，牢牢抓住“一个核心”——社会主义核心价值观教育、“两项能力”——增强学生创新能力和实践能力、“三项教育”——励志教育、诚信教育、社会责任感教育；九是资助评价要精准，通过“第三只眼”来看资助工作，更容易发现问题，更利于改进工作；十是政策执行要精准，加大资助人员培训力度，增强政策执行力①。

中职学生资助制度的发展趋势，一方面是要针对目前存在的问题进行改进；另一方面是在新形势下顺应新要求，即中职资助要服务于国家扶贫攻坚的大局和党的教育方针贯彻落实的大局。

（一）针对现有问题，不断改进制度

教育部将 2017 年确定为“全国学生资助规范管理年”。中职学生资助制度从属于学生资助制度，它将在规范管理制度、规范资金管理、规范资助程序、规范信息管理、规范机构队伍建设、规范监管责任等多个方面进行完善。

规范管理制度。加强对各地各校制定的国家学生资助政策实施细则（实施办法）等制度的管理，纠正与国家资助政策规定不一致的管理制度。

规范资金管理。严格落实各级政府资助资金分担责任，优化资金拨付流程，

---

① 全国学生资助管理中心．中职精准资助经验现场推介会情况报告．（2017－02－06）．http：//www.xszz.cee.edu.cn/liluntantao/2017－02－06/2842.html.

规范结转结余资金处理机制。

规范资助程序。加强资助政策和资助工作流程的宣传，加强受助资格审查，加强家庭经济困难学生认定工作，合理确定公示方式与内容，明确奖助学金发放时限、标准与方式。

规范信息管理。明确资助信息系统应用与管理责任，加强资助信息安全管理，坚决防止资助信息泄露现象发生。

规范机构队伍建设。推进学生资助机构和队伍建设，提高对学生资助工作的政治站位，选优配强资助干部，加强学生资助管理人员业务培训。

规范监管责任。建立中央、省、市、县四级管理责任体系，做到守土有责、守土尽责；明确学校校长、分管领导、学校资助管理机构部门负责人的责任，建立责任追究制度；完善监管机制，定期组织开展监督检查。

（二）服务两个大局，不断完善制度建设

在未来发展趋势上，中职学生资助要服务于我国的两个大局：一是服务国家脱贫攻坚大局，学生资助要发挥上学保障的兜底作用；二是服务党的教育方针贯彻落实这个大局，学生资助要发挥立德树人的载体作用。

学生资助是解决贫困家庭学生上学问题的有效措施，是脱贫攻坚的重要内容。尤其是职业教育，由于90%以上的生源来自农村和城镇低收入家庭，以就业为导向的职业教育能够使一人就业、一家脱贫，对这一人群的资助也是民生工作的一部分。中职资助制度建设要服务于精准扶贫。

资助只是一种手段，其根本目的在于育人。新时期资助工作的新使命，是要把握“一个目标”，即“全面贯彻党的教育方针，坚持立德树人，加强社会主义核心价值体系教育，完善中华优秀传统文化教育，形成爱学习、爱劳动、爱祖国活动的有效形式和长效机制，增强学生社会责任感、创新精神、实践能力”。中职资助要结合中职教育特点、中职学生特点、中职资助工作特点，组织开展针对性更强、学生更容易接受的育人活动，将社会主义核心价值融入中职教育中，培养受助学生树立正确的价值观。注重通过创新资助模式培养学生的道德品质。

参考文献

[1] 葛道凯．中国职业教育二十年政策走向．课程·教材·教法，2015（12）．

[2] 温颖．我国高等职业教育招生考试制度改革研究．秦皇岛：河北科技师范学院，2015．

[3] 刘红．探索中成长　大赛从初创期步入成长期：访教育部职业教育与成人教育司司长葛道凯．中国职业技术教育，2015 (22).

[4] 刘红．以竞赛促进全面改革　以改革助推内涵建设：对全国职业院校技能大赛制度与职业教育内涵式发展的思考．中国职业技术教育，2011 (22).

[5] 刘红．展示大国职教　博采世界众长　树立文化自信．中国职业技术教育，2015 (22).

[6] 全国学生资助管理中心．2015 年中国学生资助发展报告．(2016-09-01). http://www.moe.edu.cn/s78/A05/moe_702/201609/t20160901_277355.html.

第四章
职业教育体制机制创新

从 20 世纪末始，职业教育一直是中国教育体系中的薄弱环节，具体表现为社会需求旺盛与有效供给不足，规模能力提高与结构质量不尽合理，就业能力提升与社会吸引力不强。21 世纪以后，中国发展面临新形势。对职业教育，政策从"大力发展"到"加快发展"，既有战略上的连贯性，又有新的时代内涵，进一步提升了对职业教育的认识。中国职业教育在新的历史形势下，在实践中紧跟时代步伐，不断进行体制机制创新，明确功能定位，完善发展路径，服务能力和发展活力同步得到提升。

第一节　高等职业教育的创新发展

2005—2015 年，中国高等职业教育异军突起，飞速发展。2015 年，中国共有独立设置的高职学校 1 341 所，在校生数为 1 048 万，学校数是 15 年前的 3 倍，在校生数是 15 年前的 10 倍，规模迅速扩大。中国高等职业教育是与中国改革开放同步发展起来的一类教育，是伴随着中国经济发展成长起来的一类教育，也是中国教育领域不断探索创新、适应社会民生需求而发展起来的一类教育。中国有学者指出："中国教育走向世界，能够对世界做出贡献的，很可能首先是中国的职业教育，尤其是中国的高等职业教育。"①

一、高等职业教育政策发展历程与创新

筚路蓝缕，用来形容中国高等职业教育的发展是不为过的。自 1978 年中央确立了以经济建设为中心的方针之后，中国经济建设步入快速发展时期。伴随改革开放和社会经济的深化发展，为适应地方经济对应用型人才的迫切需求，缓解经济快速发展与人才紧缺的矛盾，一种由地方举办的新型高等院校——专科层次、学制三年的职业大学应运而生。1980 年出现中国第一所职业大学之后，又出现了武汉江汉大学、合肥联合大学、无锡职业大学、成都大学、杭州工业专科学校等 6 所职业大学。1996 年 9 月 1 日开始施行的《职业教育法》明确规定，"高等职业学校教育根据需要和条件由高等职业学校实施，或者由普通高等学校实施"。1999 年 1 月 1 日开始施行的《中华人民共和国高等教育法》明确规定："本法所称高等学校是指大学、独立设置的学院和高等专科学校，其

① 姜大源．论中国高等职业教育对世界教育的独特贡献．中国职业技术教育，2015（36）．

中包括高等职业学校和成人高等学校。”这两部法律在国家层面确立了高等职业教育的法律地位。

1999 年，国务院批转教育部《面向 21 世纪教育振兴行动计划》，高等职业教育进入了快速扩张的新阶段。1998—2003 年，高职的招生数从 43 万增加到 200 万，增长近 3.7 倍，占普通高校招生数的 52.3%。中国的高等职业教育基本完成了初步建设，但是处在一种非常尴尬和艰难的境地：从外部环境看，政府投入的资金主要用于本科教育，许多高职学校处于维持状态，难以拿出资金投入硬件设施建设。在招生政策上，高职学校招生是最后一批录取，同时本科高校也在大规模扩招，留给高职学校的普高生源很少，数量、质量都得不到保证，何况又执行的是“三不一高”政策，即不转户口、不包分配、不发就业报到证，而且学生就读学费高。此外，高职学校自身也问题重重：培养目标不清、办学观念没有跳出本科教育的框框，办学理念、教学改革滞后，办学机制缺乏企业参与等一系列问题，制约着高职教育发展。很长一段时间，高等职业教育存在的必要性受到严重质疑，被称为本科教育的“压缩饼干”、中职教育的“发面馒头”。

2005 年的全国职业教育工作会议对高等职业教育的发展来说是一次重要机遇。2005 年，国务院提出实施职业教育示范性院校建设计划，在整合资源、深化改革、创新机制的基础上，重点建设高水平的培养高素质技能型人才的 1 000 所示范性中等职业学校和 100 所示范性高等职业院校。通过加强示范性职业院校建设，大力提升这些学校培养高素质技能型人才的能力，促进它们在深化改革、创新体制和机制中起到示范作用，带动全国职业院校办出特色、提高水平。

2006 年 11 月出台的《教育部关于全面提高高等职业教育教学质量的若干意见》明确指出“高等职业教育作为高等教育发展中的一个类型，肩负着培养面向生产、建设、服务和管理第一线需要的高技能人才的使命”，并从人才培养目标、专业改革与建设、课程建设与改革、人才培养模式、实训实习基地建设、师资建设、质量保障体系建设、领导保障和规范管理等 8 个方面提出了明确而具体的要求，高等职业教育进入内涵发展时期。2006 年，教育部、财政部联合启动“国家示范性高等职业院校建设计划”，重点支持建设 100 所高水平示范性高职院校。经过国家项目的实施，一批高职院校在创新人才培养模式、专兼结合教学团队建设、服务社会、服务地方、服务企业和办学特色等方面取得明显成效，加快了高职教育改革步伐，提高了高职院校的办学实力、教学质量、管理水平和办学效益；一批重点专业脱颖而出，制订了对接各地重点产业的专业人才培养方案，有效带动了省级示范、行业示范等一大批高职院校，一批专业特点突出的优秀高职院校群体脱颖而出。

为贯彻2010年国家教育规划纲要，教育部、财政部决定继续推进“国家示范性高等职业院校建设计划”二期工程，新增100所骨干高职建设院校。国家继续发挥财政专项对高职教育改革发展的引导作用，推进地方政府完善政策、加大投入，创新办学体制机制，推进合作办学、合作育人、合作就业、合作发展，增强办学活力；并将校企合作体制机制建设作为突破工学结合教学改革瓶颈的重要举措，形成人才共育、过程共管、成果共享、责任共担的紧密型合作办学体制机制，促进校企深度合作，增强办学活力，形成新的引领机制。骨干建设项目不仅仅使学校办学业绩得到明显提升，更重要的是在校企合作体制机制上取得了成功突破，90％以上的骨干项目建设院校成立了校企合作办学理事会，成立了职业教育集团的骨干院校的所有重点建设专业都成立了专业建设指导委员会，部分重点专业探索了校企合作的升级模式。

按照2010年国家教育规划纲要关于高等院校面向社会发布质量年度报告的要求，高职教育管理部门策划并通过全国高职高专校长联席会议委托社会第三方连续多年编制发布中国高等职业教育质量年度报告，逐步确立了5个关键维度的高职教育新型质量观：一是学生发展，引导高职教育要以服务学生成长成才为根本宗旨；二是学校教学质量，强调高职院校既要重视教学硬资源建设，也要通过校企合作创新体制机制，优化教学软资源，引导院校重视产教融合、校企合作；三是院校发展的环境质量，包括发挥国家示范（骨干）院校建设等财政专项的引导作用，提升高职院校生均财政投入水平和相关政策落地的质量；四是服务贡献力，引导院校重视服务地方和服务行业企业的贡献质量；五是国际影响力，质量年度报告引导院校确立高职教育新型质量观。

2015年，教育部发布《高等职业教育创新发展行动计划（2015—2018年)》，启动优质高职院校建设。这是高职战线深入总结发展经验，面向新布局改革任务，引导和推动高职院校制定和执行好新规划的重要行动指南。

2016年12月2日，李克强总理对推进职业教育现代化座谈会批示：“努力建成一批高水平的职业学校和骨干专业，加快培育大批具有专业技能与工匠精神的高素质劳动者和人才。”优质高职院校成为新的财税政策背景下拉动地方投入、激发学校活力的重要抓手，全国23个省份计划建设296所优质校。截至2017年11月，全国已有16个省份公布了省级优质高职院校建设名单，启动建设255所。优质校项目2016年投入建设经费16.9亿元。

二、高等职业教育发展现状：数据的角度

（一）21 世纪以来高等职业教育规模飞速发展

2015 年，中国共有独立设置的高职学校 1 341 所，高职招生数 348 万，毕业生数 322 万，在校生数 1 048 万，校均 7 820 人。高职教育的快速发展解决了三个问题：第一，高等教育资源短缺局面彻底改变；第二，社会成员有了更多的更适合的学习机会，有了更多样化的教育选择；第三，为实现高等教育大众化提供了有力的支撑。

（二）高等职业教育改革与经济社会产业的匹配度越来越高

第一，专业布局和产业结构越来越相适应。2015 年公布了《普通高等学校高等职业教育（专科）专业目录》，共收录专业 748 种，其中第一产业、第二产业和第三产业的比例分别是 6.8%、39.4%、53.8%。而 2015 年，中国三大产业的增加值的比例分别是 9%、40.5%、50.5%。可以看出，专业目录的调整和中国 2015 年的三大产业的结构极其吻合。以 2014 年为例，2014 年中国高职撤销或者停招与地方产业相关度低、重复设置率高和就业率低的专业点数达 5 200 多个。如文秘、计算机信息管理、法律事务等，这些就业水平相对比较低的专业点数快速下降。与经济发展和社会民生密切相关的专业点数增速较快。2016 年，中国高职服务“中国制造 2025”“互联网+”等战略的新装备、智能制造、电子信息等的专业点达到 9 544 个，服务民生需求、新兴产业的康复护理、健康养老、公共事业、休闲农业等专业点达2 559个。

第二，学校的区域布局更加合理。高职的发展改变了高等学校只集中设置在少数大中城市的格局，使高等教育向中小城市延伸，这是高等职业教育在高等教育发展结构调整方面发挥的巨大作用。2015 年，中国 1 341 所高职学校，设在县级市的有 90 所，设在乡镇地区的 50 所，百万人口以上的城市至少有一所高职学校。

（三）高等职业教育以就业为导向服务民生

从就业情况看，高职学生的就业逐年走高、走好。首先，高职毕业生就业率高。到 2013 年，高职毕业生毕业半年后的就业率稳定在 91%左右，独立设置的高职学校的毕业生就业率仅次于“985 工程”高校。其次，高职学生毕业

后收入水平快速增加，持续走好。根据麦可思公司对高职学生毕业后 3 年的跟踪调查，2012 届高职毕业生，毕业半年后的平均月收入为 2 731 元；到 2015 年底，月平均收入达 5 020 元，3 年内的月收入增幅达 83.8%。这一增幅，显著跑赢城镇居民在岗职工的平均收入增幅。再次，高职就业对口率持续走好。2011 年以来，高职毕业生就业的专业相关度一直保持稳定，理工农医类高职毕业生的对口率始终保持在 60%以上，2015 年高职理工农医类毕业生中 65%的人从事的工作与专业相关。最后，高职毕业生自主创业群体不断扩大。

2016 届高职毕业生毕业半年后的自主创业比例为 3.9%，相比 2011 届增长了 1.7 个百分点，创业存活的比例也不断提升。毕业半年后自主创业的 2013 届高职毕业生中，有 46.8%的人 3 年后还在自主创业，比 2008 届上升了 12.7 个百分点，这些毕业生在拉动学生就业和社会就业方面的作用日益明显。

从服务民生和社会公平的角度看，高职教育成为农村孩子接受高等教育的重要途径。高等学校毕业生中，家庭背景为“农民与农民工”的高职院校农家子弟占比逐年上升，2015 年达到 53%，超过半数（见图 4－1）。中国每年平均有 280 多万个家庭通过高职实现了拥有大学生的梦想。

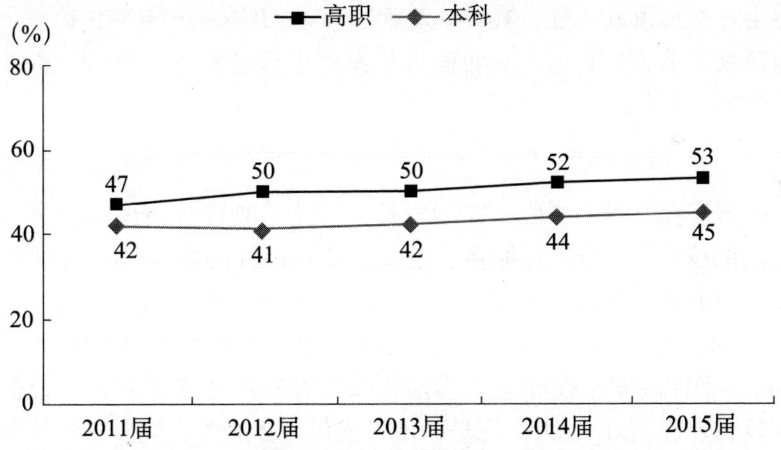

图 4－1　2011—2015 届高校毕业生家庭背景为“农民与农民工”的比例

（四）一批高水平高职学校脱颖而出

2006 年，中央财政开始实施“国家示范性高等职业院校建设计划”；2010 年又启动了二期工程，前后共建设了 200 所国家示范性高等职业学校及 788 个专业点，取得了以下方面的成果：

人才培养质量不断提高。2014 年，国家示范性高等职业学校毕业生的雇主满意率为91%以上，半年后毕业生的就业率为93.7%，半年后的毕业生收入比上一届增加了21%。高职毕业生对在校期间的素养提升认可度比例不断提高。在2015届高职毕业生中，96%的学生表示自己在校期间的素养有所提升，比2011届提高了2个百分点。综合素养排名前三的分别是工程类专业、艺术类专业、医学类专业。

专栏4-1

深圳职业技术学院与华为技术有限公司等合作的通信技术专业已经形成国际领先优势

深圳职业技术学院通信技术专业20名专业教师中有教授2人、副教授14人、博士7人，45人次参加过华为公司技术培训并获证书；2008年，成立国内高校第一家华为合作授权培训中心，2011年建成国内高职第一所华为网络技术学院，开设IP数据、光网络、移动等方向课程模块，具有明显的产业优势；培养了全球高校第一位、全球第150位华为光传输顶级认证专家，15名在校生通过华为路由与交换顶级认证，150多人通过华为HCNA、HCNP认证，在校生通过华为顶级认证HCIE的人数在国内外高校中遥遥领先；2013—2016年连续4年获得大赛一等奖。

服务区域产业的能力增强。高职学校主要为当地的经济发展服务：一是为地方企业提供技术开发与应用服务。这200所示范性高职学校，2014年为企业提供的技术服务累计收入超过10亿元，平均每一所学校超过528万元；横向的科研经费校均到款额为410万元。二是提供继续教育和社区教育服务。2014年，200所示范性高职学校非学历的培训收入，校均达499万元。公益性的培训服务，校均超过2万人/天。三是为地方提供人才服务。高职学校毕业生留在当地就业的比例超过65%。

专栏4-2

江苏农牧科技职业学院在《2016年中国高等职业教育质量年度报告》服务贡献50强榜单中综合排名第一

江苏农牧科技职业学院坚持“一二三产业融合发展”模式、推广具有自主知识产权的畜禽新品种和农牧配套、种养结合，2015 年获得横向技术服务到款额 427.30 万元、纵向科研经费到款额 3 152.40 万元、技术交易到款额2 916.90 万元。学院投资建设的江苏现代畜牧科技示范园，由国家级水禽基因库和江苏丰达水禽育种场组成。2016 年 3 月，中共中央政治局委员、国务院副总理汪洋视察水禽基因库视频室时说：把这个全国最大的基因库做起来是一件不容易的事，真正做好，将是一个具有很大潜力的资源。

产教融合、校企合作更加深入。2015 年，高职院校有合作企业的专业占全校专业总数 50%以上的院校达到 886 所，高职院校聘用 16.3 万名兼职教师，兼职教师专业课课时在 20%以上的院校有 563 所。

专栏 4-3

高职院校吸引企业参与育人

南京信息职业技术学院依托良好的育人环境，引入企业力量参与培养方案制定、课程开发、教学实施和实训条件建设，在校内共建 34 个实训基地、214 个实验实训室，设备总值达 2.21 亿元。学院构建了“基础训练—仿真训练—实战训练”三段式实践教学体系。

北京交通运输职业技术学院与北京地铁公司探索形成了“双主体育人”机制，校企共同招生，共同研制人才培养方案、开发课程和教材、设计实施教学、组织考核评价、开展教学研究，共同建立教学质量监控体系，形成了“班级授课+企业师傅带徒弟实践”的人才培养模式。

学校的办学条件更好。对 200 所示范性高职学校，中央财政的投入是 45 亿元，拉动地方财政投入 90 亿元，拉动行业投入 28 亿元。这 200 所示范性高职学校的生均财政拨款，2015 年达到了 13 000 元。生均教学科研仪器设备值较上年增加 1 000 元以上的院校高达 396 所，增幅 20%以上的 273 所，627 所院校的生均教学仪器设备值达到 8 000 元以上，比上年增加 60 所。生均校内实践教学工位数是院校保障实践教学的重要指标，近 2/3 的高职院校生均教学实现教学工位数介于 0.5～0.6，工位数比较充足。高职院校内部实践教学条件持续改善，支撑了技术技能人才的实践教学。2015 年，网络信息点超过 3 000 个的院校由上一年度的 494 所增加到 527 所，管理信息系统数据总量在 1 000 GB 以上的院校由上一年度的370所增加到385所。同时，上网课程数达到50门以上的院校，由上一年度的388所增加到445所。2016年，80%的高职院校达到了国家《职业院校数字校园建设规范》的标准。校园网主干最大带宽1 000 Mbps以上的院校由上一年度的260所增加到1 071所；网络信息接入点超过3 000个的院校有571所，校园无线网络建成率达89%；管理信息系统数据总量在1 000 GB以上的院校有402所；校园一卡通使用率超过75%。

专栏4-4

重庆工程职业技术学院构建“云课堂”多媒体综合教学平台

重庆工程职业技术学院利用云计算技术，采用多点触控搪瓷白板代替传统的黑板和屏幕，构建“云课堂”多媒体综合教学平台，集成了学院所有专业的各类教学资源，学生可在课外随时登录平台自主学习，激发了学生的学习兴趣，提高了课堂教学效率和效果。“云课堂”教学平台获得国家软件著作权，多媒体教学系统获得了国家实用新型专利，至今已有包括四川大学等全国380多所本科和高职院校到校参观学习，并在齐鲁医药学院等5所本科院校和上海工艺美术职业学院等10多所高职院校推广应用。

三、中国特色高等职业教育体系创新

（一）高等职业教育是中国在世界教育领域的一项创新

目前世界上以立法形式明确界定高等职业教育并已实施的国家只有两个——中国和瑞士。中国在1996年以立法的形式提出高等职业教育，瑞士于2004年提出。中国是第一个提出“高等职业教育”概念的国家，是中国在职业教育体系建设中的创新。中国高等职业教育的20多年发展为中国经济社会培养了大批高素质技术技能型人才，对中国高等职业教育大众化起到了基础性和决定性的作用，并推动形成了高职教育体系，丰富了中国高等教育的体系结构，满足了人民群众对高等教育的强烈需求，也为建设中国特色职业教育体系提供了重要支撑。高等职业教育的迅速发展和成功经验，不仅丰富了中国高等教育，也成了世界高等教育的“中国品牌”。

（二）高等职业教育发展本身是中国特色职业教育体系的创新

中国高等职业教育的产生与发展都带有鲜明的中国特色。最初，中国高等职业教育是原有的高等专科、职业大学、成人高校、民办高校、中专校的 5 年制高职班，这 5 支力量分头探索、分路奋进，经过 20 年的艰难实践，才走上整合发展的道路。高等职业教育也是伴随中国社会主义市场经济体制逐步成熟发展起来的职业教育新类型，形成了鲜明的类型特色和中国特色：一是适应了中国经济的快速发展和人民群众对高层次学习的需要。二是形成了清晰的发展特色和发展思路。在努力摆脱“发面馒头”和“压缩饼干”的过程中，高等职业教育高举“校企合作、工学结合”的理念，形成了清晰的自身功能定位——就业立校、开放办学。高职院校的就业率在 95%以上的超过半数，就业率在 90%以上的达到 1 100 余所；中国 95%的地市都至少有 1 所高职院校。职教类型教育质量保障和监控评价机制的完善和建立，进一步促进了高职教育的发展。因此，高等职业教育发展的本身是中国职业教育界对职业教育体系的探索和创新。

（三）示范建设、专项引领是高等职业教育发展模式的创新

面对日益成熟的市场经济体系，采用行政指令推进工作需要转向更多发挥政府的引导作用。采用专项资金引导高职教育改革发展是市场配置资源过程中政府引导作用的重要体现，也是成熟市场经济体制下政府调控的重要手段。2006 年启动的“国家示范性高等职业院校建设计划”，就是发挥中央财政专项引导、示范带动发展的成功案例。该计划对中国高等职业教育创新发展有着重大意义，开启了示范性高职院校建设引领高职教育改革发展的 10 年。通过国家示范性院校的建设，高职院校在创新人才培养模式，专兼结合教师队伍建设，服务社会、服务地方、服务企业和办学特色等方面取得明显成效，办学实力、教学质量、管理水平和办学效益得到提高。在国家示范性高职院校建设项目的带动下，各地和行业部门先后建设了一批省级示范、行业示范高职院校，省级以上示范院校达到 513 所，在校生数 440 多万，占全国高职在校生数的四成以上，优质高职院校的创建范围不断扩大。示范校建设的经验和做法由点到面不断扩大，逐渐上升为制度，也引领高等职业教育走出了一条不同于普通大学的发展之路，高等职业院校显示出空前的活力和勃勃生机。

四、高等职业教育发展的特色与趋势

2015 年颁布的《高等职业教育创新发展行动计划（2015—2018 年）》，是教育部第一个专门针对高职教育全面系统规划改革发展的指导文件，指明了 3 年建设期内中国高等职业教育的发展方向。第一，更加强调发展质量持续提升。宏观上要求构建结构完整、运行顺畅的职教体系，继续支持建设一批优质学校。高职院校要以人才培养为中心，以提高质量为核心，更多地把工作重心转移到教育教学和技术技能人才培养上来，向内挖潜。第二，更加强调综合改革。推进分类考试招生改革，推动建立学分积累与转换制度，推动高职教育更好地“走出去”，重视和推动应用技术研发，重视学生的人文素养和职业精神培育。第三，更加强调创新发展。继续探索职业教育集团化发展、学徒制改革，深化高职院校创新创业教育改革，推进职业教育信息化。第四，更加强调省级政府统筹。第五，更加强调保障体系。保障专兼职教师队伍质量，有质量地落实高职生均经费政策，明确院校治理的途径和要求，建立高职教学工作诊断与改进制度。

第二节　国家职业教育改革试验区协同创新机制

部省共建国家职业教育改革试验区，是中国职业教育顶层设计与地方实践相结合、教育部与有关部门和地方政府协同创新的一个重要机制。2005 年以来，教育部先后与天津、四川、河南、广西、沈阳、山东、安徽、黑龙江、宁波、重庆、甘肃等地共建 12 个国家职业教育改革试验区，为推动职业教育改革发展发挥了积极作用。

一、国家职业教育改革试验区的发展历程

2005 年 8 月，教育部与天津市人民政府签署协议，建立了全国首个“国家职业教育改革试验区”。2010 年 3 月，天津试验区升级为“国家职业教育改革创新示范区”。改革试验重点任务是：深化职业教育体制改革，创新人才培养模式，加大制度创新力度，加强基础能力建设，加快终身学习体系建设，扩大国际交流与合作。为了进一步贯彻落实习近平的重要指示和全国职业教育会议的

精神，加快现代职业教育体系建设，更好地服务京津冀协同发展、响应“一带一路”倡议等重大国家政策，教育部与天津市人民政府经过多次协商，一致同意从2015年至2020年共建国家现代职业教育改革创新示范区。

2008年5月，教育部与四川省人民政府签署协议，共建“国家职业教育综合改革试验区”。改革试验重点任务是：深化职业教育体制改革，深化教育教学改革，大力推进就业准入制度和职业资格证书制度的实施，进一步加强东部与西部、城市与农村职业学校的联合招生、合作办学工作，探索职业教育为社会主义新农村建设服务的新路子，大力发展成人继续教育。

2008年10月，教育部与河南省人民政府签署协议，共建“国家职业教育改革试验区”。改革试验重点任务是：探索职业教育服务新农村建设的新模式，探索加快普及高中阶段教育的新途径，推进职业教育办学体制机制的改革创新，探索提升职业教育基础能力建设的新途径，以就业为导向提高职业教育教学质量，建立和完善终身教育体系。

2009年3月，教育部与广西壮族自治区人民政府签署协议，共建“国家民族地区职业教育综合改革试验区”。改革试验重点任务是：实施《广西壮族自治区中等职业教育攻坚方案》，提高职业教育人才培养质量，促进职业教育跨越式发展；实施“城市职教园区建设项目”，发挥职教跨越式发展的龙头作用；重点加强农村中等职业教育发展，全面开展县级职教中心建设；大力推行“工学结合、校企合作、顶岗实习的人才培养模式”；探索建立和完善政府主导、行业企

教育部与广西壮族自治区人民政府国家民族地区
职业教育综合改革试验区协议签字仪式

业、社会和学校共同参与的职业教育运行机制。2015 年，教育部办公厅与广西壮族自治区人民政府办公厅印发《关于贯彻全国职业教育工作会议精神深化共建国家民族地区职业教育综合改革试验区的实施方案》，目标是以服务发展、促进就业为导向，立足广西，着眼中国-东盟自由贸易区、广西北部湾经济区、珠江-西江经济带、21 世纪海上丝绸之路建设与发展，以组织实施职业教育十大工程为抓手，以建立健全职业教育发展机制为动力，加快构建广西特色、国内先进的现代职业教育体系，着力打造广西现代职业教育升级版，全面提升职业教育服务产业发展和扶贫富民能力水平，为民族地区加快发展现代职业教育提供有益的经验。

2009 年 3 月，教育部与国务院三峡办、湖北省和重庆市人民政府签署协议，共建"三峡库区职业教育和技能培训试验区"。改革试验重点任务是：探索综合改革新思路，推进制度创新；探索资源整合新途径，增强基础能力；探索率先发展新政策，实现对适龄移民进行职业教育和技能培训，及对接受职业教育和技能培训的移民给予资助两个"全覆盖"；探索互动发展新措施，创新办学模式；探索培训就业新机制，加强中介服务；探索对口支援新形式，实行对口帮扶。

2010 年 8 月，教育部批复同意辽宁省沈阳市设立"国家装备制造业职业教育沈阳试验区"。改革试验重点任务是：强化政府职能，推进职业教育快速发展；坚持改革创新，不断提高职业教育办学质量；加强对外合作，促进职业教育办学综合实力的提升。

2012 年 3 月，教育部与山东省人民政府签署协议，共建"潍坊国家职业教育创新发展试验区"。改革试验重点任务是：强化政府发展职业教育责任，落实和创新保障制度；强化中等职业教育的基础性作用，构建现代职业教育体系；调整职业教育布局结构，优化资源配置；加强职业教育内涵建设，提高培养质量；探索建立校企合作的动力机制，促进校企紧密合作。

2012 年 3 月，教育部与安徽省人民政府签署协议，共建"皖江城市带承接产业转移国家职业教育改革试验区"。改革试验重点任务是：建立健全市级统筹职业教育发展机制，推进现代职业教育体系建设，实施职业教育基础能力建设工程，推进职业教育办学模式改革，着力发展面向农村职业教育。

2012 年 7 月，教育部与黑龙江省人民政府签署协议，共建"国家现代农村职业教育改革试验区"。改革试验重点任务是：强化地方政府职责，实现农村职业教育体制机制创新；构建现代农村职业教育体系，更好地服务于现代农业产业体系建设；畅通人才培养和使用通道，确保现代农业人才供应链的持续生成

教育部与山东省共建潍坊国家职业教育
创新发展试验区协议签字仪式

与稳定；加强内涵建设，提升服务现代农业产业发展能力。

2013 年 11 月，教育部批复同意浙江省宁波市设立“国家职业教育与产业协同创新试验区”。改革试验重点任务是：强化政府统筹，推进职业教育与产业协同创新；整合资源要素，探索职业教育协同创新模式；探索现代运行机制，培养高素质应用技术和技能人才；推进现代培养模式，强化行业对职业教育的指导；促进教师成长，优化职业院校师资队伍结构；注重内涵发展，提高职业教育质量。

2015 年 6 月 9 日，教育部与重庆市人民政府签署了共建现代职业教育体系国家制度建设试验区协议。建设目标是建立政府主导，行业、企业、院校和社会各方共同参与的现代职业教育制度建设机制，完善适应现代职业教育科学发展的基本制度体系，为建立符合职业教育发展和技术技能人才培养规律、具有中国特色、世界水平的现代职业教育体系提供经验。

2015 年 8 月，教育部与甘肃省人民政府签署协议，共建国家职业教育助推城镇化建设改革试验区。共建任务是：深化体制改革，加强基础能力建设，深入推进产教融合与校企合作，使职业教育成为甘肃农村人口市民化、农村富余劳动力向产业工人转变的主渠道；健全服务新型城镇化建设的职业教育和培训网络；规范和清理影响职业院校毕业生就业创业的政策，解决就业创业出口不畅、质量不高等问题，增强职业教育吸引力。

二、国家职业教育改革示范区的发展现状

国家职业教育改革试验区的发展，是职业教育配合国家实施滨海新区开发开放、西部大开发、中部崛起、黄河三角洲高效生态经济区发展规划、山东半岛蓝色经济区发展规划和皖江城市带承接产业转移示范区规划等战略布局进行的机制创新，体现了职业教育与经济社会的融合发展。近年来，各国家职业教育改革示范区建设取得了一定的成绩，形成了一定的经验。

（一）政府高度重视各示范区，加大力度推进职业教育发展

在共建国家职业教育改革创新示范区时，天津市政府按照《国家职业教育改革创新示范区建设实施方案》的设计，精心组织实施了“八大工程”，即“职业教育体制机制改革深化工程”“天津海河教育园区建设工程”“全国职业院校技能大赛提升工程”“人才培养模式创新工程”“现代职业教育制度建设工程”“职业教育基础能力建设工程”“职业教育国际合作交流促进工程”“终身学习体系和学习型城市建设工程”。为升级到“国家现代职业教育改革创新示范区”，2016 年出台的《天津市人民政府关于加快发展现代职业教育的意见》提出发展目标：到 2020 年，高水平实施国家现代职业教育改革创新示范区建设，形成与天津城市功能定位相适应，以行业企业办学为主，产教深度融合，国际深度合作，中等职业教育与高等职业教育紧密衔接，职业教育与普通教育相互融通，继续教育和终身学习便捷畅通，具有天津特点、中国特色、世界水平的现代职业教育体系，为全面建成小康社会提供技术技能积累、人力支撑和智力支持。同时，天津市政府完成了天津市职业教育“十三五”发展规划的制定工作。

2015 年，《广西壮族自治区人民政府办公厅　教育部办公厅印发关于贯彻全国职业教育工作会议精神深化共建国家民族地区职业教育综合改革试验区实施方案的通知》指出，要坚持稳定规模、调整结构、规范管理、提升质量，加快推进国家民族地区职业教育综合改革试验区建设，继续实施现代职业教育十大工程，深化产教融合、校企合作。

河南省建立试验区后，省政府每年召开一次会议、制定一个文件，部署推动职业教育工作，实施职业教育攻坚计划。2014 年，河南省政府召开全省职业教育工作会议，会前印发《河南省人民政府关于加快发展现代职业教育的意见》《河南省现代职业教育体系建设规划（2014—2020 年）》，对今后一个时期职业教育改革发展的方向做出部署安排。

宁波市出台关于促进高等职业院校与地方共建的指导意见，专题召开宁波市高校校地共建现场会，探索建立项目化合作、资源配置共享等多样化的校地共建共管合作体制，促进优质高等职业教育资源向经济发达的县（市）区、高新区和产业集聚区延伸。

甘肃省政府于 2017 年 1 月印发《甘肃省建设国家职业教育助推城镇化改革试验区发展规划（2016—2020 年）》，明确了加快现代职业教育体系建设，积极推进兰州新区职教园区建设，全面提升职业教育质量，着力加强教师队伍建设，推进现代职业教育制度建设，发挥职业教育助推城镇化建设的作用，深化职业教育国际合作交流，构建新型城镇居民终身学习体系，培育新型职业农民助推现代农业发展，发挥职业教育精准脱贫的作用等主要任务。

黑龙江省于 2014 年印发的《省部共建国家现代农村职业教育改革试验区实施方案》指出，要通过试验区 10 个重点项目的实施，到 2016 年，构建顺畅的管理体制和运行机制，形成较为完备的促进农村职业教育发展的政策体系，建立比较完善的产教融合、校企合作制度，中高等职业教育全面衔接、协调发展，现代农村职业教育基础能力和吸引力大幅提高，6 个涉农职业教育集团、33 所涉农中高职示范（骨干）院校、50 个涉农专业整体实力显著提升，普通高中和中等职业学校招生规模大体相当，农村职业教育服务农业产业发展与新农村建设能力显著增强，培养 11 万名技术技能人才和 1 万名具有中专学历的新型职业农民。

2016 年印发的《教育部　重庆市人民政府共建现代职业教育体系国家制度建设试验区实施方案》指出，要探索实践宏观管理统筹协调制度，探索实践技术技能人才系统培养和终身学习制度，探索实践产教融合与校企合作制度，探索实践考试招生制度，探索实践多元办法与国际合作交流制度，探索实践职业能力与教育质量评价制度，探索实践经费投入保障制度，探索实践教师培养培训制度，探索实践技术技能人才地位待遇保障制度，为国家提供一系列可推广、可复制的现代职业教育制度、机制和改革成果，并在重庆市形成一批具有全国示范引领作用的职业院校、职业教育集团和校企合作典型。

（二）服务区域发展

广西壮族自治区职业教育主动对接自治区重点发展的千亿元产业和战略性新兴产业，共调整设置 247 个中职专业（1 892 个专业点）、393 个高职专业（1 917 个专业点），基本覆盖所有专业大类和第一、第二、第三产业领域。同时，已重点建设 400 个对接自治区重点发展的千亿元产业和战略性新兴产业的职业教育示范特色专业及实训基地，基本实现千亿元产业对接的全覆盖。

宁波市服务于大战略、大产业。面向国家海洋经济发展战略，加强涉海类重点专业建设，助力宁波市海洋生态科技城建设；面向“电商换市”重大战略，开展电商人才培养培训三年行动计划，开办生鲜、跨境等电商经营管理人才培训班；瞄准宁波市产业重点、急需领域，确认了7个宁波市级高校协同创新中心，着力解决制约产业转型发展的一些重大技术问题。与大院、大所合作取得实质性进展，浙江纺织服装职业技术学院与英国索尔福德大学合作创办的中英时尚设计学院正式获批。同时，启动了杭州湾新区核心协同创新试验园、鄞州南高教园区科技创新创业园和一批平台建设。

黑龙江省加快新型职业农民培育工作。全省17个“试验区试点县”探索新型职业农民的培养教育工作，培养速度、规模不断扩大，2016年各地新增注册新型职业农民学员5 734余人，累计达17 305人。

（三）强化行业企业参与

截至2015年8月，天津市成立了12家市级、8家区县级产教合作委员会，组建了19家以行业企业为主要牵头单位的职业教育集团。参与职业教育集团的行业15个、企业179家、职业院校54所，每个职业教育集团在校生规模达到万人以上。依托行业职业教育集团，各职业院校与企业合作建立专业建设指导委员会，共同开发专业建设人才培养方案和课程体系。

宁波市全面建立起由行业主管部门牵头、教育部门保障、职业院校和行业组织、骨干企业共同参与的行业指导办学新机制，2016年，已分别与市卫生局、市旅游局等部门合作成立了卫生、健康服务、旅游、电子商务、纺织服装、影视动画等7个具有宁波特色的职业教育行业指导委员会。宁波市在全国率先出台了针对职业教育校企合作的地方性法规即《宁波市职业教育校企合作促进条例》及其实施办法，职业教育校企合作进入了政府主导、校企互动、社会参与、市场运作的深层次阶段。2015年，吸纳全市所有中高职院校和200多家培训机构、50多个行业协会、6 200多家企业参加，对接完成校企合作项目167个，年咨询量达350万人次，进一步加强了毕业生与企业之间的沟通，提高双方的匹配效率，建成了“宁波校企通平台”。

广西壮族自治区截至2017年初共建有行业性职业教育集团27个，参与的职业院校、企业、科研院所等成员单位达1 500多家，覆盖了广西壮族自治区近80%的职业院校，成立了15个行业职业教育教学指导委员会，各行各业近600名同志作为委员，进一步深化了校企合作，校企双主体协同育人。

（四）深化育人模式改革

宁波市引进澳大利亚 TAFE 教育系统，作为建设国家职业教育与产业协同创新试验区的重要支撑项目，宁波 TAFE 学院新校区在杭州湾新区开工建设。稳步推进职普融通试点工作，探索建立中职、高职、应用型本科相衔接的职业教育一体化人才成长通道，出台《关于深化职业教育和普通教育相互融通的意见》，推进职普教育资源共享。2016 年，全市 12 所中职学校与 14 所普高合作开设专业职普融通班 15 个，有效推进现代学徒制试点工作。目前，全市共有 25 所中高职院校（高职院校 5 所）59 个专业的 6 100 余名学生参加现代学徒制试点。

广西壮族自治区出台了《关于深化职业教育教学改革全面提高人才培养质量的若干意见》，深化教育教学改革：一是树立现代职业教育教学理念，突出教学中心地位，推进课程改革和人才培养模式改革，对接职业标准更新课程内容，调整课程结构，创新教学方式方法。二是制定广西职业院校管理水平提升行动计划，落实职业院校质量年报制度。积极推进高职院校教学诊断与改进、高职创新行动三年计划、职业院校规范管理专项行动等工作。

甘肃省 2016 年印发《甘肃省教育厅贯彻落实教育部关于深化职业教育教学改革　全面提高人才培养质量若干意见的实施方案》《甘肃省职业院校管理水平提升行动计划实施方案（2016—2018 年）》，发挥学校的教育质量保证主体作用，强化教育教学管理，提升教育教学质量和学校管理水平。甘肃省制定中等职业学校教学诊断与改进工作方案，组建专家委员会，建立教学诊断与改进机制。推进地方课程和校本课程的开发与建设工作。启动全省中等职业学校“明星校长”评选和省级改革发展示范中职学校创建工作，发挥名校、名校长在提升办学水平、提高人才培养质量工作中的示范引领作用。

黑龙江省推进涉农职业院校中高职贯通培养项目。2016 年，召开涉农职业院校中高职衔接贯通培养研讨会，1 700 余名中职学生通过贯通培养升入高职学校继续学习。

（五）完善发展保障机制

一是健全师资建设机制。改革教师配置制度，广西颁布实施《广西壮族自治区中等职业学校机构编制管理暂行规定》，2009 年以来增核人员编制 1.5 万多个；实施中等职业学校教师特设岗位计划，自治区财政按年人均 3 万元的标准，补助职业学校招聘专业课教师。完善教师培养培训制度，广西实施免费定向培养县级中专教师计划，从高职高专毕业班招录优秀学生开展 2 年制本科师范专业教育，为县级中专免费培养专业课教师；沈阳建立了政府购买企业实践岗位制度，确定华晨宝马汽车有限公司等 14 个企业作为教师企业实践基地，组织 19 所职业学校 146 名骨干教师到企业接受 2～3 个月的实践培训。健全兼职教师聘用政策，四川、广西、潍坊实行了实名编和非实名编相结合、财政保障经费的灵活用编用人方式，支持职业院校面向企业聘请兼职教师。为改革教师职务制度，天津建立了专业课教师评聘第二专业技术职务的渠道。

二是健全财政投入制度。河南、广西、沈阳、潍坊、宁波制定了职业院校生均拨款标准。潍坊市属高职院校生均拨款水平达到辖区内本科院校标准，宁波中职生均经费达到普通高中的 1.8 倍，高职生均经费基本与本科高校持平。三峡库区实现两个“全覆盖”：对适龄移民进行职业教育和技能培训全覆盖，对接受职业教育和技能培训的移民给予资助全覆盖。四川、广西、潍坊、宁波全部免除了中职学生学费。广西先后实施两轮职业教育攻坚，各级财政累计共投入近 400 亿元。

三是多渠道加大投入。四川省级财政职教专项经费由每年不足 5 000 万元增至每年 3 亿元以上。黑龙江省级财政职教专项经费由 4 500 万元增至 2 亿元，“十二五”已投经费为“十五”时期的 6.6 倍。沈阳职业教育财政投入年均增幅达到 58.6%，并试行在全额拨付生均公用经费的同时，将学校学费、对外培训、校企合作等预算外收入全额返还学校。

四是加强基础能力建设。四川投入超过 200 亿元，用于中等职业教育基础能力建设。河南创建了 89 个“职业教育强县（市）”。安徽皖江城市带 2012 年以来投入中职实训基地、专业建设资金达 10 亿元。潍坊实现“每县和中心城区分别建成一所达到省级规范化以上标准的中等职业学校”的协议目标；规划建设占地 1 000 亩的山东（潍坊）公共实训基地，计划投资 15 亿元。

五是推进职教园区建设。天津规划建设了占地 37 平方公里的海河教育园区，集学历教育、技术培训、技能鉴定、职业指导、技能大赛为一体。河南规划建设了 17 个集教育、科研、实训、生产为一体的职教园区，投入资金 50 多亿元，入驻学校 80 多所、学生 30 余万名。广西统筹中央和自治区资金 7.65 亿元，支持建设 126 个对接自治区重点发展的千亿元产业和战略性新兴产业的“示范特色专业＋实训基地”，目前立项建设职业教育“示范专业＋实训基地”412 个，基本覆盖了广西重点发展的千亿元产业。2014 年，甘肃省政府下发了《关于加快推进兰州新区职教园区建设的实施意见》，成立了以常务副省长任组长，分管副省长任副组长，省、市 13 个部门和单位领导为成员的兰州新区职教园区建设工作领导小组，同时成立了兰州新区职教园区管理委员会，全面负责园区规划、建设、运营和管理。在省市各部门和单位的共同努力下，省统建“三校一区”于 2015 年 6 月动工。

（六）拓展对外交流合作

天津与德国、英国、美国、韩国、新加坡、泰国等 20 余个国家（地区）开展了多层次、多类型、宽领域职业教育交流与合作，开展了职业教育交流与合作。一是搭建职业教育国际交流合作信息联络平台，2010 年举办中国首届职业教育国际论坛，2011 年签署《中英职业教育合作谅解备忘录》，2014 签订《中国・新西兰现代职教发展合作天津共识》。二是制定国际化专业教学标准，天津建设了一批国际化优质示范性职业院校。天津职业院校开发出 50 个国际化专业教学标准，将国际先进工艺流程、产品标准、技术标准、服务标准引入教学内容，培养出具有国际视野、通晓国际规则的本土化技术技能人才。三是引进先进的国际教育资源，开展多元化的合作办学。四是实施“走出去”战略，输出中国职业教育的成功经验。天津中德职业技术学院等院校开发的国际化教学标准及英文版专业教材已在东南亚国家发行使用，与泰国的合作不断深入。天津铁道职业技术学院为泰国培养高速铁路技术人员的项目已经启动；为埃塞俄比亚铁路公司培训 254 名员工的培训合同已经签订，涉及城市轨道交通等 5 个专业、25 个工种；坦赞铁路 36 名铁路职工来到学院学习。中国职业教育的成功经验已步出国门，走向世界。

广西建立了中国-东盟职业教育联展暨论坛机制，2012 年、2013 年成功举办“中国-东盟职业教育联展暨论坛”。在广西大学、广西民族大学、广西财经学院、广西艺术学院 4 所高校建立了中国-东盟人才培训中心，面向中国-东盟自贸区发展培养技术技能人才。设立广西政府东盟国家留学生奖学金，对在广西就读的东盟国家的留学生进行资助，与东盟双向留学生达到 1.2 万人。2016 年，广西举办 2016 中国-东盟职业教育发展论坛，开展中国-东盟国家职业院校学术交流活动，完善中国-东盟职业教育交流合作长效机制。深化桂港职业教育交流合作，引进香港汽车修理、老年护理、厨艺烹饪、美容美发等职业技能培训课程与资格证书考核，开展“一试两证”（香港资格证书和内地资格证书）试点。组织参加在香港举办的亚洲职业教育展。积极开展桂港两地职业院校师生交流，成功举办第二届桂港台职业院校烹饪技能大赛和论坛。

宁波引进澳大利亚 TAFE 体系，依托宁波城市职业技术学院、宁波外事学校成立了中外合作的 TAFE 学院。浙江纺织服装职业技术学院与英国索尔福德大学合作创办中英时尚设计学院，合作培养时尚创意设计、品牌策划运营人才，提升“宁波装”竞争力。宁波与中国教科院共建国家职业教育开放示范区，启动 5 个类别 30 个示范项目。启动“中职校长领导力提升项目”，遴选 10 名中职校长重点培养。宁波市职业技术教育中心学校与英国诺丁汉中央学院签订合作协议，引入英国汽车工业学会（IMI）的教学与认证体系。成立宁波外事学校罗马尼亚分校，联合培养国际化中等艺术人才，开创了中国中职教育境外办学的先河。宁波职业技术学院牵头成立“一带一路”产教协同联盟，与贝宁 CERCO 学院合作成立的中非（贝宁）职业技术教育学院正式挂牌，开创了浙江省高职院校海外办学的先河。

三、国家职业教育改革示范区的发展展望

国家职业教育改革示范区承担着先行先试、推动职业教育改革创新，提升职业教育服务经济发展方式转变、产业结构调整升级、区域协调发展的重要使命。近年来，各试验区按照共建国家职业教育改革试验区协议的要求，积极采取措施，在政府统筹协调、职教体系建设、行业企业办学、培养模式改革、保障机制建设、开展国际交流、拓展社会服务等方面，取得重要进展，形成了特色。未来试验区的建设将朝着突出特色、落实建设任务，提炼经验、完善国家制度，以及健全机制，优化试验布局方向发展。试验区应对照所提重点工作任务，立足当地产业转型升级对技术技能人才的需求，细化工作方案，明确任务书、时间表和路线图，扎实推进各项工作，着力推进职业教育与经济社会同步发展，突出建设特色。试验区下一阶段工作重点放在制度建设上，率先在行业指导能力建设、企业办学政策、财政投入制度、教师管理制度、职普融通等方面取得进展，为完善国家相关制度提供经验。从国家层面，试验区应以共建协议为基本依据，推动试验区建设各方工作承诺的落实，定期进行调度。对于落实共建协议不力的试验区，应进行重点调研或动态调整。对于协议到期的试验区，应开展总结评估，完成协议任务方可考虑续签新的协议。根据国家经济社会发展和职业教育发展战略布局，应鼓励有意愿、有条件的地区申报建设新的试验区。

第三节　校企合作体制机制创新

职业教育是跨界的教育。产教融合、校企合作是职业教育的本质要求和基

本特征。中国采用以学校为主体的职业教育办学形式，行业企业的深度融入是办好职业教育的“牛鼻子”。多年来，中国职业教育不断探索行业企业的深度参与，职业教育集团化办学和现代学徒制人才培养模式的探索是职业教育校企合作体制机制创新的两大亮点。

一、中国特色现代学徒制

现代学徒制是将传统学徒培训与现代学校教育结合的一种职业教育人才培养模式。现代学徒制是职业教育深化产教融合、校企合作，推进校企协同育人，切实提升职业教育人才培养质量、切实提升企业发展质量，促进校企良性互动的重要途径。学徒制在历史上曾长期作为发达国家提升员工技能的重要途径，如今，现代学徒制正在全球范围内焕发出越来越强的生命力。学徒制在中国也有长期的实践和探索。如今中国经济转型增质提效对技术技能人才需求迫切，开展现代学徒制有利于促进行业、企业参与职业教育人才培养全过程，实现专业设置与产业需求对接、课程内容与职业标准对接、教学过程与生产过程对接、毕业证书与职业资格证书对接、职业教育与终身学习对接，提高人才培养的质量和针对性。因此，中国加快了对职业教育学徒制的探索。

（一）发展历程与现状

1. 发展历程

2014 年 2 月 26 日，李克强总理主持召开国务院常务会议，正式提出开展校企联合招生、联合培养的现代学徒制试点。2014 年 6 月，《国务院关于加快发展现代职业教育的决定》明确规定“开展校企联合招生、联合培养的现代学徒制试点，完善支持政策，推进校企一体化育人”，标志着现代学徒制成为国家人力资源开发的重要战略。

2014 年，《教育部关于开展现代学徒制试点工作的意见》对以职业院校为主导开展的学徒制进行部署，明确了试点目标、内容、范围及工作安排。文件指出，试点工作要坚持校企双主体育人，学校教师和企业师傅双导师教学，确定学徒的企业员工和职业院校学生双重身份，签订学生与企业、学校与企业两个合同，形成学校和企业联合招生、联合培养、一体化育人的长效机制；试点单位要从积极推进招生与招工一体化、深化工学结合人才培养模式改革、加强专兼结合师资队伍建设、形成与现代学徒制相适应的教学管理与运行机制四个方面开展，明确主要任务和具体措施，将招生与招工一体化作为开展现代学徒制试点工作的基础，将工学结合人才培养模式改革作为现代学徒制试点的核心内容，将校企共建师资队伍作为现代学徒制试点工作的重要任务，将科学合理的教学管理与运行机制作为现代学徒制试点工作的重要保障。

2015 年 1 月，《关于开展现代学徒制试点工作的通知》明确了试点目标、内容、范围及工作安排；同年，人社部、财政部联合印发了《关于开展企业新型学徒制试点工作的通知》，对以企业为主导开展的学徒制试点工作进行了安排。国家发改委、教育部、人社部联合国家开发银行印发了《老工业基地产业转型技术技能人才双元培育改革试点方案》，核心内容也是校企合作育人。至此，国家层面对现代学徒制的顶层设计基本成型。

2017 年，《教育部办公厅关于做好 2017 年度现代学徒制试点工作的通知》，在完善顶层设计的同时，进一步强化了分类指导和督察检查，推动改革向纵深发展。一是成立现代学徒制工作专家指导委员会，以实践为基础加强理论研究，提出中国特色现代学徒制的发展方向、主要内容、主要特征和基本经验，面向试点单位开展培训和指导。二是按照四种类型布局新一批试点，引导地区、行业、企业、学校四类试点聚集主攻方向，发挥各自优势探索校企协同育人机制，完善制度标准和保障措施，推动职业教育制度和劳动用工制度相结合。三是搭建管理平台加强过程管理，对 163 家第一批现代学徒制试点进行年检，中止 2 家试点资格，遴选确定 203 家第二批试点单位。

2. 发展现状

2015 年，教育部遴选确定了 165 家首批现代学徒制试点单位，其中，试点地区 17 个，试点企业 8 家，试点院校 127 所（其中，高职 100 所，中职 27 所），试点行业协会 13 个；共计参与企业 1 878 家，院校 370 所，试点专业 535 个，涉及学生 36 228 人；各试点共承诺投入资金 5.9 亿元。在初步实践的基础上，2016 年教育部组织专家对试点单位的任务书进行了审核，最终 163 家通过审核备案，1 家试点单位的任务书未通过审核，1 家单位主动申请放弃试点。

试点工作取得了初步成果。一是在国家政策引领下，地方高度重视。多个试点单位，如吉林市等 7 个试点地区，成立由主管教育副市长担任组长、多部门共同参与的领导小组，建立定期联席会议制度，解决现代学徒制试点过程中的重大问题。地方教育主管部门大力推进现代学徒制试点工作。广东、四川、云南、吉林、安徽、山东等 6 个省份印发了实施意见，浙江、江苏、福建、湖北等4个省教育厅下发了试点通知，吉林市、辽源市、无锡市、杭州市、嘉兴市、湖州市、荆州市、长沙市、湘潭市、佛山市、中山市、柳州市、成都市、咸阳市、青岛市等15个试点地区，联合国家发改委、财政部、国资委、人社部等部门，从紧密结合地方产业发展需求、推动产业结构调整等方面出发，联合下发关于推进现代学徒制试点工作的实施意见，完成了省级、地市级的方案设计和布局。

专栏4-5

广东省通过省级层面的政策、制度设计保障现代学徒制试点工作的有序开展

广东省相关高职院校自2009年开始了现代学徒制的探索，并得出了一些有益的做法与经验，目前省内已有11家单位（含单列市、行业、职业院校）列为国家首批现代学徒制试点单位，为现代学徒制在省内的试点与推进奠定了良好的基础。广东省政府也高度重视现代学徒制试点工作，在支持措施上不断通过省级层面的政策、制度设计保障试点工作的有序开展。一是制定省级层面的支持政策。广东省教育厅、经信委、财政厅、人社厅联合下发《广东省教育厅　广东省经济和信息化委员会　广东省财政厅　广东省人力资源社会保障厅关于大力开展职业教育现代学徒制试点的实施意见》，文件从试点意义、试点专业内涵建设、学徒权益、支持措施及推进方式等5个方面共13条意见，对在省内大力开展现代学徒制试点工作提出了具体的措施与要求。二是组建省级现代学徒制的工作指导机构。广东省教育厅于2015年10月正式成立由来自职业院校、企业、教育研究机构的专家组成的省高职教育现代学徒制工作指导委员会。委员会具体职责为：指导省内院校与合作企业规范、有序地开展现代学徒制人才培养工作；开展广东特色高职教育现代学徒制理论研究以及为政府部门决策及政策出台提供咨询；进行现代学徒制相关标准体系的制定工作；开发现代学徒制公共服务信息平台，为试点工作提供信息化支撑，提升公共服务水平；对试点工作进行监督、评价及质量控制；等等。

无锡市建立了以政府秘书长为组长，由教育局、发改委、经信委、财政局、人社局、企业、教研机构、职业院校共同组成的工作小组，明确部门分工与职责，政府主导、行业企业及职业院校参与，围绕无锡市打造现代产业发展新高地的战略目标，聚焦重点产业，依托大中型企业开展现代学徒制试点。

湖州市积极探索现代学徒制“334”模式，即政府、企业、学校“三元管

理”，在校学习、轮岗实训、顶岗实习“三段教育”，学生、学徒、准员工、员工“四位一体”，合作式、分段式、递进式培养人才。2012年以来，湖州市先后印发《中职学校现代学徒制试点工作实施方案》《深入开展现代学徒制“334”模式实践与研究方案》《关于深入推进现代学徒制试点工作的若干意见》等，不断完善顶层设计，推动试点工作向纵深发展。

二是现代学徒制推进了产教融合的深度和广度。完善“招生即招工、入校即入厂”的招生招工制度，规范了职业院校招生录取行为和企业用工程序，促进了学生就业；进一步发挥企业重要办学主体作用，加大人力、财力、设备、场地等的投入，实现校企双主体育人；校企共同落实人才培养过程，人才培养方案由校企联合制定，教学过程由教师和师傅“双导师”共同承担，学生考核由校企共同完成。

专栏4-6

校企共同实施现代学徒制试点

武汉职业技术学院制定《招生招工一体化管理办法（试行）》，校企共同研制、实施招生招工方案，与合作企业签订现代学徒制招生（招工）协议，明确学徒的企业员工和职业院校学生双重身份。

广州铁路职业技术学院校企共同推进工学结合的现代学徒制人才培养模式改革，教学任务由专业教师和企业师傅共同承担，同时加大与企业之间人员互聘共用、双向挂职锻炼的力度。

招商局物流集团上海有限公司，将位于上海市奉贤区的5 000平方米仓库、500平方米办公区和仓储配套设施作为现代学徒制物流人才岗位培养基地，将招商局物流集团上海公司宝洁、宜家、五粮液等真实项目业务作为现代学徒制企业经营环境训练的项目资源。

三是现代学徒制的相关管理制度与规范标准逐步建立。试点单位积极建设基于典型工作过程的专业课程体系，开发基于岗位工作内容、符合国家职业资格标准的专业教学内容和教材。包括课程标准、岗位标准、企业师傅标准、质量监控标准；紧扣现代学徒制特点，采取灵活、适宜的教学管理方式，实施模块教学，依据岗位需要开发学习模块；制定学徒学业合格标准、刚柔相济的学徒制教学管理制度；等等。

专栏 4-7

现代学徒制的相关管理制度与规范标准逐步建立

博世汽车部件（长沙）有限公司制定《实施管理办法》《专项资金使用管理办法》《校企合作制度》《学徒技能矩阵》等，为项目建设提供了系列制度保障。

广东省依托高职教育现代学徒制工作指导委员会，由广东建设职业技术学院基于“互联网+”的理念，开发了集企业信息发布平台、岗位申请平台、学籍注册平台、教学管理平台、资源共享平台、考核与评价平台、分析改进平台于一体的“现代学徒制智慧平台”，加强日常管理和绩效管理。

清远职业技术学院依托医学美容产教研联盟和广东省卫生职业教育协会等平台，联合香港雅姬乐集团有限公司及广东伊丽莎白美容建设有限公司等行业龙头企业，在广东省教育研究院职业教育专家的指导下，校企共同研制现代学徒制专业教学标准、校企双导师标准、合作企业准入标准，这些标准被确定为广东省通用标准。

天津现代职业技术学院携手天津海鸥表业集团有限公司，共同制定企业教学标准、学校教学标准、师傅聘用标准、师傅考核标准、学徒出师标准等，确保了现代学徒制人才培养质量。

天津现代职业技术学院携手
与天津海鸥表业集团有限公司实施“现代学徒制”

四是现代学徒制的成效局面初步显现。部分试点实施现代学徒制，成功调动企业参与职业教育的积极性和主动性，在缓解企业转型升级过程中的招工难和高素质技术技能人才缺乏的难题的同时，切实促进学校与企业、专业与产业、学习场所与工作场所、学校导师与企业导师全方位融合，提升了职业教育的质量和水平。

专栏 4-8

现代学徒制的成效局面初步显现

徐工集团在与徐州工业职业技术学院的合作中，逐步形成了以企校“四共建”实现学生“三转变”为特点的机械类专业现代学徒制“徐工模式”，满足了徐工集团及其上下游产业链企业对高素质技术技能人才的需求，同时也为学校深化工学结合人才培养模式改革、提高人才培养质量做出了贡献。

长春职业技术学院与长春市轨道交通集团有限公司合作，解决了企业留不住人的问题；与吉林省金塔实业（集团）股份有限公司合作，解决了民营企业发展招不到人的问题；与一汽大众销售有限公司合作，解决了合资企业招不到合适人才的问题；现代学徒制实践的结果使得校企共赢——学院人才培养模式创新与企业转型升级同步发展。

（二）发展趋势

中国现代学徒制总体来说还处于探索阶段。教育部职成司相关负责人指出：“之所以采用‘试点’的形式推进现代学徒制改革，是因为当前还缺少一整套与之匹配的机制、做法、标准，但我们认准了这个发展方向，需要通过探索，不断积累经验，使之逐步成熟完善起来，使之在更大范围内得以复制。”从制度的设计思路来看，中国现代学徒制有如下趋势：一是完善现代学徒制的制度建设。例如，研究出台诸如投入专项资金、对实施现代学徒制的企业减免税收等优惠鼓励政策；建立完善现代学徒制的人才培养成本分担机制；打破现有教师编制和用工制度的束缚，建立教师流动编制或设立兼职教师岗位。二是进一步完善学徒制的标准。标准是现代学徒制人才培养质量的保障，完善的标准可以作为学校的标准。三是探索不同主体办学的现代学徒制模式。目前，教育部确定的试点牵头单位分为四种类型：地区、行业、企业、学校，以望不同类型的试点能够充分发挥牵头单位的优势，分别从政策、行规、运行、管理等方面为保障和发展好现代学徒制探索经验。

广州番禺职业技术学院现代学徒制市场营销
专业百果园店长班签约录取仪式

二、中国职业教育集团化办学

职业教育集团化办学是以职业教育集团为组织基础的办学行为。职业教育集团是指由多个具有独立法人资格的组织机构组成，以协议、资产等形式为联结纽带，以集团章程为共同行为规范，以合作开展人才培养培训、技术技能积累、社会服务活动等为主要任务，以提高教育质量、提升人力资本素质，促进产教融合发展和协同创新为目的的合作办学组织。自 20 世纪 90 年代以来，尤其是 2005 年以来，政府大力倡导推进、基层大胆探索中国职业教育集团化办学，为深化产教融合、校企合作，推进校企资源共享，健全职业院校治理结构探索了有效的实现路径。

（一）职业教育集团化办学的政策发展历程

1999 年国家进行大部制改革，许多职业院校划归到教育行政部门独立办学。然而职业教育与行业企业具有密不可分的天然属性，在此背景下，2002 年，《国务院关于大力推进职业教育改革与发展的决定》提出，要深化职业教育办学体制改革，形成以政府为主导、依靠企业、充分发挥行业作用、社会力量积极参与、公办与民办共同发展的多元办学格局。2004 年，全国职业教育工作会议召开。会议通过《教育部等七部门关于进一步加强职业教育工作的若干意见》，鼓励行业企业与职业学校实行合作办学。一些地方开始探索职业教育集团化办学。比如，浙江省下发《浙江省关于组建职业教育集团的试行意见》，河南省颁布《河南省教育厅关于组建职业教育集团的若干意见》。

2005 年《国务院关于大力发展职业教育的决定》首次提出，鼓励职业院校与行业企业开展集团化办学。文件要求，继续完善"政府主导、依靠企业、充分发挥行业作用、社会力量积极参与、公办与民办共同发展"的多元办学格局，"推动公办职业学校与企业合作办学，形成前校后厂（场）、校企合一的办学实体。推动公办职业学校资源整合和重组，走规模化、集团化、连锁化办学的路子"。从 2005 年至 2009 年，宁波市颁布《关于推进校企合作和组建职业教育集团的若干意见》，云南省颁布《关于组建职业教育集团的若干意见》。

2010 年国家教育规划纲要颁布以后，有关职业教育集团化办学的政策出台频率越来越高，政策内容的针对性也越来越强，国家将集团化办学作为加快发展现代职业教育的重要举措。

2014 年，《国务院关于加快发展现代职业教育的决定》《现代职业教育体系建设规划（2014—2020 年）》均对职业教育集团化办学成果给予肯定，对下一时期职业院校、行业企业参与职业教育集团的规模比例提出要求，明确了重点鼓励建设的职业教育集团类型、组建方式、治理模式等，并提出建成 300 个骨干职业教育集团的目标。《国务院关于加快发展现代职业教育的决定》指出：鼓励多元主体组建职业教育集团，鼓励中央企业和行业龙头企业牵头组建职业教育集团，探索组建覆盖全产业链的职业教育集团，开展多元投资主体依法共建职业教育集团的改革试点。《现代职业教育体系建设规划（2014—2020 年）》将推动职业教育集团化发展作为现代职业教育体系建设的重点任务之一，提出"到 2020 年基本覆盖所有职业院校，初步建成 300 个富有活力和引领作用的骨干职业教育集团。开展多元投资主体依法共建职业教育集团的改革试点"。"2020 年，大中型企业参与职业教育办学的比例达到 80%以上。"

2015 年，教育部出台《关于深入推进职业教育集团化办学的意见》，这是关于职业教育集团化办学的首个部级文件。意见鼓励多元主体组建职业教育集团，深化职业教育办学体制机制改革，对完善集团化办学的实现形式、健全治理结构和运行机制、提升综合服务能力、强化保障机制等做出了规定。同年，《高等职业教育创新发展行动计划（2015—2018 年）》出台，提出开展多元投资主体依法共建职业教育集团的改革试点，以资产融合、人员互聘、平台共建等为纽带，探索建立基于产权制度和利益共享机制的集团治理结构和运行机制。

（二）职业教育集团化办学的发展现状

1. 职业教育集团化办学的现状

自 1992 年首家职业教育集团成立以来，经过各地探索实践，集团数量不断增加。截至 2016 年底，全国共有职业教育集团 1 406 个，比 2014 年底的 1 048 个增加 358 个。

在这些集团中，全国有行业性职业教育集团 1 095 个，区域性职业教育集团 311 个，分别占集团总量的 77.88%和 22.12%。与 2014 年相比，行业性职业教育集团新增 293 个，增长 36.53%；区域性职业教育集团新增 65 个，增长 26.42%。行业性职业教育集团的总量和增速都明显高于区域性职业教育集团，充分体现了“行业”在职业教育产学合作发展中的特有属性。

2016 年，各类主体牵头的职业教育集团均有一定规模的增长。全国参与职业教育集团化办学的企业已达 24 369 家（含 10 家境外企业），比 2015 年的 18 564 家（含 7 家境外企业）增长了 31.27%。其中，规模以上工业企业和限额以上非工业企业参与比重从 2014 年底的 57.80%增加到 68.27%，增加了 10.47%。东部地区企业达到 13 151 家，中部地区企业达到 5 855 家，西部地区企业达到 5 353 家。与 2014 年底相比，东、中、西部地区参与企业的增长率分别为 94.00%、53.03%、130.04%，西部地区增速高于东、中部地区。在全国 500 强企业中，参与职业教育集团化办学的企业已有 147 家，比 2014 年底的 83 家增长 77.11%，参与率达到 29.40%。

随着职业教育集团化办学的发展，职业院校参与职业教育集团化办学的比例日益提高。在“全国职业教育集团化办学统计系统”中，数据填报完整的有 983 个职业教育集团，参与的职业院校达到 5 827 所。其中，全日制中职学校 4 591 所，占全国全日制中职学校总数的 47.58%；高职院校 1 236 所，占全国高职院校总数的 90.95%。

从服务产业的情况来看，全国职业教育集团已覆盖三次产业的绝大部分行业，其中服务第一产业、第二产业、第三产业的行业性职业教育集团数量分别为 98 个、530 个、467 个，占比分别为 8.95%、48.40%和 42.65%，服务三次产业的职业教育集团占比接近于我国三次产业占国民经济总量的比重。

2. 职业教育集团化办学的重要意义

职业教育集团化办学以集团为平台，由政府宏观指导、理事会主导，职业教育院校、行业企业广泛参与，创新了职业教育“中观”的管理体制。在职业教育办学上，职业教育集团化办学构建了产教融合的办学机制，促进了专业设置与产业需求对接，促进了课程内容与职业标准对接，也促进了教学过程与生产过程对接，发挥了内部成员的对口效应，推进了中高职有机衔接。职业教育集团化，是政府鼓励行业企业参与职业教育的一个抓手，也推动更多的龙头企业投入职业教育，使职业学校的办学实力不断增强。从社会受益的角度，职业教育集团化办学搭建了政府、学校与行业企业互利共赢的平台。

专栏 4-9

职业教育集团化办学创新了职业教育“中观”管理体制

浙商职业教育集团有杭州市电子信息职业学校、杭州市临平职业高级中学、绍兴市职教中心、海盐县职成教中心等 9 所国家级或省级重点职业学校，集团成立后，湘江商业职业教育学院与这 9 所中职学校开展了校际合作。

杨凌现代农业职业教育集团搭建政府、行业与院校合作平台，实施“百县千企工程”，与合作单位进行项目联合研发。三年推广农业新品种、新技术 30 多项，开展技术培训 59 592 人，培训农民 14.3 万人次。学院的研究人员培育的小麦品种在黄淮地区推广 6 000 多万亩，为农民增收 36 亿元。学院 32 名专业教师被县市政府和企业聘为科技顾问和技术总监。

（三）职业教育集团化办学的问题与建议

职业教育集团化办学取得了显著的成绩，但仍然处于成长阶段。

一是外部条件有待改善。国家层面推进集团建设与集团化办学的实质性鼓励政策尚未出台实施，部分地区虽然相继出台了示范集团建设等专项扶持政策，但大部分集团尚缺乏良好的外部环境。建立健全集团化办学的国家制度，出台和落实职业教育集团化办学的指导意见，明确职业教育集团化办学的目标任务与实现形式，以指导全国开展职业教育集团化办学，使之成为中国职业教育发展的重要模式。

二是组织架构有待健全。大多数职业教育集团是在传统合作关系基础上经牵头单位发起而成立的，集团成员单位良莠不齐，组织体系较为单一，上层未设立由政府及产业管理部门广泛参与的协同指导机构，难以较好发挥政府协同指导作用；下层未建立开展具体合作的协商组织，成员之间较难建立以资产为纽带的稳定合作关系，致使成员单位之间的合作大多处于浅层次、低水平状态。因此，需要建立起健全的组织体系，从而实现“利益共享、责任共担、合作共赢”。

三是制度建设有待健全。一些职业教育集团章程制定草率，内容过于简单，难以起到章程的应有作用；配套制度建设滞后，许多集团还没有明确的考核激励制度和退出机制，约束力有限，常态化的工作机制尚未形成，需要制度建设规范化。

参考文献

[1] 姜大源．论中国高等职业教育对世界教育的独特贡献．中国职业技术教育，2015(36)．

[2] 马树超．产教融合：从示范到优质院校建设的主线．职教论坛，2017 (1)．

[3] 上海市教育科学研究院，麦可思研究院．2016 中国高等职业教育质量年度报告．北京：高等教育出版社，2016.

[4] 高志研．扎实推进试点工作　建立和完善中国特色现代学徒制．中国职业技术教育，2016 (31)．

[5] 王扬南．把握质量核心　突出双元主体　扎实推进现代学徒制试点工作．中国职业技术教育，2017 (1)．

[6] 林宇．落实双重身份　完善政策保障　加强现代学徒制试点工作动态管理．中国职业技术教育，2017 (1)．

[7] 刘占山．《中国职业教育集团化办学发展报告 (2015)》正式发布．(2015－11－30)．http://www.chinazy.org/models/adefault/detail.aspx? artid=61425&cateid=1538.

[8] 沈铭钟，沈建根，刘晓宁．我国职业教育集团发展的现状、问题与对策．中国职业技术教育，2014 (36)．

第五章
职业教育内涵建设

改革开放以来，中国始终高度重视职业教育，要求在整个教育结构和教育布局当中，必须把职业教育摆到更加突出、更加重要的位置。尤其是21世纪以来，党中央、国务院实施一系列重大举措，不断改善政策环境、制度环境和社会环境，职业教育体制改革逐步深入，规模扩大成就明显，推动职业教育取得了令人瞩目的成就。到2007年，中国基本实现了高中阶段普职招生大体相当的规模，高等职业教育的招生规模占了高等教育的半壁江山。随着规模的不断扩展，中国职业教育工作重心开始逐渐由注重规模扩张转移到提高质量、突出内涵建设的轨道上来。

2010年国家教育规划纲要明确提出要把提高质量作为教育改革发展的核心任务，树立科学的质量观，把促进人的全面发展、适应社会需要作为衡量教育质量的根本标准。树立以提高质量为核心的教育发展观，注重教育内涵发展，鼓励学校办出特色、办出水平，出名师、育英才。建立以提高教育质量为导向的管理制度和工作机制，把教育资源配置和学校工作重点集中到强化教学环节、提高教育质量上来。同年召开的全国教育工作会议也进一步明确，要以夯实基础、调整结构、优化布局、提升内涵为重点，进一步提高教育现代化水平。

2014年，国家强调要“着力提高人才培养质量”；《国务院关于加快发展现代职业教育的决定》在肯定职业教育所取得的成就的同时，指出当前职业教育还不能完全适应经济社会发展的需要，存在结构不尽合理、质量有待提高、办学条件薄弱、体制机制不畅等问题，并从实习实训、专业设置、课程体系、职业道德和人文素养教育、“双师型”教师队伍、信息化水平等多个方面布置了一系列的工作任务，以强化职业教育内涵建设，提高职业教育人才培养质量。

2015年，《教育部关于深化职业教育教学改革　全面提高人才培养质量的若干意见》强调，职业教育要坚持走内涵式发展道路，全面提高人才培养质量。

职业教育内涵建设涉及的要素很多，广义来讲，涵盖德育、专业设置、课程体系、教学资源、教学方法、教学过程、实习实训、教师培养、评价机制等诸多内容。本章仅从德育工作、专业与教学标准建设、课程与教材改革、校企合作与工学结合等角度，探讨近年来中国职业教育在内涵建设和质量提高方面实施的改革探索与实践成果。

第一节　德育工作

德是做人的根本，是成才的保障。德育是教育之首，德育工作是学校各项工作中的首要工作。历史和现实告诉我们，衡量教育质量的根本标准，不是只看学生的考试分数，而是要看学生是否具备服务国家、服务人民的社会责任感，是否具备勇于探索的创新精神和善于解决问题的实践能力。落实立德树人根本任务，是教育系统坚持中国特色社会主义办学方向的核心所在，是提高教育质量的关键所在。

改革开放以来，为培养德才兼备的技能型人才，中国教育主管部门和广大职业院校一直高度重视德育工作。尤其是党的十八大以来，中国职业教育德育工作地位进一步提升，“育人为本、德育为先”成为职教战线的共识。广大职业院校始终以“立德树人”为根本，坚持正确的政治方向和育人导向，在强化政策保障、深化德育课程改革、创新职业道德教育、拓展德育实践形式等方面采取了扎实措施，积极拓展新形势下德育工作的有效途径，职业教育德育工作取得了新进展。

一、高度重视德育工作，不断强化政策保障

20 世纪 90 年代以前，中国没有专门针对职业教育德育工作的政策，中等职业学校的德育工作主要是参照其他几类学校德育工作的要求开展的。随着教育体制的改革和发展，中国职业教育规模迅速扩大，职业学校德育工作也愈加引起关注。1991 年，国家教委在吉林长春召开了中等职业学校德育工作座谈会，明确了中等职业学校德育工作的主要内容。此后，教育部门将中等职业学校的德育工作逐步从普通高校和中小学中分离出来，专门予以研究、规划和推进。

进入 21 世纪，教育部门高度重视职业院校德育工作。2004 年，教育部颁布实施《中等职业学校德育大纲》，明确了中职德育工作的基本规范和要求，推动中职德育工作完成从“参照做”到“专门抓”的重要转变，对规范和推动中职德育工作发挥了重要作用。2010 年，《教育部　人力资源社会保障部关于加强中等职业学校校园文化建设的意见》发布，强调了校园文化的育人功能。

2010 年国家教育规划纲要颁布后，教育部启动了对《中等职业学校德育大纲》的修订工作。2014 年，教育部正式颁布《中等职业学校德育大纲（2014 年修订)》。同年印发的《国务院关于加快发展现代职业教育的决定》明确提出要“坚持以立德树人为根本”，通过全面实施素质教育，科学合理设置课程，将职业道德、人文素养教育贯穿培养全过程，把提高职业技能和培养职业精神高度融合。2015 年，《教育部关于深化职业教育教学改革　全面提高人才培养

质量的若干意见》出台，提出要坚持把德育放在首位，大力加强社会主义核心价值观教育，帮助学生树立正确的世界观、人生观和价值观。同年，教育部印发的《职业院校管理水平提升行动计划（2015—2018 年）》进一步强调：职业院校要坚持立德树人，积极培育和践行社会主义核心价值观，弘扬“劳动光荣、技能宝贵、创造伟大”的时代风尚，营造以文化人的氛围，从学校理念、校园环境、行为规范、管理制度等方面对学校文化进行系统设计，充分发挥学校文化育人的整体功能。

综上，可以看出，改革开放尤其是 21 世纪以来，伴随职业教育的快速发展，中国高度重视职业院校德育工作，从政策层面不断提升德育工作的地位，保障德育工作的顺利开展，促进立德树人根本任务的落实，为加快实现发展现代职业教育的目标保驾护航。

二、深化德育课程改革，发挥课堂主渠道作用

德育课是各专业学生必修的公共基础课，是学校德育的主渠道。2014 年全国教育工作会议明确，当前的关键是要把党的教育方针和社会主义核心价值观细化、实化、具体化，转化为学生的核心素养和学业质量，体现到课程标准、教材编写以及考试评价之中。中职德育课和高职思想政治理论课作为职业院校学生必修的公共课，是学校开展德育工作、实施道德教育的重要途径。

（一）中职德育课程改革逐步深化

自 2008 年启动教育部新一轮中职德育课程改革以来，中等职业学校德育课程改革逐步深化，教育教学效果明显增强，取得了显著进展。

2008 年，教育部印发《教育部关于中等职业学校德育课课程设置与教学安排的意见》，同时，颁布了《教育部关于印发中等职业学校德育课课程教学大纲的通知》。这一轮课程改革，将社会主义核心价值体系的基本内容、科学发展观的内涵和精神实质、构建社会主义和谐社会的总体要求等内容纳入了德育课课程教学内容，充分体现了党和国家对中职学校德育工作的新要求；大纲将德育课程的必修课程设置为“职业生涯规划”“职业道德与法律”“经济政治与社会”“哲学与人生”，选修课程设置为“心理健康”，在强调思想政治教育的同时，加重了职业生涯教育、法制教育、职业道德教育方面的内容，突出了职业教育的特点，更利于中职学生全面发展和综合职业能力的形成。2011 年，《中共中央

宣传部办公厅 教育部办公厅关于加强中等职业学校形势与政策教育的意见》进一步强调，形势与政策教育是中职学生思想道德教育工作和德育课教学的重要内容，对于中职学生全面理解党和国家的路线方针政策，了解国内外形势的发展变化，增强分析形势、解读政策的意识，提升综合职业素质和能力具有重要意义，并规定了中等职业学校开展形势与政策教育的主要内容。

2014 年，教育部颁布《中等职业学校德育大纲（2014 年修订）》。该大纲把社会主义核心价值观作为主线贯穿始终，从德育工作定位、指导思想、目标、原则、内容、途径等方面系统设计、全面体现，对推进职业院校德育工作具有重要指导意义。2017 年《中小学德育工作指南》强调，要充分发挥课堂教学的主渠道作用，将中小学德育内容细化落实到各学科课程的教学目标之中，融入渗透到教育教学全过程。

此外，为帮助中等职业学校德育课教师深入理解掌握党的十八大精神，并通过课堂教学主阵地推进党的十八大精神进教材、进课堂、进头脑，2013 年 3 月，教育部研究制定了《中等职业学校德育课贯彻党的十八大精神教学指导纲要》，就中等职业学校德育课程教学中贯彻党的十八大精神提出了指导性意见。根据该教学指导纲要精神，承担中职德育国家规划教材出版任务的高等教育出版社等对原教材进行了修订，开发了相关的教学资源。

同时，近年来，各职业院校切实推进德育课教学改革，不断提高课堂教学的实效性。广大职业院校教师积极探索德育课教学方法改革，注重实践教育、体验教育、养成教育。通过对德育课教师进行业务素质培训、开发德育教学资源、组织优质课及说课比赛等形式，充分展示了中职德育课教学理念的转变、德育课堂形式的改变以及信息化教学手段在德育课堂中的应用，提升了教师应用现代化教育技术手段和数字化资源能力，促进了教师素质与教学质量的提高，切实增强了德育课的针对性、实效性和时代感。

（二）高职德育课程呈现可喜变化

伴随中国高等职业教育的快速发展，尤其是 2010 年国家教育规划纲要颁布以来，根据高职生源特点、专业需求、培养目标的特殊性，高等职业院校思想政治理论课开展了卓有成效的探索，呈现可喜的变化。

中国高职德育课程旨在培养和提高学生的思想政治素质、道德素质、法律素质，进而提升学生的综合素质。通过对 11 大类 201 个专业《高等职业学校专业教学标准（试行）》课程设置的统计，中国高等职业学校在公共基础类或基本素养类课程中思想政治课程设置的总体情况是：所有专业全部要求开设思想道德修养与法律基础、毛泽东思想和中国特色社会主义理论体系概论课程，76%以上的专业要求开设职业发展与就业指导系列课程，58%以上的专业要求开设形势与政策课程，33%以上的专业要求开设健康教育类课程。其他个别专业要求开设大学生安全教育、中国近现代史纲要、创新思维与能力、“三生教育”（生命教育、生存教育、生活教育）、自然与社会、廉洁修身教育等课程。

为进一步加强与改进高职高专院校思想政治理论课建设，进一步提升高职高专院校思政课教育教学的针对性、实效性，2013年，全国高职高专院校思想政治理论课建设联盟成立。该联盟在教育部社科司和各省教育工委的指导下，围绕“进一步加强与改进高职高专院校思想政治理论课的建设，提高教育教学质量和水平，推进中国特色社会主义进教材、进课堂、进学生头脑”的宗旨，开展高职高专院校思想政治理论课教学相关的理论和政策研究、教学内容和教学方法研究，以及教学交流、教师培训、典型宣传等工作，为高职高专院校思想政治理论课教学研究人员和管理工作者提供服务。

专栏5-1

广东轻工职业技术学院创新思想政治理论课“研练式教学法”

广东轻工职业技术学院从高职院校的实际出发，自2009年下半年开始，探索和实施了适合高职高专院校实际的思想政治理论课“研练式教学法”。

“研练式教学法”以创建“研练中心”这一特殊教学场景为基础。“研练中心”从空间上看，由“一廊五室”构成。“一廊”是指一条宽敞的回廊，“五室”是指“马克思主义中国化问题研练室”“形势政策判析研练室”“修德守法研练室”“网上实践研练室”“健康心理培育研练室”五个特殊教室。“研练中心”为思想政治理论课校内实践性教学提供了一个有别于一般理论课教学的特殊场景。借助“研练中心”教学平台，学院实施“专题设计，任务驱动；集散结合，言辩赛竞；学生主体，教师引领；启发感悟，修德塑行”这一独具特色的思想政治理论课教学方法，在一定程度上实现了从“让学生学”到“学生喜欢学”的转变，增添了思想政治理论课教学的生机和活力。

“研练式教学法”作为思想政治理论课教学方法改革经验成果，于2014年1月22日被教育部社科司确立为“2013年度高校思想政治理论课教学方法改革项目‘择优推广计划’入选项目”，在全国高校进行推广。

广东轻工职业技术学院韩光道教授在第四期
高校思想政治理论课骨干教师研修班做报告，介绍“研练式教学法”

（三）发挥各学科育人功能

努力挖掘除德育课程外其他课程的德育内涵，将立德树人根本任务落实到学校教育教学工作的全过程，构建全员、全过程、全方位育人格局。

2014 年《教育部关于全面深化课程改革落实立德树人根本任务的意见》提出，要“坚持系统设计，整体规划育人各个环节的改革，整合利用各种资源，统筹协调各方力量，实现全科育人、全程育人、全员育人”，“统筹各学科，特别是德育、语文、历史、体育、艺术等学科。充分发挥人文学科的独特育人优势，进一步提升数学、科学、技术等课程的育人价值。同时加强学科间的相互配合，发挥综合育人功能，不断提高学生综合运用知识解决实际问题的能力”。因此，在大德育理念下，德育课程体系既包括德育课，也包括文化课、体育与健康课、艺术课等其他公共基础课和专业技能课，它们都是德育的主渠道。

如，2013 年 3 月，《教育部办公厅关于印发〈中等职业学校公共艺术课程教学大纲〉的通知》强调，公共艺术课程是中等职业学校实施美育、培养高素质劳动者和技术技能人才的重要途径，是素质教育不可或缺的重要内容，是中等职业学校学生必修的一门公共基础课。自此，全国各地很多中职学校都开设了公共艺术课程。各地还通过用好《百首古诗赏析》《百首名曲赏析》《百幅名画赏析》等，加强艺术教育，使学生更多地接触艺术文化经典，提升学生的人文修养与艺术鉴赏水平。

广大职业院校在上好德育课的同时，充分挖掘公共基础课和专业技能课的文化内涵、德育因素和人文精神，积极拓展德育工作的课程载体，各科教学互相配合，有机渗透德育内容，结合专业特点和岗位工作要求，寓德育于教学内容和教学过程之中，真正在教书中育人。

三、促进校企文化融合，提升学生职业道德

作为职业人，职业精神和职业技能缺一不可。良好的职业道德素养和能够胜任岗位的技术技能，是对职业教育质量的最好衡量。2014 年《国务院关于加快发展现代职业教育的决定》指出，要“全面实施素质教育，科学合理设置课程，将职业道德、人文素养教育贯穿培养全过程”。因此，推进产业文化和优秀企业文化进校园、加强职业道德教育，逐步成为培养和造就高素质职业技术人员的基本要求以及职业院校德育改革创新的重点和特色。

早在 1993 年，国家教委就下发了《关于颁发〈中等职业技术学校职业道德教学大纲（试用)〉的通知》。该通知明确要求职业技术学校必须加强职业道德教育，并把职业道德课作为各专业（工种）学生的必修课。21 世纪以来，中国教育部等部门对加强职业院校学生的职业道德教育进一步提出了明确的要求，如 2010 年，《教育部　人力资源和社会保障部　财政部关于实施国家中等职业教育改革发展示范学校建设计划的意见》提出，示范校建设要“以培养学生综合素质为目标，重点加强职业道德教育、职业技能训练和学习能力培养”，职业院校学生职业道德教育被提上日程。

2010 年以来，广大职业院校高度重视学生的职业道德教育，把提高职业技能和培养职业精神高度融合，并根据本校学生的特点，依托职业生涯规划课程，把中华优秀传统文化、企业文化引入德育课堂，充分利用实习实训等环节，构建了多层次、多渠道、立体化的特色活动育人体系，培养学生安全意识、纪律意识，加强职业意识、职业理想、职业道德和就业创业教育，教育引导学生牢固树立立足岗位、增强本领、服务群众、奉献社会的职业理想，努力使学生完成由自然人向社会人、职业人的思想转化。

专栏 5-2

北京市铁路电气化学校企校文化深度互融

北京市铁路电气化学校按照职业岗位要求制定育人方案，制定了《订单班准员工手册》《订单班企业化管理模拟工资制度》《学生顶岗实习管理办法》，形成了“学校全面开放、企业深度参与”的校企共建、共管、共赢的学生教育培养机制。班级组织模拟企业化，学生以企业的组织模式竞选各个职位组成车间（班级）领导班子，按照企业制度制定班级管理制度。班级劳动纪律制度化，推行企业管理模式（整理、整顿、清理、清洁、教养）。推行校园文化环境公司化，在教室布置与企业文化相适应的宣传板报、警示标语等，实验、实训室按照企业生产要求张贴安全标语、生产操作流程等。

2014 年 3 月，教育部、中华全国总工会发出通知，决定联合举办“劳模进职校”活动。通知要求各地教育行政部门、总工会根据各地实际，邀请劳动模范走进职业院校，开展先进事迹学习报告活动、学习劳动模范志愿服务和社会实践活动。各地各职业院校要把劳模的事迹和精神作为宝贵的教育资源融入教学内容，把学习宣传劳模渗透到学生日常生活和校园文化建设中。要积极组织师生到劳模所在单位和岗位参观学习、实训实习，发挥劳动模范先进人物的示范引领作用，拓展职业院校培育和践行社会主义核心价值观的有效途径，形成“爱学习、爱劳动、爱祖国”的有效形式和长效机制。

为此，各职业院校积极响应号召，邀请部分全国劳动模范、全国五一劳动奖章获得者走进职业院校担任校外德育辅导员，并通过事迹报告、座谈交流等形式，引导师生热爱劳动和工作岗位，积极践行社会主义核心价值观。

专栏 5-3

“劳模进职校”活动在京启动

2014 年 5 月 23 日，“劳模进职校”活动启动仪式暨首场报告会在北京交通运输职业学院成功举办。报告会以“技能赢得尊重，劳动实现梦想”为主题，特别邀请了 3 位交通行业的全国劳动模范做了精彩的报告。他们分别是：北京公共交通控股（集团）有限公司“李素丽服务热线”负责人李素丽、北京市地铁运营有限公司车辆一公司电客司机张晓雨、北京祥龙博瑞汽车服务（集团）有限公司总工程师魏俊强。3 位劳模以亲身经历向在场师生深情讲述他们的人生感悟与从业心得，引发了同学们的共鸣。报告结束后，同学们纷纷提问，与劳模热烈互动。有的同学表示：“听了劳模们的报告，我对所学专业有了更深刻的认识。劳模身上散发的职业精神改变了我对未来职业的态度，激发了我学习的动力。”

“劳模进职校”活动启动仪式暨首场报告会

全国劳模张晓雨在与城市轨道交通学院的学生们交谈

实习实训是学校教育教学的基本环节，也是职业院校与企业合作提升学生职业道德的重要途径。《中等职业学校德育大纲（2014 年修订）》明确指出："学校要结合实训实习的特点和内容，抓住中职学生与社会实际、生产实际、岗位实际以及一线劳动者密切接触的时机，进行以敬业爱岗、诚实守信为重点的职业道德教育，进行职业纪律和安全生产教育，培养学生爱劳动、爱劳动人民的情感，增强学生讲安全、守纪律、重质量、求效率的意识。"各职业院校落实要求并抓好实训实习环节，推进校企一体化育人。

专栏 5-4

大连商业学校"商校街"助推学生职业道德提升

大连商业学校建设"商校街"经营型实训基地，让学生通过弹性课、实训周、工学结合、顶岗实习、勤工俭学、自主创业等方式进入"商校街"实战学习。"商校街"面向全校学生开展实训周教学，实现教学即经营、学习即工作。学生在"商校街"体验真实岗位的工作情境与流程，在职场中体验职场文化，培养了职业精神，逐步养成诚信、热情、吃苦耐劳等职业品格，提升了职业素养和能力，提高了就业竞争力。

四、丰富德育活动载体，拓展德育实践形式

以学生为主体的丰富多彩的德育活动是德育工作的重要载体。职业院校开展丰富多彩的德育实践活动，能够充分调动学生的积极性、主动性和创造性，使学生在实践中体验和感悟，实现自我教育和主动发展，提高德育工作的实效性。近年来，广大职业院校在实践中不断探索、拓展德育实践活动的形式，通过开展中国梦主题教育活动、文明风采竞赛、学雷锋主题活动等一系列德育实践活动，不仅丰富了培养学生、凝聚学生、激励学生的德育载体，营造了有利于职业院校学生成长的校园文化，而且促进了"崇尚一技之长，不唯学历凭能力"的社会氛围的形成，取得了较好的德育效果。

（一）深入开展中国梦主题教育活动

实现中华民族的伟大复兴是中华民族近代以来最伟大的梦想。中国梦是在

改革开放40年的伟大实践、新中国成立60多年的探索、近代中华民族170余年的发展历程以及5 000多年悠久文明传承的基础上凝练总结出来的。

2013年2月印发的《中共教育部党组关于在全国各级各类学校深入开展“我的中国梦”主题教育活动的通知》部署了在教育系统全面开展中国梦教育活动，提出了活动的安排和具体要求。

2013年4月，教育部召开职业教育系统中国梦主题教育活动座谈会。会议明确，中国职业教育梦是中国梦的重要组成部分，是技术技能强国的梦、全面发展的梦、人人成才的梦、尽展其才的梦。中国梦主题教育活动是职业院校教书育人、立德树人的重要内容，是学生思想道德教育的重要抓手，是激发学生为实践理想而努力奋斗的有效载体。各地各职业院校要把开展中国梦主题教育活动作为当前学校工作的重中之重，重点把握明确目标任务、夯实活动载体、建设节约校园等七个方面的内容，全面、持续、深入开展活动，为加快发展现代职业教育、全面建成小康社会、实现中国梦贡献力量。

职业教育系统积极响应号召，精心组织和部署推动各校积极开展了一系列形式多样的中国梦主题教育活动，将中国梦主题教育活动与加快发展现代职业教育、加强和改进德育工作结合起来，激励学生坚定理想信念，把个人成长、成才、成功和为国家民族做贡献结合起来，积极投身实践，自觉走上成才之路，取得了较好的教育效果（见表5-1）。

表5-1　职教系统深入开展中国梦主题教育活动

活动主体	中国梦主题教育活动内容
教育部职成司及相关部门	联合中宣部时事报告杂志社举办“中国梦——人人皆可成才”职业院校系列宣讲；邀请中宣部、中共中央党校、中共中央党史研究室、中国社会科学院等单位专家到江苏、广东、浙江、湖北、云南等地职业院校为师生做报告
	联合团中央举办全国职业院校“我的中国梦”主题演讲，遴选了10位师生代表在技能大赛期间进行集中展演，展示职业院校开展“我的中国梦”主题教育活动的阶段性成果
	联合中央文明办、团中央、全国妇联、中国关工委、中华职教社共同举办以“我的中国梦”为主题的第十届、第十一届全国中等职业学校文明风采竞赛活动
	联合北京师范大学出版集团举办职业院校“中国梦”宣传教育研讨班，指导编写了《图说中国梦：职业院校学生读本》
	组织出版了“全国职业院校‘我的中国梦’主题教育活动丛书”《中国梦　职教梦　我的梦：全国职业院校师生中国梦主题演讲选辑》，展示了职业院校师生热爱祖国、朝气蓬勃、昂扬向上的精神风貌

续前表

活动主体	中国梦主题教育活动内容
全国各地职业院校	与日常德育工作相结合。如，江苏将中国梦主题教育活动情况纳入全省职业学校德育工作专项指导，温州将中国梦主题教育活动纳入学校、家庭、社会和企业四位一体的德育网络
	与特色主题活动相结合。如，贵州开展“我的贵州‘中国梦’”主题教育活动，云南把中国梦主题教育与民族团结教育有机结合，湘潭市工业贸易中等专业学校挖掘中国梦的历史深度，开展“韶山红杜鹃、追寻伟人足迹”“韶山下的成人礼”等主题教育
	与校园文化建设相结合。如，大连女子职业中专举办“校园文化月”活动，开展“我的未来不是梦”职业规划讲座，云南玉溪工业财贸学校把教育内容融入“五个主题月”“十个主题周”系列活动
	与先进典型引领相结合。如，河南开展以优秀职业学校毕业生事迹为主题的“三个一”工程，张家口市职教中心开展“学习身边好榜样，点燃青春正能量”活动，重庆电子工程职业学院开展“我的中国梦——青春激励”感动校园十大人物评选活动
	与职业技能培养相结合。如，上海信息技术学校开展“博学追梦，魅力中职”为主题的“博学节”

（二）倾力打造“文明风采”竞赛活动品牌

全国中等职业学校“文明风采”竞赛活动创办于2004年。2015年，《教育部等七部门关于进一步开展中等职业学校“文明风采”竞赛活动　促进活动育人的意见》发布，明确开展“文明风采”竞赛活动是落实立德树人根本任务、提高育人实效的重要抓手。2017年，教育部职成司司长王继平在第十三届全国中等职业学校“文明风采”竞赛活动总结座谈会上指出：全国中等职业学校“文明风采”竞赛活动从教育部一家来办发展到七个部门一起办，从几千学生参与到几十万学生参与，不断发展壮大，德育功能不断显现，已经成为广大中职学生展示自我风采的一个重要平台，成为职业学校教师实施德育工作的一个重要抓手，成为学校抓德育工作的一个重要举措，成为社会了解职业教育发展和形象的一个重要窗口，成为职业教育的一个亮丽品牌。

10多年来，各地结合当地实际和中职学生特点开展了形式多样的德育实践活动，对于丰富学生校园文化生活，培养学生职业意识、职业理想和职业道德发挥了重要作用，形成了“武有技能大赛，文有文明风采”的良好口碑，树立了具有职业教育特色的活动品牌，已经成为展示广大中职学生良好精神风貌的舞台，成为职业学校创新德育工作的有效载体。

第十二届全国中等职业学校“文明风采”竞赛活动之综合才艺表演《书香琴韵》

“文明风采”竞赛活动以“弘扬民族精神，树立职业理想”为主题，紧扣社会发展的脉搏，围绕中等职业学校学生德育的核心问题设计竞赛内容。一方面，为学生提供了展示舞台，有效激发了学生对专业、对职业、对未来的热爱、向往与追求，帮助学生提升自信；另一方面，促进了教师的教学观、课程观和学生观转变，让教师和学校能够多一份鼓励给予学生，多一把尺子衡量学生。

职业教育的德育实践探索是无止境的，“文明风采”竞赛活动作为一项中职德育实践的载体，其内容和形式还将不断丰富和发展。近年来，“文明风采”竞赛活动规格越来越高，比赛内容不断丰富，学校、学生参与面不断扩大，参赛作品质量稳步提高，活动影响力不断提升，彰显了职业教育人人成才、全面发展的独特魅力，既是全国中等职业学校师生的年度精神盛会，也是全程、全员、全方位育人的有效载体。

（三）不断丰富学雷锋活动时代内涵

雷锋是实践社会主义、共产主义思想的道德楷模，是全国人民学习的榜样。雷锋精神是中华民族精神的重要内容，体现了中华民族的传统美德，顺应了社会进步的时代潮流，彰显了我们党的先进本色，是社会主义核心价值体系的生动体现。学雷锋活动一直是广大职业院校开展的一项重要德育实践活动，对于加强青少年学生思想道德教育，提高他们的社会责任感、创新精神和实践能力，成为新时代雷锋精神的传播者、弘扬者和践行者，具有十分重要的意义。

2012 年，为深入贯彻落实党的十七届六中全会精神，按照中共中央办公厅印发的《关于深入开展学雷锋活动的意见》的总体要求，教育部印发了《教育系统深入开展学雷锋活动实施方案》，将学雷锋活动推向一个新的高度。结合职业教育特色，职业院校把学雷锋活动纳入德育课教学、纳入整个德育实践活动、纳入志愿者服务、纳入整个校园文化建设；同时，将学雷锋活动与职业院校学生的思想道德教育结合起来、与宣传雷锋精神结合起来、与教学成果的展示结合起来、与师德建设结合起来、与创先争优活动结合起来，积极创新活动的内容、形式和手段，推动学雷锋活动常态化、机制化，成为职业院校德育工作的重要抓手。2015 年教育部印发的《高等职业教育创新发展行动计划（2015—2018 年）》进一步强调，要深入开展“我的中国梦”主题教育活动，推进学雷锋活动常态化。

如，抚顺市第一中等职业技术专业学校（简称抚顺一职专）建校 30 多年来，以“弘扬雷锋精神，创建和谐校园”为主题，坚持学雷锋活动常态化、制度化，开展了形式多样、内容丰富的学雷锋活动，实施“学雷锋志愿者”服务工程，并以学雷锋活动为载体推进师德建设，取得了较好的德育效果，学校学风、教风、校风得到社会各界好评。

抚顺一职专青年志愿者和小记者团参观慰问市社会福利院

（四）积极探索“挑战杯”系列竞赛

为贯彻落实党的十八届三中全会提出的“要加快现代职业教育体系建设，深化产教融合、校企合作，培养高素质劳动者和技能型人才”的精神，进一步增强职业学校学生的创新理念、创效意识和就业创业能力，共青团中央、教育部、中国科协和全国学联决定，在原有大学生“挑战杯”系列竞赛基础上，围绕立德树人的根本任务，以“同圆中国梦想，共创多彩人生”为主题，以促进形成“崇尚一技之长，不唯学历凭能力”的社会氛围为导向，结合职业学校学生特点，自 2014 年起共同开展“挑战杯——彩虹人生”全国职业学校创新创效创业大赛，每两年举办一次。

“挑战杯——彩虹人生”大赛是“挑战杯”系列比赛在职业学校中的拓展，沿用了“挑战杯”的基本框架，在竞赛类别和竞赛制度上遵守“挑战杯”的规范。在各主办单位的高度重视和精心组织下，在社会各界的关心支持和全国职业学校领导、师生的共同努力下，职业学校“挑战杯”已经逐步发展成一项覆盖全国职业学校，具有导向性、示范性和群众性的竞赛活动，2016 年有 2 200 多所职业学校携带近万件作品报名参加了省级赛事。

组委会致力于将大赛打造成推动职业学校学生参与国家“双创”战略、提升职业学校学生创新创效创业能力的品牌赛事，着力将大赛打造成为增强学生社会责任感、创新精神、实践能力和促进学校、企业、社会进行人才培养、项目孵化、资源整合的综合平台，成为职业学生绽放青春精彩的梦想之桥、奋进之舟、彩虹之路，逐步构建职业学校开展学生就业创业教育的有效载体和特色阵地，为培养数以亿计的工程师、高级技工和高素质职业人才服务，为全面建成小康社会提供强有力的人才支撑。

小结与展望

德育是现代职业教育体系的基础，涉及面宽、影响力大，关系到数以亿计的高素质劳动者和技术技能型人才的培养，是加快发展现代职业教育的重要内涵。只有把德育工作摆在职业教育的重要位置，按照德才兼备的标准培养学生，才能培养出真正符合经济社会发展和人民群众需要的技能型人才。近年来，中国职业教育德育工作虽然取得了一定进展，但仍有很多不足。尤其是随着中国经济社会进步和职业教育事业的改革发展，家长、用人单位和社会各界对职教德育工作提出了新的更高要求。面临新的形势和任务，职业院校德育工作要在职业教育改革发展中抢抓机遇、开拓创新、提升内涵，助力现代职业教育体系建设，促进职业教育科学发展。

首先，要加强和改进中等职业学校德育工作，促进学生全面发展。当前，面对新形势、新要求，中职德育工作要在以下几个方面全面推进德育改革的战略部署和总体思路：一是强化立德树人作为教育根本任务的理念，二是进一步拓展德育工作的途径和方式，三是进一步完善德育工作评价机制，四是进一步提升德育工作队伍整体素质，五是进一步优化学生成长的社会环境，六是进一步凝聚德育工作的整体合力，七是进一步增强德育工作的实效性和吸引力。

其次，要提高对高职德育的关注程度、政策指导程度，促进高职人才培养质量的提高。近年来，中国高等职业教育发展迅速、成绩显著，但是社会各方面对高职德育的政策指导和支持力度远远不够。国家层面几乎没有出台对高职德育的指导性文件。相对于普通高校而言，高职院校的德育工作在开展上“各自为战”，领导、指导、监督工作还未形成制度和机制。因此，在国家教育主管部门层面，应该尽快出台统筹高职德育的指导性文件，在顶层规划好高职德育的体系。在各省（区、市），应该建立打破高职院校行政隶属关系的高职德育领导、指导、监督机制，形成明确的高职德育组织体系、理论体系和实践体系，带动高职德育的科学发展，从根本上促进高职人才培养质量的提高，为社会提供更好的高素质劳动者和技术技能人才。

最后，德育工作涉及政府、学校、家庭、社会多个方面，涉及教育部、宣传部、人社部、共青团、妇联、中国关工委等不同部门，需要进一步建立各部门间的沟通协调机制，构建学校、家庭、行业企业和社会等紧密协作的育人网络，凝聚起德育工作的强大合力，共同促进学生的健康成长。

第二节　专业与教学标准建设

职业教育与经济发展密不可分。发展职业教育对于中国走新型工业化道路、推进产业结构调整和经济增长方式转变、加快发展制造业和现代服务业、促进就业再就业、构建社会主义和谐社会至关重要。伴随经济结构调整、产业结构升级，人口状况、就业结构的改变也对职业教育提出了越来越高的要求。

2010 年国家教育规划纲要强调，发展现代职业教育要“把提高质量作为重点”，要“制定教育质量国家标准，建立健全教育质量保障体系”。2014 年《国务院关于加快发展现代职业教育的决定》明确提出，要“适应经济发展、产业升级和技术进步需要，建立专业教学标准和职业标准联动开发机制。推进专业设置、专业课程内容与职业标准相衔接，推进中等和高等职业教育培养目标、专业设置、教学过程等方面的衔接，形成对接紧密、特色鲜明、动态调整的职业教育课程体系”。2016 年，国务院副总理刘延东在推进职业教育现代化座谈会上强调：“要深化教育教学改革，紧跟产业变革优化专业设置、健全教学标准、更新课程内容，创新人才培养模式，坚持产教融合、校企合作，坚持工学结合、知行合一，强化教学、学习、实训相融合的教育教学活动，深入推进现代学徒制。”

为适应中国经济发展方式和产业结构的变化，职业教育在不断探索实践中主动服务经济社会发展的能力明显增强，改革和发展的思路更加清晰。职业教育战线围绕“提高质量”主题，加强职业教育内涵建设，继续深化教学领域改革，注重专业设置与产业需求对接、课程内容与职业标准对接、教学过程与生产过程对接，从专业设置、教学标准等方面加大改革力度和实践探索，为全面提高职业教育教学质量提供了保障。

一、加强专业建设，服务经济社会发展

职业教育的“专业”是根据劳动力市场对从事各种社会职业的劳动者的需要以及学校教育的可能性所提供的培养类型[①]。专业建设是职业教育内涵建设的重要方面，是人才培养与教学改革的切入点，是提高人才培养质量的关键。专业建设是否科学合理，是职业院校能否提高质量效益、满足社会与学生个体需求的关键环节。因此，规范专业设置、加强专业建设成为全面提升职业教育质量，不断提升现代职业教育发展水平，提高职业教育服务经济发展能力的必然选择。

广大职业院校按照“对接产业，工学结合，提升质量，推动职业教育深度融入产业链，有效服务经济社会发展”的方针，不断调整优化专业布局，努力构建与区域经济发展相适应的专业体系。

（一）规范专业设置，对接产业需求

专业设置是职业院校人才培养的基础工作，关系到人才培养目标与规格，

① 姜大源．职业学校专业设置的理论、策略与方法．北京：高等教育出版社，2002：9.

关系到教育质量和效益，也关系到职业教育与经济社会发展的协调与适应。科学合理地设置专业，是实现职业教育培养目标和体现职业教育特色的基础工作，也是职业学校主动适应社会需求的关键环节。

为促进中高等职业教育人才培养更加适应经济社会发展，引导职业院校科学设置专业、加强专业建设和管理，教育部组织出台了一系列关于专业设置的政策，并研制了中高职专业目录和专业设置管理办法，这对规范中高等职业院校专业设置、提高人才培养质量发挥了重要作用。

1. 调整中职专业设置

专业设置是教育与经济的接口，是职业教育为经济发展服务的具体体现，是职业学校适应社会需求、保证人才培养“适销对路”的关键环节。劳动力市场需求的变化，企业生产技术、劳动组织方式和经营方式的变革，产业的转型升级都需要进一步提升职业教育专业设置的匹配性。从本质上看，专业设置的过程是调整学校与社会之间互动关系的过程[①]。因此，职业院校的专业设置要主动适应社会政治、经济发展的需求，并根据专业目录及时调整，扩大各类专业的覆盖面和适应度。

2000 年以前，中国职业教育的专业划分一直是依据学科进行的，分为工科、农科等 9 科，在分科的基础上形成专业类，专业类再细分为专业。为使职业教育更好地适应中国特色社会主义现代化建设和科技进步、产业结构调整的需要，2000 年 4 月，教育部印发了《中等职业学校专业目录》和《关于中等职业学校专业设置管理的原则意见》。此次颁布的目录不再按照学科设置专业，而是关注产业和职业，开始依据职业分类划分专业，分为农林类、资源与环境类等 13 个大类，共设置了 270 个专业、470 多个专业方向[②]。职业教育专业按照职业分类划分，有效地促进了职业教育的发展，为中国经济社会建设提供了大量有针对性的合格职业人才。

2010 年以来，教育部和人社部在广大中职院校和地方教育行政主管部门的探索实践基础上，对中职和技工院校专业设置逐步实行了规范化管理，使之与产业对接，更加适合职业教育和经济社会发展的需要。

为推动中等职业教育改革创新，更好地支撑产业建设，服务经济社会发展，促进中等职业教育专业设置与职业岗位需求相吻合，指导中等职业学校科学合理地设置专业，2010 年，教育部发布《中等职业学校专业设置管理办法（试

---

① 姜大源．论职业教育专业设置的驱动模式．职教论坛，2002（3）．

② 中华人民共和国教育部．中等职业学校专业目录．北京：高等教育出版社，2000．

行)》，并组织力量对2000年颁布的《中等职业学校专业目录》进行了修订，在2010年修订的目录中，专业类别由原来的13个增加到19个，新增了“休闲保健”和“教育”2个专业类，并对其他专业类进行了更名、合并或拆分等调整；专业数由原来的270个增加到321个，从2000年的目录中删除专业22个，适应了国家经济社会发展、产业结构调整、经济发展方式转变和科技进步对职业教育专业的需求，职业教育开始努力构建与产业结构、职业岗位对接的专业体系。

2013年，《人力资源社会保障部关于颁布〈全国技工院校专业目录（2013年修订)〉的通知》，对2009年颁布的《全国技工院校专业目录》进行了修订。2013年修订的目录将专业大类调整为15个，专业数量达到227个，更加全面地体现了技工院校专业设置现状，反映了技工院校专业建设成果。

2. 完善高职专业管理

专业是连接社会需求与高职院校教学工作的桥梁，是学校教育教学工作主动适应社会需求的关键环节。专业设置得合理与否关系到高职院校培养的人才是否能更好地适应社会经济对人才的需求，同时关系到高职院校的办学特色和整体办学水平。随着国民经济的发展，中国产业结构不断转型升级，为促进高职教育人才培养更加适应和满足经济社会发展的实际需求，教育部规范并调整高职专业目录，引导高等职业院校科学合理地设置和调整专业。

2004年，教育部印发的《普通高等学校高职高专教育指导性专业目录（试行)》，将高职学校的专业分为19大类（类似于学科)、78个专业类。印发目录所列的专业设置是与国家产业分类、职业分类基本相适应的，进一步明确了其是国家对高职高专教育进行宏观管理的一项基础指导性文件，是指导高等学校设置、调整高职高专教育专业，制定培养方案、组织教育教学、安排招生、组织毕业生就业，以及行政管理部门进行教育统计和人才预测等工作的主要依据，也是社会用人部门选用高等学校毕业生的重要参考。此次指导性专业目录的颁布，结束了中国高等职业教育没有全国性的体系完整、规范的专业目录的历史，标志着中国高职教育开始走向注重内涵发展和质量发展的新阶段。

2011年，《教育部　财政部关于支持高等职业学校提升专业服务产业发展能力的通知》决定，2011—2012年实施“支持高等职业学校提升专业服务能力”项目，重点支持高等职业学校专业建设，提升高等职业教育服务经济社会能力。

2015年，为引导高等职业学校科学合理设置专业，教育部印发《普通高等学校高等职业教育（专科）专业设置管理办法》和《普通高等学校高等职业教育（专科）专业目录（2015年）》，进一步明确，由教育部负责全国高校高职专业设置的宏观管理和指导。高校的高职专业设置要坚持以服务发展为宗旨，以促进就业为导向，遵循职业教育规律和技术技能人才成长规律，主动适应经济社会发展，特别是技术进步和生产方式变革以及社会公共服务的需要，适应各地、各行业对技术技能人才培养的需要，适应学生全面可持续发展的需要。

与2004年《普通高等学校高职高专教育指导性专业目录（试行）》相比，2015年印发的《普通高等学校高等职业教育（专科）专业目录（2015年）》在体系结构、专业划分、专业设置等方面都有了较大的变化，主要有5个方面的特点：一是更加适应现代产业发展的新要求。专业划分参照《国民经济行业分类》门类、大类划分，同时，兼顾中职专业类、本科学科门类和专业类划分。二是更加符合高职教育人才培养目标。原则上专业大类对应产业、专业类对应行业、专业对应职业岗位群或技术领域，突出职业性和高等教育属性。三是更加强调以促进学生就业为导向。2015年的专业目录列举了291个对应职业类别，占《中华人民共和国职业分类大典》（2015年版）434个小类的67%，基本囊括了适合高职院校毕业生就业的职业类别。四是更加注重技术技能人才系统培养。2015年的专业目录设置了“衔接中职专业”“接续本科专业”条目，为职业院校学生今后的学习与职业生涯规划指明了方向。五是更加完善专业设置动态调整机制。专业目录实行动态管理，每5年修订一次，每年增补一次专业，并向社会公布。教育部于2013年设立专门网站——全国职业院校专业设置管理与公共信息服务平台（域名为：www.zyyxzy.cn），对中高职上报的专业设置信息进行汇总管理，并定期向社会公布。

（二）优化专业布局，调整专业结构

对于职业院校而言，专业建设是学校办学特色的集中体现，决定了人才培养的质量。专业建设与职业院校的生存和发展密切相关，它是学校与社会相互融合的交叉点，也是学校教学工作主动灵活地适应社会需求和满足学生个性需求的关键环节。职业教育的专业建设是一个系统工程，反映学校对社会经济发展、科技发展和职业岗位的适应程度。优化专业结构和布局、服务区域经济社会发展需求，是提高人才培养质量的重要前提。

2015年《教育部关于深化职业教育教学改革　全面提高人才培养质量的若干意见》提出，要建立专业设置动态调整机制，及时发布专业设置预警信息，

并从3个方面提出要改善专业结构和布局：一是引导职业院校科学合理设置专业，职业院校要结合自身优势，科学准确定位，紧贴市场、紧贴产业、紧贴职业设置专业，重点设置区域经济社会发展急需的专业，使传统服务产业向高端化、低碳化、智能化发展；二是优化服务产业发展的专业布局，要建立专业设置动态调整机制，及时发布专业设置预警信息，紧密对接各类经济带、区域产业群建设，统筹规划，促进职业教育专业链、人才链与产业链的有效衔接；三是推动国家产业发展急需的示范专业建设，重点打造一批能够发挥引领辐射作用的国家级、省级示范专业点，引领专业建设整体水平的提升。

近年来，广大职业院校在相关政策引领下，坚持把学校建设、专业设置同当地经济和社会发展的需求紧密结合，科学设置专业并面向市场调整建设专业，开展教育教学改革创新，推进专业与产业、岗位对接，专业课程内容与职业标准对接，建设了一大批国内领先的、具有示范意义的精品专业，取得了显著成绩。

专栏5-5

西藏自治区职业教育动态调整专业设置

西藏自治区通过推动专业设置与全区产业发展需求相对接，不断提升职业教育服务经济社会的能力。拉萨市第一中等职业技术学校找准学校定位，充分发挥学校环境及专业优势，按照净土健康产业和市场需求，逐步调整相关专业，科学开发增设新专业，做大做强食（饮）品、药品、保健品、饰品等特色专业。

专栏5-6

陕西工业职业技术学院专业建设对接产业需求

陕西工业职业技术学院在被批准为“国家示范性高等职业院校计划立项建设单位”后，依据“适应产业结构，立足区域经济，瞄准岗位需求，强化技能培养”的专业建设思路，按照“优先发展潜力专业，重点发展骨干专业，适度发展基础专业”的原则，建设了机械制造与自动化、材料成型与控制技术、电气自动化技术3个中央财政支持重点建设专业，以及计算机应用技术、物流管理 2 个陕西省财政支持重点建设专业，形成了“国家级重点专业、省级重点专业、院级重点专业”三层并进的专业建设体系，取得了较好的专业建设成果。

陕西工业职业技术学院强化技能培养，开展理实一体化教学

以技能培养为核心的职业教育专业建设是一项复杂的系统工程，涉及学科知识、职业标准、岗位技能等多方面的要素和内容。当前，中国职业院校专业建设以国家公布的中高职专业指导性目录为参考，贴近市场办学，不断优化专业结构和课程设置，构建以重点专业为支撑的多层次专业结构，在助推职业院校人才培养质量提高、推动职业教育可持续发展方面发挥了重要的作用。今后，职业教育专业还需伴随产业升级和经济发展不断调整，与产业结构相适应，促进经济社会发展。

二、完善教学标准，提高人才培养质量

促进教育教学科学化、标准化、规范化，提升管理水平，是提高技术技能人才培养质量的重要保障。伴随中国产业结构调整的日益加快，标准化生产及

产品的标准化对职业教育培养的高端技能型人才的需求日益迫切，这也对中国职业教育教学质量提出了更高的要求。2014 年，《国务院关于加快发展现代职业教育的决定》明确提出建设“中国特色、世界水平的现代职业教育体系”的目标，要实现这一目标，需强化标准意识和完善标准制度，建设与之配套的专业教学标准体系。

专业教学标准是指导和管理职业院校教学工作的主要依据，是保证教育教学质量和人才培养规格的纲领性教学文件，是评估教育教学水平的主要标尺，也是社会用人单位选用职业院校毕业生的重要参考。2010 年以来，教育部陆续启动了中职、高职专业教学标准，部分公共基础课课程标准，顶岗实习标准等的研制工作，并推广实施。制定实施中等和高等职业学校专业教学标准，并强化对教学的督导评估，为加强职业教育教学基本建设，促进职业教育专业教学科学化、标准化、规范化，建立健全职业教育质量保障体系提供了重要保证。

（一）健全职业教育教学标准体系

为规范管理、提高职业教育质量，2010 年、2015 年教育部先后修订了《中等职业学校专业目录》和《普通高等学校高等职业教育（专科）专业目录(2015 年)》，制定并发布《中等职业学校专业设置管理办法（试行)》和《普通高等学校高等职业教育（专科）专业设置管理办法》，对专业设置的条件、程序等进行了明确规定，规范了职业院校专业设置和教学活动，创设了良好的职业教育发展内部环境。

回顾职业教育教学标准的发展历程，2012 年以前，中国的职业教育中的“人才培养方案”“专业教学指导方案”“教学计划”等没有统一、规范的名称。从最初分别由教育部和劳动部印发三类校专业教学计划制定原则、各省市或有关部门组织力量编制并批准实施，到 21 世纪初教育部制定重点专业的专业教学指导方案、文化基础课程和部分专业基础课程教学大纲，因制定主体不同，各方围绕标准的争议时有发生。因此，制定统一的专业教学标准成为新时期促进职业教育专业教学科学化、标准化、规范化的重要举措。

2010 年起，教育部主持启动了全国职业教育专业教学标准研制和开发工作，委托行业主导的各专业类教学指导委员会负责，由教研机构、职业院校和行业企业共同参与制定。2012 年《教育部办公厅关于制订中等职业学校专业教学标准的意见》明确了专业教学标准包括的主要内容有：专业名称、入学要求、基本学制、培养目标、职业范围、人才规格、主要接续专业、课程结构、课程设置及要求、教学时间安排、教学实施、教学评价、实训实习环境、专业师资等。同年，第一批涉及 18 个大类的 410 个专业的高等职业学校专业教学标准印发。高等职业学校专业教学标准主要以培养职业能力为主线构建课程体系，以工作岗位实际为导向创新教学模式，主动适应国家产业发展战略的新要求，促进中高职衔接和技术技能人才系统培养。

2014 年，《教育部办公厅关于公布首批〈中等职业学校专业教学标准（试行)〉目录的通知》下发后，第一批 95 个专业教学标准和第二批 135 个专业教学标准陆续公布并由高等教育出版社出版。中等职业学校专业教学标准坚持整体设计、系统培养、立德树人、德育为先、校企合作、工学结合、顶岗实习的人才培养模式，注重学生文化素质培养，鼓励学生自主发展，注重教学资源保障，坚持中高职衔接。

2016 年，《教育部办公厅关于做好〈高等职业学校专业教学标准〉修（制）订工作的通知》指出："全面贯彻党的教育方针，认真落实党中央、国务院决策部署，适应经济社会发展和产业转型升级新要求，以提高教育教学质量为中心，依据《目录》及专业简介，对现行高等职业学校专业教学标准进行全面修订，研究制定《目录》新增设专业的教学标准，全面提升职业教育人才培养专业化、规范化水平。"

为推进中高职衔接，2015 年，教育部启动国家层面中高职衔接专业教学标准研制工作。项目委托教育部职业技术中心研究所牵头组织相关行业职业教育教学指导委员会研究制定畜牧兽医、数控技术、护理等 15 个专业中高职衔接专业教学标准，加快推进现代职业教育体系建设。同年 8 月，教育部印发《中国教育监测与评价统计指标体系》，用于指导各级教育行政部门和学校科学开展教育事业发展监测与评价工作。

教学标准以职业岗位能力要求为基础，统一了人才培养目标和规格标准，优化了课程结构和内容，有利于进一步规范职业教育办学和提高人才培养质量。各地在教学标准引领下，加大对职业教育专业课程体系的改革力度，在理实一体化教学、行动导向教学、课程国际化、优势特色专业课程方面进行了许多有益探索，职业教育质量稳步提高。

浙江省在"十一五"期间就已启动了中等职业教育专业课程改革，形成了"公共课程＋核心课程＋项目教学"的专业课程改革思路，基本实现了专业课程设置、课程内容与地方产业发展、岗位需求的有效对接。

上海市深化内涵质量建设，努力形成迈向国际化的职教课程体系。一是开发完成汽车运用与维修、护理、制药技术等 52 个专业的国际水平专业教学标准。二是推进精品特色专业和精品课程建设，形成任务引领型课程为主体的课程体系，建成“上海市中等职业学校精品课程平台”。

（二）促进职业教育督导评估常态化

为提高教学质量管理水平，2010年国家教育规划纲要实施以来，教育督导部门开展了一系列的职业教育工作专项督导，对各级政府落实发展职业教育主体责任情况实施督导。从国家层面到各地都积极开展职业教育的督导与评估，在评价标准、制度建设、学校内部评价机制等方面进行了许多有益探索和实践，教学质量监测和评估体系基本形成。

2010年，国家组织专家对天津、河南等5个国家职业教育改革试验区工作开展了专项督导检查。2011年，国家教育督导团发布了《国家教育督导报告：关注中等职业教育》，从战略地位与政策落实、事业发展与社会贡献、资源配置与经费保障、人才培养与改革创新4个方面，对全国各地中等职业教育发展状况进行了评价。2012年，教育部开始建立由第三方机构实施的高等职业教育质量年度报告制度，每年发布高等职业教育人才培养质量年度报告，并逐步形成了国家、地方学校高等职业教育质量年度报告制度。2015年，国务院教育督导委员会办公室印发了《关于开展职业教育专项督导检查工作的通知》，决定开展全国职业教育工作专项督导检查，并制定了《中等职业教育督导评估指标体系》《中等职业教育督导评估标准》《中等职业教育督导评估有关情况调查表》3项测量工具，对督促地方政府依法履行举办职业教育的职责提供了制度保障；同年，《教育部办公厅关于建立职业院校教学工作诊断与改进制度的通知》《高等职业院校内部质量保证体系诊断与改进指导方案（试行）》印发，要求切实发挥学校的质量保障主体作用，不断完善内部质量保障机制。

同时，各省也强化了对职业教育的督导评估，将职业教育发展纳入地方考核内容，并逐步实现督导常态化，推动地方政府更加重视职业教育。如福建省、江西省、安徽省等均将发展职业教育纳入政府部门特别是县级政府及其主要领导考核范畴，推动教育均衡发展。各地教育行政主管部门也建立健全职业教育质量监测和评价体系。上海市从2012年起，在全市开展中等职业学校教学质量全面评估工作，以学校的教学运行与监控、专业建设与质量管理、办学质量与成果、社会评价与声誉为主要测评点，搭建了网上评估、常态评估和实地评估三种评估形式相结合的评估模式，建立健全了上海市职业教育质量监控体系。

专栏 5－7

推行 ISO9001 质量监控，建立健全教育教学质量监控评价体系

北京市黄庄职业高中设立督导室，另设专职督导员 2 人，聘请行业、企业、职教专家和校内教学骨干担任兼职督学，定期开展校内督导工作。学校推行 ISO9001 质量监控，建立健全教育教学质量监控评价体系，形成学校、企业、社会共同参与的教育教学评价机制，制定《教育教学质量监控与评价制度》，设计监控过程的质量记录近百个，进行顾客（学生、家长、用人单位、社会）满意度分析、数据分析、内审、教学督导，聘请北京师范大学职业与成人教育研究所专家科学评价课堂教学效果，持续改进教育教学管理工作和课堂教学方法，提升教学质量。

小结与展望

2010 年以来，为适应经济和产业发展的需求，提高职业教育质量，中国职业教育在专业设置与建设、教学标准、质量评估等方面不断探索、积极实践，开展了卓有成效的工作，取得了显著的成绩，但也存在一些问题。一是在专业设置上，还不能很好地对接区域产业发展，有的地区教育主管部门对本辖区内职业院校发展缺乏科学合理规划，职业院校专业设置存在同质化问题；二是在专业教学上，还不能很好地适应岗位需求，一些职业院校专业教学“重理论、轻实践”的现象仍然存在，专业教学教学内容与职业岗位要求不能实时对接，学生岗位适应能力与企业要求存在差距；三是在教学评估上，还存在职业教育监测与评估体系不够完善、督导评估队伍专业化程度不高、职业教育评估理念与方法落后等问题，难以达到“以评促建、以评促改、评建结合、重在建设”的目的。

当前，中国正处于全面建成小康社会的决胜阶段，全面提升职业教育人才培养质量对于中国经济社会发展具有全局意义。展望新时期职业教育工作，为适应经济发展新常态对技术技能人才成长的需要，需要切实关注职业教育专业建设、教学标准体系建设、质量评价体系建设等核心问题，增强职业教育服务现代化和人的全面发展的能力。

一是优化专业布局，深化职业教育专业建设，促进职业教育整体水平的提升。各职业院校需强化产教融合、校企协同育人，加强与企业在新专业开设、专业调整以及专业人才培养目标设置等方面的合作，使行业企业多维度参与职业教育的全过程，使专业建设更加适应产业需求。

二是加强内涵建设，健全国家职业教育质量标准体系，提升职业教育服务经济社会的能力。要进一步完善国家职业教育标准体系框架，加强教学标准和制度建设，分类研究制定职业院校建设标准、办学标准，健全专业教学标准，制定核心课程标准，完善实验实训装备技术标准，全面推进职业教育标准化建设，全面提升职业院校内涵建设水平。

三是强化质量管理，健全职业教育督导和评估制度，完善职业教育质量内部监测和保障体系，提高职业教育督导评估的专业化水平。要建立政府、行业企业和社会各方代表共同参与，专兼职结合的职业教育督导评估队伍；完善职业教育督导检查和评估报告发布制度；建立第三方机构参与实施的质量监测和评估机制；建立校内质量督导和评价部门，加强职业教育质量的自我评估。

第三节　课程与教材改革

在中国经济社会发展进入新常态的转型期，职业教育深入贯彻落实党中央、国务院决策部署，依法治教，加快发展现代职业教育，推进职业教育内涵发展，创新校企合作、工学结合的人才培养模式，优化中高等职业教育协调发展的教育结构，全面提升人才培养质量，推动职业教育迈上了新的台阶。

在职业教育教学领域，为适应经济社会发展需求和人的全面发展需要，围绕现代职业教育发展和质量提升，职业教育从教学理念、课程教材开发、教学模式等方面加大改革力度和实践探索，高度重视教育教学载体，及时更新课程、教材，在培养高素质劳动者和技术技能人才特别是促进全体劳动者可持续发展方面，取得了显著成效。

一、推进职教课程改革，提升人才培养质量

课程改革是教育教学改革的重点、难点和突破口，是教育教学改革的核心。

职业教育课程是一种培养人才的预设方案和实施育人活动的媒介，具有定向性、适应性和实践性特征[①]。职业教育课程改革是提高职业教育质量、提升职业教育内涵的关键环节。

（一）从政策层面加大课程改革的力度

改革开放以前，中国职业教育课程政策与严格的计划经济相适应，职业院校的专业设置与课程完全听命于上级的指令。改革开放以来，中国从计划经济开始向市场经济转型，职业教育课程政策开始强调统一前提下的多样化，强调职业教育对普通教育的渗透。进入21世纪，中国经济发展方式和社会结构发生了显著变化，职业教育课程的相关政策也不断进行调整，职业教育课程改革不断深化。尤其是2010年以来，职业教育课程方面的相关政策陆续出台，对促进职业教育教学改革创新发展发挥了重要的保障、规范、管理和激励作用。

2010年《中等职业教育改革创新行动计划（2010—2012年）》强调，职业教育要以提高学生综合职业能力和服务终身发展为目标，贴近岗位实际工作过程，对接职业标准，更新课程内容、调整课程结构、创新教学方式，构建适应经济社会发展要求、有利于和高等职业教育、继续教育相衔接的课程体系。

2012年，《关于扩大技工院校一体化课程教学改革试点工作的通知》明确指出：技工院校一体化课程教学改革是转变技能人才培养模式的重要抓手、推动技工院校改革发展的重要措施、推进技工院校内涵发展的一项重点工作，各地要高度重视。

为充分发挥课程在人才培养中的核心作用，进一步提升综合育人水平，2014年，教育部发布《关于全面深化课程改革落实立德树人根本任务的意见》。意见强调，要“坚持重点突破，聚焦课程改革的关键领域和主要环节，针对制约课程改革的体制机制障碍，集中攻关，重点推进”，“高等学校和职业院校要按照人才培养目标，落实课程要求，确保教学效果”。

2015年，《教育部关于深化职业教育教学改革　全面提高人才培养质量的若干意见》出台，这是继2000年、2006年和2008年之后，教育部印发的第四个关于职业教育教学领域改革的文件。文件明确，要完善专业课程衔接体系，

---

① 刘育锋．中高职课程衔接的理论与实践：英国的经验与我国的借鉴．北京：北京理工大学出版社，2012：14.

合理确定各阶段课程内容的难度、深度、广度和能力要求，推进课程的综合化、模块化和项目化。

（二）从实践层面探索课程模式的改革

课程模式是课程范型转化为课程方案（教学计划、教学大纲、教材等课程文件）的中介，是课程开发的具体思路[①]。课程模式在职业教育课程与教学理论研究中占有十分重要的地位，它不仅是职业教育价值追求的具体表现形式，也是职业教育目标、性质、功能的具体呈现形式和直接操作形式。

近年来，伴随中国经济社会发展和职业教育课程领域研究的深入，职业教育课程模式越来越受到关注。课程理论研究者热衷于新课程模式的推出，课程开发实践者热衷于新课程模式的尝试，出现了探索职业教育课程模式的热潮。其中影响比较广泛的主要有项目课程和工作过程系统化课程等。

1. 项目课程

21 世纪初期，中国职业教育课程正处于深刻变革阶段，项目课程是这场变革的重要主导理念[②]。以石伟平、徐国庆等为代表的学者，针对职业教育课程学问化倾向较严重的问题，倡导实践导向的项目课程模式，系统归纳了项目课程的内涵、特征、核心理念等，在理论和实践层面均有所创新。

他们认为，职业教育必须形成自己独特的课程理论与实践模式，因为技术知识不是科学知识简单演绎的结果，而是独立于科学知识、拥有自身特有结构和性质的知识体系；技术知识的性质和结构决定职业教育课程必须选择实践导向模式，而导致职业教育课程问题的根本原因在于职业教育学问化带来的工作过程与学习过程的分离。项目课程根据职业能力培养需要和地方产业发展需求，将专业基础课程和专业课程的教学内容设计成训练具体技能的项目，并根据项目组织原则实施教学与考核，以培养学生的专业能力。课程项目化的设计遵循实践性原则、相关性原则和思考性原则，通过筛选毕业生就业领域，将就业岗位所对应的不同企业的生产和工作过程转化为职业教育岗位群的工

---

① 蒋乃平．职教课程改革是永恒的主题："宽基础、活模块"课程模式再论之十六．职业技术教育，2008（25）．

② 徐国庆．职业教育项目课程开发指南．上海：华东师范大学出版社，2009．

作任务，并将相应的工作任务设计为项目，若对应的工种具有实体性产品，则进一步将典型产品对应的工作具体化，从而形成以项目为载体的课程教学模式①。

项目课程成功地解决了理论与实践脱节的问题。但是还有一个更加重要的问题，人的可持续发展问题尚未完全解决。因为当项目没有做到系统化的时候，往往只能做到经验层面的能力培养，在人的可持续发展问题上力有未逮。因此，项目课程需要做系统化考虑。

专栏 5-8

江苏省推进项目课程改革

江苏省成立了 23 个省职业教育教科研中心组，分专业统筹推进中高等职业教育课程改革，构建“以能力为本位、以职业实践为主线、以项目课程为主体的模块化”的专业课程体系，推进项目教学、场景教学、主题教学和岗位教学。全省建成 264 个课程改革专业实验点和 133 所课程改革实验学校。

2. 工作系统化课程

近年来，以姜大源为代表的职业教育专家在研究德国“双元制”职业教育，特别是在认真研究“学习领域”课程所提出的工作过程导向的实践与理论成果的基础上，提出了工作过程系统化的课程模式。他强调按照工作过程系统化知识，着眼于动态行动体系隐性知识的生成和构建，其课程开发过程是一个伴随学科体系的解构而凸显行动体系的过程，基于工作过程的开发即基于工作过程导向的开发平台、课程模式和实施方案的综合体。该模式分别从专业能力、方法能力和社会能力 3 个维度，从对象、内容、手段、组织、产品、环节 6 个要素，与咨询、决策、计划、实施、检查及评价 6 个方面零距离融合，从而实现“零距离”上岗②。

① 朱永永．我国职业教育课程模式推演与嬗变．成人教育，2010（6）：62-63.

② 姜大源．世界职业教育课程改革的基本走势及其启示：职业教育课程开发漫谈．中国职业技术教育，2008（27）.

基于工作过程的职业教育课程模式的探索主要涵盖 4 个方面：根据专业对应的工作岗位及岗位群实施典型工作任务分析的过程；根据能力复杂程度整合典型工作任务，形成综合能力领域的过程；根据职业成长及认知规律，由递进重构行动领域转换为课程的学习领域的过程；根据职业特征分解学习领域，并将其作为主题学习单元的学习情境设计过程。基于工作过程的课程模式要求保持课程学习中工作过程的完整性，强调以学生为中心，关注学生在行动过程中所产生的学习体验和个性化创造，强调对学习过程的思考、反馈和分析。重视典型工作情境中的案例，重视学生的自我管理和学习。

工作过程系统化课程模式的提出，绝不是对项目课程的否定，而是一种继承、改革与创新。该课程模式主要是吸收了模块课程灵活性、项目课程一体化的特长，并力图在此基础上实现从经验层面向策略层面的能力发展，关注如何在满足社会需求的同时重视人的个性需求，关注如何在就业导向的职业教育大目标下人的可持续发展问题、教育的本质属性问题。

这种课程开发模式在课程改革中被看好，但在实施中遇到了一些困难和问题。如一些学校和专业在现有条件下很难找到和开发完全满足要求的“项目”、现有的师资水平无法适应工作过程课程教学的要求、给以班级授课制为主要形式的教学秩序带来了挑战等。

专栏5-9

北京市昌平职业学校全面研发“工作过程系统化”课程体系

北京市昌平职业学校汽车运用与维修专业与德国赫恩特维职业技术学校合作，按照汽车维修企业岗位标准，以企业典型工作任务、工作流程为依据，开发出体现国际化和本土化的“G（Germany）+C（China）”工作过程系统化课程体系。“G+C”课程依据职业标准，以典型工作任务为载体，围绕汽车维护保养、故障检测和诊断等专业核心能力，形成 9 门课程、48 个学习单元的工作过程系统化课程体系，并完成全部课程标准的制定。2015 年，北京市昌平职业学校采用科研立项方式，完成了各专业全部核心课程的研究、开发与教学设计，在目前开设的 193 门专业核心课程中，“工作过程系统化”课程达到 176 门。在此基础上，学校编制完成了具有自主知识产权的 11 本校本教材。

北京市-巴登·符腾堡州职业教育合作签约仪式

总体而言，职业教育课程模式改革目标明确指向职业需要，倡导实践导向；课程结构模块化、综合化，重视有职教特点的课程内在逻辑主线构建；强调外部对课程的评价；并结合中国国情和职教实际，在实践中接受检验，不断完善、不断创新。这些实践上的探索，为职业教育人才培养模式创新提供了坚实基础。

二、加强职教教材建设，服务职教内涵提升

教材作为组成教学过程的基本要素之一，是落实教学改革精神的重要保障，在人才培养中发挥着基础性作用。加强教材建设是深化职业教育教学改革创新的有效途径、推进人才培养模式改革的重要条件、推动中高职协调发展的基础性工程，是加快推进职业教育教学改革创新的重要抓手，对促进现代职业教育体系建设、提高职业教育人才培养质量、服务职业教育内涵提升具有十分重要的作用。

近年来，伴随中国职业教育的改革与发展，职业教育教材建设也在日益发展、逐步完善。中国职业教育教材建设在规划上从自主开发到国家主导、行业参与，在形式上从单纯纸质载体到立体化教学资源，在内容上从普教教材模仿

到形成职教特色，教材建设与管理逐步走向了规范管理和多级开发的发展模式，在服务职业教育教学改革发展、服务职教内涵提升等方面发挥了不可替代的作用，为促进教学改革、规范教学秩序、保证教学质量提供了有力支撑。

（一）统筹教材管理，优化教材服务

2010 年国家教育规划纲要颁布以来，国家发布相关政策进一步完善教材开发、建设和管理规范，实现职业教育教材建设机制创新发展。

2012 年，教育部发布《关于“十二五”职业教育教材建设的若干意见》，对教材建设管理制度和开发机制进一步提出了明确要求：一是完善教材管理体制，提高教材管理水平。职业教育教材建设实行国家和省（区、市）两级规划、两级审定，国家、省、校三级建设原则。另外，进一步完善国家和省级职业教育教材审定机构。二是完善教材开发机制，发挥行业指导作用。坚持行业指导、企业参与、校企合作的教材开发机制。教材开发要切实反映职业岗位能力标准，对接企业用人需求。同时，强调要通过遴选，集中优质出版资源，建设一批职业教育国家规划教材出版基地，并建立以质量为标准的职业教育国家规划教材出版基地准入和退出制度，引导出版单位注重社会效益，加强与职业院校、行业企业的联系，根据自身优势，做好选题规划，出版优质教材。

列入出版基地的出版社多具有较长时间出版职业教育教材的丰富经验，编辑出版实力雄厚，并积极参与教材出版的前期研究和后期服务工作。众多实力雄厚的大型出版社作为职教教材出版基地，在国家规划教材的立项、编写、出版过程中扮演重要角色，出版社不仅在教材出版前期提供辅助服务和必要的经费支持，还要负责教材推广中的宣传、师资培训等配套的后期服务工作。职教教材出版基地在开展大量支持教科研活动、师资培训等工作的过程中，提高了科研水平，增强了服务意识，不仅在很大程度上提升了职业教育教材的质量，也推动了中国职业教育教学改革的进程。

2012 年 11 月，教育部公布首批 233 种中职学校改革创新示范教材。2013 年 5 月，教育部发布第二批 129 种中职学校改革创新示范教材。2014 年 6 月，首批 4 742 种教材入选职业教育国家规划教材书目。

2015 年，《教育部关于深化职业教育教学改革　全面提高人才培养质量的若干意见》进一步强调健全教材建设管理制度，加快完善教材开发、遴选、更新和评价机制，加强教材编写、审定和出版队伍建设。各地要切实加强对本地区教材建设的指导和管理，健全区域特色教材开发和选用制度，鼓励开发适用性强的校本教材。

2017 年，为贯彻落实《关于加强和改进新形势下大中小学教材建设的意见》，进一步做好教材管理有关工作，国务院办公厅发布《关于成立国家教材委员会的通知》，并成立国家教材委员会。刘延东在国家教材委员会第一次全体会议上强调：教材建设是事关未来的战略工程、基础工程，教材体现要国家意志，要把国家教材建设作为战略性、基础性工程抓紧抓实抓好。同年，教育部成立教材局，中小学包括职业教育的语文、历史、德育三科教材将由国家组织专门力量统一编写。

综上所述，国家政策的大力支持和引导，尤其是两级规划、两级审定，国家、省、校三级建设教材管理体制的建立，对中国职业教育教材的改革发展起到了较大的促进作用。

（二）加快内容改革，提升教材质量

经过几轮国家规划教材建设的洗礼，职业教育教材不断开拓创新，积极服务于职业教育教学改革与发展，在内容和结构上开始呈现出鲜明的时代特征和职教特色，开发了一批体现职业教育课程改革新理念、反映产业升级和结构调整对技能型人才新要求的职业教育教材。教材质量不断提高、专业门类更加丰富、教材数量大幅增加，为促进职业教育教学改革、规范教学秩序、保证教学质量提供了有力支撑。

首先，在教材结构设计方面，职业教育教材注意体现职业教育课程改革新理念。

教材体系结构的设计，需要分析相应课程的属性和适宜采取的教学方式，以使教材结构能够与相应的课程模式相匹配。当前，许多职业教育课程教材探索改变传统的以课堂为中心、以讲述为主的教学模式，注重对接职业标准和岗位要求，注重吸收行业发展的新知识、新技术、新工艺、新方法，引导理论与实践一体化教学。有些专业基础课程教材还采用了“学习任务”“工作页”组织教学内容，按照工作过程组织学习过程，选取与学生学习生活及未来工作有关的项目制作任务，设计了“做中学、做中教”等穿插于正文的小栏目以及综合性的实训项目等，使学生在完成任务的过程中学习专业知识和技能。如，中等职业教育课程改革国家规划新教材《机械基础》（由栾学钢等主编，2010 年出版）在结构上兼顾综合化与模块化，在内容上突出应用性和实践性。教材在编排上采用将章节层次与栏目设置有机结合的教材结构，设置“观察与思考”“拓展与延伸”等栏目，进一步提高学生对教学内容的理解，提升学生的思考和分析能力。

其次，在呈现方式上，职业教育教材建设注重开发数字化教学资源，教材形式更趋于立体多元。

随着课程改革的深入发展和信息技术手段的不断提高，尤其是数字出版技术的出现，不仅大大丰富了传统出版物的内容和形式，也改变了传统出版物的生产方式和消费理念，职业教育教材的呈现形式开始从传统的单纯纸质载体变得更加灵活多样、立体多元。

2011 年，教育部职成司启动了“国家数字化学习资源中心”建设项目，确定了 46 所高职学校、29 所中职学校作为首批职业学校数字化学习资源中心。教育部启动职业教育专业数字教学资源库建设，中央财政给予部分经费支持，构建国家、省、学校三级数字教育资源共建共享体系。同时，伴随国家示范性职业院校建设，省一级教育主管部门、院校一级也开始采取了多种措施促进数字化教学资源建设工作。教育部发布《职业教育专业教学资源库建设工作指南》，明确以杭州职业技术学院“数字校园学习平台”或高等教育出版社“职业教育数字化学习中心”作为共享平台之一，实现多种终端共享、鼓励多平台共享。

职业教育教材在原有纸质出版物的基础上，不仅创新纸质教材内容，使之更加生活化、情景化、动态化、形象化，而且积极开发补充性、更新性和延伸性教辅资料，使职教教材逐步由传统单一的纸介质教材向立体化教材过渡，由静态的、单向的教材向动态的、具有交互功能的多种媒体组合、多种形态组成的数字化教材过渡。与之相适应，职业教育教材的作者也开始由单一作者拓展为由课程设计专家、教育技术专家、行业企业工程技术人员、学科专家等共同参与的教学资源开发团队，他们以课程为核心，从职业教育教学的教、学、做等各环节入手，采用不同的技术手段开发相应资源，形成了立体化教学资源体系。该体系包括教学指导方案、主教材及配套教材、电子出版物（助学助教光盘、网络课程、操作技能视频实录、试题库和专业网站）和职业化的教学环境等。

立体化、数字化教学资源通过多媒体、网络化的表现形式，把文字教材、数字化资源与教学网站整合起来，丰富了教师的教学资源，提高了学生的学习兴趣，使枯燥的课堂变得生动有趣，有效解决了传统教材内容拓展的局限性。特别是模拟仿真实训软件的开发，通过创设生产服务模拟场景，突出技能训练的情景性、过程性和可操作性，为学校在技能型人才培养中突破教学条件不足的瓶颈、创新教学环境，提供了有力支持。但是，长远来看，目前职业教育教学立体化、数字化资源涵盖的专业门类仍十分有限，还远远不能满足教学需要，距离整体走向精品化、立体化和数字化还有相当长的路程。

（三）规范教材选用，做好服务支持

在教材选用上，教育部明确规定，各地要完整转发教育部公布的《职业教育国家规划教材书目》，各职业院校应严格在书目中选用公共基础必修课教材，优先在书目中选用专业课教材。目前，中国大多数职业院校采用国家规划教材和教育部推荐教材，对于稳定教学秩序、保证教学质量起到了不可替代的作用。

据一份调查研究报告①，在德育、文化课教材方面，大多数学校首选国家规划教材，除心理健康课程外，语文、数学选用国家规划教材的比率均为 70% 以上，英语也超过 65%，其次是选择教育部推荐教材和省编教材，许多学校还开发了校本教材。各省会以教育部职业技术教育中心研究所每年编制的《全国职业教育与成人教育教学用书目录》为基础，结合本地教材建设情况，编制各省年度职业教育用书目录，作为各省职业院校教材征订的依据，确保优质教材进课堂。

为保证职业教育教材的有序健康发展，解决职业教育教材“买书难”和“卖书难”的问题，国家建立了全国职业教育教材信息服务性中介机构——职教教材发展服务中心（2003 年更名为教育部职业技术教育中心研究所教材发展部）。与此同时，各省、自治区、直辖市也相应建立了职业教育教材信息服务网站。2015 年组织开发的“中国职成教教材信息资源平台”正式上线，可及时发布国家规划教材等有关教材编写、出版、选用及评价信息，进一步扩大国家规划教材选用的覆盖面，为实现职教教材的信息资源共享和全方位教材管理提供了有力支撑。

当前，中国职业教育教材服务主要依托国家及地方教学指导和职业技术教育教材审定委员会、职业教育教材出版基地、教育部职业技术教育中心研究所教材发展部和地方教材服务网站等基地或组织机构，发挥其在教材信息传递、发行服务等方面的专业性、及时性和主动性，方便地方和院校高效选用教材。

小结与展望

职业教育课程与教材作为教育教学改革的重要依托和载体，发挥着至关重要的作用。近年来，在教育部等部门的政策指引下，中国职业教育课程与教材

---

① 王军伟.“以就业为导向”职业教育课程和教材改革的研究与实践之中等职业教育教学改革现状的调查研究报告. 2008.

发展思想逐步明确，管理体系日益完善，步入健康、持续发展的轨道。但伴随着中国经济结构的不断调整，职业教育的人才培养、供需关系都发生了根本性变化，各项建设还在不断发展完善的过程中，职业教育课程与教材建设还存在一些问题，不能很好地适应经济社会发展对技能型人才培养的要求。

如在课程建设方面，职业教育的课程体系建设仍然薄弱，特别是在构建现代职业教育体系中，公共基础课与专业课、中职、高职和应用本科之间的课程有效衔接仍须加大研究和实施力度；在教材建设方面，仍存在着管理不善、内容陈旧和形式单一、选用不规范，以及中高职教材存在脱节、断层、重复等现实问题。展望职业教育课程与教材建设的发展，我们应在以下两个方面做出努力：

一是健全课程衔接体系，系统培养技术技能人才。首先，要加强和改进公共基础课教学。要按教育部颁布的课程标准规定，开足、开齐、开好德育等基础课程，并创新公共基础课教学方法，改善课堂教学效果。其次，要推进专业课程内容与职业标准对接。要对接最新职业标准、行业标准和岗位规范，紧贴岗位实际工作过程，更新课程内容，调整课程结构，深化多种模式的课程改革。最后，要促进中职与高职课程相互衔接。要统筹安排开展中高职衔接人才培养的公共基础课、专业技能课和顶岗实习，形成对接紧密、特色鲜明、动态调整的职业教育课程体系。

二是加强教材管理，健全教材开发、编写、审定、选用、更新机制，提高教材质量和服务水平。首先，要优化教材管理体制。要根据两级规划、两级审定、三级建设管理办法，加强对各级各类教材建设管理并分类指导。其次，要提升教材编写质量。要对职教教材规划选题进行顶层设计，制定体系优化、结构合理、层次分明、重点突出的选题指南，形成规划教材建设的基本依据和整体框架。最后，要优化规划教材选用方式。要进一步规范职业学校教材选用和征订行为，编制信息更加完备、分类更为合理的职业教育教材选用目录，并向全国职业学校推广使用教材信息网站平台，及时发布有关教材政策信息，让职业学校更快更高效选用到优质规划教材。

第四节　校企合作与工学结合

工学结合是将学习与工作结合在一起的教育模式，它以职业为导向，以学生为主体，充分利用学校内、外不同的教育环境和资源，把以课堂教学为主的学校教育和直接获取实际经验的校外工作有机结合，贯穿于学生的培养过程之中[①]。

2010年国家教育规划纲要明确指出，职业教育要把“提高质量作为重点。以服务为宗旨，以就业为导向，推进教育教学改革。实行工学结合、校企合作、顶岗实习的人才培养模式”。2014年《国务院关于加快发展现代职业教育的决定》进一步指出，要“推进人才培养模式创新。坚持校企合作、工学结合，强化教学、学习、实训相融合的教育教学活动”，推进校企一体化育人。

近年来，中国校企合作各项制度建设逐步完善，校企合作范围逐步扩大，工学结合人才培养模式已经成为中国职业教育培养技术技能型人才的典型模式。

一、加强相关政策引导

校企合作是职业教育人才培养的本质要求，工学结合是职业教育育人的主要模式。职业教育工学结合人才培养模式是在中国长期的职业教育实践中逐步形成、发展起来的，并在借鉴国外工学结合人才培养模式典型经验的基础上，伴随经济社会发展不断改革和完善，有着丰富的理论和实践基础。

随着中国经济发展方式转变的加快、产业结构的优化和升级，行业企业新的发展对中国职业教育提出了新的更高的要求。为解决教育界与产业界缺少相融合的顶层设计和运行机制问题，近年来，中央和地方都在陆续出台相关政策，逐步完善校企合作、工学结合的相关制度建设。

2010年国家教育规划纲要对职业教育“实行工学结合、校企合作、顶岗实习的人才培养模式”进行了强调。同年，《教育部　财政部关于进一步推进“国家示范性高等职业院校建设计划”实施工作的通知》进一步强调，地方政府要与行业企业共建高职院校，形成人才共育、过程共管、成果共享、责任共担的紧密合作办学体制机制。

2011年《教育部关于推进中等和高等职业教育协调发展的指导意见》明确指出：要发挥职业教育集团作用，促进校企深度合作；积极发挥职业教育集团的平台作用，建立校企合作双赢机制，以合作办学促发展、以合作育人促就业。同年，《教育部关于充分发挥行业指导作用　推进职业教育改革发展的意见》指出，要推进产教结合与校企一体办学，实现专业与产业、企业、岗位对接。

2012年《教育部办公厅关于制订中等职业学校专业教学标准的意见》明确

① 李森．现代教学论纲要．北京：人民教育出版社，2005：327.

提出，要坚持“工学结合、校企合作、顶岗实习的人才培养模式”，注重“做中学、做中教”，重视理论实践一体化教学，强调实训和实习等教学环节，突出职教特色。

2015年《教育部关于深化职业教育教学改革　全面提高人才培养质量的若干意见》进一步强调，要坚持产教融合、校企合作，坚持工学结合、知行合一，强化职业教育的实践性和职业性，并设专章明确推进产教深度融合的工作要求。

2018年，为深入贯彻落实党的十九大精神，《职业学校校企合作促进办法》进一步明确，产教融合、校企合作是职业教育的基本办学模式，是办好职业教育的关键所在。同时，对职业教育校企合作的合作形式、促进措施等做了明确规定。

湖南、河南等省也先后出台了职业院校与行业企业合作办学的促进意见、管理办法或地方性条例，成都等市在地方职业教育发展条例中专门设立了“校企合作”章节，还有一些地方行业出台了行业职业教育校企合作促进办法，等等。这些法规对区域内校企协同育人，提供了有力的制度保障及法规支持。在相关政策的引导下，企业开始逐步参与专业建设、专业教学标准和课程标准制定、实习实训、就业指导、质量评价等人才培养全过程，开始走向校企协同育人。

二、创新工学结合模式

工学结合人才培养模式作为一种在实践中不断创新和发展的教育模式，其内在的逻辑体系和运作流程蕴含着丰富的职业教育思想和理念，具有深刻的教育价值。近年来，各职业院校以集团化办学为重点，通过与企业的深度合作，实现教学过程与生产过程对接，着力提高学生的职业道德、职业技能和就业创业能力，促进学生全面发展。经过广大职业院校的实践和理论探索，校企合作、工学结合、顶岗实习的形式得到了丰富和发展，逐步形成了多种职业教育工学结合人才培养模式实践形式。

（一）完善集团化办学的实现形式

开展集团化办学是深化产教融合、校企合作，激发职业教育办学活力，促进优质资源开放共享的重大举措。近年来，职业教育集团化办学在各地得到快速发展，形成了一批有特色、成规模、效果明显、影响广泛的职业教育集团。采取职业教育集团、校企双主体合作等方式促进产教融合、工学结合，有利于提高职业教育人才培养质量，服务地方经济社会发展。

2015 年《教育部关于深入推进职业教育集团化办学的意见》明确指出，鼓励多元主体组建职业教育集团，深化职业教育办学体制机制改革，推进现代职业教育体系建设。

如，广东省推行“校企双制”“一校多制”“企业校区”“车间进校”“园区办学”“零学费入学、零距离上岗”等机制，建立校企一体职业教育集团等校企合作平台，全省成立近 60 个职业教育集团，包括 211 所职业院校、119 个行业协会、4 000 多家企业等单位，初步实现了招生、培养、实训、就业“一条龙”。

青海省职业院校与企业在合作育人、人才培养、资源共享、产教结合、科研开发、社会服务等方面开展广泛深入的合作，成立了 8 个职业教育集团。高职院校在校内外建立了 300 多个实践、实训基地，中职学校与省内外 358 个企业建立了良好的校企合作关系，实行了工学结合、顶岗实习的人才培养模式。青海交通职业技术学院积极推进校企“双主体”人才培养模式，开办大众汽车 4S 店和艺术设计公司，实现产教深度融合。青海省重工业职业技术学校与青海煤业鱼卡有限责任公司等省内 16 家大中型企业合作，开展“订单式”培养，2014 年有 2 名毕业生获得全国五一劳动奖章。

（二）探索工学结合协同育人模式

1.“订单式”培养模式

职业教育“订单式”培养模式一般是指用人单位与职业院校签订用人“订单”，根据企业对人才的要求，校企双方共同制定人才培养方案，并在师资、技术、办学条件等方面充分利用双方的有利资源，共同参与人才培养过程，共同完成预定的人才培养目标，最后，由用人单位按照协议约定优先安排学生就业的人才培养模式。2010 年以来，这种以就业为导向的人才培养模式在职业教育校企合作中比较普遍，有很多是以企业“冠名班”的形式出现，是提高职业教育人才培养的针对性、实用性，实现学校、用人单位与学生三方共赢的一种工学结合实践形式。

专栏 5－10

河北交通职业技术学院探索“订单式”培养方式

通过多种“订单式”培养方式进一步加强与行业、企业的合作，实现“学生毕业有工作、企业发展有人才、学院办学有生源”的多赢目标。学院与中国一汽丰田公司、日本丰田汽车（中国）公司共同建立了丰田 T-TEP 学校。校企按照1∶1的比例共同投资构建先进的汽车专业实验实训实习硬件平台，利用丰田公司提供的教材等资料和企业的“订单”要求，采用丰田车系企业标准作为课程标准。经过丰田公司培训、认证的师资，将丰田车系企业的先进理念和岗位所需的职业能力贯穿于教学过程，使理论教学和实训更接近企业的工作实际，取得了较好的效果。

2. 生产教学一体化模式

这种实践形式一般指校企通过“引企入校”“前店后厂”“校企合一”等多种深度合作形式，共同创办不同种类的企业或教学工厂，探索形成“五个合一”：车间、教室合一，学生、学徒合一，教师、师傅合一，作品、产品合一，育人、创收合一。最终，实现生产与教学结合、理论教学与实践教学结合。校企的深度融合对接，有利于实现职业院校人才培养与社会需求的零距离对接，使专业建设、实习实训等技能人才培养方式有了可靠的基础，使职业教育可持续发展有了保障。

专栏5-11

哈尔滨轻工业学校探索“筑巢引凤、引企入校”制度

为加强专业课程建设，加快人才培养速度，降低师资投入压力，提高毕业生就业竞争能力，哈尔滨轻工业学校实行了“筑巢引凤、引企入校”的制度机制，使哈尔滨美韵音响设备科技开发有限公司进驻校园，与学校机电技术应用专业共建哈尔滨轻工业学校电子音响实训基地，开展联合办学、共建共育的工作。企业在校内生产性实训基地进行生产，学校为企业生产提供必要的支持，企业为学校教学、实习、教研活动提供服务，实现了课堂与车间、学习与生产、学生与学徒、作业和作品的“四合一”，使学校和企业实现设备、技术等方面的优势互补，切实提高了育人的针对性和实效性。

哈尔滨轻工业学校学生在实训基地实习

专栏 5-12

苏州农业职业技术学院组建江苏现代农业校企（园区）合作联盟

苏州农业职业技术学院主动适应江苏现代农业和新农村建设的新形势，紧抓职业教育向规模化、集约化、连锁化办学的发展方向，不断加深政行校企合作的深度、广度和契合度。2012 年 5 月，学院在江苏省农业委员会的支持下牵头组建了政行校企合作平台——江苏现代农业校企（园区）合作联盟。联盟致力于构建“专业共建、人才共育、过程共管、成果共享、责任共担”的紧密型合作办学体制机制，实现“人才培养、科技服务、师资锻炼、岗位实践、就业创业”的五位一体。联盟成立以来通过整合校企优质资源，建立联盟网站，分享信息交流平台，建立开放性培训基地，合作育人强企，形成了项目攻关合力，实现了校企资源的共享，加强了产学研的合作，构建了人才培养新体系，为促进地方经济发展做出了新的贡献。

3.“2+1”顶岗实习模式

顶岗实习是实现技能人才培养与岗位对接的主要环节。2012 年教育部发布《职业学校学生顶岗实习管理规定（试行）（征求意见稿）》，明确界定了顶岗实习的性质和功能，并从组织与计划、过程管理、考核与奖惩、安全与保障等方面对如何开展和评价顶岗实习进行了详细规定。

“2＋1”顶岗实习模式是中国目前职业院校普遍实行的一种工学结合的人才培养模式，简单说主要是将3年学制分成两个阶段：第一个阶段一般为2年时间，学生主要在校内学习理论和实训课程；第二个阶段是在工作岗位实习1年。校内教学以理论课为主，辅之以实验、实训等实践性教育教学环节，学生在企业的1年以顶岗实习为主，同时学习部分专业课，结合生产实际选择毕业设计课题，并在校企指导教师的共同指导下完成毕业设计。这种形式突出的特点是校企紧密结合，能充分发挥学校和企业两个育人主体作用，提高学生综合素质、动手能力和解决实际问题的能力，增强学生适应社会和工作岗位的能力。

专栏5-13

浙江金融职业学院强化顶岗实习模式

浙江金融职业学院依托金融行业指导，以培养金融高端技能型人才培养体系建设为引领，以全面提高教育质量为重点，以深化校企合作、工学结合为主线，依托校企深度融合，与实习合作金融机构紧密合作，在“人才共育、过程共管、资源共建、责任共担、成果共享”机制下，共同抓好学生顶岗实习管理的每个环节，全面提升金融专业人才培养质量。学院在专业建设委员会的指导下，对接合作金融机构管理规范及岗位职业标准，各个培养合作机构都编制有一本《顶岗实习手册》；针对学生实习期间可能发生和遇到的问题，以案例形式进一步加强金融职业道德教育和职业态度、职业礼仪、职业价值观为基本内容的职业素养教育；学院和各系均成立了顶岗实习和毕业设计工作领导小组；学院教务处负责各系顶岗实习、毕业设计工作的统筹、指导、协调工作，针对顶岗实习的多样性、分散性、复杂性，完善顶岗实习和毕业设计工作的管理制度，健全工作责任体系，切实加强顶岗实习、毕业设计工作的组织和领导，杜绝放任自流、抄袭杜撰现象，有效提高了学生实习质量和育人成果。

4. 工学交替模式

工学交替模式是指把学生整个学习过程划分为在校学习和在企业工作交替

进行的两部分教育形式。它是在不突破现有学制的前提下，进行学习与工作实践的交替循环，不影响正常的教学计划和课堂学习，而且也能使学生的工作实践顺利进行。同时，生产实习环节基本统一安排，分散进行、双向选择、灵活多样，学生通过“理论—实践—再理论—再实践”的多次循环，不断提高对知识和技能掌握的深度。

专栏 5-14

湖南铁道职业技术学院构建工学交替模式

湖南铁道职业技术学院适应企业生产要求，改革传统的刚性教学管理为柔性教学管理，推行小学期制、串行排课、学分制等新的教学组织及管理手段。同时，构建了“三三四”顶岗实习运行管理体系和“三层管理架构、工作过程对接教学过程”顶岗实习体系、“四经四纬多节点”实习制度体系，实行工学交替，推行顶岗实习，提升学生职业素养，实现学生学习与上岗零距离。学院学生每年顶岗实习达 8 000 人次以上，每位学生 3 年学习中实习实训时间达到 8 个月。

湖南铁道职业技术学院学生顶岗实习“精益求精”

小结与展望

2010 年国家教育规划纲要颁布以来，职业教育工学结合人才培养模式在实践中以不同的表现形式，在培养生产、建设、服务第一线的技术应用型人才方面进行了大胆的改革和探索，展现了比传统人才培养模式更多的优势，发挥了重大的作用，得到了快速发展。

职业教育工学结合人才培养模式涉及教育、产业、社会等多个系统的结构特征，决定了它需要得到来自教育、产业、政府、社会的多元支持。正因如此，尽管中国职业教育工学结合人才培养模式经过不断的探索和实践收获了很多宝贵的经验，但仍然面临很多亟待解决的问题，涉及政府、企业、学校等多方面因素。如：在政府层面，有关职业教育工学结合人才培养模式的法律法规不健全、相关机制不够健全、政府经费投入不足；在企业层面，企业参与职业教育利益空间很小，利益驱动力度不大；在学校层面，一些职业院校思想观念陈旧，市场主体意识不强，工学结合不够深入。这些问题还需在改革发展中不断探索、解决和完善。

一是要加强并发挥政府部门的宏观调控职能，健全校企协同育人的工作机制。政府要完善有关工学结合的法律法规，使工学结合制度化、法律化，使工学结合成为职业院校的一种义务，成为企业获得各种优惠的一种条件；加大对欠发达地区职业教育的支持力度，加大东西部职业院校的合作，为职业院校与行业、企业合作营造良好的氛围，提供必要的支持，保障工学结合的长远发展。

二是要利用政府推动和市场引导的发展策略，完善相关制度法规，将企业作为职业教育主体之一纳入技能人才培养的价值链，并推动行业组织发挥指导监督服务作用，促进行业企业参与教学标准体系建设、专业设置、课程教材开发、教学实施、质量评价等人才培养全过程；鼓励企业采取参股等形式，联合举办高职院校，形成职业教育集团，让企业在工学结合中以“主人翁”的姿态出现，确立企业在职业教育的主体地位，以实现人才培养的多元化和市场化，从而主动加强对工学结合的管理。

三是要引导职业院校加强对工学结合人才培养模式的研究，根据行业和企业的需要设置专业，实现专业设置与产业需求、课程内容与职业标准、教学过程与生产过程、毕业证书与职业资格证书之间“深度对接”。

参考文献

[1] 姜大源．职业学校专业设置的理论、策略与方法．北京：高等教育出版社，2002.

[2] 姜大源．论职业教育专业设置的驱动模式．职教论坛，2002（3）．

[3] 李森．现代教学论纲要．北京：人民教育出版社，2005.

[4] 胡斌武．社会转型时期学校德育的现代化．北京：中央编译出版社，2006.

[5] 耿洁．我国职业教育工学结合模式的历史发展和实践．职教通讯，2007（3）．

[6] 徐国庆．技术的本质与职业技术教育课程理论．职业技术教育，2002（1）．

[7] 马树超，郭扬．高等职业教育：跨越・转型・提升．北京：高等教育出版社，2008.

[8] 徐国庆．职业教育项目课程开发指南．上海：华东师范大学出版社，2009.

[9] 王继平．进一步增强德育课针对性、实效性和时代感：中等职业学校德育课课程改革方案解读．中国职业技术教育，2009（13）．

[10] 黄尧．职业教育学：原理与应用．北京：高等教育出版社，2009.

[11] 徐涵．职业教育人才培养模式创新．中国职业技术教育，2010（3）．

[12] 汤晓乐．中等职业学校德育课程改革初探．职业技术教育，2011（23）．

[13] 刘育锋．中高职课程衔接的理论与实践：英国的经验与我国的借鉴．北京：北京理工大学出版社，2012.

[14] 职业教育系统中国梦主题教育活动座谈会发言．中国教育报，2013-04-03.

[15] 王继平．中国职业教育发展报告2013．北京：高等教育出版社，2014.

[16] 杨进．中国职业教育发展报告2015．北京：高等教育出版社，2016.

[17] 教育部职业技术教育中心研究所．“十二五”时期我国职业教育改革发展的政策方略：2010—2015年职业教育文件选编．北京：高等教育出版社，2016.

第六章
职业教育基础能力建设

通过程序规范、突出改革、着重实效的项目制进行职业教育基础能力建设，是自 2006 年以来我国职业教育发展和管理的重要改革和创新举措。

树无根不长。基础能力是职业教育发展的根本和起点。职业教育基础能力建设的内容主要包括示范性职业学校建设、实训基地建设和教师队伍建设（教师教育)。长期以来，职业教育基本能力薄弱是制约职业教育质量提升的瓶颈。21 世纪以来，职业教育改革发展中心工作转向内涵发展，国家对职业教育基础能力建设重视程度不断提高，投入不断加大。2005 年，《国务院关于大力发展职业教育的决定》发布，提出加强职业教育基础能力建设。自此，国家加大对职业教育基础能力投入，并将基础能力建设作为公共财政资金在职业教育领域投入的重点领域。2005—2010 年，中央财政共投入 60 亿元。2010 年国家教育规划纲要提出："加强'双师型'教师队伍和实训基地建设，提升职业教育基础能力。"

2010 年以来，在全国范围内实施的基础能力建设项目主要有中等职业教育基础能力建设规划（二期)、"十三五"产教融合发展工程规划项目、国家中等职业教育改革发展示范学校建设计划、"国家示范性高等职业院校建设计划"骨干高职院校建设项目、职业院校教师素质提高计划。这些计划（项目）由教育部与国家发改委、人社部、财政部、扶贫办等国务院相关部委共同组织实施，各地方政府配合，国家和地方层面同时采取一些配套政策措施，取得了良好效果，有效改善了中国特别是经济欠发达地区职业教育的基本办学条件，有力支撑了中国职业教育的发展。

当然，与产业界和学习者对高水平现代职业教育的期待相比，职业教育基础能力还有很大的改善空间，比如经济欠发达地区的基本办学条件、基础能力建设与产业企业的结合度等。此外，教师或学习指导者的能力建设也需要加强。

第一节　实施综合性建设规划项目

实施全国范围内以五年为周期、以规划带项目、央地共同出资的综合性建设规划项目，是我国在职业教育基础能力建设方面的重大改革和创新。综合性基础能力建设规划项目包括两类——硬件建设项目和软件建设项目。

"硬"的综合性基础能力建设规划项目是指包括教学基础设施、实训基础设施、生活设施建设以及设备购置在内的经过统一规划的建设项目。这类项目通常由国家发改委、教育部、人社部共同实施。资金由中央专项资金和地方及项目学校配套资金组成。2010 年以来，实施的综合性基础能力建设规划项目主要是中等职业教育基础能力建设规划（二期）和"十三五"产教融合发展工程规划项目。

“软”的综合性基础能力建设规划项目是指以专业建设为主要内容的示范性职业院校建设计划。2010 年以来，由中央政府和地方政府共同投资的示范性职业院校建设项目包括国家中等职业教育改革发展示范学校建设计划和“国家示范性高等职业院校建设计划”骨干高职院校建设项目。这些建设规划在中央政府层面主要由教育部、财政部、人社部共同制定和管理。

综合性基础能力建设规划项目的实施使一大批优质职业教育资源脱颖而出。项目学校利用项目支持弥补了软件或硬件上的部分短板，加强和深化了已有的优势，增强了学校的综合实力。示范性职业院校建设项目的实施还发挥了辐射和示范作用，带动了职业院校的整体发展。

一、实施中等职业教育基础能力建设规划（二期）

（一）实施概况

2010 年，按照国家发改委、教育部、人社部《关于编制中等职业教育基础能力建设规划（二期）的通知》要求，三部委开始实施中等职业教育基础能力建设规划(二期)。这是 2005—2010 年实施的中等职业教育基础能力建设规划项目的延续。

中等职业教育基础能力建设规划（二期）由国家投入财政资金重点扶持建设县级职教中心——但不仅限于农村地区职业学校——使其成为面向农村进行人力资源开发、农村劳动力转移培训、技术培训与推广、扶贫开发和普及高中阶段教育的重要基地。2011 年向 320 所学校投入 32 亿元，实施基础能力建设和特色学校建设。

专栏 6-1

2010—2015 年北京市中等职业教育基础能力建设规划（二期）

2010 年底，北京市发展和改革委员会、北京市教育委员会、北京市人力资源和社会保障局编制了《北京市中等职业教育基础能力建设规划（二期）》。根据“服务区域、支撑产业、扶优扶强、整合资源、推动改革”的遴选原则以及各职业院校办学定位、发展规模、空间布局以及相关建设标准，经对申报项目的必要性、可行性、轻重缓急进行反复梳理和认真研究后，确定了纳入本规划建设的项目，共涉及 31 所学校的 38 个项目，总建设规模约 52.7 万平方米。其中，农村职业学校项目 19 个，建设规模 27.4 万平方米；城市职业学校项目 19 个，建设规模 25.3 万平方米。

除了中央专项资金外，原则上，纳入规划的项目地方配套建设资金由北京市政府、区县政府和项目学校共同承担。然后，分年度安排资金，每年重点向若干个学校投资，主要用于教学设施——比如教学楼、实训楼——的硬件建设，也包括为数不多的实训设备购置项目。

2013年8月完成的《北京市中等职业教育基础能力建设（二期）中期评估和规划调整建议报告》显示：2010年至2013年北京市实际安排中等职业教育基础能力建设项目10个。从监测和检查的情况看，这10个项目计划投资落实基本到位，到位的计划投资均已完成，项目建设进度总体良好，项目资金管理规范，建成的项目效益已经显现。

从总体进展来看，项目计划投资落实基本到位。截至2013年6月底，安排实施的10个项目计划投资到位15 853.55万元，其中，中央投资4 312万元，地方投资11 091.55万元，其他投资450万元。

项目建设进度总体良好。截至2013年6月底，80%的项目已开工，60%的项目已完工，购置设备994台（套），完成率为100%；完成实物工作量45 332.51平方米，达到建设规模计划的62.7%。有的完工项目已投入使用，比如纳入建设规划（二期）的北京铁路电气化学校学生公寓。

纳入建设规划（二期）的北京铁路电气化学校学生公寓

资料来源：侯兴蜀．北京市中等职业教育基础能力建设（二期）中期评估和规划调整建议报告．2013.

（二）主要创新

中等职业教育基础能力建设规划（二期）的主要创新在于规划建设的理念体现了推动职业教育服务经济发展、推动职业学校自身改革和提高项目建设效益这三点。

1. 规划建设项目遴选理念的创新和主要原则

（1）服务区域。重点支持区域带动能力强、对新城产业集聚发展有较大推动作用的职业学校建设。在支撑产业方面，重点支持与现代服务业、现代制造业、高新技术产业、都市型现代农业等产业和行业人才需求结合紧密的职业学校以及面向郊区和为农民工服务的职业学校。

（2）扶优扶强。优先支持学校整体和骨干专业均具有明显特色，办学效益好、示范辐射能力强的国家级重点中专、技校、职高学校。

（3）整合资源。鼓励学校运用重组、合并、置换等方式盘活置换现有校区存量资产，实现一校一址规模办学，促进职业学校布局调整。

（4）推动改革。优先支持有效实施校企合作、工学结合、顶岗实习的职业学校，积极开展办学体制改革试点，实行多元投资并举办学体制的职业学校。

2. 规划建设项目管理上体现了统筹协调和体制机制的创新

（1）统筹规划管理，加强沟通协调。规划建设项目加强了对中等职业教育的统筹管理，健全市政府统一领导，相关部门分工明确、统筹有力、协调运行的领导管理体制，加强部门间的沟通协调。坚持以规划定项目，以项目落实规划，形成科学的项目形成机制，有关部门和项目单位加快完善项目前期手续。

（2）创新体制机制，拓宽融资渠道。本规划建设项目着力发挥政府投资的引导和带动作用，鼓励中等职业学校拓宽融资渠道，引入符合条件的各类社会力量参与中等职业教育基础能力建设，推进职业教育深化改革，增强发展活力，继续完善“政府主导、依靠企业、充分发挥行业作用、社会力量积极参与、公办与民办共同发展”的多元办学格局。

（3）强化监督检查，落实相关责任。强化项目评估审核，从严把握建设标准，加强项目进展动态监督和计划执行情况检查，落实投资安排与稽查情况挂钩机制。中职学校主管部门对项目实施进行直接监管，国家发改委、财政部、审计署等部门随机、随时进行稽查、监督检查和审计等。中职学校接受相关部门的监督检查。

二、实施“十三五”产教融合发展工程规划项目

（一）实施概况

2016 年，国家发改委、教育部、人社部《关于编报“十三五”产教融合发展工程规划项目建设方案的通知》出台。作为“十三五”产教融合发展工程规划项目中的一个子项目，职业教育产教融合发展工程专项项目学校包括中等职业学校（含技工学校）、高等职业院校和应用型本科高校建设。

职业教育产教融合工程规划项目建设任务是：“十三五”期间，围绕深化产教融合、校企合作、工学结合主线，继续加强职业教育基础能力建设，以校企合作共建职业教育实习实训设施为重点，支持中高等职业院校改善基本办学和实习实训条件，强化相关专业建设；积极支持地方普通高校向应用型转型发展所需实训设施建设；加强校企合作信息化平台建设。

建设项目包括教学型基础技能实训设施、岗位专业技能实训基地、开放性公共技能实训基地（依托职业院校建设）、中高等职业院校基本办学条件建设（教学和学生生活设施）、应用型本科高校转型试点（建设产教融合、校企合作、产学研一体的实习实验实训设施）等多个类型。

2016 年，教育部等部门组织包括职业教育专家在内的评审组对全国各个地方申报上来的 1 000 多个中等职业学校建设项目和 100 多个高等职业学校建设项目进行了评审。

（二）主要创新

1. 体现了产教融合的重要创新理念

工程名称和内容都体现了产教融合的理念。比如，拟纳入规划支持的中等职业学校（含技工学校）应满足的 6 项基本条件中有 4 项体现了这一理念：一是学校专业设置与区域经济和产业发展需求高度契合，具有良好的办学质量和社会声誉。二是具备较强的基本实践教学能力和基础性技术技能实训条件，教师队伍中“双师型”教师达到相当比例，实训开出率不低于 95%。三是校企合作、工学结合、顶岗实习成为学校重要的办学模式和特色，在区域或同类院校中发挥示范辐射作用。积极开展职业教育集团化办学模式实践。主干专业有 3 家以上稳定合作企业。学校教学和管理具有较高信息化水平。四是面向社会积极开展职业技能培训。城市学校承接对外培训达到每年 2 000 人次，农村学校达每年 1 500 人次。

2. 注重考虑项目效益

遴选项目学校时按照“优中选优、持续支持”原则，各地主要在原中等职业教育基础能力建设规划（二期）项目学校范围内重点遴选，对建设成效显著、发展势头良好、仍有建设需求的项目学校予以优先支持，对牵头组建区域性、行业性职业教育集团学校，以及国家确定的世界技能大赛集训基地学校予以优先支持，同时各地还可结合实际适当增补符合条件的其他项目学校。

3. 注重公平性

遴选项目学校时对革命老区、民族地区、边疆地区、集中连片特殊困难地区符合政策要求的特殊困难项目，在办学和建设条件具备情况下可适当放宽遴选标准，支持教育基础薄弱地区加快普及高中阶段教育。安排建设资金时要求省级地方政府积极拓宽投资渠道、加大配套投入、设立专项资金，保证工程顺利开展。鼓励引导地市县级政府努力加大投入，但不得硬性要求西部地区县(含享受西部政策县)、集中连片特殊困难地区县和地（市）安排配套资金。中央预算内投资对中等职业学校、高职院校和应用型本科高校的补助标准，东部地区控制在项目总投资的40%，中部地区控制在项目总投资的60%，西部地区控制在项目总投资的80%。西藏自治区、南疆四地州学校项目建设资金原则上由中央投资全额安排。

4. 鼓励社会资本进入

产教融合项目推行政府和社会资本合作等模式，鼓励社会参与举办职业教育和高等教育。

三、实施国家中等职业教育改革发展示范学校建设计划①

（一）实施概况

2010年，《教育部　人社部　财政部关于实施国家中等职业教育改革发展示范学校建设计划的意见》印发，启动了国家中等职业教育改革发展示范学校建设计划。

该计划的目标是分批支持1 000所中等职业学校改革创新，使其成为全国中等职业教育改革创新的示范、提高质量的示范和办出特色的示范。项目学校

① 国家中等职业教育改革发展示范学校建设计划实施进展·建设机制·初步成效.（2017-01-20）. http://sfx.tvet.org.cn/sfx_jhxmgk.action.

要改革以学校和课堂为中心的传统人才培养模式，深化校企合作、工学结合，推动教、学、做的统一；改革教学模式，深入开展项目教学、案例教学、场景教学、模拟教学和岗位教学，普遍应用现代信息技术；改革办学模式，重点是促进行业、企业和学校的深度合作；创新教育内容，重点促进教育与产业、专业课程内容与职业标准的衔接，创新教材展示方式，开发数字化资源；推进教师培养培训、评聘考核和收入分配制度改革，提高教师的德育工作能力、专业教学能力、实训指导能力，聘用行业专家、企业工程技术人员和社会能工巧匠等担任兼职教师，形成“双师型”教师队伍；完善内部管理，重点是建立健全各项规章制度，建立规范的电子学籍、教务和资产等信息系统；改革评价模式，重点是构建学校、行业、企业、研究机构和其他社会组织等多方参与的评价机制，建立以贡献为导向的学校评价模式和以能力为核心的学生评价模式。每所项目学校选择 3～5 个重点建设专业，从人才培养模式与课程体系改革、师资队伍建设、办学体制机制创新与校企合作三个维度开展建设，同时，立足当地和学校实际，确定 1～2 个特色项目（如校园文化建设、数字校园建设等）进行探索创新。每所项目学校建设期为两年。

为实施该计划，中央财政投入约 100 亿元，带动地方和学校投入 100 亿元左右。该计划得到顺利实施：截至 2013 年 8 月，三批共 989 所项目学校布点已基本完成，建设工作全面展开。其中，2010 年启动第一批立项建设 276 所，2011 年启动第二批立项建设 371 所，2013 年启动第三批立项建设 342 所。

作为第二批项目学校之一的上海市工程技术管理学校

该计划目前已经取得了丰富的成果。首批 276 所示范学校在接受验收的过程中，总结提炼了 1 200 多个改革创新案例；推动了一批职业学校品牌的形成；建立了一批改革的试验田，促进中高职衔接、推进集团化办学、深化校企合作等都优先选择在立项学校先行先试。同时，示范学校的建设也为其他学校的改革、发展提供了有益做法和鲜活经验。

专栏 6-2

北京金隅科技学校与企业合作开发“再现水泥生产过程信息化教学资源”

北京金隅科技学校在示范学校建设项目中完成“再现水泥生产过程信息化教学资源”开发任务，填补了建材行业职工培训和专业教学水泥生产控制仿真教学培训的空白。“再现水泥生产过程信息化教学资源”由中控模拟仿真教学系统、自动化仿真系统、烧成虚拟现实系统、生产过程课件等部分组成，该仿真教学资源展现了技术装备结构原理，动态描述了日产 5 000 吨水泥生产全过程，能反复进行实际操作训练，可随机考查学员实际操作水平。

学校建立以课题组为形式的校企合作开发机制。学校制定了建设方案，明确了校企双方职责，并成立了由专业骨干教师、水泥企业专家、软件开发公司技术人员三方面人员组成的“熟料烧成虚拟现实系统开发”“水泥生产中央控制仿真系统”“水泥生产自动化仿真系统”“建材生产过程课件研发”四个课题组，实施课题负责制，负责人细化课题成员工作职责与分工。课题组深入企业调研，制定《开发方案》，编制《功能脚本》和《故障测试大纲》，与软件公司签订《开发合同》和《技术协议》。开发过程中，课题组多次研讨，充分发挥水泥企业和软件技术专家作用，边开发边完善方案，满足教学需求。

项目研发的过程深化了专业教学改革。该仿真教学资源开创了实训教学职场化、操作控制多元化、实训项目任务化“三化合一”的水泥生产控制实训教学模式，实现了“教、学、做”一体化，构建了硅酸盐工艺及工业控制专业信息化资源体系。开发的教学资源在校内教学和企业培训班进行水泥生产技能训练应用，培训员工对动态交互式、直观授课反映效果好，学员的学习积极性高。在对白俄罗斯等国外水泥企业员工进行培训中，培训实效性强，得到国外企业员工高度认可。日产 5 000 吨水泥中央控制仿真系统获得了金隅集团“科学技术进步”二等奖和北京市教学成果一等奖。学校已成为全国水泥生产企业和全国建材职业院校进行岗位生产性实训和教学重要实训实习基地，实现了学校培训与职业岗位技术的同步。

（二）主要创新

1. 严格设计和执行多环节的项目管理

为高效率推进该项目，2011 年 7 月，教育部、人社部和财政部印发了《国家中等职业教育改革发展示范学校建设计划项目管理暂行办法》。这个办法明确了项目管理方的职责、项目管理的流程、资金管理的规则等。比如，申报评审工作按照教育部、人社部和财政部公布的年度建设计划执行，包括核定申报指标、地方预审推荐、中央组织复核、统一社会公示、正式发文公布等环节；再比如，监督检查与验收环节建立了部际联合监督检查、地方监管和项目学校自我监测的三级监控考核体系，对项目学校建设计划的实施实行事前科学论证、事中监控指导、事后效益评价的全过程审核、监控和考核。

2. 项目学校在建设过程中努力进行体制机制创新

以 2015 年顺利完成建设任务的第二批项目学校为例，它们在实施过程中的创新主要有：一是组建多元主体参与的职业教育集团。第二批项目学校中有 288 所牵头组建职业教育集团，占项目学校总数的 78%；项目学校牵头组建了 351 个职业教育集团，参与的职业教育集团达 818 个，职业教育集团覆盖面达 90.3%；参与项目学校牵头的职业教育集团的企业达到 8 685 家，增加了 77%；参与项目学校牵头的职业教育集团的学校数和专业数为 3 095 和 3 312，分别增长了 51%和 55%。二是项目学校以“实施国家示范性职业学校数字化资源共建共享计划”为抓手，形成了产教结合、校企合作、校校联盟的工作机制，开发、公布和共享了一批支撑职业教育教学、实训、科研、服务和管理等关键业务的标准化、高水平的优质教育资源，调动了学生学习的积极性，提高了学生自主学习能力和学习效率，增强了学生应用信息技术学习、工作的能力，推动了职业教育信息化进程。第二批项目学校数字化校园建设成效显著，校园网（主干网）带宽均达到1 000Mbps 水平；校园网节点达到 646 196 个，增长了 74%；数字化专业课程达到 16 671 门，是建设前的 1.9 倍；多媒体数字教学资源总量达到 2 605TB，与建设前相比实现了翻一番。

四、实施“国家示范性高等职业院校建设计划”骨干高职院校建设项目

为进一步通过示范引领、以点促面，带动中国高等职业教育院校整体提升质量，在2006—2010年实施“国家示范性高等职业院校建设计划”的基础上，教育部和财政部2010年联合印发了《关于进一步推进“国家示范性高等职业院校建设计划”实施工作的通知》，启动实施了“国家示范性高等职业院校建设计划”二期工程即骨干高职院校建设项目。

从2010年开始，由教育部和财政部组织，经各地推荐、专家评审，确定并分三批开展了“国家示范性高等职业院校建设计划”二期工程——90所骨干高职院校建设工作。每批项目学校建设期均为3年，2011年投入8亿元。2014年，两部门对2011年启动建设的30所国家骨干高职院校建设项目进行验收，北京劳动保障职业学院等28所项目学校的建设项目通过验收。2016年，两部门同意2012年启动建设的天津现代职业技术学院等30所项目学校的建设项目通过验收。2016年，《关于公布“国家示范性高等职业院校建设计划”骨干高职院校建设项目2015年验收结果的通知》公布第三批30所骨干高职建设项目院校的验收结果为全部通过。

专栏6-3

陕西职业技术学院通过骨干高职院校建设项目验收

2016年，陕西职业技术学院骨干高职院校建设项目顺利通过国家验收。3年的骨干高职院校建设使该院的综合办学实力明显增强，创新改革成效显著。

突出共建共享，建成了一批职业性、生产性、开放性的实训基地。该院现有国家级实训基地2个、省级实训基地4个。新建校内实训室65个、校内实训基地3个，教学仪器设备总值增加了5 064.8万元。建成了集“教学、培训、实训、服务”于一体的陕西旅游职教实训中心、陕西建工技术实训中心，改善了该院的实践教学条件和社会服务条件，满足了学生专业实训、职业培训、职业资格鉴定、技术服务的综合需求。建设期内，交通银行西安分行等31家企业成为该院合作伙伴，企业参与教育教学的专业达到100%。新增阿里巴巴互联网+电商人才订单班等17个订单班，完成订单培养528人。新增合作企业177

个，引入企业捐赠设备价值金额900多万元。

强化内部治理，激发了全员育人、改革创新的办学活力。建设期内，该院大力推进项目建设，加大内部治理改革创新力度，修订完善制度154项，逐步推进ISO9000质量管理体系，建成了用人单位、第三方机构等七方参与的教学质量监控平台；统一了信息标准，全面实现了办公自动化；实行人事代理、引入第三方参与人才遴选，深入推进干部人事管理制度改革，激发了教职工队伍活力；成立了创业就业教育中心，指导学生制定职业生涯规划。

陕西职业技术学院国家骨干高职院校建设项目推进会

资料来源：陕西职业技术学院通过国家骨干高职院校建设项目验收.（2016-03-03）. http://www.tech.net.cn/web/articleview.aspx?id=20160303091528781&cata_id=jsdt.

总结与建议

中国以规划带项目的方式大规模、大范围实施上述职业教育综合性基础能力建设项目，确实是国际上少见的实践案例。这种方式能在短期内收到很明显的效果，当然这需要充足的经费支持和大量的人力、物力投入。

虽然这些项目建设效率很高，但也存在一些问题。比如，示范性职业学校建设单位要在3年的建设周期内完成多个示范专业的建设、改造和升级，对于基础较好的学校来说可能容易完成，但对于中西部地区很多学校或第二批、第三批项目学校来说可能在时间上是紧张的，因此会存在“重形式、轻内容”甚至过分包装、抄袭重复等行为。这样的建设缺乏扎实的内容，很难有可持续的效应，也很难发挥示范作用。

为扩大财政资金在职业教育综合性基础能力建设项目上的投入产出比例，建议项目设计者和管理者要为项目建设单位预留充足的时间，设立造假追查和惩戒机制。在未来新项目的设计和规划上，要突出引导职业院校特色发展和改革创新，强化职业院校利用项目资金进行产教融合、校企合作，服务当地产业发展和社会进步。建设项目名额要更多投向经济欠发达地区的职业学校，以高质量的职业教育服务当地学习需求和扶贫脱贫。

第二节　建设实训基地

一、职业教育实训基地建设

由财政部和教育部联合实施的职业教育实训基地建设的主要内容是学校购置实训装备。中央财政继续按照教育部、财政部印发的《中央财政支持的职业教育实训基地建设项目支持奖励评审试行标准》支持职业教育实训基地建设项目。比如，2010 年，中央财政安排职业教育实训基地建设专项资金 10 亿元，支持 640 个实训基地建设项目建设。

专栏 6 - 4

天津在国家职业教育改革创新示范区
建设期间加强职业院校实训基地建设

在国家职业教育改革创新示范区建设期间，天津交通职业学院新建实训室 18 个，改扩建实训室 21 个；学院实验实训场地面积达到 78 610 平方米，其中校内实验实训场地新增面积 6 400 平方米，实训工位数增加到 2 781 个。

其中，物流作业优化中心先后得到央财物流实训基地、国家骨干校以及天津市提升办学水平示范校高职院校等项目的资金支持。示范区建设期间，该中心累计接待南开大学等 212 所院校的教师参观学习，接待北京盛丰物流有限公司等多家企业参观，为全国70所高职院校培训物流师资，培训南开大学、天津工程职业技术学院等院校的学生及天津市物流货运中心等企业员工近万人次。同时，该中心承接了历年天津市高职高专院校物流技能竞赛和2010年、2012年、2013年国家级职业院校（高职组）物流技能大赛，并承办2013年国际物流邀请赛，赛后部分国外选手直接表达了希望来院学习物流知识的愿望。

天津交通职业学院物流作业优化中心一角

天津交通职业学院物流作业优化中心一角

资料来源：教育部职业技术教育中心研究所．天津国家职业教育改革创新示范区评估报告，2015.

二、职业培训基础能力建设

（一）职业技能公共实训中心建设

职业技能公共实训中心（也称“公共实训基地”）是为培养当地经济发展所需要的技能人才而设立的政府公益性服务平台，具备服务性、公益性和公共性等特点。公共实训基地建设以政府为主导，并联合职业院校和相关企业共同建设，不以营利为目的，免费开放给辖区内各高等职业学校、中等职业学校及社会职业技能培训机构使用。

例如，北京市经贸高级技术学校 2012 年被批准建设北京市职业技能公共实训示范基地项目，成为提供职业技能实训的公共服务平台。基地实训设备总资产 1.7 亿元，一体化高技能培训师 165 人，可承担计算机网络管理员、音响师、家用电器产品维修工、智能楼宇管理师、电子商务师等 14 个职业（工种）各个级别的技能实训任务，年培训能力达万人以上。该校在职业技能公共实训示范基地建设过程中，一直坚持跨行业、高水平、开放性的发展方向，在培训机构和运行机制建设、培训模式改革创新、培训课程建设、专业实训室建设、师资团队建设等方面形成了比较完备的一体化技能实训体系，有力地保障了公共实训基地培训事业的发展。

2015 年，人社部在总结各地经验的基础上，启动了公共实训基地建设计划试点。例如，重庆市启动了中国（重庆）职业技能公共实训中心建设。职业技能公共实训中心以社会急需、通用性强、需求量大、实训设备高端为关注点，面向院校学生、企业职工及市场需求开展高技能和紧缺技能培训、测评评价等服务。这是继天津职业技能公共实训中心之后，人社部批准筹建的第 2 个职业技能公共实训中心。

职业技能公共实训中心的初步定位是培养技能人才的非营利性、公益性项目，是为培养适应产业发展需要的各类高技能人才而设立的政府管理的公共服务平台。其功能定位为集技工教育、职业培训、技能鉴定、技能竞赛、公共实训、技能研发、就业指导于一体，西部一流、全国领先的职业技能实训基地。

职业技能公共实训中心以实训为载体、以支柱产业技能人才培养为重点，引领当地职业技能水平的整体快速提升。重庆市的职业技能公共实训中心采取政府购买公共培训服务，坚持贯彻公益性原则，以财政投入为主、以市场化的造血功能为辅，建立一个具有当地特色、多功能综合体的国家级公共实训基地。

天津职业技能公共实训中心“工业机器人”专项职业能力培训现场

（二）国家级高技能人才培训基地建设

高技能人才培训基地建设是为贯彻落实《国家中长期人才发展规划纲要（2010—2020 年）》和《高技能人才队伍建设中长期规划（2010—2020 年）》，按照《国家高技能人才振兴计划实施方案》要求进行的。该项目从 2011 年启动，将于 2020 年完成，计划在全国共建国家级高技能人才培训基地 1 200 个。

为规范和科学推动国家级高技能人才培训基地建设，人社部、财政部联合印发了《关于实施 2012 年国家级高技能人才培训基地建设项目的通知》。该通知从实施范围、工作目标、项目实施期限、申报条件、申报要求及评审程序、项目经费、项目产出、考核评估等方面提出了国家级高技能人才培训基地建设的具体要求。为加强国家级高技能人才培训基地建设的规范管理和有效运作，人社部办公厅于 2013 年 5 月印发了《国家级高技能人才培训基地建设项目实施管理办法（试行）》。该办法包括总则、项目申报与评审、项目资金使用范围、项目产出与评估和附则共 18 条内容。2014 年，共完成 80 个国家级高技能人才培训基地建设。“十三五”期间国家继续组织开展国家级高技能人才培训基地项目建设工作。2016 年，人社部、财政部又对 16 个项目单位予以备案。

（三）国家级技能大师工作室建设

技能大师工作室旨在发挥高技能领军人才在带徒传技、技能攻关、技艺传承、技能推广等方面的重要作用，鼓励各级政府、行业、企业，选拔生产、服务一线的优秀高技能人才，依托其所在单位建设更多技能大师工作室，开展培训、研修、攻关、交流等活动。

技能大师工作室建设是技能人才培养的创新模式，也是国家高技能人才振兴计划实施的重点项目之一。2011—2015 年已重点支持建设了 500 个国家级技能大师工作室。到 2020 年底，国家将重点支持建设 1 000 个左右的技能大师工作室，基本形成覆盖重点行业、特色行业的技能传承与推广网络。

张建裕技能大师工作室在无锡柴油机厂成立

为了更好地发挥技能大师工作室培养技能人才的优势作用，2012 年 3 月 13 日，人社部、财政部联合印发了《关于实施 2012 年国家级技能大师工作室建设项目的通知》，对国家级技能大师工作室建设从工作目标、申报条件、申报程序及评审程序、项目产出、经费保障和考核评估 6 个方面提出了具体要求。为加强对该项目的规范管理，人社部办公厅制定出台了《国家级技能大师工作室建设项目实施管理办法（试行）》。

技能大师工作室由企业或行业协会提出设立申请。技能大师工作室可以技能大师个人命名，名称为“姓名＋职业（工种）＋技能大师工作室”，也可以企业命名，作为企业多位技能大师发挥作用的平台，名称为“企业＋技能大师工作室”。技能大师工作室的职责和任务是：汇集技能领军人才，发挥名师带徒重要作用；挖掘传统工艺，进行传承、创新；开展技术交流，为高技能人才参与高新技术开发、技术攻关、同业技术交流以及与科技人才交流、绝技绝活和技能成果展示提供平台。

国家级技能大师工作室是以技能专家名字命名的工作室，领头人是行业拔尖的高技能人才，能够承担技能大师工作室日常工作，并获得过中华技能大奖、全国技术能手或省级首席技师等称号。国家级技能大师工作室将生产技术攻关、新技术应用以及新项目、新产品的开发，与技能人才培养有机结合起来。技能大师工作室的建立，旨在给技能大师创造一个环境、提供一个平台，更好地发挥技能大师在培养技能人才方面的优势，是人力资源能力建设的重要内容。

“十三五”期间，国家继续组织开展国家级技能大师工作室项目建设工作。2016 年，人社部、财政部又对 94 个项目单位予以备案。

总结与建议

实训基地条件不足和水平不高曾是长期困扰中国职业学校教育教学的一大难题。职业院校校内实训基地的大规模、大范围建设和职业培训基础能力的建设缓解了这种困扰。更多课程的教学可以在实训教室中进行，更多的社会学习者可以利用公共实训中心巩固现有技能、学习新技能。

当前实训基地建设存在的问题主要在于静态的建设跟不上产业和企业时时发生的变化，以至于实训基地的效用尚未完全发挥就落伍了。在投资、建设、运营管理等环节上，体制和机制的原因都有可能造成这种问题。针对这种情况，建议实训基地建设应该更多引入企业资源，甚至可以更多地建在企业当中，或由独立的企业来运营管理。当然，这需要尽快修订鼓励企业进入职业教育的法律或制定出台相应的政策措施，努力推进校企合作、产教融合。对应不同行业的实训基地建设也应该由行业企业与教育界共同制定标准，并实行动态更新机制。未来一部分现代化的独立存在的实训基地甚至可以代替职业学校，成为当地各类学习者自由便捷学习技能的中心。

第三节　加强教师队伍建设

从“制造大国”到“制造强国”、从“人力资源大国”到“人力资源强国”的转变，迫切需要职业教育的高水平教师来培养大批高水平技术能手和大国工匠。教师队伍建设是破解现代职业教育发展“瓶颈”的关键。

2004 年以来，国家更加重视开展职业教育师资培训。国家组织实施了中德职教师资进修项目，2004—2006 年共选派 916 名中等职业学校专业骨干教师到德国进行为期近两个月的职业教育教学理论和方法培训。国家持续开展中等职业学校教师在职攻读硕士学位工作，组织实施中等职业学校校长高级研修计划。2006 年，教育部、财政部印发了《关于实施中等职业学校教师素质提高计划的意见》，启动实施了中等职业学校教师素质提高计划。同年，教育部出台《关于建立中等职业学校教师到企业实践制度的意见》，要求中等职业学校专业课教师、实习指导教师每 2 年必须有 2 个月以上时间到企业等生产服务一线进行实践，文化课教师和教学管理人员也要定期到企业开展调研活动，努力提高教师的专业技能和实践教学能力。

虽然中国职业教育师资队伍在学历和专业技术职务结构等方面不断改善，但职业教育师资队伍依旧存在数量不足、“双师型”教师普遍缺乏、来自企业的兼职教师比例太低、队伍整体素质有待提高等问题。2010 年以来，国家在职业院校教师队伍建设领域完善体制、制定政策、出台标准、实施项目，并取得了明显的成效。

一、强化制度建设，连续出台关于职业院校教师教育的政策文件

2010 年以来，国家下发了 28 个文件（见表 6－1），对职业院校教师任职资格、教职工编制标准、专业标准、师资培养标准、综合性进修计划、兼职教师、信息技术应用能力提升、企业实践等方面做了规定。

表 6－1　　2010—2018 年中国职业院校教师教育政策文件

序号	文件	文号
1	《教育部　人力资源社会保障部关于加强中等职业学校班主任工作的意见》	教职成〔2010〕14 号

续前表

序号	文件	文号
2	《教育部　财政部关于实施职业院校教师素质提高计划的意见》	教职成〔2011〕14 号
3	《教育部关于进一步完善职业教育教师培养培训制度的意见》	教职成〔2011〕16 号
4	《教育部关于“十二五”期间加强中等职业学校教师队伍建设的意见》	教职成〔2011〕17 号
5	《教育部　国家发展改革委　财政部关于深化教师教育改革的意见》	教师〔2012〕13 号
6	《教育部　财政部　人力资源和社会保障部　国务院国有资产监督管理委员会关于印发〈职业学校兼职教师管理办法〉的通知》	教师〔2012〕14 号
7	《教育部关于批准天津职业大学等 33 个单位为全国重点建设职业教育师资培养培训基地和神州数码网络（北京）有限公司等 2 个单位为全国职业教育师资专业技能培训示范单位的通知》	教师函〔2012〕5 号
8	《教育部办公厅关于印发〈职教师资本科专业培养标准、培养方案、核心课程和特色教材开发项目管理办法〉的通知》	教师厅〔2013〕5 号
9	《教育部关于实施全国中小学教师信息技术应用能力提升工程的意见》	教师〔2013〕13 号
10	《教育部关于印发〈中小学教师资格考试暂行办法〉〈中小学教师资格定期注册暂行办法〉的通知》	教师〔2013〕9 号
11	《教育部关于扩大中小学教师资格考试与定期注册制度改革试点的通知》	教师函〔2013〕2 号
12	《教育部关于印发〈中等职业学校教师专业标准（试行）〉的通知》	教师〔2013〕12 号
13	《教育部办公厅关于公布教师教育国家级精品资源共享课立项建设课程名单的通知》	教师厅函〔2013〕2 号
14	《教育部关于实施卓越教师培养计划的意见》	教师〔2014〕5 号
15	《教育部办公厅关于印发〈中小学教师信息技术应用能力培训课程标准（试行）〉的通知》	教师厅函〔2014〕7 号
16	《教育部关于印发〈普通高中校长专业标准〉〈中等职业学校校长专业标准〉〈幼儿园园长专业标准〉的通知》	教师〔2015〕2 号

续前表

序号	文件	文号
17	《教育部办公厅关于进一步扩大中小学教师资格考试与定期注册制度改革试点的通知》	教师厅〔2015〕3号
18	《职业学校教师企业实践规定》	教师〔2016〕3号
19	《教育部　财政部关于实施职业院校教师素质提高计划（2017—2020年）的意见》	教师〔2016〕10号
20	《教育部办公厅关于启动实施教育部—中国联通职业院校校长和骨干教师“网络学习空间人人通”专项培训的通知》	教技厅函〔2016〕122号
21	《职业院校教师素质提高计划项目管理办法》	教师厅〔2017〕3号
22	《教育部办公厅关于商请推荐全国教师企业实践基地的函》	教师厅函〔2017〕9号
23	《教育部办公厅　财政部办公厅关于做好职业院校教师素质提高计划2017年度项目组织实施工作的通知》	教师厅〔2017〕8号
24	《教育部办公厅关于各地出台中等职业学校教职工编制标准情况的通报》	教师厅〔2017〕12号
25	《国务院办公厅关于深化产教融合的若干意见》	国办发〔2017〕95号
26	《中共中央　国务院关于全面深化新时代教师队伍建设改革的意见》	中发〔2018〕4号
27	《职业学校校企合作促进办法》	教职成〔2018〕1号
28	《教师教育振兴行动计划（2018—2022年）》	教师〔2018〕2号

上述这些文件本身代表了在职业院校教师队伍建设方面的国家倡议、国家标准和国家行动，完善了职业院校教师制度，指导和带动了各地方加强职业院校教师队伍建设，改进了教师教育工作，提高了教师队伍的专业化水平。

完善职业学校兼职教师聘用政策和企业实践制度。2012年，《职业学校兼职教师管理办法》出台。这是我国首次以具体的管理办法来规范兼职教师聘用，该办法规定了兼职教师的基本条件、聘请程序和组织管理等。比如，兼职教师“一般应具有中级以上专业技术职称（职务）或高级工以上等级职业资格（职务），特殊情况也可聘请具有特殊技能，在相关行业中具有一定声誉的能工巧匠、非物质文化遗产国家和省级传人”，“除通过对口合作的企事业单位选派兼职教师以外，职业学校应与兼职教师签订工作协议。工作协议应明确双方的权利与义务。包括工作时间、工作方式、工作任务、工作报酬、劳动保护等内容。

协议期限应根据教学安排和课程需要，经双方协商确定，一般不少于一学期”。2016 年，教育部、国有资产监督管理委员会、国家发改委、工信部、财政部、人社部、国家税务总局联合出台的《职业学校教师企业实践规定》，对教师企业实践的意义、内容和形式、组织与管理、保障措施、考核与奖惩等进行了全面规范。比如，根据规定，职业学校专业课教师（含实习指导教师）要根据专业特点每 5 年必须累计不少于 6 个月到企业或生产服务一线实践的经历，没有企业工作经历的新任教师应先实践再上岗。公共基础课教师也应定期到企业进行考察、调研和学习。

《国务院办公厅关于深化产教融合的若干意见》提出，“加强产教融合师资队伍建设。支持企业技术和管理人才到学校任教，鼓励有条件的地方探索产业教师（导师）特设岗位计划”，“允许职业学校和高等学校依法依规自主聘请兼职教师和确定兼职报酬”，“完善职业学校和高等学校教师实践假期制度，支持在职教师定期到企业实践锻炼”。《职业学校校企合作促进办法》规定：“企业人员在校企合作中取得的教育教学成果，可视同相应的技术或科研成果，按规定予以奖励。职业学校应当将参与校企合作作为教师业绩考核的内容，具有相关企业或生产经营管理一线工作经历的专业教师在评聘和晋升职务（职称）、评优表彰等方面，同等条件下优先对待。”“职业学校及教师、学生拥有知识产权的技术开发、产品设计等成果，可依法依规在企业作价入股。职业学校和企业对合作开发的专利及产品，根据双方协议，享有使用、处置和收益管理的自主权。”

制定职业学校教师专业标准和校长专业标准。2013 年，教育部出台了《中等职业学校教师专业标准（试行)》。该标准坚持“师德为先、学生为本、能力为重、终身学习”的基本理念，包含专业理念与师德、专业知识、专业能力三大维度内容，这三大维度内容又细分为职业理解与认识、对学生的态度与行为、教育教学态度与行为、个人修养与行为、教育知识、职业背景知识、课程教学知识、通识性知识、教学设计、教学实施、实训实习组织、班级管理与教育活动、教育教学评价、沟通与合作、教学研究与专业发展共 15 个领域，每个领域含 3～5 点基本要求。《中等职业学校教师专业标准（试行)》在国家层面第一次明确了国家对合格中等职业学校教师专业素质的基本要求。该标准是中等职业学校教师开展教育教学活动的基本规范，是引领中等职业学校教师专业发展的基本准则，是中等职业学校教师培养、准入、培训、考核等工作的基本依据。2015 年，教育部出台了《中等职业学校校长专业标准》，第一次全面规定了中等职业学校校长的专业职责，包括“规划学校发展、营造育人文化、领导课程教学、引领教师成长、优化内部管理和调适外部环境”六大方面共60条专业标准。《国务院办公厅关于深化产教融合的若干意见》也提出：“探索符合职业教育和应用型高校特点的教师资格标准和专业技术职务（职称）评聘办法。”

全面深化新时代职业院校教师队伍建设。《中共中央 国务院关于全面深化新时代教师队伍建设改革的意见》提出：全面提高职业院校教师质量，建设一支高素质“双师型”的教师队伍。继续实施职业院校教师素质提高计划，引领带动各地建立一支技艺精湛、专兼结合的“双师型”教师队伍。加强职业技术师范院校建设，支持高水平学校和大中型企业共建“双师型”教师培养培训基地，建立高等学校、行业企业联合培养“双师型”教师的机制。切实推进职业院校教师定期到企业实践，不断提升实践教学能力。建立企业经营管理者、技术能手与职业院校管理者、骨干教师相互兼职制度。健全职业院校教师管理制度。根据职业教育特点，有条件的地方研究制定中等职业学校人员配备规范。完善职业院校教师资格标准，探索将行业企业从业经历作为认定教育教学能力、取得专业课教师资格的必要条件。落实职业院校用人自主权，完善教师招聘办法。推动固定岗和流动岗相结合的职业院校教师人事管理制度改革。支持职业院校专设流动岗位，适应产业发展和参与全球产业竞争需求，大力引进行业企业一流人才，吸引具有创新实践经验的企业家、高科技人才、高技能人才等兼职任教。完善职业院校教师考核评价制度，“双师型”教师考核评价要充分体现技能水平和专业教学能力。《教师教育振兴行动计划（2018—2022年）》提出，“支持探索普通高中、中等职业学校教师本科和教育硕士研究生阶段整体设计、分段考核、有机衔接的培养模式”，“幼儿园、中小学和中等职业学校按照年度公用经费预算总额的5%安排教师培训经费”。

地方政府也在制定相关制度努力建立相对独立的教师标准体系。上海、安徽、福建、山东、河南、湖南、广东、广西、重庆、四川、西藏、甘肃、新疆13个省（区、市）明确了中等职业学校教职工编制标准。比如，西藏按生员比10∶1核定，而湖南省则是规定中等职业学校各类专业的生员比——农工医卫类11∶1、商贸财经类14.5∶1、文化艺术与体育类7∶1。多地按照教职工编制总量的一定比例核增附加编制，以满足中等职业学校发展的实际需求。比如，湖南省规定获得国家级示范性中等职业学校建设单位资格的学校，可上浮5%的编制；获得省级示范性中等职业学校建设单位资格的学校，可上浮3%。一些地方创新补充方式，提高编制使用效益。上海、重庆、广西等地通过服务外包或其他方式购买后勤服务，工勤人员不再占用事业编制，腾出的编制更多地用于专业教师队伍建设，优先满足教育教学工作的需要。福建、山东、湖南等地规定学校教职工编制总数的15%～30%可用于聘请专业兼职教师，在确定的编制限额内，学校根据岗位需求自主聘任，财政部门核拨一定经费。福建、重庆等地增强学校选人用人自主权，在中职学校总编制内设置一定比例“特聘教师”岗位，不受学校岗位职数限制和人员学历、身份限制，由学校自主引进高层次、紧缺学科教师。此外，河南、四川、广东规定中等职业学校教职工编制实行总量控制，动态管理。湖南、广西等地区出台了统一的中等职业学校教职工编制标准。山东省实行校长职级制，探索校长培育遴选新机制，在5个市试点取消中等职业学校校长行政级别，按教育家、企业家的复合标准培养配备职业院校校长，实行校长职级制。浙江省建立与教师继续教育挂钩的教师定期注册制度，实施名师培养计划，开展职教名师巡讲活动，并开展本科师范院校与示范性高职院校联合培养职教专业师资的试点工作，拓宽专业教师引进渠道。江苏省于2012年出台了《江苏省中等职业学校“双师型”教师非教师系列专业技术证书目录（试行)》，规定中级及以上教师晋升职称应取得技师以上等级证书。宁波市对取得全市职业教育师生技能大赛前3名的教师，直接授予技师职业资格，优先作为宁波市“首席工人”评选的推荐对象，并作为破格晋升中学一级教师职务的条件之一。中等职业学校教师职称评定实行单列，单独成立职评委员会，与普通高中职评委员会并列。每两年评选优秀“双师型”教师，优秀“双师型”教师者享受市级学科骨干教师待遇，并纳入市级骨干教师管理范围。

二、实施职业院校教师素质提高计划①

2011年以来，教育部和财政部共实施了两期职业院校教师素质提高计划，时限分别为2011—2015年和2017—2020年。以下重点介绍2011—2015年该计划的实施情况。

（一）项目背景与目标

2011年11月8日，为落实2010年国家教育规划纲要提出的完成培训一大批“双师型”教师、聘任（聘用）一大批有实践经验和技能的专兼职教师的工

① 教育部教师工作司．聚焦“双师”奠基职教：职业院校教师素质提高计划实施十周年．(2017-03-03)．http：//www.zjchina.org/platform/service/zxnews/shtml/201703/11234.shtml.

作要求，进一步推动和加强职业院校教师队伍建设，《教育部　财政部关于实施职业院校教师素质提高计划的意见》出台，教育部、财政部决定于 2011—2015 年实施职业院校教师素质提高计划。

该计划的目标任务是：2011—2015 年，组织 45 万名职业院校专业骨干教师参加培训，其中中央财政重点支持培训 10 万名，省级培训 35 万名，提高教师的教育教学水平特别是实践教学和课程设计开发能力；支持 2 万名中等职业学校青年教师到企业实践，提高教师的产业文化素养和专业技能水平；支持职业院校设立兼职教师岗位，优化职业院校教师队伍的人员结构；支持国家职业教育师资基地重点建设 300 个职教师资专业点，开发 100 个职教师资本科专业的培养标准、培养方案、核心课程和特色教材，加强基地的实训条件和内涵建设，完善适应教师专业化要求的培养培训体系。

（二）项目执行情况

2011—2015 年，该计划得到了全面顺利的执行。主要成效主要包括以下几个方面：

1. 教师培训范围广、规模大，队伍素质结构得到优化

65 万名职业院校教师参加国家级培训和省级培训，培训人数占到全国职业院校专任教师总数的 50.8%；与职业教育先进国家联合开展教师和校长培训，2 000 名中等职业学校教师、500 多名中等职业学校教学管理干部、450 名高等职业学校校长、2 200 名高等职业学校教师到国（境）外进修，为 3 400 多所职业院校培养“种子”教师；完成专业课教师轮训，培训期间近 50%的教师取得高一级职业资格证书或专业技术资格证书，相比 2010 年中职“双师型”教师数量增加 26.2%。高职院校领导海外培训项目派出高等职业学校校长赴海外培训，提升了他们的战略思维能力、科学决策能力、资源整合能力。

全国已有 26 个省（区、市）（含计划单列市、新疆生产建设兵团）省级财政列支专项经费支持兼职教师聘用，累计投入 8.11 亿元，支持 5 292 所中高等职业院校 15 827 个专业点聘请 61 564 名兼职教师，一大批具有中级以上专业技术职务或高级工以上职业资格，在本行业享有较高声誉、具有丰富实践经验和特殊技能的“能工巧匠”和高技能人才被聘请到职业院校兼职任教。中高职兼职教师比例不断攀升，每年聘用兼职教师 30 万人次，占专任教师比例达到 23.4%，专兼结合的“双师型”教师队伍结构得到持续优化。

教育部职业院校教师素质提高计划中等职业学校教师国家级培训开学典礼

2. 完善了师资培养培训体系和标准

多数全国重点建设职教师资培养培训基地成立了职业技术教育（师范）学院，承担培养培训教师的职责和任务。中央财政累计划拨 6 亿元专项经费，支持国家级职业教育师资培养培训基地重点建设 300 个职教师资培养培训专业点，专业点已经完成全面布点，基本完成建设任务，有效改善了职教师资培养培训基地的实习实训条件。每年承担教师国家级培训任务的师资培训基地近 100 家，举办培训班超过 500 个。开发了 80 个紧缺专业教师培训标准、培训方案，出版 270 多种教师培训特色教材和核心课程资源；遴选了 42 个职教师资培养工作基础好、具有相关学科优势的本科层次国家级职业教育师资基地等有关机构，牵头组织职业院校、行业企业等方面的研究力量；开发了 100 个职教师资本科专业的培养标准、培养方案、核心课程和特色教材，包括 88 个专业教师标准、培养标准和培养方案以及十多个专业大类资格考试标准；800 多门主干课程和教材已经全面完成验收，建成了基本完备的职业教育师资培养制度、课程体系。实施中等职业学校教师在职攻读硕士学位计划。比如，2011 年承担培养单位达到 33 所，当年培养人数达到 2 000。

（三）主要创新

1. 企业深度介入教师培训

四川长虹电子集团有限公司等 8 家企业成为职业教育教师专业技能示范单位，中国铝业公司等 10 家企业成为国家级教师企业实践单位，港中旅、东风汽车有限公司、神州数码、联想集团、宝钢集团等一大批央企和大型企业参与进来，校企联合开展教师企业实践工作。数千名行业企业管理、技术人员和职业院校的教师一起开发了师资培养培训方案、课程和教材。企业深度介入教师培训，使得职业院校教师与生产实践一线的联系更加密切，缩小了职业教育与生产实践的距离。

2012 年贵州省国家中等职业学校青年教师企业顶岗实践项目

2. 教师培训基地成为主要组织者

以基地为主要组织者开展职业院校教师素质提高计划是一项创新，也是一个明显的特点。优秀的高等学校和企业是教师培训基地的主力。承担中等职业教育教师国家级培训项目任务的基地有 96 个，涵盖综合性大学、师范院校、大中型企业、高等职业学校和中等职业学校，比如，同济大学、北京理工大学、天津职业技术师范大学、河北师范大学、长虹电子科技有限公司、苏州工业园职业技术学院、成都工业职业技术学校等一批基地，发挥本单位特色优势开展教师培养培训，各有侧重、各展所长。依托这些教师培训基地，"基地培训+企业实践+返岗实践"的教师培训模式被开发和广泛运用，也成为近年我国开展职业院校教师培训的一大特色。

3. 规范地进行项目管理

实施职业院校教师素质提高计划是教育部和财政部联合实施的重大项目，也是带动地方各级教育、财政部门和有关单位实施的重大项目。为规范运行项目，教育部、财政部制定了具体的项目管理办法——《职业院校教师素质提高计划中等职业学校专业骨干教师培训项目管理办法》《职业院校教师素质提高计划中等职业学校青年教师企业实践项目管理办法》《职业院校教师素质提高计划高等职业学校骨干教师培训项目管理办法》《职教师资本科专业培养标准、培养方案、核心课程和特色教材开发项目管理办法》《现代职业教育质量提升计划专项资金管理办法》，建立了科学有效的项目管理机制，明确了实施原则、范围、标准和中央补助资金使用方向；成立了专家咨询委员会，为项目顺利实施提供咨询和指导；完善了网络管理平台，提高了项目管理的信息化水平。

专栏6-5

吉林省建立省、市、校三级"双师型"教师培养考评和认定机制

吉林省建立了省、市、校三级"双师型"教师培养考评和认定机制，通过选送教师到企业实践、向能工巧匠拜师学艺等途径，促使专业教师向"双师型"教师转型。2014年中等职业学校和高等职业学校"双师型"教师比例分别达到52%和45%，共计1.1万人。长春汽车工业高等专科学校充分利用企业资源，开展教师培训与认证工作。目前，通过中德SGAVE、丰田T-TEP、大众TQP、米其林、东风本田、保时捷、奥迪ACC等项目企业认证专业教师56人。

相对于2011—2015年实施的职业院校教师素质提高计划，职业院校教师素质提高计划（2017—2020年）有4点创新——更加重视分层分类培训、更加关注校长、中高职教师素质协同提升、设立兼职教师特聘岗位。新一轮计划设置了职业院校教师示范培训、中高职教师素质协同提升、校企人员双向交流合作

三项任务。具体任务是：2017—2020 年，分年度组织职业院校教师校长分层分类参加国家级培训，提高教师教育教学水平和校长办学治校能力；开展中等职业学校、高等职业学校、应用型高校教师团师研修和协同创新，创建一批中高职教师专业技能创新示范团队；推进教师到企业实践和设立兼职教师特聘岗位，畅通校企人员双向交流合作渠道。同时，教育部办公厅印发了项目管理办法。

三、持续开展全国职业院校信息化教学大赛

为提高职业教育教师现代化信息技术应用水平，2010 年教育部在沈阳市首次举办了全国中等职业院校信息化教学大赛，来自全国各地的 33 个代表队、256 名教师参加了 5 个组别的大赛活动。第六届全国职业院校信息化教学大赛现场决赛 2016 年在济南举办，大赛共收到来自地方 37 个参赛队和军事职业组的 1 332 件参赛作品。经网络评审和现场决赛，中职组、高职组共产生一等奖 129 名、二等奖 187 名、三等奖 310 名；军事职业组共产生一等奖 12 名、二等奖 18 名、三等奖 30 名。2017 年全国职业院校信息化教学大赛现场决赛于 2017 年 11 月 25—27 日继续在济南举办。大赛共收到 1 587 件参赛作品，共评出一等奖 160 名、二等奖 240 名、三等奖 415 名。每年一次持续开展的全国职业院校信息化教学大赛对用现代化信息技术改造传统教学方法起到了一定的推动作用。

南通分院教师在 2016 年全国职业院校信息化教学大赛中展示云锦图案设计作品

本章小结

以项目的形式，在全国范围内由中央财政资金带动地方财政资金和社会资金投入，以改善职业院校办学条件，增强基础能力，事实已经证明这在中国已经是行之有效的一条重要经验。通过严格的项目管理，可以用清晰的规则约束接受资金的学校项目建设单位，把资金真正用于学校建设和发展，并积极发挥其辐射带动作用，放大项目的经济效益和社会效益。对于经济欠发达地区，以职业教育为载体，通过倾斜性的政策支持和东西部对口支援的形式，不仅可以更好地开发当地人力资源，也可以促进当地就业和经济发展。所有这一切的前提是，中央政府真正重视职业教育的价值并投入必要的资金和人力以支持这些基础能力建设项目，带动和督促地方政府以及学校完成项目建设任务。

全国职业院校基础能力建设改善了办学条件，生均占有资源更加丰富。以中等职业学校为例，2013 年至 2016 年，全国生均产权固定资产值逐年提高，从 1.73 万元增加到 2.44 万元；全国生均产权校舍建筑面积逐年增加，从 13.93 平方米增加到 16.66 平方米；全国生均产权占地面积逐年扩大，从 32.46 平方米增加到 36.36 平方米（见图 6－1）。2011 年至 2016 年，在专任教师和在校生数量均逐年减少的情况下，中等职业教育生师比例却逐年好转，从 25.01：1 改善到 19.05：1（见表 6－2）。这些情况都是可喜的变化，因为生均占有教育资源的丰富奠定了教育质量提高的基础，而这也正是职业教育基础能力建设的本意。

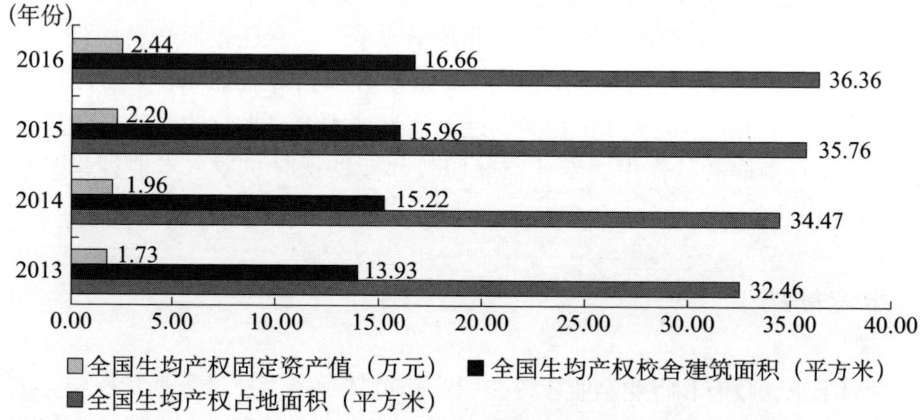

图 6－1　2013—2016 年全国中等职业学校生均占有资源情况

注：不含技工学校数据。

资料来源：教育部发展规划司发布的 2013—2016 年教育统计数据。

表 6-2　　2011—2016 年全国中等职业教育教师与学生情况

年份	生师比	专任教师（人）	在校生（人）
2011	25.01∶1	881 938	22 053 300
2012	23.99∶1	880 962	21 136 871
2013	22.16∶1	867 943	19 229 706
2014	20.45∶1	858 413	17 552 823
2015	19.63∶1	844 086	16 567 024
2016	19.05∶1	839 589	15 990 127

注：含技工学校数据。

资料来源：教育部发展规划司发布的 2011—2016 年教育统计数据。

《2016 年全国中等职业学校办学能力评估报告》显示：2016 年我国中等职业学校“生均教学仪器设备值超过 3 000 元的学校比例达到 67%，比两年前提高了 7 个百分点；实训基地建设成为中等职业学校改善专业教学条件的重要措施，目前已有 94%的学校建有校内实践基地，半数学校生均校内实践教学工位数达到 0.4 以上，成为我国中等职业学校办学一大特色”。“66.5%的学校聘用企业兼职教师，56.7%的学校支付兼职教师课酬，课酬总金额逐年提高，年增长率达到 13.2%。”

《2016 年全国高等职业院校适应社会需求能力评估报告》显示：2016 年我国高等职业学校“生均教学仪器设备值明显增加，近 400 所院校超过 1 万元。教育信息化建设成效突出，带宽在 100Mbps 及以上的院校比例为 93.5%”。“高等职业院校的校内实践教学基地超过 5.6 万个、校均 45 个，形成校内实践教学‘做中学、学中做’的特色，推动了专业教学改革。”“专任教师全员培训和企业实践成为提升双师素质的重要举措，双师素质教师占专任教师比例达到 52%。企业兼职教师总数达 15.9 万，智能制造、信息技术等一批行业技术升级较快的专业重视发挥兼职教师作用，专业点兼职教师授课课时总量占专业课学时总量的 25%以上。”

本章展望

面对未来，政府和行业企业应该在职业教育基础能力建设上继续保持必要的资金投入，以继续改善办学条件特别是贫困地区的职业教育办学条件，这对于保障中国经济结构调整和经济欠发达地区全面脱贫非常有价值。职业教育可以继承行之有效的经验——采取项目制的运作方式，也可以创新方式——比如充分运用互联网和新媒体工具，以帮助经济欠发达地区通过电子商务人才的培养和产品营销实现精准扶贫和快速脱贫。项目资金可以多主体——政府、国际组织、行业企业——筹集。项目运作也可以进一步精细化、规范化、小型化。总之，职业教育基础能力建设永远在路上，其标准、资金、管理都有不断完善的空间。

参考文献

［1］教育部，人力资源和社会保障部，财政部．国家中等职业教育改革发展示范学校建设计划项目管理暂行办法．教育部官网，2011.

［2］教育部职业技术教育中心研究所．中国特色职业教育发展之路：中国职业教育发展报告（2002—2012）．北京：高等教育出版社，2012.

［3］教育部职业技术教育中心研究所．《教育规划纲要（2010—2020 年）》中期评估职业教育评估报告．教育部官网，2015.

［4］国家发展和改革委员会，教育部，人力资源和社会保障部．关于编报“十三五”产教融合发展工程规划项目建设方案的通知．教育部官网，2016.

［5］王继平．中国教育改革大系：职业教育卷．武汉：湖北教育出版社，2016.

［6］吉利，史枫，王宇波．第二批国家中职示范学校建设发展报告．中国职业技术教育，2016（19）.

［7］教育部教师工作司．聚焦“双师”奠基职教：职业院校教师素质提高计划实施十周年．(2017-03-03)．http：//www.zjchina.org/platform/service/zxnews/shtml/201703/11234.shtml.

第七章
职业教育经费投入

教育投入是支撑国家长远发展的基础性、战略性投资，是发展教育事业的重要物质基础，是公共财政保障的重点，是保障教育实施的重中之重。多年来，党和国家始终重视职业教育经费投入，先后出台了一系列加大财政教育投入的政策措施，不断加大职业教育经费投入力度，加快发展现代职业教育。

第一节 经费投入的制度性回顾

一、职业教育经费投入政策不断完善

自1996年《职业教育法》颁布以来，国家在加快发展职业教育方面出台了一系列重大举措，不断完善职业教育经费投入政策（见表7-1）。

表7-1　职业教育经费投入相关政策

政策文本	表述关键词			
	总体要求	各级人民政府	省级人民政府	其他
1996年《职业教育法》第27条	国务院有关部门会同国务院财政部门制定学生人数平均经费标准		应当制定学生人数平均经费标准；职业学校举办者按照学生人数平均经费标准足额拨付	
2002年《国务院关于大力推进职业教育改革与发展的决定》	多渠道增加投入	要加大投入	要制定生均经费标准；依法督促职业学校举办者足额拨付	中央财政增加职业教育专项经费
2004年2月教育部《2003—2007年教育振兴行动计划》	改革和完善教育投入体制，保证经费持续稳定增长	教育财政拨款的增长应当高于财政经常性收入的增长，并使在校学生人数平均的教育费用逐步增长	非义务教育的办学经费，以政府为主渠道，由政府、受教育者和社会共同分担	

续前表

政策文本	表述关键词			
	总体要求	各级人民政府	省级人民政府	其他
2004年9月《教育部等七部门关于进一步加强职业教育工作的若干意见》			省级政府要制定本地区职业院校学生生均经费标准，并督促职业院校举办者按标准投入经费	
2005年10月《国务院关于大力发展职业教育的决定》	多渠道增加经费投入	要加大对职业教育的支持力度，逐步增加公共财政对职业教育的投入	制定本地区职业院校学生人数平均经费标准	用各级财政安排的职业教育专项经费建立职业教育贫困家庭学生助学制度
2006年7月《财政部　教育部关于完善中等职业教育贫困家庭学生资助体系的若干意见》		资金来源主渠道是各级政府		以地方财政投入为主，中央财政适当补助
2007年5月《国家教育事业发展“十一五”规划纲要》	要依法落实教育经费的“三个增长”	逐步增加政府对职业教育的投入力度	制定各级各类学校办学条件基本标准和生均拨款标准	
2010年国家教育规划纲要	要健全以政府投入为主、多渠道筹集教育经费的体制 提高国家财政性教育经费支出占国内生产总值比例，2012年达到4%		中等职业教育实行政府、行业、企业及其他社会力量依法筹集经费的机制；建立高等职业学校和中等职业学校家庭经济困难学生资助政策体系	按增值税、营业税、消费税的3%足额征收教育费附加，专项用于教育事业
2011年6月《国务院关于进一步加大财政教育投入的意见》		要严格按照《中华人民共和国教育法》等法律法规落实教育经费法定增长要求		

续前表

政策文本	表述关键词			
	总体要求	各级人民政府	省级人民政府	其他
2011 年 12 月教育部《关于印发〈中等职业教育督导评估办法〉的通知》			制定中等职业学校生均公用经费标准，要求各地提供省级制定的中职生均经费标准的文件或依据	
2012 年 6 月《国家教育事业发展第十二个五年规划》	全面落实教育投入政策	制定生均拨款标准和公用经费标准	研究制定各级学校生均经费基本标准	
2012 年 10 月财政部、国家发改委、教育部、人社部《关于扩大中等职业教育免学费政策范围 进一步完善国家助学金制度的意见》	从 2012 年秋季学期起，对公办中等职业学校全日制正式学籍一、二、三年级在校生中所有农村（含县镇）学生、城市涉农专业学生和家庭经济困难学生免除学费（艺术类相关表演专业学生除外）			
2014 年 6 月《现代职业教育体系建设规划（2014—2020 年）》		2015 年底前，依法出台生均经费标准或公用经费标准	县级以上政府要建立职业教育经费绩效评价制度、审计监督公告制度、预决算公开制度	
2014 年 10 月财政部、教育部《关于建立完善以改革和绩效为导向的生均拨款制度 加快发展现代高等职业教育的意见》	中央财政引导各地建立与完善公办高职院校生均拨款制度；从 2014 年起，中央财政建立“以奖代补”机制；综合奖补包括拨款标准奖补和改革绩效奖补两部分		省级要统筹推动本地区全面建立与完善公办高职院校生均拨款制度	

续前表

政策文本	表述关键词			
	总体要求	各级人民政府	省级人民政府	其他
《关于建立完善中等职业学校生均拨款制度的指导意见》	地方是建立完善中职学校生均拨款制度的责任主体	中央财政通过“以奖代补”方式，引导各地建立完善中职学校生均拨款制度	省级要统筹推动本地区全面建立完善公办中职学校生均拨款制度	

从表 7－1 中可以看出，职业教育经费投入政策脉络主要反映在以下 4 个方面：

一是明确制定生均教育经费。1996 年，国家以法律形式确定国务院有关部门会同国务院财政部门制定职业学校学生人数平均经费标准、省级人民政府制定职业学校学生人数平均经费标准、职业学校举办者按照学生人数平均经费标准足额拨付。国务院先后于 2002 年、2005 年和 2014 年三次发布发展职业教育决定，均明确各级地方政府要制定生均经费标准。2004 年 2 月教育部《2003—2007 年教育振兴行动计划》、2004 年 9 月《教育部等七部门关于进一步加强职业教育工作的若干意见》等多个文件均再三要求各地建立生均拨款制度，明确生均教育经费标准。2014 年《现代职业教育体系建设规划（2014—2020 年）》明确要求，2015 年底前，各地依法出台职业院校生均经费标准或公用经费标准；同年 10 月 30 日财政部、教育部印发的《关于建立完善以改革和绩效为导向的生均拨款制度　加快发展现代高等职业教育的意见》明确提出，2017 年各地高职院校年生均财政拨款水平应当不低于 12 000 元。从 2014 年起，中央财政建立“以奖代补”机制，综合奖补包括拨款标准奖补和改革绩效奖补两部分。2015 年 11 月 9 日，财政部、教育部、人社部印发《关于建立完善中等职业学校生均拨款制度的指导意见》，要求到 2016 年底，各地应当建立完善中职学校生均拨款制度。到 2020 年，建立起与社会主义市场经济体制相适应、基本满足事业发展需要的中职教育多元经费投入体系，形成以政府投入为主，行业、企业及其他社会力量共同支持的经费投入长效机制，因地制宜、科学合理确定中职学校生均拨款标准，并逐步提高拨款水平。

二是明确教育经费的“三个增长”。2007 年 5 月教育部《国家教育事业发展“十一五”规划纲要》指出，要依法落实教育经费的“三个增长”，即财政年度预算和执行结果都要达到教育经费支出的法定增长水平，并确保财政性教育经费增长幅度明显高于财政经常性收入增长幅度，逐步使财政性教育经费占国内生产总值的比例达到 4%；2010 年国家教育规划纲要提出，2012 年达到 4%；2010 年 11 月《关于统一地方教育附加政策有关问题的通知》和 2011 年 6 月《国务院关于进一步加大财政教育投入的意见》提出，要促进落实经费目标。

三是逐步增加职业教育专项经费。所涉及的项目包括职业教育实训基地建设、职教师资基地建设、技能型紧缺人才培养培训、中等职业学校教师素质提高计划、中等职业教育改革创新行动计划、“国家示范性高等职业院校建设计划”、中等职业教育改革发展示范学校建设计划、现代职业教育质量提升计划等。

四是逐步建立职业教育贫困家庭学生助学制度。2007 年和 2009 年分别开始实施中等职业学校国家助学金和中等职业学校免学费政策。至今，基本形成了中职学生资助体系。2015 年 2 月，李克强主持召开的国务院常务会议决定提高中等职业学校和普通高中国家助学金补助标准，从 2015 年春季学期起，将中等职业学校和普通高中国家助学金标准由生均每年 1 500 元提高到 2 000 元，助力贫困学子和技能型人才成长。

这些政策为促进职业教育经费投入增长提供了制度性保障，职业教育总体上呈现事业规模扩大、经费投入增加的良性局面。

二、职业教育经费投入机制基本形成

职业教育“在国务院领导下，分级管理、地方为主、政府统筹、社会参与”①的管理体制和“政府主导、依靠企业、充分发挥行业作用、社会力量积极参与，公办与民办共同发展”②的多元办学格局，明确了中央和各级地方政府在发展职业教育中的重要主体责任，“以政府投入为主、受教育者合理分担、其他多种渠道筹措经费”③的职业教育经费投入机制正在形成。

近年来，以政府投入为主的职业教育经费筹措机制在职业教育改革发展进程中起到了重要作用。在中央财政的引领下，地方各级财政持续强力投入，促进职业教育培养了大批适应经济社会需要的技术技能人才，为加快发展现代职业教育提供有力支撑，为经济发展、促进就业和改善民生做出了重要贡

①② 国务院关于大力发展职业教育的决定．中国政府网，2015-10-28.

③ 教育部．十年 1.2 万亿：助推职业教育健康发展：教育部财务司有关负责人就职业教育财政投入答记者问．教育部官网，2014-06-30.

献。政府投入为主的职业教育经费投入机制主要表现在：第一，政府的主渠道作用日趋明显。职业教育财政投入持续增加，2006—2014 年年均增长 22.04%；2014 年，职业教育经费总投入中财政性经费所占比例达到 74.67%，比 2005 年提高 29.33 个百分点，体现了政府主导的特征。第二，国家财政性教育经费中职业教育所占份额逐步增加。2014 年国家财政性教育经费中职业教育所占份额为 9.68%，比 2005 年提高 1.43 个百分点。从总体上看，呈现逐年上升态势。

第二节　经费投入概况与成效

近年来，职业教育财政投入总量持续增长、生均公共财政预算经费大幅增长、中央财政专项经费投入不断加大，为加快推进职业教育发展提供了有力保障。

一、职业教育财政投入总量持续增长

自 2005 年《国务院关于大力发展职业教育的决定》发布以来，中国职业教育经费投入总量呈现出稳步增长的态势。

（一）2005—2014 年职业教育经费总量年均增长 15.46%

2014 年，全国教育经费总投入达 32 806 亿元，比 2005 年的 8 419 亿元增长了 2.90 倍；国家财政性教育经费占国内生产总值比例达到了 4.15%。其中，职业教育经费总投入约为 3 424 亿元，比 2005 年的 939 亿元增长了 2.65 倍，年均增长率达 15.46%（见图 7－1、图 7－2）。

（二）职业教育财政性教育经费年均增长 22.04%

从投入总量上看，国家财政教育投入持续大幅增长，2005—2014 年，职业教育国家财政性经费达 1.48 万亿元。2014 年，全国财政性教育经费为 26 421 亿元，比 2005 年的 5 161 亿元增加了 21 260 亿元，增长了 4.12 倍；其中，职业教育财政性教育经费约为 2 557 亿元，比 2005 年的 426 亿元增加 2 131 亿元，增长了 5 倍，年均增长率达 22.04%（见图 7－1、图 7－2）。职业教育财政教育投入的大幅增加，为职业教育改革发展提供了有力支持。

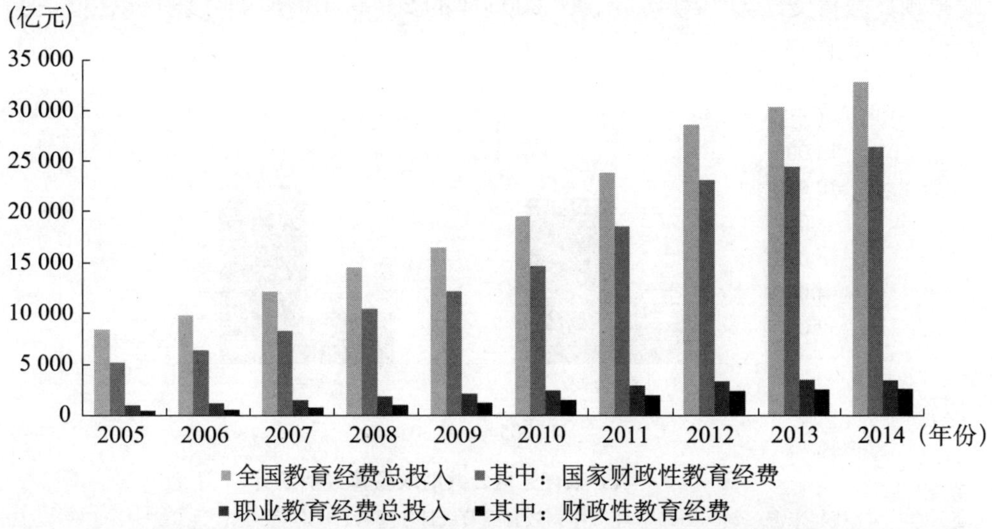

图 7-1　2005—2014 年全国教育经费及职教经费投入增长情况

资料来源：2005—2014 年《中国教育经费统计年鉴》。

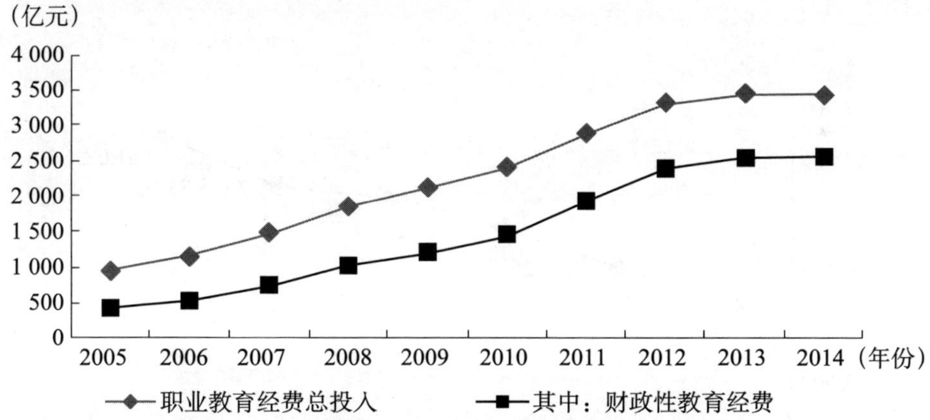

图 7-2　2005—2014 年职业教育经费投入增长情况

资料来源：2005—2014 年《中国教育经费统计年鉴》。

二、职业教育生均公共财政预算经费大幅增长

统计显示，2014 年，中等职业学校生均公共财政预算教育支出为 9 428 元，比 2005 年的 2 410 元增加了 7 018 元，增长了 2.91 倍；高等职业学校生均公共

财政预算教育支出为 10 148 元，比 2005 年的 2 959 元增加了 7 189 元，增长了 2.43 倍（见图 7－3）。

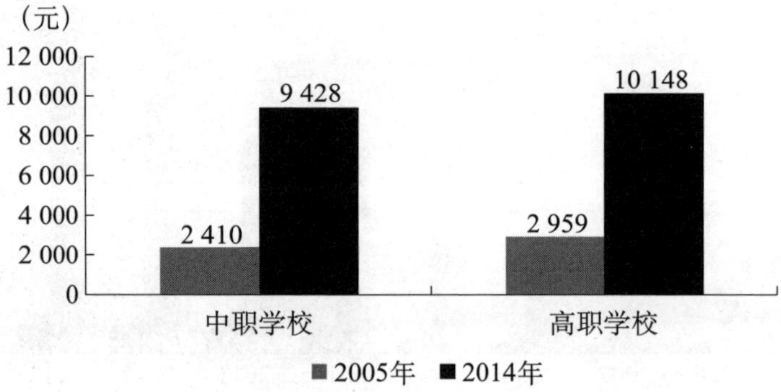

图 7－3　职业教育生均公共财政预算经费统计

资料来源：2005—2014 年《中国教育经费统计年鉴》。

2010—2015 年，全国中等职业教育生均公共财政预算教育事业费逐年增长，2015 年平均值达到 10 961.07 元，比 2010 年的 4 842.45 元增长了 1.26 倍（见图 7－4）。

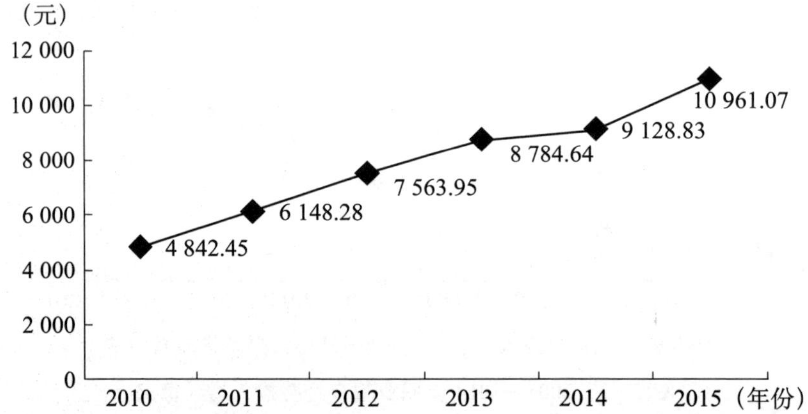

图 7－4　2010—2015 年全国中职生均公共财政预算教育事业费增长情况

资料来源：2010—2015 年《全国教育经费执行情况统计公告》。

从 2010—2015 年，全国中等职业教育生均公共财政预算公用经费增长逐年增长，2015 年平均值达到 4 346.94 元，比 2010 年的 1 468.03 元增长了1.96倍（见图 7－5）。

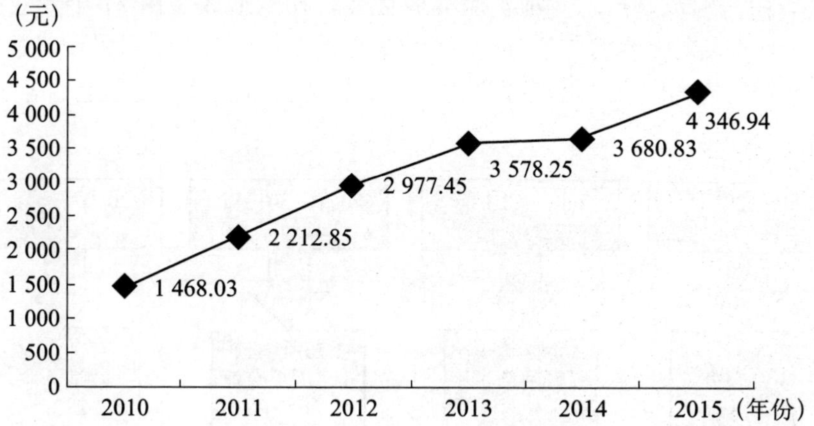

图 7-5　2010—2015 年全国中职生均公共财政预算公用经费增长情况

资料来源：2010—2015 年《全国教育经费执行情况统计公告》。

三、中央财政专项经费投入不断加大

近年来，中央财政在增加财政性教育经费的同时，针对职业教育发展过程中的关键领域和薄弱环节，教育部、财政部通过实施一系列重大项目，持续加大职业教育投入，不断提升职业教育基础能力、改善职业院校办学条件，引领解决职业教育发展难题，增强职业教育吸引力，促进教育公平。据统计，2004 年以来，中央财政投入超千亿元专项资金，专门用于支持职业教育重大项目建设。

（一）基础能力建设项目

基础能力建设项目（见图 7-6）主要有 4 个分项目：一是职业教育实训基地建设计划。2004—2013 年，中央财政共投入专项资金 78 亿元，支持建设了 4 556 个职业教育实训基地。二是职业院校教师素质提高计划。2007—2013 年，中央财政共投入专项资金 21 亿元，引导和激励各地对职业院校优秀骨干教师进行培训，力争从根本上解决职业院校"双师型"教师不足、教师整体素质不高的问题。三是高等职业学校提升专业服务产业能力建设项目。2011—2012 年，中央财政共投入专项资金 40 亿元，支持全国 976 所独立设置公办高等职业学校重点建设 1 810 个专业，惠及在校生 61 万人，全面提升了高等职业学校专业建设水平和产业服务能力。四是高等职业教育专业教学资源库建设项目。2010—

2015 年，中央财政共投入专项资金 3.8 亿元，初步形成了由 71 个专业教学资源库、1 个民族文化传承与创新资源库（8 个子库）和 1 个学习平台（数字校园学习平台）构成的国家资源库建设体系，覆盖了农林牧渔、交通运输等 19 个高职专业大类。

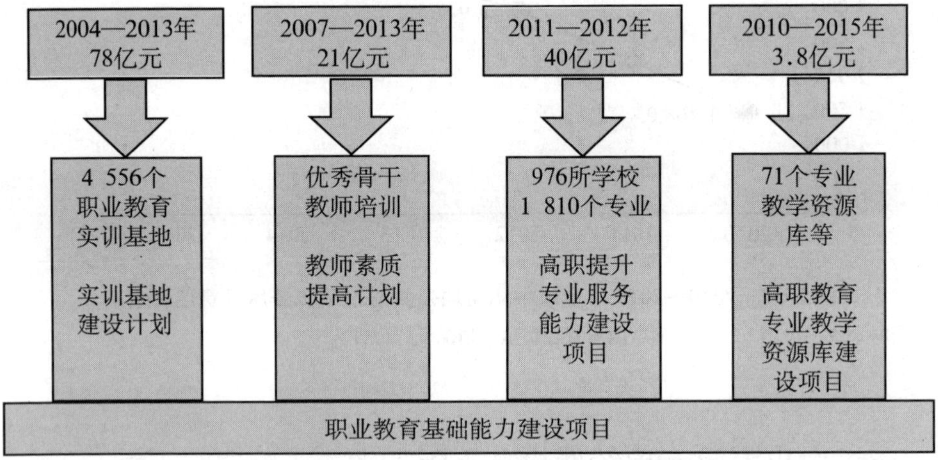

图 7－6　2004—2015 年职业教育基础能力建设项目

从 2004 年中央财政支持的职业教育实训基地建设计划实施以来，切实改善了职业院校实训条件，提升了职业院校基础能力，同时还带动了地方对实训基地建设投入力度。比如，天津市委、市政府积极创建的海河教育园区，2009 年以来已累计投入 300 亿元，建有 4.4 万平方米的大型公共实训中心，拥有 1 750 台（套）价值 2.8 亿元的设备、3.2 万平方米的公共图书馆、50 万册纸质藏书，8.8 万平方米的公共体育中心，园区已成为大赛主赛场、中国（天津）职业技能公共实训中心。国家中西部地区职业教育师资培训中心、国家职业教育教学资源开发与制作中心、大赛成果转化中心等其他“国字号”项目正在筹划建设中。浙江省 2010 年以来投入 0.5 亿元扶持建设 57 个产学研联合体，投入近 2 亿元扶持建设 116 个省级实训基地。安徽省马鞍山市按照“市场导向、合理定位、功能互补、资源共享”的原则，投入 1.5 亿元，引入 1 500万欧元，建成功能齐全、面向社会开放的数控、机电、汽修、现代服务业和信息技术专业五大公共实习实训基地。宁夏投资 61 亿多元建设“宁夏职业教育园区”，建成后可同时容纳 10 万人学习和实验实训；2014 年投资 3.87 亿元，建设“中国宁夏现代职业技能公共实训中心”，到 2015 年，已建成电子信息、机械加工、能源化工、建筑技术、物流管理、现代服务、设施农业、清真食品、枸杞保鲜与加工 9 个专业公共实训中心。

国家围绕现代农业、制造业发展重点方向、战略性新兴产业、生产和生活性服务业等重点领域和地方经济社会发展需要，实施高等职业学校提升专业服务能力建设项目。2011—2012年，中央财政设立专项资金，在全国独立设置公办高等职业学校中，对1 000个左右紧贴产业发展需求、校企深度融合、社会认可度高、就业好的专业进行重点建设，用两年时间全面提升了高等职业学校专业建设水平、装备条件水准和产业服务能力，整体提高了人才培养质量和办学水平。如天津市26所高职院校拥有118个中央财政支持专业和101个市级财政支持专业，并全部建立了长效、动态、校企合作机制，全面推动了教学改革、师资建设、基地建设、顶岗实习、学生就业、企业职工培训等工作，实现了校企双赢。2014年，在教育部、财政部“以奖代补”随机抽样专项检查中，专家组对天津职业教育财政投入和经费使用给予充分肯定，将天津财政支持机制称为“天津现象”。

2011—2015年，教育部、财政部实施职业院校教师素质提高计划，共组织45万名职业院校专业骨干教师参加培训，提高教师的教育教学水平特别是实践教学和课程设计开发能力。其中，中央财政重点支持培训教师10万名，中等职业学校国内培训每人次1.8万元，出国培训每人次5万元；省级培训教师35万名。计划实施以来，在教育系统和社会上产生重大成效，对于加强教师队伍建设、提高职业教育办学水平和质量发挥了重要的推动作用。2011—2013年，中央财政已安排16.6亿元，推动了国家、省级和学校三级教师培训体系的建立，带动了各地职业教育师资的培养培训工作。浙江省全面建立完善国家、省、市、县、校五级职教师资培训网络，省财政每年安排1 000多万元投入师资培训，各地配套培训经费超过1亿元。福建省“实施职业院校教师素质提高计划”，开展专业骨干教师培训、青年教师企业实践和兼职教师推进项目，2012年以来约有5 000名职业院校教师参加了国家级和省级培训。云南省从2010年开始，每年培训中职教师1 500人以上，其中国家级培训不低于400人，省级培训不低于1 100人，送到企业培训不低于150人，送出国培训不低于10人。

（二）示范性学校建设项目

示范性学校建设项目主要有2个分项目：一是“国家示范性高等职业院校建设计划”。2006—2013年，中央财政共投入专项资金46亿元，分两期实施，重点支持建设了200所国家示范（骨干）高职院校。二是中等职业教育改革发展示范学校建设计划。2010—2013年，中央财政共投入专项资金近100亿元，分三批重点支持了1 000所中等职业学校改革创新，提升教育质量。

中央财政支持的示范性学校建设项目引领作用显著。各地以国家示范院校为主体，积极推进中高职协调发展，加快现代职业教育体系建设，引领职业教育走特色化、内涵式发展道路。如，湖南省先后投入 15.5 亿元重点支持建设 42 所省级示范性高职院校、108 所省级示范性中职学校、30 个示范性县级职教中心。天津市市财政计划投入 11.5 亿元，用于中等职业学校布局调整及中高职示范校建设、优质特色专业校建设，实际项目建设资金总额预计超过 15 亿元。山东省 2012 年投入 7.8 亿元支持 13 所高职院校建设技能型特色名校（省级示范高职高专院校）；2015 年 12 月印发《关于山东省示范性及优质特色中等职业学校建设工程的实施意见》，计划从 2015 年到 2020 年，重点建设 100 所示范性及优质特色中等职业学校。河北省从 2015 年起，统筹中央财政专项资金和自有财力，重点抓好 120 所中等职业学校的提升发展，到 2020 年，力争建设 20 所左右办学规模大、就业质量高、校企合作紧密、办学规范、课程设计合理、专业特色突出、具有一定示范带头作用的精品中等职业学校；建成 90 所左右具有一定办学规模、承载能力强、区域产业发展联系紧密、专业特色鲜明的名牌中等职业学校；建成 10 所左右符合职业教育办学方向、具有民族文化特色、传承历史文化和传统技艺的特色中等职业学校。

（三）职业学校学生资助项目

2007—2015 年，中央财政安排中等职业学校国家助学金 555.98 亿元；2009—2015 年，中央财政安排中等职业学校免学费补助资金 879.85 亿元。目前，中等职业学校所有农村（含县镇）学生、城市涉农专业学生和家庭经济困难学生免除了学费，覆盖面达到 90%以上。同时，高等职业学校纳入高等教育学生资助政策体系，从制度上保障了每个学生不因家庭经济困难而失学。贵州省自 2011 年以来，中央财政支持中职免除学费和资助政策专项经费 17.7 亿元，省级财政投入 2.3 亿元。2014 年贵州省免学费和发放国家助学金共 9.18 亿元，资助学生 59.56 万人次；其中，贵阳市截至 2014 年累计投入资金 6 792 万元，资助中职学生 8 万人次，占中职在校生总数的 90%以上。

（四）综合奖补项目

2013 年，中央财政安排职业教育“以奖代补”专项资金 64 亿元，用于各地建立完善职业教育生均拨款制度，改善职业院校办学条件，加强“双师型”教师培训和实训基地建设，提升职业教育基础能力和教学质量。“以奖代补”专项资金改变了以往项目管理方式，首次不确定具体项目，采用因素法分省确定资金额度；各省根据中央下达的预算，结合本地职业教育实际，自主确定支持项目，然后将资金使用管理情况和项目安排建设情况报两部备案，进一步提高了省级政府的统筹能力。通过中央专项资金的支持，带动地方政府投入 18 亿元，推动了各地建立完善以改革和绩效为导向的职业教育生均拨款制度，促进了职业院校办学模式改革和办学条件的改善。

（五）现代职业教育质量提升计划

2014 年安排资金 113.99 亿元，2015 年安排资金 147.86 亿元，专门用于支持现代职业教育质量提升计划。2015 年财政部、教育部印发了《现代职业教育质量提升计划专项资金管理办法》，重点支持三个方面内容：一是支持各地建立完善以改革和绩效为导向的高等职业院校生均拨款制度。二是支持各地在优化布局的基础上，改扩建中等职业学校校舍、实验实训场地以及其他附属设施，配置图书和教学仪器设备等，推动建立健全中等职业学校生均拨款制度。三是支持各地加强“双师型”专任教师培养培训，提高教师教育教学水平；支持职业院校设立兼职教师岗位，优化教师队伍人员结构。

第三节　生均经费标准制定现状

职业教育生均经费早在 20 世纪 90 年代中期就做出了明确规定，使生均经费标准制定具备了法律基础。1995 年，《中华人民共和国教育法》第 54 条规定：“国家财政性教育经费支出占国民生产总值的比例应当随着国民经济的发展和财政收入的增长逐步提高。具体比例和实施步骤由国务院规定”，“全国各级财政支出总额中教育经费所占比例应当随着国民经济的发展逐步提高”。第 55 条规定：“各级人民政府教育财政拨款的增长应当高于财政经常性收入的增长，并使按在校学生人数平均的教育费用逐步增长，保证教师工资和学生人均公用经费逐步增长。”职业教育作为教育体系中的一个类型，其经费投入应当遵循《教育法》的规定，以标准促进“三个增长”。1996 年，《职业教育法》第 27 条明确规定：“各级人民政府、国务院有关部门用于举办职业学校和职业培训机构的财政性经费应当逐步增长。”职业教育生均经费的核定及其核定标准的实施是确保经费投入并逐步增长的主要机制。《职业教育法》第 27 条还明确规定了与职业教育生均经费标准相关的“三方主体”的法律责任——各省级人民政府制定本地区经费标准的责任、国务院有关部门制定本部门经费标准的责任、职业学校举办者按标准足额拨付经费的责任。

一、职业教育生均经费标准制定现状

多年来，各地省级人民政府因地制宜地落实职业学校生均经费标准的制定和实施，取得丰富经验，支撑了当地职业教育改革发展。

1. 各地制定发布生均经费标准

截至 2017 年上半年，全国 32 个省、自治区、直辖市及新疆生产建设兵团和 5 个计划单列市已经全部建立了高职院校生均拨款制度，制定和发布了中职学校生均经费标准（见表 7－2、表 7－3）。

表 7－2　各地中职生均经费标准政策出台情况统计

地区	实施时间	生均经费拨款标准	适用范围
北京市	2014 年	按专业类别 6 430～7 180 元/生·年，独立设置艺术学校 15 130 元/生·年	中职学校
天津市	2014 年	按系数折算	市属中职
河北省	2014 年	生均公用经费省级奖补资金 300～400 元/生·年，直管县倾斜 0.2 个系数	公办中职
辽宁省	2008 年	分类型、分地区、分专业制定生均经费标准，最低不低于 6 050 元/生·年	公办中职
山东省	2013 年	按专业类别生均公用经费拨款标准 2 800～45 00 元/生·年（含免学费补助金）	公办中职、技工学校
江苏省	2012 年	生均财政拨款基本标准 6 000 元（含免学费补贴），其中生均公用经费拨款基本标准不低于 1 000 元	公办中职
上海市	2013 年	按专业类别生均公用经费拨款标准 2 250～6 700 元/生·年	公办中职
浙江省	2011 年	各市县根据实际情况制定本地中职学校生均经费标准和生均财政拨款标准	公办中职
福建省	2006 年	按学校所属地区和专业类别生均经费财政预算内拨款标准 1 400～2 000 元/生·年	公办中职
广东省	2012 年	分类别生均基准定额 3 200～3 700 元/生·年	普通中职、技工学校
广西壮族自治区	2014 年	按所属地区生均公用经费标准，2014 年 300～500 元/生·年，2015 年 500～700 元/生·年	公办中职
海南省	2009 年	学校公用经费标准 1 500 元/生·年，其中财政拨款 700 元/生·年	公办中职

续前表

地区	实施时间	生均经费拨款标准	适用范围
山西省	2016 年	从 2017 年起，开始实施中职学校生均拨款制度，全省公办中职学校生均财政拨款达到 8 000 元/生·年	公办中职
内蒙古自治区	2015 年	根据不同专业，生均公用经费 3 500～4 500 元	公办中职
吉林省	2014 年	生均公用经费原则上不低于 3 000 元（含免学费补贴）	公办中职
黑龙江省	2015 年	从 2015 年起，生均公用经费标准不低于 3 000 元（含免学费补贴），并实行动态调整	公办中职
安徽省	2016 年	生均拨款标准不低于 5 000 元	全省各级各类中职
江西省	2015 年	生均财政拨款标准不低于 3 000 元/生·年（不含免学费补助金）	公办中职
河南省	2014 年	省属中职学校生均经费财政拨款标准平均 3 000 元/生·年，市县标准由各市县根据实际情况制定	公办中职
湖北省	2016 年	生均拨款基准标准不得低于 5 000 元/生·年	公办中职
湖南省	2010 年	分地区、分专业类别财政预算内拨款标准为 2 400～3 100 元/生·年（含免学费补助金）	公办中职
陕西省	2016 年	“十三五”期间，生均经费标准达到 5 000 元/生·年以上	公办中职
重庆市	2012 年	生均公用经费：公办学校 2012 年 750 元/生·年，2013 年 1 000 元/生·年，2014 年 1 500 元/生·年；民办学校 500 元/生·年	公办中职 民办中职
四川省	2014 年	2016 年和 2017 年中职生均拨款的加权平均水平目标分别为 5 500 元、6 000 元	公办中职
云南省	2011 年	生均经费拨款标准 3 000 元/生·年	公办省属中职学校
贵州省	2016 年	从 2017 年起，省属中职学校生均财政拨款经费补助标准平均水平不低于 6 000 元/生·年；2019 年，各市（州）属公办中职学校生均财政拨款标准应不低于 5 000 元/生·年；2020 年，各县属公办中职学校生均财政拨款标准应不低于 5 000 元/生·年	公办中职
西藏自治区	2016 年	生均公用经费 900 元/生·年	公办中职
甘肃省	2015 年	根据不同专业，生均拨款为 7 000～8 000 元不等	省属公办中职
青海省	2015 年	2015 年，生均公用经费补助标准 600 元，2016 年提高到 1 200 元（今后将此补助与免学费补助统称为生均公用经费，两项补助标准达到 3 200 元）	公办中职

续前表

地区	实施时间	生均经费拨款标准	适用范围
宁夏回族自治区	2014 年	每年根据自治区本级基本支出预算定额标准下达预算 2014 年，职业教育学校公用经费标准（含公用取暖费），按在校学生人数每人每年 15 000 元核定	区属公办中职
新疆维吾尔自治区	2012 年	生均公用经费标准 1 000 元/生·年	公办中职
新疆生产建设兵团	2013 年	生均公用经费标准 1 000 元/生·年	公办中职
大连市	2011 年	生均公用经费职业高中 1 500 元/生·年，其中预算内不低于 600 元/生·年	公办职业高中
青岛市	2014 年	按专业类别生均公用经费基本拨款标准 3 000～5 000 元/生·年（含免学费补助金）	公办中职
宁波市	2013 年	生均公用经费标准为理工科 5 920 元/生·年，文科生 4 160 元/生·年；到 2020 年，中等职业学校生均公用经费达到当地普通高中的 2 倍	公办中职
厦门市	2013 年	预算内生均公用经费基本定额标准 910 元/生·年（不含免学费补助金）	公办中职
深圳市	2017 年	生均运行拨款标准为每生每年 1.7 万元（不含教育收费）	市本级公办中职

表 7-3　各地高职生均经费标准政策出台情况统计

地区	实施时间	生均经费拨款标准	适用范围
北京市	2013 年	2013 年，独立设置高职院校工科 19 035 元，文科 17 115 元，农学类 26 450 元，艺术类本科院校的高职生 16 160 元	全市公办高职
天津市	2013 年	2015 年标准约为 10 000 元	市属高职
河北省	2015 年	2015 年公办高职院校生均拨款标准全省平均不低于 6 000 元，力争 2017 年全省平均不低于12 000 元	全省公办高职
辽宁省	2015 年	到 2017 年各级独立设置公办高职院校生均拨款水平平均不低于 12 000 元	全省公办高职
山东省	2015 年	2016 年全省高职院校生均财政拨款要达到 11 000 元，2017 年大致 12 000 元	全省公办高职
江苏省	2010 年	2016 年示范骨干高职 11 600 元，省示范高职 10 440 元，一般高职 9 280 元，五年高职 9 048 元	省属公办高职

续前表

地区	实施时间	生均经费拨款标准	适用范围
上海市	2012 年	综合理工类 8 010 元，文科类 6 300 元，艺术类 13 347 元，医科类 11 297 元，体育类 9 385 元	全市公办高职
浙江省	2007 年	2007 年省属高校正常经费生均基准定额 6 800 元，并逐年提高	省属公办高职
福建省	2006 年	一、二、三、四类地区高职学生财政预算内拨款标准分别为每生每年 2 700 元、2 500 元、2 300 元和 2 100 元	全省办高职
广东省	2012 年	生均基准定额 4 000 元	省属生均试点高职
广西壮族自治区	2015 年	2017 年全区高职院校生均财政拨款水平达到12 000 元	全省公办高职
海南省	2015 年	生均财政拨款基本标准 12 000 元，生均公用经费 2 400 元	全省公办高职
山西省	2015 年	2015 年生均财政拨款达到 9 000 元，2016 年 10 500 元，2017 年 12 000 元	全省公办高职
内蒙古自治区	2013 年	2013 年，达到学生生均 7 700 元	区属公办高职
吉林省	2015 年	2017 年，各市（州）高职院校年生均拨款水平不低于 12 000 元，鼓励有条件的市（州）不低于 15 000 元	市州公办高职
黑龙江省	2014 年	2017 年，各地高等职业院校年生均财政拨款水平要达到国家规定的 12 000 元标准	全省公办高职
安徽省	2015 年	2015 年高职院校生均财政拨款平均水平不低于 9 600元，2016 年不低于 10 800 元，2017 年达到 12 000 元	全省公办高职
江西省	2014 年	2014 年高职院校生均拨款标准为 7 000 元，2015 年 8 000 元，今后视财力情况逐步提高	全省公办高职
河南省	2015 年	2015 年省属高职院校平均生均财政拨款水平不低于 8 000 元，各省辖市公办高职院校平均生均财政拨款水平应当不低于 7 000 元，2017 年应当不低于 12 000 元	全省公办高职
湖北省	2014 年	2014 年全日制普通公办高职院校生均拨款水平达到 5 000 元，以后随着社会经济的发展逐步提高	全省公办高职

续前表

地区	实施时间	生均经费拨款标准	适用范围
湖南省	2015 年	原则上 2015 年达到 9 600 元，2016 年达到 10 800 元，确保 2017 年达到 12 000 元	全省公办高职
陕西省	2012 年	2012 年高职院校达到生均 9 000 元	全省公办高职
重庆市	2012 年	2013 年示范骨干高职理工体卫艺类 6 000 元，文科类 5 800 元；一般院校理工体卫艺类 5 800 元，文科类 5 600 元	全市公办高职
四川省	2015 年	2016 年全省公办高职院校生均拨款基本标准为 10 000 元，2017 年达到 12 000 元	全省公办高职
云南省	2015 年	到 2017 年，高职院校的生均拨款水平平均达到 12 000 元	全省公办高职
贵州省	2015 年	公办高职院校生均财政拨款平均水平 2016 年不低于 10 000 元，到 2017 年不低于 12 000 元	全省公办高职
西藏自治区	2013 年	生均公用经费标准 1 700 元	全区公办高职
甘肃省	2015 年	全省高职院校生均财政拨款水平 2015 年不低于 10 000 元，2016 年不低于 11 000 元，2017 年达到 12 000 元	全省公办高职
青海省	2015 年	从 2016 年起生均拨款标准达到 12 000 元	全省公办高职
宁夏回族自治区	2014 年	2014 年，职业教育学校公用经费标准（含公用取暖费），按在校学生人数每人每年 1 500 元核定	全省公办高职
新疆维吾尔自治区	2015 年	到 2017 年，生均拨款水平达到 12 000 元以上	全区公办高职
新疆生产建设兵团	2015 年	到 2017 年，生均拨款水平达到 12 000 元以上	公办高职

2. 各地生均经费加大落实力度

2015 年各地中等职业教育生均公共财政预算教育事业费增长高于全国平均值 10 961.07 元的省份有 18 个，分别是北京、西藏、天津、上海、吉林、浙江、内蒙古、黑龙江、湖北、江苏、新疆、海南、山东、河北、福建、甘肃、山西、辽宁；其中，最高的北京市为 34 433.36 元（见图 7－7），是全国平均值的 3.14 倍。

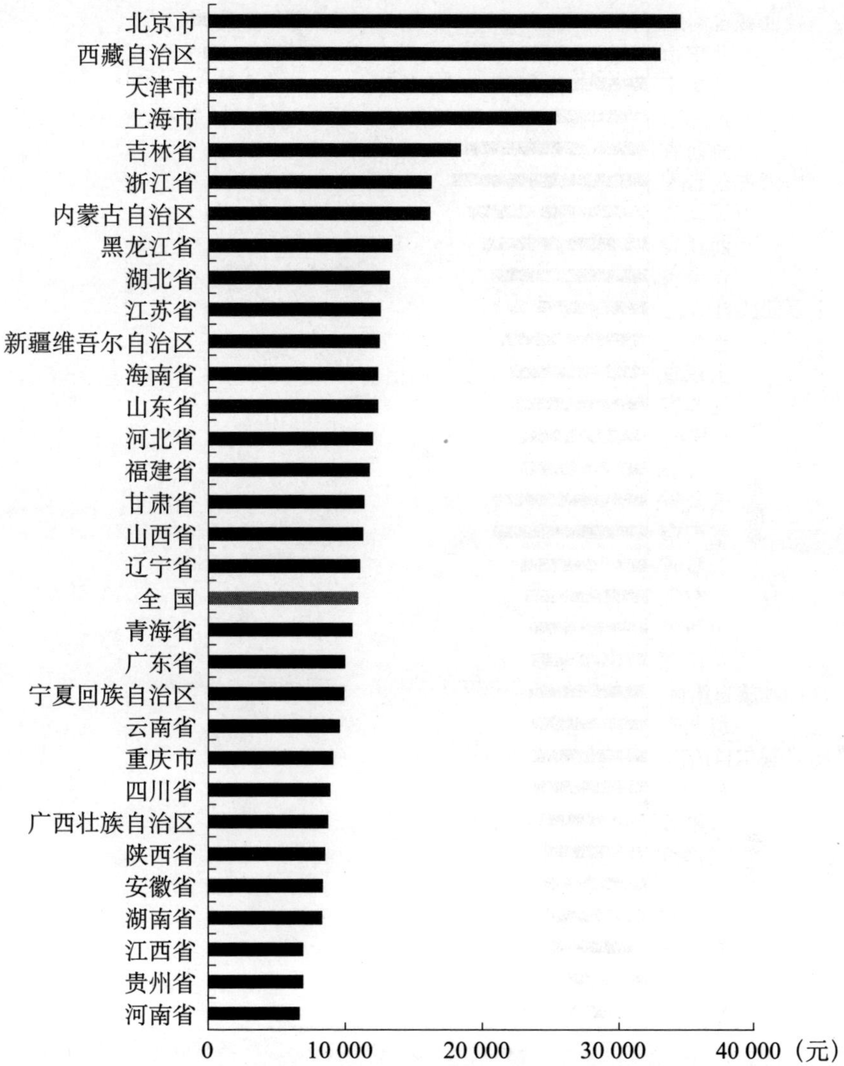

图 7-7　2015 年全国及各地中职生均公共财政预算教育事业费情况

资料来源：2015 年《全国教育经费执行情况统计公告》。

2015 年生均公共财政预算公用经费增长高于全国平均水平 4 346.94 元的省份有 14 个，分别是西藏、北京、上海、天津、海南、内蒙古、湖北、浙江、青海、宁夏、吉林、山东、江苏、辽宁；生均公共财政预算公用经费增长最高的西藏自治区为 15 386.90 元，是全国平均值的 3.54 倍，是最低的陕西省的 2 923.67元的 5.26 倍（见图 7-8）。

天津市 2014 年全市高职院校生均经费达到 1.4 万元，并建立了生均经

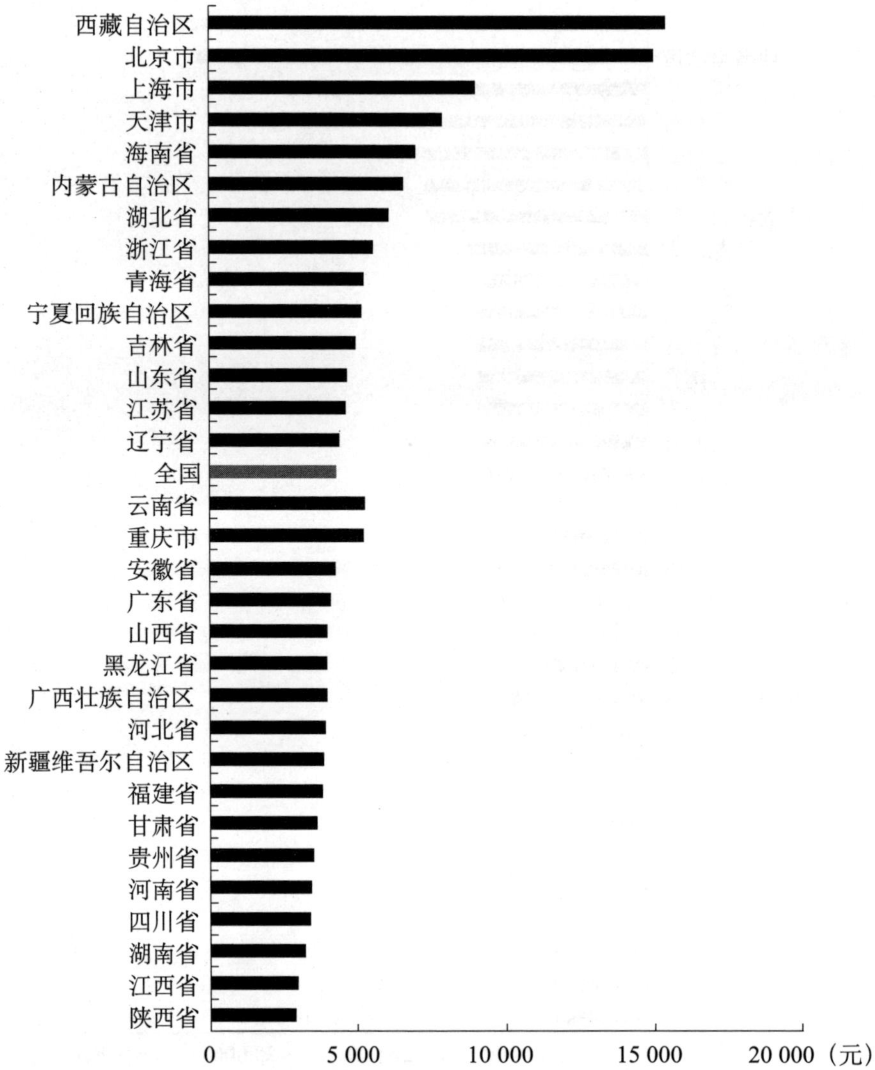

图 7-8　2015 年全国及各地中职生均公共财政预算公用经费增长情况

资料来源：2015 年《全国教育经费执行情况统计公告》。

费逐年增长机制。福建省 2014 年发布《关于进一步提高省属公办高职院校生均拨款水平的通知》，2015 年出台《关于实施省属中等职业学校生均公用经费财政拨款标准的通知》《关于建立完善市、县（区）中等职业学校生均拨款制度的指导意见》，落实生均经费增长，2015 年全省财政性职业教育经费总投入 93.03 亿元，比 2010 年增长 54.27 亿元，增幅达 140%，在各类教育中增幅最大。

专栏 7-1

浙江省职业教育生均经费制度制定及落实情况

浙江省2012年出台了《浙江省中等职业学校生均公用经费标准指导意见》，要求各地制定中等职业学校生均经费标准和按照学生人数平均经费标准足额拨付中等职业教育经费的投入机制。同时要求各地逐步将中职学校生均公用经费提高到普通高中的1.5倍以上。嘉兴市2012年至2014年市属公办中职学校生均财政拨款分别为7 465元、10 658元和13 585元，中职生均公用经费已达到普通高中的1.5倍。各县市也出台相应政策，认真落实浙江省教育厅关于生均公用经费拨付标准，基本达到普通高中的1.5倍。

2015年，杭州市教育局直属职业高中预算内教育事业费生均拨款达到23 425元（不含各类基金安排的基建经费），达到普通高中的1.5倍。2014年，富阳区所有中职学校按每年每生1 425元的标准拨付中职生均经费，达到了普通高中的1.5倍。

在高职方面，省属高职院校已全面实施生均拨款制度。2014年，省财政对高职院校生均定额拨款体系进行了调整，省属高职院校生均定额拨款在基准定额提高的基础上再增加1.01亿元。同时，省财政还根据财力，加大对高职院校的政策倾斜力度，对8所国家级示范或优秀高职院校按照本科院校基准定额安排生均拨款经费。根据相关文件要求，嘉兴市政府正在研究进一步提高公办高职院校的财政保障水平，支持高等职业教育发展。杭州市属高职院校参照同类省属高职院校的生均拨款标准安排预算经费。2009年，在杭州职业技术学院投资3亿元建成杭州市公共实训基地，投资10亿元建成杭州科技职业技术学院；2012年，以万向集团为主，投资2亿元建成杭州万向职业技术学院新校区。

二、职业教育生均经费标准制定的重大意义

（一）生均经费标准能确保经费投入的可持续性

2005年全国职业教育工作会议召开以来，中央财政针对职业教育发展过程中的关键领域和薄弱环节，设专项引领解决职业教育发展难题，引领职业教育

发展。在中央职业教育建设专项引导下，各地普遍加大投入。中央和地方先后实施了职业教育基础能力建设项目（职业教育实训基地建设计划、职业院校教师素质提高计划、高等职业学校提升专业服务产业能力建设项目、高等职业教育专业教学资源库建设项目）、示范引领项目（中等职业教育改革发展示范学校建设计划、“国家示范性高等职业院校建设计划”）、学生资助项目、综合奖补项目等专项经费项目，有力地推动了职业教育经费增加和办学条件的改善。统计显示，近年来每年投入职业教育的中央专项经费平均达到 150 亿元。但是，这些专项经费和项目具有明显的局限性，即“周期开展、验收即止、难以持续”。生均经费标准的实施，可以督促各级政府按照标准持续投入，是建立持续性经费保障机制的基础。

（二）生均经费标准能增强经费投入的广惠及性

中央和地方的专项投入大多以工程项目的方式来实施，政府部门通过设置入门条件、审批程序、遴选标准，鼓励一部分职业学校申请，支持其中的少部分学校获得项目、获得收益、改善办学。例如，2010 年启动的中央财政支持的示范性中等职业学校建设计划，中央财政共投入专项资金近 100 亿元，重点支持的项目建设学校只有 1 000 所，而其他 10 000 多所中职学校则没有机会享有该项公共财政经费；同样 2006—2013 年，中央财政投入专项资金 46 亿元，重点支持建设了 200 所国家示范（骨干）高职院校，而其他 1 000 所高职院校得不到项目经费的支持。其他的中央和地方专项经费投入亦然。大部分职业学校难以从专项经费中受益。生均经费标准的实施，可以督促各级政府按照生均标准支持每一所学校的日常性开支。

（三）生均经费标准能提高经费投入的可监测性

在扩大规模的同时，着力提高教育水平和人才质量，是当前和今后一个时期中国职业教育的核心任务。标准是质量的前提和基础，只有具备了设计科学、制度配套和运行有效的标准，质量内涵、过程监测和实施效果才能具有可控性。标准之于职业教育经费投入，重要性更加明显。生均经费标准的发布，能够明确各级政府的投入责任，可以监测各地投入水平和基础能力建设水平，能够按照标准进行经费投入过程监测，能够按照标准进行投入效益分析，从而为职业教育经费拨付、使用管理和效益评价提供基本依据。此外，投入标准也是奖惩问责的基本依据。

第四节　学生资助体系的建立与发展

自 2007 年秋季实施中职学生资助政策以来，职业教育学生资助体系逐步健全，2015 年中职免学费覆盖近 92%的学生。目前，已有 15 个省（区、市）实现了中职学生免学费政策全覆盖，全国中职助学金覆盖近 40%的学生，并从 2015 年春季学期开始将助学金标准从 1 500 元提高到 2 000 元；25%的高职学生享受国家助学金。在新疆南疆四地州实行了“三免一补”政策（免住宿费、免课本费、免学费、生活补助），有效地加快了民族地区职业教育的发展。随着学生资助覆盖面的逐步扩大，中等职业教育有效发挥了促进社会公平的作用。

一、中等职业教育学生新资助体系的建立

（一）资助政策持续完善

2005 年，《国务院关于大力发展职业教育的决定》提出“建立职业教育学生资助制度”。2006 年，《财政部　教育部关于完善中等职业教育贫困家庭学生资助体系的若干意见》印发。2007 年，《国务院关于建立健全普通本科高校高等职业学校和中等职业学校家庭经济困难学生资助政策体系的意见》印发，明确把中等职业学校学生资助政策纳入国家家庭经济困难学生资助政策体系，并在经费安排上实行重点倾斜。2009 年出台《关于中等职业学校农村家庭经济困难学生和涉农专业学生免学费工作的意见》，决定从 2009 年秋季学期起，对中等职业学校农村家庭经济困难学生和涉农专业学生逐步免除学费。2010 年印发《关于扩大中等职业学校免学费政策覆盖范围的通知》，决定从 2010 年秋季学期起，将免学费政策覆盖范围扩大到城市家庭经济困难学生。2012 年，《关于扩大中等职业教育免学费政策范围　进一步完善国家助学金制度的意见》印发，对国家助学金和免学费政策进行调整。2013 年发布《中等职业学校国家助学金管理办法》和《中等职业学校免学费补助资金管理办法》。至此，形成了以国家免学费、国家助学金为主，以顶岗实习、学校和社会资助为辅的中等职业教育学生新资助体系。

（二）资助制度基本健全

中等职业教育学生新资助体系可以概括为“六个制度”和“四个渠道”（资

金来源渠道)。“六个制度”分别是免学费制度、助学金制度、顶岗实习制度、奖学金制度、学费减免制度、助学贷款制度等；“四个渠道”主要是财政渠道(免学费、助学金)、金融渠道（助学贷款和延期支付学费)、社会渠道（学校每年安排不低于事业收入 5%的经费，用于学费减免、勤工助学、校内奖助学金和困难补助等，社会团体、企事业单位及个人等捐资设立奖助）和顶岗实习(安排三年级学生到企业等单位顶岗实习，获得一定报酬，用于支付学习和生活费用)。资助体系中免学费和助学金由中央财政和地方财政共同出资，以中央财政资金为主按比例分担。

（三）中等职业教育资助形式

中等职业教育资助以国家助学金、国家免学费为主，以校内奖助学金和学费减免、顶岗实习等为辅。

1. 国家助学金

中央和地方政府共同设立国家助学金，资助对象是具有中等职业学校全日制正式学籍的在校一、二年级所有农村户籍的学生和县镇非农业户口的学生以及城市家庭经济困难学生，资助标准为每生每年 1 500 元。

2. 国家免学费

国家对公办中等职业学校全日制正式学籍一、二、三年级在校生中农村家庭经济困难学生、城市家庭经济困难学生及涉农专业学生（艺术类相关表演专业学生除外）免除学费，免学费标准按各省（区、市）人民政府及其价格主管部门批准的学费标准确定。对在政府职业教育行政管理部门依法批准的民办中等职业学校就读的一、二年级符合免学费政策条件的学生，按照当地同类型同专业公办中等职业学校免学费标准给予补助。免学费补助资金由中央财政统一按照每生每年平均 2 000 元标准与地方财政按比例分担。

3. 顶岗实习

安排中等职业学校三年级学生到企业等单位顶岗实习，获得一定报酬，用于支付学习和生活费用。

4. 奖学金

地方政府、相关行业、企业安排专项资金设立中职学生政府奖学金、专业奖学金和定向奖学金。

5. 学校减免学费等

中等职业学校每年安排不低于事业收入 5%的经费，用于学费减免、勤工助学、校内奖学金和特殊困难补助等。

6. 其他资助

鼓励和支持社会团体、企事业单位以及个人资助中职学校家庭经济困难学生。

二、中等职业教育学生资助概况

中职学校学生新资助政策措施实施 10 多年来，中央和地方财政不断加大资助力度，受资助学生总量不断提高和资助覆盖面不断扩大。

（一）国家大幅增加资助资金，提高受资助学生数量

2006—2015 年，全国共资助中职学校学生 14 259.63 万人次，资助金额共计 2 448.45 亿元。年资助学生数量由 2006 年的 80 万增长至 2014 年的最高值 1 783.73 万，增长 22.30 倍；年资助金额由 2006 年的 8 亿元增长至 2015 年的最高值 346.18 亿元，是原来的 43.27 倍（见图 7 - 9）。

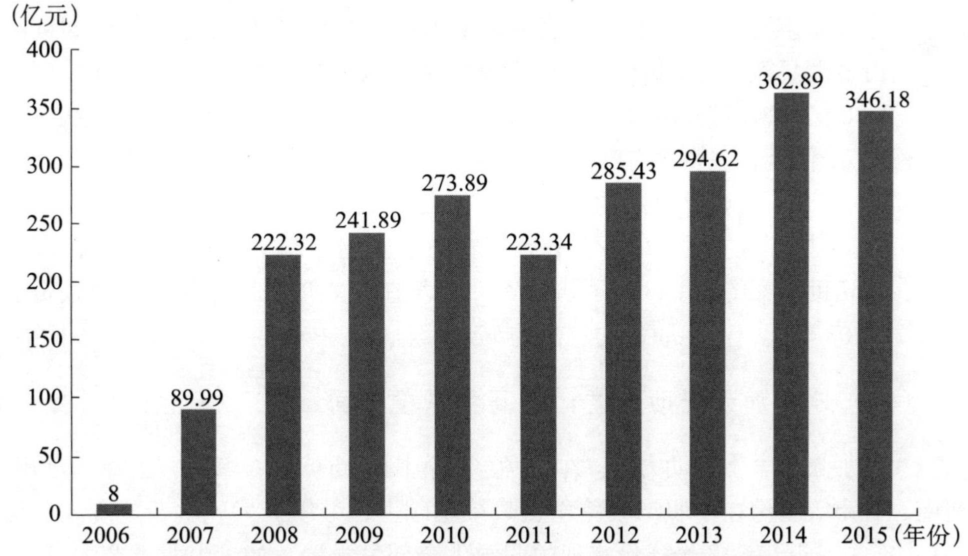

图 7 - 9 2006—2015 年全国中职学校学生资助金额

资料来源：全国学生资助管理中心官网发布的 2006—2015 年《中国学生资助发展报告》。

（二）政府主导，国家财政投入是资助的主要来源

在国家学生资助中，政府发挥了主导作用，国家财政投入是学生资助经费的主要来源，财政投入主要包括免学费政策、国家助学金政策和地方政府资助。

2007—2015 年，国家财政共投入 2 248.54 亿元，占资助资金总量的 91.84%，其他资金 286.12 亿元，占 8.16%（见图 7－10）；在国家财政资金中，中央财政 1 560.84 亿元，占比 69.42%；地方财政 687.7 亿元，占比 30.58%。

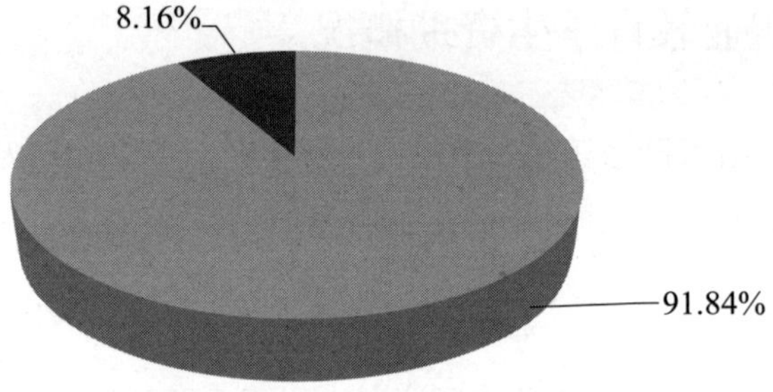

图 7－10　2007—2015 年中职学生资助国家资金占比情况

2015 年，全国中等职业教育共资助学生 1 567.01 万人次，资助总额为 346.18 亿元，其中，享受免学费政策学生 1 050.30 万人次，资助金额 210.05 亿元，占资助总额的 60.68%；享受国家助学金政策学生 264.90 万人次，资助金额 52.98 亿元，占资助总额的 15.30%；地方政府资助学生 21.28 万人次，资助金额 4.05 亿元，占资助总额的 1.17%；学校资助学生 77.24 万人次，资助金额为 4.50 亿元，占资助总额的 1.30%；社会资助学生 6.57 万人次，资助金额 0.76 亿元，占资助总额的 0.22%；顶岗实习学生 146.72 万人次，金额为 73.84 亿元，占资助总额的 21.33%（见图 7－11）。在这六项资助途径中，财政资金投入 267.08 亿元，占中职资助总额的 77.15%。

（三）地方加大资助力度，提高受惠覆盖面

一是加大免学费资助力度。中职免学费范围不断扩大，海南、上海、贵州、河南、甘肃等省份在中职国家免学费政策基础上，继续扩大免学费范围。截至 2015 年，全国已有 17 个省份实现中职学生全部免学费。如，山西省 2012 年实现对中等职业教育全免费；甘肃省在实施国家免学费政策同时，对所有其他中职学生每年免除 500 元学费；安徽省的部分市、县（区）全额承担公办学校三

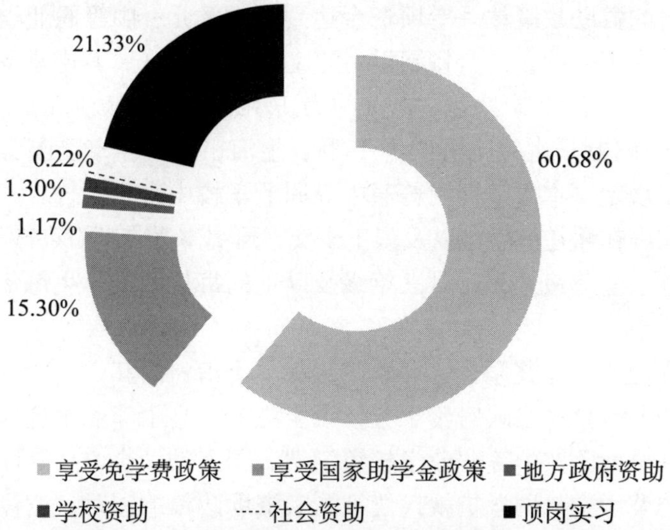

图 7-11　2015 年中职学生资助各类资金占比情况

年级学生的免学费补助资金；宁夏回族自治区对所有高中阶段（含职高）学生免除住宿费和书本费；内蒙古自治区从 2011 年春季开始，对全区所有具有自治区户籍的中等职业学校全日制正式学籍一、二、三年级在校学生全部免收学费，并免费提供教科书；重庆市免除家庭经济困难学生和涉农专业学生学费的同时，还免除其住宿费；四川省全省所有中职学校各年级学生（艺术类相关表演专业除外）全部实现了免学费，年受益学生 85.58 万名，还实施了藏区中职学生“9＋3”免费政策，组织藏区学生到内地接受免费中职教育，每生每年免除学费 2 000元，提供生活补助 3 000 元，交通、住宿、书本等 1 500 元；浙江省将农村家庭经济困难学生免学费学生比例由国家规定的 10%提高到 30%，同时为低收入子女提供营养餐；青海省对三江源地区实行奖补政策，免学费标准提高到 2 700～3 300 元，助学金标准为每生每年 3 200 元（三年级学生 2 200 元），三年以上长学制和学费高的专业也纳入了免学费范围。此外，贵州省规定 60%以上在校生、宁波市规定一年级和二年级全体在校生、深圳市规定 30%的在校生仍可享受国家助学金。山西、河北、福建等地实施“送教下乡”，对非全日制具有正式学籍的学生实行免学费；厦门对非全日制所有专业学生免除学费；江苏、福建、重庆、四川、青海、宁波等地还把免费政策扩大到符合国家审批手续的民办学校。

二是加大国家助学金资助力度。天津、上海、重庆三个直辖市和福建、浙江两省加大地方财政投入，扩大国家助学金覆盖范围，所有接受职业教育的学生都能享受国家助学金政策，覆盖率达到 100%。2014 年，天津市市财政安排用于职业教育的资助政策体系专项资金达到 2.4 亿元；中等职业学校享受助学金的学生人数为 13 808，占全日制学生的比例约为 25%，其中享受国家助学金的有 6 218 人，占全日制学生的比例约为 10%；享受市政府助学金的学生为 7 590 人，占全日制学生的比例约为 15%。上海市在学生享受国家助学金的基础上，进一步规定“本市全日制普通中等职业学校中来自农村、本市海岛学生和城乡低保家庭在籍在沪学生以及烈士子女，可另享受专项资助政策”。浙江省除实施国家助学金政策外，还对三年级及以上的每位困难学生每年发放 400 元的生活补助。

三是设立地方政府奖学金。北京、天津、上海、浙江、广西、云南等省市设立了中等职业教育省级政府奖学金，吸引更多初高中毕业生选择接受职业教育。天津市在全面落实中等职业学校免学费、国家助学金，高等职业院校国家奖学金、励志奖学金、助学贷款代偿等国家资助政策的同时，增设中等职业学校市人民政府助学金、高等职业院校服务基层奖励金和高校市人民政府奖学金，进一步扩大资助政策体系覆盖范围。

专栏 7-2

浙江省进一步扩大职业教育资助政策范围

浙江省对中等职业学校全日制正式学籍各年级在校学生免除学费（包括民办中职，艺术类相关表演专业学生除外）。嘉兴市从 2012 年秋季学期起，扩大了中职免学费政策范围，对市公办中等职业学校全日制正式学籍一、二、三年级所有在校学生免除学费，并对民办学校给予两年半的免学费补助。截至 2014 年底，市财政累计安排中职教育免学费财政补助经费 11 501 万元。国家助学金方面，从 2013 年秋季学期起，嘉兴市将助学金政策覆盖范围调整为一、二年级涉农专业学生和非涉农专业家庭经济困难学生。2013 年国家助学金覆盖 24 503 人次，金额1 859.71 万元。2014 年国家助学金覆盖 5 307 人次，金额 399 万元。各县市享受助学金的学生人数及其占全日制学生的比例为 3%至 13%。此外，各县市还通过慈善补助、免费营养餐等形式为贫困家庭学生提供补助。

2003 年，杭州市在全省率先开启以教育资助券制度为特色的中小学学生资助体系建设。从 2012 年秋季学期起，杭州市继续扩大资助覆盖面，将非预算单位 5 所学校第 3 年免学费补助按 100%的比例予以全额保障。2014 年，全市有 77 948 名学生享受中职免学费政策，占全日制学生的 100%。全市有9 945 名学生享受国家助学金，占全日制学生的12.7%。全市用于职业教育助学的金额达到19 397.18万元，其中市本级达到7 722.26万元。此外，在对学生参加职业技能培训给予补贴的同时，对毕业前取得高级工以上职业资格的学生再给予一次性2 000元的资助。

在高职方面，建立健全了以“奖、贷、助、补、减”为主要内容的学生资助政策体系和校内奖助学金、勤工助学、特殊困难补助、学费减免、“绿色通道”等机制。经费保证机制总体逐步完善。

第五节　经费投入的困难与问题

尽管近年来中央和地方在加快发展职业教育方面出台了一系列重大政策，实施了一系列重大项目，职业教育经费总体投入在增长，促进了职业教育快速发展，但相对而言，职业教育仍是各类教育中的“短板”，投入的总量与中国的职业教育发展还存在较大差距，与其培养规模和应有地位和作用不匹配。

一、对职业教育的认识不到位，重视不够

尽管《职业教育法》明确了省级人民政府是职业教育的责任主体，要负责和保障职业教育经费投入，但地方政府对职业教育认识不到位、法治意识不强，没有将职业教育发展纳入议事日程，没有纳入地方经济社会发展的重要指标体系中，只注重专款专用的专项经费投入，不注重推进职业学校整体发展的生均经费制度建设。

二、职业教育经费投入仍不能满足事业发展

从投入总量上看，职业教育国家财政性教育经费投入与同阶段普通教育相比仍明显偏低。2014年，中等职业教育财政性教育经费占国家整个财政性教育经费的5.81%，而普通高中占10.24%；高等职业教育占4.63%，而普通本科学校占21.31%。高职生均经费仅相当于普通本科高校的50%左右。从来源结构上看，职业教育经费来源渠道仍较单一，主要呈现“两元”主体结构，一是

财政投入，二是学费收入，财政性经费所占比例不高，多渠道筹资能力不强。从支出结构来看，财政性教育经费主要用于教师工资和校舍建设等方面，专用设备经费总体不足，尤其是高职院校各项办学指标都低于普通本科院校。从地区分布来看，东中西部地区间经费投入差异还很大，中西部地区生均公共财政预算经费偏低，生均校舍面积等指标大部分未达标，甚至呈现出了严重的“中部塌陷”现象①。

三、已制定的生均经费标准不高，经费缺乏

从已经出台的生均经费标准情况来看，高等职业教育生均经费标准普遍低于普通本科标准，中等职业教育生均经费标准低于普通高中标准。职业教育的培养成本远高于普通教育是国际公认的事实，以法国为例，职业高中的生均成本是普通高中的 3 倍左右；在发展中国家，以马来西亚为例，职业学校学生的单位成本是普通学校学生的 4 倍。世界银行在 20 世纪 90 年代的研究表明，职业教育的生均成本应是同级普通教育的 2.53 倍。目前，中国职业教育生均经费与国际情况相比，差距较大；与职业学校实际办学需求相比，缺口明显。

第六节　经费投入的政策建议

多年来职业教育经费投入的实践表明，落实经费投入，发挥其支撑保障作用，就必须牵住生均标准这个“牛鼻子”，准确把握影响职业教育经费投入的核心和关键问题——生均拨款制。通过政府“花钱买机制”的做法，改变职业教育经费投入“碎片化”现状，进一步推动各地建立并完善职业教育生均拨款制度；必须坚持以立法为制度基础，采取法律管制、行政推进、社会监督等多方面结合的综合治理方式，切实把政策、制度落到实处，从根本上解决无法可依、有法不依、执法不严和违法不究的被动局面，让职业教育经费投入从根本上得到保障。

一、继续完善立法，明确各方主体相关法律责任

1996 年颁布的《职业教育法》已经实施 20 多年，经济、社会、产业、市

---

① 教育部．十年 1.2 万亿：助推职业教育健康发展：教育部财务司有关负责人就职业教育财政投入答记者问．教育部官网，2014-06-30.

场、技术等发生重要变化，该法已经列入立法规划，正在推进修订之中。借此机会，要在以往立法的基础上，吸收各地实践经验、政府政策要义和各方建议，进行合理、合法、合规地修改完善与立法，进一步推动各地建立并完善职业教育生均经费标准制度，将立法重点放在明确相关主体法律责任和法律规定执行机制上。

一是加强顶层设计，中央财政要在整合现有专项基础上，推动各地建立完善以促进改革和提高绩效为导向的职业学校生均拨款制度。国务院有关部门要明确职业教育生均标准制定的任务书、时间表和路线图，特别是明确标准的制定依据、要素，明确国家、省级、市级和区县等各级政府的经费配套标准和支付范围，统筹、规范各地生均经费标准制定；指导和督促各地落实法律，实施经费标准。

二是支持省级统筹，强化各省级人民政府的落实责任，明确其在国家规定的框架内制定本地区职业学校生均经费标准。

三是督促责任落实，地方人民政府要依法落实职业院校生均经费标准，职业学校举办者要按照生均经费标准足额拨付职业教育经费。地方人民政府督促职业学校举办者落实。

二、加强执法检查，行使人大监督法律执行权力

徒法不足以行。《职业教育法》关于生均经费标准的规定难以实施的主要原因是有法不依，问题出在法律责任的履行处于无拘束状态。今后要切实发挥法律执行监督作用，其中一个最具有合法性和权威性的监督机制是权力机构的执法检查。

全国人大及其常委会要行使《职业教育法》的执法检查权。具体操作办法是：对各省份职业学校生均经费标准制定情况、实施情况进行专项执法检查。一是组织各省份报送工作情况；二是组织专家赴有关省份实地考察、检查。各省级人大及其常委会对本地区生均经费标准制定情况、实施情况进行执法检查。

三、强化督导评估，建立综合以及专项督导机制

2012 年，国务院颁布《教育督导条例》，标志着教育管理方式的重要转变：一是在转变政府职能背景下，加大督导力度。在简政放权的大背景下，各级政府下放权力，减少经费专项，弱化审批评估，转而加大对地方政府和学校的教

育过程监测和实际效果督导。督导检查力度，加强工作过程的督导，实行质量监测，通过公示等渠道推进第三方评价。二是在教育协调发展框架下，扩展督导范围。督导的对象由以往的中小学教育扩展到高等教育领域。三是强化落实责任，明确督导内容。经费投入是政府行为、政府职责和公益责任。督导条例坚持“督政”与“督学”并重，特别是注重督促各级政府落实法律、行政和社会责任。

实行综合督导。建议将职业学校生均经费标准制定实施任务纳入“教育现代化评估指标体系”，在教育现代化分区域验收时，严把关口、逐省过关。作为“职业教育质量监测”的重要指标，将其作为考核各地职业教育发展水平的核心内容。

开展专项督导。建议在2017—2020年，连续三年开展“职业学校生均经费标准制定实施”专项督导检查，对工作不力的省份的相关部门进行个别约谈，指出问题，限期整改；同时，进行分片调度，按照片区组织专题会议，职业学校生均经费标准工作不力的地区集中片区交流经验、分析困难、解决问题。

四、实施审计公告，提高经费投入使用效益

实施审计公告，建立职业教育经费投入绩效评价体系，对职业教育经费在预算分配、使用过程和投入效果上进行评价和监督，保证职业教育经费的效益性和效率性。制定职业教育经费绩效评价制度，明确职业教育经费绩效评价的标准、工作流程、方法等；依据职业教育经费运行的各个环节，制定其绩效评价制度，对经费使用效益的组织管理、实施程序、方法步骤进行监管，对经费使用情况进行跟踪和监控，提高职业教育经费的使用效率；建立审计公告制度与责任追究机制，将绩效评价结果与各级教育部门尤其是管理者的福利待遇、职位升迁挂钩，对存在的问题依法追究责任。

五、实行奖惩问责，纳入评估表彰以及绩效考核

结合执法检查、督导检查以及社会等第三方评价结果，确定评价等级，形成评价机制，将评价结果与奖励、评优关联起来。凡是没有制定实施职业学校生均经费标准的，不得申请中央经费项目，不得申请建设试验区、示范校等。明确将职业学校生均经费标准制定实施情况作为评优评奖的硬性指标，对于工作不力的地区实行教育类奖励评优的“一票否决”。

六、动态监测公示，社会监督政府履行职责情况

教育部、财政部等部门联合开展职业学校生均经费标准年度检查，每年委托研究机构、高等学校或者其他组织编制《全国职业学校生均经费标准实施情况年度报告》，并向社会发布。

各省级教育部、财政部等部门组织编制并发布本区域内《职业学校生均经费标准实施情况年度报告》。

一是推进信息公开。阳光是最好的防腐剂。不管是对内还是对外，最好的监督就是公开。宏观层面，职业教育经费的分配、使用和管理要全面、及时、准确地公开，接受社会监督；微观层面，各类职业学校的财务预算、决算、重大支出项目都要逐步公开，放在阳光下“晒一晒”。二是探索和建立信用记录制度。对异常现象列入“异常名录”，将严重不良信用记录者列入“黑名单”，阶段或永久取消其申请中央财政支持或参与项目管理的资格。

七、加强经费效益研究，支撑各级政府进行科学决策

目前，各地已经出台的职业学校生均经费标准具有不同的内涵，包括的支出项目各异，核定的办法差别较大，让学校难以理解，不足以作为经费拨付依据。学界专家也有不同的看法和理解，有的称为“生均经费标准”，有的称为“生均公用经费标准”。

建议教育部会同有关部门正式立项，设立科研课题，支持深入系统研究“效益导向”的投入机制，从各地经验总结、学理研究、国际同类比较等方面着力，明确职业学校生均经费标准实际内涵，取舍核定方法，核定基本标准，提出执行机制，制备政策方案。在此基础上，希望教育部牵头会同财政部等部门制定印发关于制定和实施职业学校生均经费标准的原则意见，指导督促各地加大工作力度，梳理规范现有生均经费标准，研究出台新的生均经费标准。

小　结

职业教育经费投入是职业教育事业发展的关键。多年来，党和国家高度重视职业教育发展，不断提高职业教育经费投入，职业教育经费持续增长。但职业教育仍是各类教育中的“短板”，生均经费水平一直处于偏低水平，投入的总

量与中国的职业教育发展还存在较大差距，与其培养规模和应有地位、作用不匹配，远不能满足加快现代职业教育的新要求。建议坚持依法治教，切实促进职业教育经费投入落实；加快生均经费标准的提高，切实保障职业教育经费稳定投入；健全督查制度，切实推进职业教育经费政策落地；实行审计公告，提高经费投入使用效益。

参考文献

[1] 陈晓宇．中国教育财政政策研究．北京：北京大学出版社，2012.

[2] 教育部．十年 1.2 万亿：助推职业教育健康发展：教育部财务司有关负责人就职业教育财政投入答记者问．教育部官网，2014-06-30.

[3] 周凤华．中等职业教育生均经费政策制定、执行情况及投入模式研究．中国职业技术教育，2012 (36).

[4] 苏敏．中国职业教育经费投入的成绩、问题与政策建议．职教论坛，2013 (25).

[5] 杨公安，宁锐．职业教育经费保障体制的缺失与建构．中国职业技术教育，2014 (9).

[6] 马树超．区域职业教育均衡发展．北京：科学出版社，2011 (9).

[7] 刘晓，石伟平．当前我国职业教育投入现状的分析与思考．职教论坛，2011 (4).

[8] 张晨，郭文富．职业教育经费投入水平的地区差异分析．职教论坛，2011 (25).

[9] 郭国侠，向才毅，庞青．职业教育财政经费保障机制建设研究．中国职业技术教育，2012 (12).

第八章
职业教育国际交流与合作

对外开放是我国的基本国策。积极开展国际交流与合作，是职业教育改革发展的基本经验。2010年国家教育规划纲要提出要加强国际交流与合作，提高我国教育国际化水平。其中，特别提出要“加强中小学、职业学校对外交流与合作”。2014年《国务院关于加快发展现代职业教育的决定》明确提出：“加强国际交流与合作。完善中外合作机制，支持职业院校引进国（境）外高水平专家和优质教育资源，鼓励中外职业院校教师互派、学生互换。实施中外职业院校合作办学项目，探索和规范职业院校到国（境）外办学。推动与中国企业和产品‘走出去’相配套的职业教育发展模式，注重培养符合中国企业海外生产经营需求的本土化人才。积极参与制定职业教育国际标准，开发与国际先进标准对接的专业标准和课程体系。提升全国职业院校技能大赛国际影响。”由此可见，扩大国际交流与合作已经成为促进我国职业教育改革与发展的重要措施，并在国家政策层面得到了体现。现如今，我国职业教育的国际交流与合作已从单纯的“引进来”发展到“走出去”，这不仅是我国职业教育国际化的体现，更是打开了中国职业教育的新局面。

第一节　职业教育国际交流与合作的政策走向

21世纪以来，随着国际化水平的不断提高、职业教育内涵式发展理念的深入，职业教育政策也相应地体现了职业教育国际交流与合作的全方位系统性的变革，其涉及了人才规格、培养模式、课程体系、教学模式等办学的每一个基本要素，这对于我国职业教育对标世界先进水平、实现跨越式发展无疑具有非比寻常的意义。

一、我国职业教育国际交流与合作的政策梳理

改革开放初期，1980年，教育部与德国汉斯·赛德尔基金会签署合作备忘录，在中国开展借鉴双元制职业教育经验的合作。职业教育率先与国外合作，开启职业教育国际交流与合作的先河。近年来，我国职业教育国际交流与合作进一步深化，在各个领域出台了相应政策（见表8-1）。

表 8-1　　职业教育国际交流与合作主要政策梳理（2010—2016 年）

文件	出台时间	出台部门
《国家中长期教育改革和发展规划纲要（2010—2020 年）》	2010 年 7 月	国家中长期教育改革和发展规划纲要工作小组办公室
《教育部关于印发〈留学中国计划〉的通知》	2010 年 9 月	教育部
《全国教育人才发展中长期规划（2010—2020 年）》	2011 年 1 月	教育部
《教育部关于推进高等职业教育改革创新引领职业教育科学发展的若干意见》	2011 年 9 月	教育部
《教育部关于印发〈高等学校哲学社会科学“走出去”计划〉的通知》	2011 年 11 月	教育部
《教育部　财政部关于实施职业院校教师素质提高计划的意见》	2011 年 11 月	教育部、财政部
《教育信息化十年发展规划（2011—2020 年）》	2012 年 3 月	教育部
《国家教育事业发展第十二个五年规划》	2012 年 6 月	教育部
《教育部　发改委　财政部关于印发〈中西部高等教育振兴计划（2012—2020 年）〉的通知》	2013 年 2 月	教育部、发改委、财政部
《教育部关于印发〈国际合作联合实验室计划〉的通知》	2014 年 1 月	教育部
《教育部关于印发〈中国特色新型高校智库建设推进计划〉的通知》	2014 年 2 月	教育部
《现代职业教育体系建设规划（2014—2020 年）》	2014 年 6 月	教育部、发改委、财政部、人社部、农业部、国务院扶贫办
《国务院关于加快发展现代职业教育的决定》	2014 年 6 月	国务院
《教育部等七部门关于推进学习型城市建设的意见》	2014 年 8 月	教育部、中央文明办、发改委、民政部、财政部、人社部、文化部
《教育部关于深入推进职业教育集团化办学的意见》	2015 年 7 月	教育部
《教育部　人力资源社会保障部关于推进职业院校服务经济转型升级面向行业企业开展职工继续教育的意见》	2015 年 7 月	教育部、人社部
《教育部关于深化职业教育教学改革全面提高人才培养质量的若干意见》	2015 年 7 月	教育部

续前表

文件	出台时间	出台部门
《国家旅游局　教育部关于印发〈加快发展现代旅游职业教育的指导意见〉的通知》	2015年10月	国家旅游局、教育部
《高等职业教育创新发展行动计划（2015—2018年）》	2015年10月	教育部
《教育部关于办好开放大学的意见》	2016年1月	教育部
《关于印发〈职业教育与继续教育2016年工作要点〉的函》	2016年3月	教育部
《教育部关于印发〈推进共建"一带一路"教育行动〉的通知》	2016年7月	教育部

具体而言，我国职业教育国际交流与合作的政策可以从渐进式的国际化战略，中国特色的国际化组织管理模式，均衡发展的国际化学生，自主培养与创新引进并举的国际化师资，改革出新的国际化课程，多层次、宽领域的教育交流与合作等几个方面来分析。

（一）战略国际化：由概念国际化转向全面国际化

职业院校的国际化路径从纵向维度来说，可以看作循序渐进的模式，其发展战略是从概念国际化到局部国际化再到全面国际化。《国家教育事业发展第十二个五年规划》明确提出实施教育对外开放战略。实施国际化战略初期的职业院校，着重强调观念认识、外语教学以及教研人员的国际化意识。2014年《现代职业教育体系建设规划（2014—2020年）》提出职业教育服务国家对外开放战略，培育一批具有国际竞争力的职业院校。实施跟踪和赶超战略，鼓励职业院校与国外高水平院校建立一对一合作关系。鼓励示范性和沿边地区高等职业院校利用学校品牌和专业优势吸引国外学生来华学习，并不断扩大规模，表明职业院校已进入局部国际化战略阶段。在职业院校已初步形成自身特色领域时，健全和完善与国外机构的合作机制成为时代之需。2016年7月，教育部印发《推进共建"一带一路"教育行动》，旨在围绕国家"一带一路"倡议开展教育互联互通合作，共商共建区域性职业教育资历框架，实施"丝绸之路"留学、师资培训、人才联合培养推进计划。这一政策的一系列举措目标指向教育、科研及社会服务的全面国际化，通过围绕国家发展战略的职业院校参与，形成了一个高效、畅通、覆盖面广的职业教育国际化网络①。

① 马德益．网络化：高校国际合作发展新动向．清华大学教育研究，2004（4）：91－96.

（二）组织与管理国际化：基于中国特色的管理模式创新

职业教育组织与管理国际化的特点总体而言是基于中国特色的管理模式创新。在组织方面，职业院校积极学习借鉴国内外知名企业和教育培训机构运行模式，推进学校管理创新。2015 年《教育部关于深入推进职业教育集团化办学的意见》提出，鼓励国内外职业院校、行业、企业、科研院所和其他社会组织等各方面力量加入职业教育集团。鼓励学生直接参与国际文化或技能交流活动，为学生营造国际化环境。硬件环境的营造上更注重实物，比如国际化的实训设备和设置等；软件环境的营造上更注重氛围，旨在为落实国际化政策以及学生参与到国际化的进程中创设良好有序的环境。此外，在经费管理上，实行“有进有退、优胜劣汰”的动态管理和弹性经费制度。基于本土特色，建立政府、行业、企业、个人、社会共同参与的基础能力建设多元投资机制。在规章制度上，积极参与职业教育国际标准与规则的研究制定，开发与之对应的专业标准和课程体系，扩大国际话语权、增强国家软实力。同时鼓励开展评价、监测与国际交流，建立健全终身学习的统计信息体系，研制监测评估指标体系，支持社会组织等第三方开展国际化建设与发展状况评价和监测活动。

（三）学生国际化：注重区域均衡发展

职业教育学生的国际化主要包括学生出国交流情况、学生获得职业资格证书情况、学生海外留学、实习经历、外派交换生、交流生百分比、招收外国留学生情况等。其政策的发展趋势大致可以概括为注重区域均衡发展并向发展中国家、中西部倾斜。2010 年以前，学生国际化主要体现在出国交流以及来华留学的学生规模上，2010 年国家教育规划纲要明确提出要强调创新和完善公派出国留学机制以及进一步扩大外国留学生规模，加强对自费出国留学的政策引导，重点资助发展中国家学生来华留学。2011 年《教育部关于推进高等职业教育改革创新引领职业教育科学发展的若干意见》提出“要将国际化生产的工艺流程、产品标准、服务规范等引入教学内容，增强学生参与国际竞争的能力”，从其内容可以看出在学生的国际化上，政策重点由之前的关注学生数量转向关注学生与国际接轨的可持续发展能力。此外，2013 年《中西部高等教育振兴计划（2012—2020 年）》在关注学生个体能力发展的同时聚焦于中西部学生国际化水平的发展，支持中西部学生出国留学并鼓励优秀留学人员参与中西部地区建设，提出“中国-东盟双十万交流计划”、来华留学奖学金项目等重点项目支持中西部高校接受来华留学生，全面提升留学生管理队伍素质进而推动留学事业的发展。

（四）师资国际化：自主培养与创新引进并举

师资队伍、管理人才的国际化主要包括外国文教专家的聘用、留学归国人员的聘用、专任教师访学以及管理人员出国访学等。相关政策聚焦于师资的自主培养和创新引进并举。2005年的《教育部国家外国专家局高等学校学科创新引智计划“十一五”规划（2006—2010年）》以及2007年的《教育部关于进一步加强引进海外优秀留学人才工作的若干意见》提出以引进海外学术大师、科研骨干为重点的高等教育创新引智计划并且加强海外优秀留学人才引进和管理，这是在普通教育领域对于人才引进以及聘用较为重要的国际化政策。此后，职业教育领域也相应地对国际化做出了具有职教特色的回应与举措。2006年教育部、财政部印发的《关于实施中等职业学校教师素质提高计划的意见》明确提出：2007—2010年，每年派驻一定数量的教师赴国（境）外学习先进的职业教育教学理念和专业教学法。然而这种教师的短期外派也会出现一系列的问题，如时间过短、无法完全学习到其他国家的专业教学理念等。因此，政策开始趋向注重引进海外优秀人才，吸引更多世界一流的专家学者来华从事教学、科研和管理工作并关注现有职教师资和管理人才素质提升以及潜在师资队伍的发掘与培养。2011年《全国教育人才发展中长期规划（2010—2020年）》提出校长和骨干教师海外研修培训计划，每年选派一批大中小学和职业学校的党政领导、后备干部以及中青年骨干教师到海外研修培训。职业院校教师素质提高计划也进一步提上日程，实施职业院校专业骨干教师培训项目，在国家级培训基础上，选派高等职业学校具有中级以上教师职务的专业教师到国外进修，学习先进的职业教育教学理论与方法、先进教育技术和课程开发手段。

（五）课程与教学国际化：改革出新与本土特色并重

职业教育课程与教学方面的政策主要倡导改革职业教育专业课程体系。《现代职业教育体系建设规划（2014—2020年）》提出：到2020年，应基本形成对接紧密、特色鲜明、动态调整的职业教育课程体系。为适应中国特色社会主义市场经济的发展以及产业升级、技术进步的需要，国家提出要建立职业标准与专业教学标准联动开发机制，按照科技发展水平和职业资格标准设计课程结构和内容，通过用人单位直接参与课程设计、课程评价和国际先进课程的引进，加快职业教育对技术进步的反应速度。同时在课程资源方面，鼓励引进国际精品培训课程和先进培训模式，在我国职业院校独特运行机制的基础上，使其成为汇聚和整合企业、社会培训资源的平台，逐步建立产业技术进步驱动课程改革机制。在教学上，则由主要强调教学内容跟进国际水平转向教学理念、专业教学法等的国际化，主张建立教学科研合作平台，与国外学校合作设立教育教学或实训项目。

（六）交流与合作国际化：强调多层次、宽领域

在涉外办学与合作上，从单纯强调资源引进逐步过渡到关注多层次、宽领域的教育交流与合作。2010年国家教育规划纲要提出合作设立教育教学、实训、研究机构或项目，提倡搭建高层次国际教育交流合作与政策对话平台。随后，《教育部关于推进高等职业教育改革创新　引领职业教育科学发展的若干意见》提出鼓励职业院校积极参与职业教育国际标准和规则的研究与制定。从2013年开始，国际化合作办学政策逐步倾向周边国家的教育交流，如2013年2月，《中西部高等教育振兴计划（2012—2020年）》强调中西部高校要充分利用周边资源，扩展与周边国家教育交流与合作，鼓励沿边地区的职业院校加强与周边国家的合作，提高我国教育对周边国家的辐射力、影响力。同时鼓励骨干职业院校“走出去”，探索和规范职业院校办学。在国际化交流与合作上呈现系统化合作与特色交流并重的特点。2010年国家教育规划纲要提出从政府间学历学位互认、建立教学科研合作平台以及加强国际理解教育等方面推动跨文化交流。同时提出建立高等学校毕业生海外志愿者服务机制以及加大教育国际援助力度，为发展中国家培养培训专门人才。无论是在涉外办学还是在交流与合作上，政策的引导与执行都体现了职业教育领域和渠道的国际化以及对国外优质教育资源利用方法的探索。

二、我国职业教育国际交流与合作的政策解读

职业教育国际交流与合作的政策大致呈现以下三个主要特点：

（一）“走出去”和“引进来”双管齐下的政策初步显现

从整体上来看，对内培养和对外引进“双管齐下”的政策路线初步显现是指隐含在涉及职业教育国际交流与合作的一系列政策里的逻辑主线主要遵循由内而外和由外而内二者结合。《职业教育与继续教育2016年工作要点》贯彻中央关于做好新时期教育对外开放工作的精神，推动制定职业教育国际交流与合作发展规划，坚持“引进来”“走出去”并举，增强对外合作的针对性。这种双

管齐下的政策导向是一种以学校的持续发展和教育合力的增强为目标的交流，注重本土化与本地化的融合，真正实现双向的交流融合①。这种协同式的战略合作，能够推动中外双方教育理念和教学质量的提升。在新经济背景下，职业教育配合国家"一带一路"倡议，助力优质产能"走出去"，扩大与"一带一路"沿线国家的职业教育合作。主动发掘和服务"走出去"企业的需求，培养具有国际视野、通晓国际规则的技术技能人才和中国企业海外生产经营需要的本土人才。专科高等职业院校将国际先进工艺流程、产品标准、技术标准、服务标准、管理方法等引入教学内容；与积极拓展国际业务的大型企业联合办学，共建国际化人才培养基地；发挥专科高等职业院校专业优势，配合"走出去"企业面向当地员工开展技术技能培训和学历职业教育。这一系列政策的出台和举措的实施充分体现了职业教育在人才交流、培养模式、课程体系、教学方法、合作交流等方面秉承"走出去"与"引进来"双管齐下的原则。

（二）基于国情的自主培养与双向互动政策创新体系初步建立

2007年，人才强国战略作为发展中国特色社会主义的三大基本战略之一，写进了《中国共产党章程》和党的十七大报告，在人才强国战略的指引下，吸引海外高层次人才工作加速推动。这一时期，确立了以我为主、按需引进、突出重点的国际交流方针②。2011年，《教育部关于推进高等职业教育改革创新　引领职业教育科学发展的若干意见》指出，高等职业学校要服务国家"走出去"战略，满足企业发展需要和高技能劳务输出需要。至此，职业教育国际交流与合作政策发展进程逐步过渡到关注长期合作互动、服务地区经济发展以及个体终身发展等学校、企业、政府多方合作，国内外学校人才培养双向互动的过程。专科高等职业院校到国（境）外办学，为周边国家培养熟悉中华优秀传统文化、当地经济发展亟须的技术技能人才。同时强调在示范校建设的基础上加强质量监控，依托教育涉外监管信息网开通中外合作办学监管工作信息平台，建立中外合作办学质量评估机制，并且鼓励职业院校与国外高水平院校建立一对一合作关系。鼓励沿边地区的职业院校加强与周边国家的合作，提高我国教育对周边国家的辐射力、影响力。由此可以看出，职业教育国际交流与合作不仅立足于我国的基本国情，并且依据全球化发展的趋势，注重培养具有国际视野的高层

---

① 闵京华．"走出去""引进来"：双管齐下促发展：利用现代信息技术，加强与留学人员的沟通渠道．中国政协，2005（4）：75.

② 张晓光．探索大学国际交流与合作的新模式　推进人才强国战略的实施．黑龙江教育学院学报，2006，25（1）：46-48.

次人才。国际交流月合作发展政策主体日渐明晰，政策对象逐步细分，政策内容日益丰富，一个纵横交错、条块结合的国际化体系正逐步建立①。

（三）以推动经济结构转型升级为目标的国际化政策体系日益确立

2014 年 6 月，《国务院关于加快发展现代职业教育的决定》提出加快构建现代职业教育体系。在此推动下，职业教育国际化工作加速向纵深发展：推动与中国企业和产品“走出去”相配套的职业教育发展模式，注重培养符合中国企业海外生产经营需求的本土化人才等。我国作为全球第一大贸易国和第一大出口国，资本、商品和服务与各国的大规模交流互动，特别是“一带一路”倡议的提出，加速了与世界融合的步伐②。如何培养大量具有国际能力的技术技能人才，对我国职业教育提出了巨大挑战。《推进共建“一带一路”教育行动》呼吁加快推进本国教育资历框架开发，共商共建区域性职业教育资历框架，逐步实现就业市场的从业标准一体化。为了应对挑战，加大与国外职业教育机构的交流合作，提升师资队伍和管理队伍的国际视野，实现人才培养标准与国外先进标准的对接是必由之路。提升职业教育集团服务发展方式转变的能力对推进区域经济发展具有重要影响：职业教育集团服务发展方式逐步转变，协调推进人力资源开发与技术进步，推动教育教学改革与产业转型升级衔接配套③。国家旅游局、教育部印发的《加快发展现代旅游职业教育的指导意见》指出：“探索与出境旅游快速发展相配套的旅游职业教育发展模式，支持优质旅游职业院校到国（境）外办学，培养符合中国游客境外旅游需要的本土化人才。”由此可见，职业教育服务于经济发展、推进区域经济结构转型的功能日益明确。

三、我国职业教育国际交流与合作的政策展望

（一）政策表述：宏观统筹与微观实践相结合

通过对职业教育国际交流与合作政策文本的研读，可以直观地感受到关于国际交流与合作政策的表述不仅在宏观上引领职业院校的发展，而且充分体现

---

① 黄睿彦，汪霞．纵横交错、协调合作：哈佛大学教育国际化组织与管理的创新．中国教育国际化论坛，2011.

② 周艳．“一带一路”战略与我国高等教育的发展路向．扬州大学学报（高教研究版），2016（6）：8－12.

③ 曹晔．新形势下我国中等职业教育功能定位与推进策略．教育发展研究，2016（13）：106－112.

了对职业院校在师资建设、人才培养、课程设置、中外交流等微观运作上的关注。从 21 世纪初的探索酝酿时期到如今的较为成熟发展阶段，不仅仅是职业教育国际交流与合作政策文本字数或文本数量上的简单增加，而是在关于国际交流与合作的举措上更加细致深刻、更加全面可操作①。从对海外人才引进、交流政策的初步构想到中长期规划纲要的引领再到对职业教育课程、师资建设的具体举措的规定，不仅仅是职业教育在政策上寻求国际化的发展思路，更重要的是体现对未来职业教育发展深刻的关怀。未来职业教育在国际交流与合作的政策制定和政策执行过程中秉持宏观统筹和微观运作相结合的逻辑，将是职业教育国际化内涵得以提升、国际化实践得以有效操作的重要抓手。

（二）政策指向：寻求国际话语权，讲述中国故事

全球化的背景不断推动政府在战略高度上强化职业教育国际化的水平，促使职业教育服务国家地位提升、地区经济发展的功能进一步强化。配合国家"一带一路"倡议、扩大与"一带一路"沿线国家的职业教育合作、加强与职业教育发达国家的对话、积极参与国际规则的制定和职业教育专业标准的开发等一系列政策的制定和实施，不仅有利于提升国家软实力，而且有助于树立国际威望。以更自信更开放的姿态立足世界教育的舞台，在职业教育政策制定和政策文本中呈现中国态度是向世界讲好中国故事、推动工匠精神走向世界、携手世界各国为全球可持续发展发出中国声音、贡献中国智慧、促进中国梦与世界梦交融的应有之义，也是职业教育国际交流与合作政策的导向和追求。

（三）政策内容：促进开放包容，科学定位人才培养

开放包容是职业教育国际交流与合作的必然诉求。在政策内容上，关注留学生群体，切实增强人才来华留学进修的拉力，同时主动加强对其他国家的教育援助，积极融入世界职业教育体系，促使职业教育以更加主动开放的态度契合全球化发展的步伐。在人才培养理念上，职业教育不仅要关注培养具有本土情怀的人才，而且要致力于技术技能人才国际化视野和全球素养的提升。同时，随着普通高等院校向地方应用型大学转型，不仅在人才培养目标上转向高素质技术应用型人才，在培养方式上也需要力求突破局限。加强国际交流合作，实现人才培养方式上的国际化也是高校转型政策的内涵所在。以开放包容的态度

---

① 周菲．我国高等教育国际化政策的嬗变及特征：基于国家教育政策文本的分析．黑龙江高教研究，2014（4）：19－22.

吸收接纳国际先进理念和优秀人才，培养具有全球素养的本土人才，是实现人力资源强国的关键环节，也是职业教育政策内容国际化的重要体现。

（四）政策实施：注重职业教育集团国际化，共享优质资源

伴随着职业教育发展日益成熟，促进职教联盟和区域性协会等内部资源整合、共享国际教育优质资源，成为职业教育国际交流与合作的重要举措，也是职业教育国际交流与合作政策的关注重点。职业教育国际交流与合作政策的实施要依靠职业教育集团与跨国企业、境外教育机构等开展合作，促进跨文化交流，开展具有示范性的国际教育交流活动，推进产教融合，引进国外职业资格证书，服务国家战略，进一步推动职业教育国际化改革与发展。同时，在政策执行上，充分发挥职业教育集团化办学的规模效应，建立职业教育集团国际化交流与合作的长效机制，为跨国企业咨询参与以及国内外职业院校沟通交流搭建平台，是未来职业教育国际交流与合作发展的重要内容，也是职业教育国际化实践由零散走向集中的趋势所向，更是职业教育国际交流与合作政策得以有效实施的重中之重。

第二节　职业教育的“引进来”

2014 年，《现代职业教育体系建设规划（2014—2020 年）》明确提出：“扩大引进优质职业教育资源。有计划地学习和引进国际先进、成熟适用的人才培养标准、专业课程、教材体系和数字化教育资源。大力引进国外智力，支持职业院校申办聘请外国专家（文教类）许可。实施跟踪和赶超战略，鼓励职业院校与国外高水平院校建立一对一合作关系。鼓励职业院校举办高水平中外合作办学机构和项目。”为响应中央精神，我国职业教育通过引进国际化专业教学标准、师资等教学资源，引进高水平的合作办学项目、世界性职业教育会议等，来提高我国职业教育国际交流与合作的水平。

一、教学资源的“引进来”

（一）开发国际水平专业教学标准

2012 年，教育部下发《关于借鉴国外先进经验开展职业教育部分专业教学

标准开发试点工作的通知》，要求上海市和天津市借鉴国外先进经验，组织开展职业教育 50 个专业教学标准的开发试点工作。其中，上海市以现代服务业领域的专业为重点，天津市以先进制造业领域的专业为重点。

1. 上海市国际水平专业教学标准开发情况

在教育部《关于借鉴国外先进经验开展职业教育部分专业教学标准开发试点工作的通知》文件精神指导下，上海市教委在 2012 年开发了 13 个国际水平专业教学标准，2013 年又组织开发了 39 个国际水平专业教学标准，完成了教育部 50 个左右国际水平专业教学标准的开发任务。

在整个开发过程中，上海市教委组织专家团队以职业能力标准的国际对接为基础，以适应国际水平跨国企业人才需求为目标，以体现国际发展趋势的专业课程开发为核心，以教学条件的国际化水平建设为保障，以国际权威职业资格证书为引领。通过学习借鉴国外先进职业教育理念和经验，开发体现国际水平的专业教学标准。在开发过程中，专家团队采取了一系列措施：一是开展培训，统一开发理念与要求。2013 年先后启动了两批共 39 个项目的国际水平专业教学标准开发，每一批开发项目确定后，先组织培训，培训对象包括各项目组组长和开发成员，培训内容包括：国外专业教学标准开发经验介绍、国际水平专业教学标准开发指导手册解读、部分前期项目组开发经验介绍等。通过培训，各项目组理清了思路、明确了开发的程序与方法。二是加强交流，及时指导。召开交流会，相互学习借鉴。在标准开发初稿完成后，进一步召开了国际水平专业教学标准开发交流会，由各开发组分别介绍开发进展和成果，聘请了相关职教专家、课程专家等做现场点评，提出进一步完善和修改意见。此外，针对项目组遇到的问题，组织专家到学校进行具体指导，以及时解决各项目组的困难与问题。三是科学论证，严格把关。各项目组开发的国际水平专业教学标准完成后，先由各项目组聘请相关行业、企业专家，从内容的科学性、可行性等方面进行论证，项目组按专家意见进行修改。组织职教专家、课程专家等，从国际水平专业教学标准开发的理念、课程与教学要求等方面进行论证，提出修改意见。四是建立试点实施工作研讨例会制度。建立试点工作校际交流研讨例会制度，每两个月举行一次工作会，主要解决试点过程中遇到的困难与问题，结合学习借鉴国际先进理念和经验，探讨推进课程与教学改革的新思路、新领域。

通过开发国际水平专业教学标准，上海市教委取得了显著的工作成效：一是引入借鉴发达国家和地区职业能力标准。各项目开发组在制定国际水平专业教学标准之前，已梳理发达国家（地区）相关职业能力标准，从中选择既能体现国际先进水平，又对我国具有借鉴价值的职业能力标准作为对接的对象。每个项目组在比较分析的基础上，确定一个国家或国际组织的职业能力标准，并翻译了全套资料，有效促进了专业教学与国际先进水平的对接。这些职业能力标准的资料基本涵盖了世界上主要发达国家（地区），如美国、德国、英国、日本、加拿大、澳大利亚、法国，以及欧盟等一些国际组织。这些资料对了解国外先进的行业技术规范、人才培养规格等非常有价值，是学习借鉴国际先进经验和理念的直接素材。二是完成国际水平专业教学标准文本编制。每个专业教学标准中包括四部分内容：职业能力标准，包含体现国际水平的国外职业能力要求；人才培养指导方案；专业设置条件；开发团队。这些专业教学标准是本土化与国际化的有机结合，既反映了我国国情和专业教学的实际，又充分考虑与国际先进水平对接的要求，国际水平在课程理念、职业能力标准、课程模式、教学模式、开发技术、开发团队等方面都不同程度得到了体现。这些成果汇编成《职业教育国际水平专业教学标准开发的研究与实践》一书，并按专业大类分为 8 册。三是启动试点实施工作。根据学校自愿申报和专家评议，确定了国际商务等 6 个专业进行国际水平专业教学标准试点实施。为了保障试点实施工作有效顺利开展，研究制定了上海市职业教育国际水平专业教学标准试点实施的工作方案，提出了试点实施的总体指导思想、主要任务、试点实施办法和保障措施等。试点学校根据总体方案，分别制定各校具体的专业试点实施方案，并启动试点工作①。

2. 天津市国际化专业教学标准开发情况

根据教育部《关于借鉴国外先进经验开展职业教育部分专业教学标准开发试点工作的通知》要求，天津市教育委员会以天津市高等职业教育为主体，于 2012 年、2013 年分两批先后遴选了 50 个紧贴先进制造业、战略性新兴产业、现代服务业等重点领域的专业，开展国际化专业教学标准的开发工作。经过 3 年的开发与实践，天津市已顺利完成了 50 个国际化专业教学标准的开发任务，国际化专业教学标准的试点工作也在稳步推进。

国际化专业教学标准的形成与完善，是一个开放的、动态平衡过程。因此，天津市教委在建设路径方面，注意围绕区域支柱产业和特色产业发展需求，集聚有实力的学校、行业和中资及外资企业共同参与，合作制定并适时修订国际

① 上海市教育委员会．2013 年开发 50 个国际水平职业教育专业教学标准情况．(2014－09－15). http://www.shmec.gov.cn/web/wsbs/webwork_article.php?article_id=76087.

化专业教学标准；同时注意协调与融合我国现行的专业教学标准与发达国家或重要国际组织专业教学标准或类似标准的核心构成要素。具体而言体现在几个方面：人才培养目标的协调与融合、人才培养模式的协调与融合、专业课程体系的协调与融合、教学模式的协调与融合、教学方式的协调与融合①。

在完成职业教育国际化专业教学标准开发工作之后，天津市教委将50个国际化专业教学标准的开发成果结集成册，组编了《高等职业教育国际化专业教学标准开发与实践》一书。这本《高等职业教育国际化专业教学标准开发与实践》是在学习借鉴国外先进经验、总结中国职业教育改革实践经验的基础上开发研制的，它既体现了国际水准又符合我国国情。该书的出版为其他职业院校的国际化专业教学标准开发与实践提供借鉴与示范，并为职业院校国际化专业教学标准的实行和推广起到一定的促进作用。

从上海市和天津市的试点实施情况来看，可以说，国际化专业教学标准的开发仅仅是一个契机，带来的却是整个职业院校教学资源的国际化。国际化专业教学标准作用的发挥，有赖于教学内容、教学团队、教学环境等方方面面的有效支撑。我国在开发国际化专业标准的同时，也引进了各种国际化的教学资源。

（二）打造国际化师资队伍

教师队伍是提高人才培养质量的关键。为了应对经济全球化对国际化人才的需求，我国职业教育教师队伍也在积极主动参与国际化进程，以实现职业教育人才培养的国际化。

一般而言，打造国际化师资队伍主要有两个路径：一是通过国外进修和培训，吸收国外先进经验，提高我国教师团队的专业技能、教学能力和外语水平；二是建设稳定的外籍教师团队，通过中外教师的协同合作，在共同完成核心专业课程双语教学的过程中，提升整个教师队伍的国际化水平。近些年来，我国职业教育在与国外联合进行师资培训方面开展了一系列活动，取得了一定的成果。国家层面主要有“中德职教师资进修项目”“中国高等职业教育联合革新计划——高职教师教育与培训项目”等。国内部分职业学校也在尝试教师国际化培养的教育实践。以上海市为例，上海市派多名职业教育教师出国进修，分赴十几个国家培训。另外，一些职业学校通过申报聘请外国专家，引进国际化师

① 吕景泉，汤晓华，周志刚．建设国际化高职教育专业教学标准的学理考量．中国高教研究，2014（9）：102-105.

资力量。

但总体而言，目前我国职业学校的师资队伍国际化水平仍然不高，主要表现在以下几个方面：一是教师整体国际化的意识与能力不强。较大比重的职教教师在外语、计算机及先进的教学媒体运用等方面还有所欠缺，不能适应国际化的要求。二是国际化教师队伍结构建构处在雏形阶段。尽管我国部分高职院校外籍教师的绝对量与比例呈逐年上升趋势，但幅度不大；外籍教师以开展讲座和短期交流居多，长期聘任的数量很少；在外籍教师中语言教师居多，专业教师比例较小。统计显示，即便是积极推进教育国际化的浙江省，2010 年，其高职院校教师中外国文教专家的比例仅为 1.1%。这表明我国职业学校很有必要采取一系列可行之策来推动教师队伍的国际化发展。三是教师整体参与国际交流与合作机会不多。与普通本科院校比较，目前我国高职院校教师出国留学的派出力度仍处于较低水平，与实际需要相去甚远，多数教师缺少走出国门与国际同行进行学术交流或合作研究的机会。截至 2010 年，浙江省高职院校校均专任教师访学 3 个月以上人员的比例仅为 4.1%，主办或承办的国际学术会议为 0.4%，国际合作科研平台为 0.2%[①]。

专栏 8-1

浙江商业职业技术学院多渠道引进国际师资打造国际化师资队伍

为打造国际化师资队伍，进一步推进浙江商业职业技术学院教育国际化工作，2016 年 12 月 28 日下午，浙江商业职业技术学院副校长李贤政、组织人事部副部长王珊、外事办副主任黄益琴等在 608 会议室为荷兰戴尔逊学院老师乌贝莱·伯格斯马（Ubele Bergsma）举行欢迎仪式并颁发特聘客座教授证书。

浙江商业职业技术学院和荷兰戴尔逊学院自 2015 年正式签约以来，在师资互访、学生交流、科研合作等方面开展了合作。乌贝莱·伯格斯马为该学院专任教师，主要担任国际旅游、市场营销等专业课程的教学和研究工作。本次他受邀来浙江商业职业技术学院承担市场营销、旅游英语等课程的教学，历时 3 周，周课时 16 节。他的教学充满激情、富有个性，与学生互动积极，课堂气氛活跃，教学效果良好。教学之余，他还与相关专业教师研讨最新专业动态和发展趋势。

① 李伶俐，罗尧成．高职教师国际化的问题分析及其改革思考．职业教育，2013（1 月下）：15-17.

近年来，浙江商业职业技术学院依托“引进来”“走出去”双途径积极推进国际化师资队伍建设。“十二五”期间，学院共引进外籍教师 42 名，选派了 249 名教师赴澳大利亚、法国、新加坡、美国、加拿大、英国等国家和中国台湾地区进修学习。“十三五”期间，浙江商业职业技术学院加大引进和培养力度，根据规划，到 2020 年，要力争使浙江商业职业技术学院外国文教专家占专任教师的 5%，出国访学 3 个月以上专任教师比例达 8%，努力建成一支适应国际化办学需求的高水平师资队伍。

资料来源：中国高校之窗．浙江商业职业技术学院多渠道引进国际师资　打造国际化师资队伍．(2016-12-28). http://www.gx211.com/news/20161228/n7216423032.html.

二、办学项目的“引进来”

在国家政策推动下，职业院校的国际交流与合作活动呈现递增态势。国家、省级和院校层面通过政策对话、合作办学、学生交流、教师交流与培训、合作研究，及一般性的交流与访问等途径，与全球五大洲的 30 多个国家建立了国际交流与合作关系。2010—2012 年，国际交流与合作数量分别为 244 次、260 次和 286 次。其中，东部地区职业教育国际及港澳台交流与合作活动中，合作办学比例最高，为 35%；其次为交流与访问，为 27%；学生和教师交流分别为 13%和 10%。教育部中外合作办学监管工作信息平台数据表明，2013 年祖国大陆高职合作办学项目共有 696 个，其中 2013 年新批的项目有 525 个，占 2013 年项目总数的 75%。

从以上数据可以看出，我国职业教育国际交流与合作的众多形式中，合作办学为主要形式。而且这种合作项目所招收的学生几乎都是中国学生，不仅颁发中国文凭，还颁发外方合作办学伙伴的文凭。统计数据表明，2013 年，澳大利亚、加拿大、英国、美国、韩国、德国等 24 个国家（地区）的 235 个机构，与我国 25 个省份的 296 所高职院校进行了合作办学。完成学习达到标准后，合作办学班的学生除获得中方的大专文凭外，还可以获得外方合作伙伴的资格或证书，包括文凭（diploma）、高级文凭（advanced diploma）、副学士学位（associate degree），以及证书（certificate）等等。合作伙伴所颁发的资格或证书可以成为那些希望到合作伙伴国或地区的高等教育机构继续学习的申请依据之一。

（一）高职院校合作办学的现状

一是合作办学项目增速快，但参与的高职院校并不广泛。我国高职合作办学项目增量大，但参与高职合作办学项目的高职院校并不广泛。2013 年，我国高职高专共有 1 321 所，有 296 所高职院校执行了合作办学项目，即还有约 3/4 的高职院校没有执行合作办学项目。

二是合作办学项目涉及专业多，但存在专业结构失衡问题。虽然高职合作办学项目涉及 19 个专业大类，但这些项目布局不合理。财经大类项目数量占高职合作办学项目总数的 39%，电子信息大类占此类项目总数的 17%，这两类专业的合作办学项目数量占高职合作办学项目总数的 56%。旅游和制造专业大类的合作办学项目也不少，分别占高职合作办学项目总数的 11%和 10%。这 4 大类专业合作办学项目数量占高职合作办学项目总数的 77%。其他 15 个专业大类的项目数量仅占高职合作办学项目总数的 23%，尤其是我国发展有巨大需求的若干专业的合作办学项目数量少。如高职环保、气象与安全合作办学项目只有 3 个，占高职合作办学项目总数的 0.4%；资源开发与测绘大类只有 1 个，占总数的 0.1%。

三是虽有一定数量的高职院校执行了合作办学项目，但规模效益总体不高。我国有合作办学项目的高职院校中，承担一两个项目的院校数最多，分别有 102 所和 95 所，这些院校占合作办学项目高职院校总数的 67%。有 27%的高职院校执行了三四个合作办学项目。但执行 5 个以上合作办学项目的高职院校很少，只有约 6%。我国有一高职院校执行了 9 个合作办学项目，这是我国执行合作办学项目数量最多的学院，但只有 1 所，且这一职业技术学院只有两个合作伙伴。

四是与世界主要国家都有高职合作办学项目，但高度集聚在几个主要英语国家。虽然我国与 24 个国家都开展了高职合作办学，但这些合作办学项目高度集聚在澳大利亚、加拿大、英国和美国这 4 大英语国家。澳大利亚与我国高职合作办学的项目最多，共有 212 个，占我国高职合作办学项目总数的 31%。加拿大这一合作办学项目的数量为 126 个，排名第二，占高职合作办学项目总数的 18%。这两个国家与我国高职合作项目的数量几乎占到高职合作办学项目总数的一半。英国和美国排在第三、第四位，分别占高职合作办学项目总数的 14%和 9%。澳大利亚、加拿大、英国、美国 4 个国家在祖国大陆的高职合作办学项目占此类项目总数的 72%。

（二）中职示范校合作办学的现状

一是开展不广泛，但取得了一些实质性成果。我国中职示范校中开展国际合作办学的数量并不多，开展合作办学的不到1/3。但通过合作办学，约16%的中职示范校引进了国外的课程，其中引进1～5门课程的中职示范校居多，占11.81%。通过合作办学，中职示范校不仅引进了国外的课程，而且开发了教学材料。数据表明，我国有108所中职示范校合作开发了教材。

二是在注重引进的同时，也呈现“走出去”的成果。中职示范校的合作办学，不仅引进了外籍教师、引进了外国课程，同时，这些中职示范校也接受了外籍学生，并且这些院校的毕业生也有一些在国外就业。数据表明，我国有56所中职示范校共招收了1 831位外籍学生。其中，49所学校招收的外籍学生为1～40位，占招收外籍学生中职示范校总数的87.5%。数据表明，我国有170所中职示范校的12 266位学生到国外就业。

专栏8-2

宁波外事学校：中外合作办学的实践之路

宁波外事学校作为浙江省第一所同时拥有英、日、德、韩、法、俄、西班牙语等7个语种教学能力的涉外型中等职业学校，依托传统优势，结合区域经济特征，致力于打造适应宁波乃至长三角区域外向型经济发展需要的国际化中等涉外人才培养基地。为此，学校依托传统优势，结合区域经济特征，以国际化项目为抓手，在专业丰富、项目拓展、师资培训、环境打造等方面持续推进，使学校成为展示宁波教育国际化的一个窗口学校，成为宁波城市的一张新名片。

中外合作办学领域的拓展

2006年前后，学校为进一步推进教育国际化，启动了一系列中外合作办学项目。

（1）与海外高校联办。与英国珀斯（Perth）学院、法国旅馆旅游学校联盟、瑞典布京理工学院、加拿大拉萨尔学院、日本京都外国语学院、韩国顺天大学等22家国外高校建立合作办学关系，打通学生高中后出国留学通道。

（2）广泛建立姊妹学校。与日本明德义塾高中、美国肯尼迪高中、澳大利亚精英中学、韩国青岩高中、德国亚琛彼尤斯（Pius）中学等建立姊妹学校关系，开展教育内容交流、师资培养、学生互访、课程引入、海外夏令营等活动。

（3）引进两个中外合作办学项目：与英国珀斯学院合作举办英语实验班项目，与法国勒内奥佛莱旅游学院合作举办法语专业中等职业教育项目。这两个项目在人才输出、师资互派、教材引入、评价体系构建、教学内容重构、学分互认等方面进行了深入合作。在此背景下，学校英语专业的18位学生前往英国珀斯学院就读，法国勒内奥佛莱旅游学院的毕业生在学校引荐下，到宁波南苑饭店实习。

成立中外合作办学机构——宁波TAFE学院

在宁波市教育局与澳大利亚新南威尔士州教育部的战略合作背景下，学校与澳大利亚西悉尼TAFE学院、宁波城市职业技术学院共同组建宁波TAFE学院。该学院是经浙江省人民政府批准、教育部核准备案的浙江省首个职教类具有颁发专科文凭资格的中外合作办学机构。该项目是宁波市重要的教育国际合作项目，是浙江省教育改革试点项目，也是教育部、宁波市人民政府共建教育国际交流与合作综合改革试验区的一个重要项目。

学院创新中澳合作、中高职贯通的人才培养机制，采用五年一贯制的人才培养方案，实施完整的中高职贯通的课程体系，实现中高职教育的无缝对接。同时将教育的国际化与中国职业教育体制创新有机结合，在宁波形成宁波诺丁汉大学研究性人才培养模式与宁波TAFE学院应用性人才培养模式的呼应，既完善了宁波市不同规格国际化人才培养体系，也能在全国职业教育体制创新和职业技术国际化人才培养上形成亮点。

1. 宁波TAFE学院的组建

(1) 组建模式。

2011年6月，在宁波市教育局和澳大利亚新南威尔士州教育部的战略合作背景下，由澳大利亚西悉尼TAFE学院、宁波城市职业技术学院、宁波外事学校三方合作举办成立宁波TAFE学院，成为浙江省首个中高职贯通的中外合作办学机构。

(2) 管理模式。

宁波TAFE学院实行联合管理委员会领导下的院长负责制管理机制。联合管理委员会为学院的最高决策机构，负责学院的办学方针、事业发展、管理人员任命、财务运营等重大事项。联合管理委员会由中方6名代表和澳方3名代表组成。根据宁波TAFE学院的办学章程，学院设院长1名、执行院长1名、副院长2名、院长助理1名。以上人员由合作三方提供，经局党工委讨论后由联合管理委员会任命。

(3) 课程模式。

学院全套引进澳大利亚职业教育课程体系，实行五年一贯制教学模式，在宁波实施TAFE教学。以澳大利亚西悉尼TAFE学院的课程包为核心、以中方的中高职课程为补充。课程设计以“2+3”的模式进行，前两年为中专阶段，后三年为大专阶段。该课程体系相当于中国的中等职业学校和高等职业院校课程的综合体，能有效解决中高职课程重复或衔接不紧密、后续发展选择面不宽的困境，能避免目前5年“3+2”两地两校两段的教育弊端。

2. 未来规划：筹建杭州湾新区宁波TAFE学院

根据宁波市战略新兴产业和杭州湾新区产业发展需求，以推进建设国家级职业教育与产业协同创新实验区为契机，借助宁波市成为首批国家级教育国际交流与合作综合改革试验区的平台，以宁波TAFE学院扩容易地新建为立项依据，在现有宁波TAFE学院基础上增加专业、扩大规模，将宁波TAFE学院改建为宁波城市职业学院杭州湾学院。

学院以多语种教学为依托，集聚国（境）外多种优质职教资源，实施5年制中高职一体化人才培养模式，致力于培养面向杭州湾新区及宁波经济社会发展、辐射长三角的国际化应用型技术技能人才。它将承担现代职教体系构建、应用教育品牌塑造、产教协同创新模式构建、教育国际化深化提升、高职院校办学体制创新、学校管理体制创新等先行先试、示范辐射的功能，成为推进宁波教育改革、提升教育国际化水平、实现教育现代化的重要支撑。

学院规模设定为5 500人（国内学生5 000人、外籍学生500人），约150个班级。项目规划用地面积为487亩，一次规划、建成。项目投资总额约7.66亿元，建设周期为2年5个月，2014年12月开始破土动工。

三、世界性会议的“引进来”

（一）第三届国际职业技术教育大会

2012年5月14—16日，第三届国际职业技术教育大会在上海举办。国际职业技术教育大会系联合国教科文组织举办的全球性大会，前两届分别于1987年和1999年在德国柏林和韩国首尔召开。这次会议由联合国教科文组织和中华人民共和国教育部联合举办，上海市人民政府承办。大会以“培养工作和生活技能”为主题，重点探讨如何改革和发展职业技术教育，以确保所有参加职业教育的人均能获得工作和生活所需的技能。117个联合国教科文组织成员和72个国际组织的800多名代表参加了会议。

此次大会有三个具体的目标：一是深入研究当前和今后职教面临的挑战，探讨正确的应对措施；二是促进各国深化对职教的认识和交流经验；三是促进职教领域的国际合作，确定支持各国发展职业技术教育的战略方针。大会起草并通过了对今后十年具有指导意义的《上海建议书》。大会还专设了中国职业技术教育圆桌会，介绍我国近年来特别是2010年国家教育规划纲要颁布实施以来职业技术教育所取得的成果①。

会议通过的《上海共识：第三届国际职业技术教育大会“职业技术教育与培训的转型：培养工作与生活技能”建议书》（《上海建议书》）提出，为应对人类经济社会发展的新挑战，职业技术教育与培训要采取行动，要“增强职业技术教育与培训的相关性”“扩大机会，提升质量和公平”“增强资历的适应性和发展路径”“改进循证的方法”“加强治理，拓展伙伴关系”“增加职业技术教育投资并使资金来源多元化”“宣传职业技术教育”。建议书还对国际社会提出了“认识职业技术教育与培训在解决青年人事业和就业不足方面的作用”“提高职业技术教育与培训影响力”“注重开展研究与分析，为职业技术教育的政策制定以及资源有效配置和引导提供有效的和基于证据的基础支撑”“使国际合作与国家职业技术教育与培训需求和跨行业战略相一致，调动行业支持，加强各国对发展项目的所有权”等建议②。这是进入21世纪以来首次召开的国际职业教育大会，此次会议在我国举办，对中国职业教育的国际化发展具有重大的意义。

2017年7月，国际职业技术教育大会中期推进会在河北省唐山市举行。会议以“不断变化的技能：全球趋势与本土实践”为主题，回顾了自2012年第三届国际职业技术教育大会以来职教在相关领域取得的发展，分析新形势下职业技术教育面临的风险和挑战，分享职教领域的政策和最佳实践，推动职业技术教育为实现联合国可持续发展目标做出贡献。教育部副部长孙尧出席开幕式并致辞，表示中国愿意与各国加强职业教育合作办学，为经济全球化和国际产能合作服务。中国也愿意积极推进职业教育服务“一带一路”国家之间的合作，继续探索发展中国家更高水平的职业教育模式与经验，分享发展成果与理念，为世界各国职业教育迈向更高水平做出新的贡献③。

此次会议侧重讨论了与全球趋势以及教科文组织职业技术教育与培训战略相关的内容，其中包括：青年就业和创业；技能在消除不公平和性别不平等方面的作用；日益数字化和绿色化的经济与社会对技能的需求；预测技能需求，解决供需脱节问题；学习者和劳动力流动性以及技能和资历认证的作用；监测

① 教育部．第三届国际职业技术教育大会简介．(2012-04-17). http://old.moe.gov.cn//publicfiles/business/htmlfiles/moe/moe_866/201204/133600.html.

② 尚志平，孙培东．第三届国际职业技术教育大会综述．中国成人教育，2012 (11).

③ 翟帆．国际职业技术教育大会召开．中国教育报，2017-07-05.

和评估职业技术教育与培训战略和计划的影响。会议期间还举办了一次专门会议，详细介绍了中国的职业技术教育与培训体系，推动中国职业教育走向世界，为国际交流合作搭建平台。

（二）世界职业教育院校联盟 2014 年世界大会

2014 年 10 月，世界职业教育院校联盟 2014 年世界大会在北京召开。世界职业教育院校联盟（World Federation of Colleges and Polytechnics，WFCP）于 1999 年在加拿大成立。会员由来自 56 个国家（地区）的高等职业院校、应用技术大学、职业教育机构组成，主要包括全国性或地区性的职业技术型高等院校联合性组织、院校、教育机构及其他非政府组织和行业组织等。大会自 2003 年以来，每 2 年举办一次，分别在加拿大的魁北克、澳大利亚的墨尔本、阿联酋的迪拜、英国的伯明翰、加拿大的哈利法克斯举办了 6 次大会。本次在北京举办的是第 7 次会议。世界职教院校联盟 2014 年世界大会，是继 2012 年中国政府与联合国教科文组织联合举办第三届国际职业技术教育大会之后又一次在我国举办的国际职教盛会，也是首次在亚洲举行。此次会议的召开，标志着我国在职业教育国际交流与合作方面迈上了一个新台阶。

此次大会的主题是"全球合作：共建美好未来"。来自联合国教科文组织国际职教中心（UNESCO-UNEVOC）、美国社区学院协会、加拿大应用技术与职业学院协会、澳大利亚技术与继续教育学院院长理事会、巴西、非洲以及中国职业院校的代表和研究者近 1 000 人参加了会议。大会设有 8 个专题研讨会，分别聚焦职业教育发展趋势、应用研究、劳动力发展、校企合作、领导力建设、国际合作、绿色技能与可持续发展以及学生职业发展等主题。会议还举行了中美校长对话、中非职教部长论坛、中英研讨会、中国东盟研讨会、中澳研讨会、中德研讨会 6 个双边和地区会议，以及应用型本科院校圆桌会议。

大会开展了多项文化交流活动，包括会前进行的高职院校领导海外研修团国内培训、国际领导力发展研讨会、国际青年营和院校参观，以及会议期间进行的才艺展示和中国传统文化体验等。会议期间还举办了国际职业教育展。

闭幕式上，国际青年营代表宣读了"青年倡议"，从青年的视角为职教领域的政策制定者、专家学者和行业企业代表提出了一系列意见和建议。与会各国代表共同签署了此次大会的最重要成果——《北京宣言》，宣言从信念、承诺、决定三个角度为世界范围内职业院校的未来发展进行了定位，提出了未来职教院校的改革方向[①]。

第三节　职业教育的“走出去”

2014年，《现代职业教育体系建设规划（2014—2020年）》明确提出：鼓励骨干职业院校走出去。服务国家对外开放战略，培育一批具有国际竞争力的职业院校。加快培养适应我国企业“走出去”要求的技术技能人才。积极扩大职业院校招收海外留学生的规模，探索和规范职业院校到国（境）外办学。可见，建设开放的现代职业教育体系不再局限于过去“引进来”的层面。大力开展实施职业教育的“走出去”，才能带领我国职业教育迈向高水平国际交流与合作的新阶段。

一、人才培养的“走出去”

人才培养的“走出去”是职业教育“走出去”的核心。伴随经济全球化的不断深入，教育的服务功能日益重要，为此，国家相继出台系列文件，推动我国职业教育人才培养的“走出去”。《现代职业教育体系建设规划（2014—2020年）》明确提出“探索和规范职业院校到国（境）外办学”。2016年，中共中央办公厅、国务院办公厅印发了《关于做好新时期教育对外开放工作的若干意见》，提出“完善体制机制，提升涉外办学水平”。同年，教育部发布《推进共建“一带一路”教育行动》，也明确提出：“有条件的中国高等学校开展境外办学要集中优势学科，选好合作契合点，做好前期论证工作，构建人才培养模式、运行管理模式、服务当地模式、公共关系模式，使学校顺利落地生根、开花结果。”

为积极推进职业教育办学和人才培养的“走出去”，作为国家现代职业教育改革创新示范区，天津职业教育努力开拓创新，创办“鲁班工坊”，打造海外职业教育实践基地，将我国优秀的职业教育成果输出国门。

“鲁班工坊”是天津市教委依据教育部与天津市共建国家现代职业教育创新改革示范区的要求提出的一个旨在助力天津职业教育“走出去”、服务企业“走出去”的创新型国际化职业教育服务项目，是以鲁班的“大国工匠”形象为依

---

① 世界职教院校联盟大会首次在我国召开．职业技术教育，2015（3）：15.

托，采取学历教育与职业培训的方式，将天津这一国家现代职业教育改革创新示范区的优秀职业技术和职业文化输出国门与世界分享，搭建起天津职业教育与世界对话的实体桥梁。

"鲁班工坊"承担的主要任务包括：基于输入国经济社会发展需求的技术技能培训，中国国家职业资格培训，所在国职业院校师资培养培训，与天津职业院校相近层次的学历教育[①]。"鲁班工坊"作为国际性的职业教育与职业培训机构，将结合我国的输出产品和输出服务，采取多种方式，在输入地开展职业教育和技术技能培养培训，提高当地的技术服务水平，促进我国企业的服务输出和产品输出。

2016 年 3 月，天津渤海职业技术学院与泰国大城府大城技术学院共同建立了"鲁班工坊"，这是我国在海外设立的首个职业教育领域的"孔子学院"。

天津"鲁班工坊"是以工程实践创新项目建设为核心理念建设的，致力于培养学生的职业素质、综合实践能力和创新能力。泰国"鲁班工坊"集中了天津的优质职业教育资源，充分体现天津职业教育改革创新示范区的现代教学组织理念，突出天津职业教育校企合作、国际合作内涵性成果，呈现"互联网＋"现代智能制造的教学载体应用，形成了具有中国特色的、具有国际竞争力的职业教育品牌。

泰国"鲁班工坊"的教学是依托天津职业院校国际化专业建设的国家级教学成果奖的获奖成果——"工程实践创新项目"来进行设计的。课堂教学选用天津职业院校开发的"工程实践创新项目教程"双语国际化教材，并根据泰国大城府大城技术学院现有专业特点，由中泰两国的专业教师共同开发教学项目并组织实施教学。教学活动以工程实践创新项目为载体实现综合职业能力的培养，分四大部分：能力源创新课程套件，实现培养学生创新能力、动手能力、协作能力的综合训练；机器人部分，主要是安全生产、智能生成机器人的应用能力培养，包括救火机器人、防化工泄漏机器人、引导机器人、仿生机器人的使用和调试等；电脑鼠走迷宫项目是将电脑鼠走迷宫项目融入单片机课程或者相关课程，培养学生自主创新意识和创新思维；自动化生产线装备部分，软件仿真、硬件仿真和实物制作多项功能融合为一体，主要是为培养学生创新能力搭建硬件平台。

"鲁班工坊"是我国职业教育走向国际化的重要载体，是我国职业院校海外办学和国际合作办学的独特形式。因此，扩大建设规模是"鲁班工坊"未来发

---

① 黎志东，张鹏．渤海"鲁班工坊"天津职教国际化发展的创新之举：职业教育活动周"一带一路"建设成果分享．中国职业技术教育，2016 (16).

展的重要任务。目前，第二个高职教育的“鲁班工坊”正在建设中，天津市已将“鲁班工坊”项目列入天津市教育发展的重点工程，并在《天津市人民政府关于加快发展现代职业教育的意见》中明确提出，要鼓励有条件的学校积极拓展海外职业教育市场，到 2020 年天津要在境外建设 10 个“鲁班工坊”[①]。

专栏 8-3

“鲁班工坊”：中国技术与世界的对话

19 岁的泰国小伙儿文成业还记得第一次见到变形金刚机器人在自己面前跳舞时的激动心情。他没想到，平时在电视里看到的机器人，真的走进了“教室”。

那不是一间普通的教室。为了向外界更好地说明其定位，它被赋予一个颇具中国传统文化意味的名字——“鲁班工坊”。在 232 平方米的空间里，除了仿生机器人体验区，还设有电脑鼠走迷宫竞赛区、自动化生产线教学区等，全部都要求实践动手操作。

“鲁班是中国工匠精神的代表，是高技能人才的象征，‘鲁班工坊’凝聚的是中国职业教育的成果和精华。”作为中国设在海外的首个“鲁班工坊”的承办学校，天津渤海职业技术学院院长芮福宏说，这就是职业教育领域的“孔子学院”。

首家“鲁班工坊”落户泰国大城府大城技术学院。天津渤海职业技术学院副院长申奕仍对当时落成典礼的盛况记忆犹新，从四面八方赶来的人把现场挤得满满当当，不仅有泰国当地的官员、各地职业学校的校长，还有很多带着孩子亲自来到现场的家长。

当地一位官员感慨说：“我们的职业教育太需要这样的实践基地了！”目前在泰国，职业教育大多仍停留在书本理论的阶段，实践动手的环节极其缺乏，“鲁班工坊”的出现填补了当地职业教育的空白。不仅如此，“鲁班工坊”培养高技能人才的模式，对当地其他领域人才的培养也很有启发。

泰国学生文成业很幸运，成为“鲁班工坊”送到中国来的第一批培训生，要到天津渤海职业技术学院进行为期 3 个月的培训。“我们不仅输出骨干师资，还把当地的老师和学生请进来，帮助他们快速形成‘造血’功能。”芮福宏说。

2016 年大赛期间，坐落在天津渤海职业技术学院的升级版“鲁班工

① 吕景泉，杨延，芮福宏，等．“鲁班工坊”：职业教育国际化发展的新支点．中国职业技术教育，2017（1）．

坊”——工程实践创新项目体验中心也正式亮相，总占地面积 1 229.44 平方米，是海外版的 6 倍。内容设置更加丰富，如机器人创新互动区，增加了防化工泄漏和防核泄漏机器人等；新能源汽车技术体验区，包含新能源汽车整车、实训设备、信息化教学资源等。与普通的实训基地不同的是，在这里，化工、信息化等多个相关专业课程的集成知识全部浓缩在项目中，每个项目都按照工程的概念进行管理，从功能需求分析到详细设计实现均由学生自行完成。

连芮福宏自己都没想到，前来参观学习的泰国职业学校超过 20 家，还有马来西亚和越南的学校代表也纷纷对“鲁班工坊”的人才培养模式产生极大的兴趣，希望能把更多的“鲁班工坊”开设到他们那里去。

在新落成的体验中心，一场电脑鼠走迷宫表演赛在激烈上演，中国台湾龙华科技大学、南开大学 IEE-MM 团队、天津大学、天津渤海职业技术学院等 10 支优秀代表队参赛并切磋技艺。连刚刚通过“鲁班工坊”接触到电子鼠走迷宫的泰国大城府大城技术学院的学生，也带着自己亲手制作的电子鼠来了。

申奕说，这是在国内首次举办的高水平高级别国际标准电脑鼠竞赛。“我们专门请了在国际上得过金奖的中国台湾龙华科技大学的学生来参赛，就是希望让学生能通过大赛的平台，领略到国际一流的技术水准，从而快速提高自身水平。”

别小看一个小小的电脑鼠竞赛，这可是一项多学科多技术的综合体，其核心技术与我国近年来大力倡导的“互联网+”、人工智能、智能传感技术有着紧密联系。在申奕看来，这项看似不起眼的竞技，实际上是在推动我国前端融合技术领域与世界接轨、与国际同步，而其更重要的使命则是实现民族企业技术升级改造，推动产业迈向中高端，使“中国制造”强筋健骨、提质增效，形成产业发展的良性循环。

在“鲁班工坊”里，这只是其中的一个实践项目。不间断的技能竞赛也是促进教学的一种重要方式。芮福宏说，“鲁班工坊”的课程设置围绕机械化和电气工程，特别是自动化控制技术、新能源技术等，都是当地亟须发展的技术，可以服务于各个行业，因此对人才有很大的需求量。

目前，中泰两国还在共同开发课程，采取双方共建共管的模式，中方除了定期委派骨干教师去当地教学、管理，还利用空中课堂，用视频、微课等先进手段进行实时教学。

“在国家‘一带一路’倡议的大背景下，企业要‘走出去’，职业教育必须先‘走出去’。”芮福宏说，只有我们的职业教育才能为当地服务，才能使我们的企业真正在当地落地生根。

作为国家现代职业教育改革创新示范区，天津市已经确定规划在“十三五”期间，要在海外建10个“鲁班工坊”，这也将是中国职业教育“走出去”的一个范本，打造的是中国装备“走出去”和国际产能合作的桥梁。从此，中国职业教育又打开了一扇与世界对话的窗口。

天津渤海职业技术学院首个“鲁班工坊”落户泰国大城府

资料来源：胡春艳．鲁班工坊：中国技术与世界的对话．中国青年报，2016-05-16.

二、技能大赛的“走出去”

大赛是中国职业教育对外宣传和展示的重要平台和窗口。多年来，大赛始终致力于推进国际化，从要素设计到顶层设计都进行了诸多有益的探索和尝试，取得了丰硕成果。作为当今国内规模最大、参赛最广、水平最高的学生技能大赛，已经成为我国培育、选拔高素质技术技能人才的摇篮。同时，作为中国职业教育重要的宣传和展示平台，大赛对于职业教育宣传、新技术推广、高端技能人才培养等方面起到了积极示范效应。如何对接国际先进水平、消化吸收先进技术，并在此基础上输出中国职教标准，成为大赛的当务之急。

大赛自2008年举办以来，在全国范围内产生深刻而广泛的影响，并在迈向国际化的进程中取得了初步成效。仅在天津主赛区一地，几年间邀请观摩大赛的各国职业教育相关人士就有 5 000 余人。同时，大赛同期举办的国际职业教育论坛、中英影子校长论坛、国际化专业教学标准分享活动、现代学徒制国际研讨会等活动也取得了良好的效果。再有，由天津中德职业技术学院承办的“自动化生产线安装与调试”国际挑战赛已经成功举办 4 届，分别邀请了德国、西班牙、韩国、新加坡等职业教育先进国家参赛[①]。

在第五届“自动化生产线安装与调试”国际挑战赛上，西班牙代表队正在紧张比赛

而我国大赛在迈向国际化的进程中，不仅注重对国际化元素的引进，还注重对我国职业教育成果的输出。大赛所使用的技术及评判标准、教材大纲、考核内容，不仅通行全国，还获得了国际上的广泛认可和仿效；不仅被印度、巴西等新兴经济体直接采用，更成为欧盟、东盟、美洲、非洲等广为借鉴的职业技术竞技“金标准”。例如由天津中德职业技术学院[②]与企业共同开发的“自动化生产线安装与调试”赛项得到了国际职教界专家和同行的高度认可。该赛项不仅被全国广泛采用，更被引进到世界技能大赛之一——东盟技能大赛中。早在 2010 年，该赛项就被指定为第八届东盟技能大赛赛项，被 10 个国家所采纳。2012 年、2014 年的第九届和第十届东盟技能大赛上，仍然采纳了该赛项。到 2016 年，该赛项继续被采纳。该赛项竞赛设备选用的是中国职业院校技能大赛的指定设备，竞赛内容和标准均采纳中国职业院校技能大赛内容。而结合职业院校技能大赛要求，由天津中德职业技术学院牵头开发的国际化教学资源《自

① 芮志彬．全国职业院校技能大赛国际化之路．中国职业技术教育，2016（16）：87－91．
② 2015 年更名为天津中德应用技术大学。

动化生产线安装与调试》双语教材，获得了联合国教科文组织和德国国际继续教育与发展协会的高度赞赏，并成为东盟技能竞赛和教学培训的服务支撑①。

与此同时，在海外创办的“鲁班工坊”还担起了承接技能大赛的重要功能。泰国大城府大城技术学院的“鲁班工坊”不仅是当地区域进行职业教育教学活动的场所，同时也是我国每年一度的职业院校技能大赛的延伸场馆。“鲁班工坊”相关设备的技术水平与国内或国际相关项目的竞赛标准是等同的，具备开展国际邀请赛、对抗赛和友谊赛的条件，“鲁班工坊”也因此成为泰国及其周边国家培养和选拔优秀技术技能人才的场所；同时，这一方式也进一步推动了我国职业院校技能大赛的“走出去”②。

可见，纵览近几年技能大赛的国际化探索之路，从“派选手出国参赛”到“自己办赛”，从赛项的“引进来”到“走出去”，我国技能大赛的国际化发展已经开启从中低水平国际交流合作迈向中高水平国际交流合作的新阶段。

三、与企业同行“走出去”

近些年来，中央对职业教育做好对外开放、主动服务产业和企业“走出去”做出了一系列部署。2014 年《国务院关于加快发展现代职业教育的决定》强调，要推动与中国企业和产品“走出去”相配套的职业教育发展模式。2016 年，中央印发《关于新时期做好教育对外开放工作的若干意见》，明确提出职业院校要配合企业“走出去”，多方筹措境外办学经费，共建海外院校、特色专业、培训机构，为当地和我国企业培养急需的应用型技术技能人才。2016 年 7 月，《推进共建“一带一路”教育行动》明确提出：“鼓励中国优质职业教育配合高铁、电信运营等行业企业走出去，探索开展多种形式的境外合作办学，合作设立职业院校、培训中心，合作开发教学资源和项目，开展多层次职业教育和培训，培养当地急需的各类‘一带一路’建设者。”

为探索与中国企业和产品“走出去”相配套的职业教育发展模式，支撑国家“一带一路”倡议，为有色金属海外企业发展提供人力资源保障，2015 年 12 月，教育部办公厅印发《关于同意在有色金属行业开展职业教育“走出去”试点的函》，同意中国有色金属工业协会依托全国有色金属职业教育教学指导委员

① 任凯，孟志咸，黄旭升．技能大赛国际化发展的成就、不足与对策．中国职业技术教育，2013（18）.

② 吕景泉，杨延，芮福宏，等．“鲁班工坊”：职业教育国际化发展的新支点．中国职业技术教育，2017（1）.

会，把中国有色集团作为试点企业，在有色金属行业开展职业教育“走出去”试点。同时，教育部批准中国有色金属工业协会依托中国有色矿业集团公司驻赞比亚企业开展职业教育“走出去”试点，这是教育部发文推动、产教部门联合实施的第一个校企协同“走出去”的试点，是对中非合作论坛约翰内斯堡峰会中非产能合作和教育人文合作战略的落实，也是职业教育对接国家战略、增强服务支撑力的一个探索。2016 年 10 月，教育部办公厅印发《关于公布有色金属行业职业教育“走出去”首批试点项目学校的通知》，确定北京工业职业技术学院、吉林电子信息职业技术学院、哈尔滨职业技术学院、南京工业职业技术学院、湖南有色金属职业技术学院、广东建设职业技术学院、陕西工业职业技术学院、白银矿冶职业技术学院等 8 所职业学校作为首批试点项目学校，共同开展试点工作。

职业教育协同行业企业“走出去”意义重大。首先，在人才培养方面，需要职业教育为中国企业走向世界、提升合作国人才技术技能水平提供教育和培训，改善我国劳务输出结构，增强合作国劳动力在中国企业的就业能力，实现双方共赢发展。其次，在技术服务方面，需要职业教育为中国企业在国外建立产品开发、市场开拓和售后服务体系提供支持，配合建立适应国际市场竞争的技术、质量标准，从而提升在产业竞争国际规则中的话语权。最后，在文化交流方面，需要把我国职业院校及其国外合作院校建成中外文化交流交融的载体和纽带，为中国精神、文化、技艺赢得更广泛的认同，打造我国国际竞争的软实力。更为重要的是，通过服务企业“走出去”，我国职业教育将与国际产业标准、职业教育标准直接碰撞，这将倒逼我国职业教育的内部改革，为发展现代职业教育形成带动效应。

职业教育与企业同行“走出去”，既是一个新生事物，也是一项系统工程。总体来看，职业教育“走出去”目前仍处在探索起步阶段，在实践中还存在一些困难和问题：一是外部政策还缺乏统筹布局。职业教育“走出去”不是教育一家的事，也不是教育部门单独能够做好的事，需要其他部门特别是外交部、商务部等部门的支持，各部门合力仍待进一步形成。二是缺乏相对稳定的经费渠道。职业教育“走出去”的经费渠道不明确，限制了日常工作的开展，影响了作用的有效发挥。三是自身建设还存在不足。职业院校适合“走出去”需要的教学项目、教学资源特别是双语资源还比较缺乏，与企业合作机制还不健全，还没有形成产教“一盘棋”的格局。

下一步，教育部将把推动职业教育与产业和企业合作“走出去”作为做好教育对外开放工作、提升教育服务国家战略能力的重要突破口，加大力度推进并重点抓好两项工作：一是加强沟通协调，主动联系外交部、商务部等，形成工作合力；二是积极推进试点。继续推动有条件的行业企业、职业院校开展试点工作，并积极争取多方支持，中央和地方职教专项经费要向试点学校倾斜，同时，争取将试点工作纳入国家援外计划的统筹安排之中[①]。

专栏 8-4

职业教育“走出去”还有哪些“坎”

2015年12月，教育部批准中国有色金属工业协会依托中国有色矿业集团公司驻赞比亚企业开展职业教育“走出去”试点。经过一年多的试点，职业教育“走出去”取得了哪些成果？还有哪些“坎”要过？在举行的有色金属行业职业教育“走出去”试点工作阶段总结会上，来自教育部、商务部、外交部、国资委等相关部门和各试点参与院校、机构、企业的代表一起，就以上问题展开了激烈的研讨。

试点工作开局良好，成效显著

试点工作办公室副主任梁赤民在试点工作汇报中介绍说，一年多来，中国有色金属工业协会、全国有色金属职业教育教学指导委员会、中国有色矿业集团公司、各试点院校，协同联动、精心组织，与教育部、外交部、商务部等部门保持密切沟通，有效保障了试点工作在正确的方向上顺利推进，在服务与需求上精准对接。

2016年10月，南京工业职业技术学院等6所试点院校的首批21名教师奔赴赞比亚，开始为期3个月的学习和工作，主要完成了三个任务：一是强化英语学习，提高教学能力；二是深入企业社会，开展实地调研；三是为驻赞企业本地员工开展技能培训，为企业提供人力资源支撑。试点组建了校企一体的跨校专业教学团队，围绕企业需求和员工特点，开发适合的教学资源、教材、课程，进行团队式授课，确保了教学工作的顺利开展。一年多来，试点项目共在赞比亚举办仪表工等5个工种的员工技能培训班，100多名赞方员工参加培训，获得了中资企业和赞方员工的高度评价，展示了中国职业教育的风采。同时，以中国有色矿业集团为主体，积极申请设立以工业汉语教学为目标的孔子学院，将汉语教学纳入员工培训及学历教育的课程体系，申请对外汉语教学资质。

---

① 李丹．职业教育开创了中国企业集群式“走出去”模式．中国教育新闻网，2016-06-28.

顶层设计和协调政策亟须加强

“虽然试点工作前期进展顺利，但按方案要求，下一步将全面开展员工培训，筹备学院建设和学历教育等，这将面临几方面的困难。”中国有色金属工业协会党委副书记范顺科指出：试点工作不仅承担着职业教育“走出去”、提升企业海外员工素质、带动国内职业院校改革等任务，而且涉及国有企业改革、探索援外事业新模式、赋予汉语教学推广新内涵等方面。道路是崭新的，模式也是属于创新的，有许多政策需要突破，这不仅需要教育部的支持，还需要其他部委的支持，如何协调好支持政策的落实是将面临的困难。

此外，目前各试点院校工作积极性虽然很高，但是由于对试点工作认识不同以及各省教育厅的支持力度不同，参与力度也有所不同，范顺科表示，还存在部分院校主动争取支持的力度不够、部分院校尚未将试点列入学校发展规划、派驻教师能力不足等困难。

与会的试点院校代表也纷纷结合自身经验，就此发表了各自的意见和建议。吉林电子信息职业技术学院院长陈宝财介绍说，该校 2016 年就被确定为试点院校之一，也精心挑选了 8 名教师提前培训，但最终没能派出一名教师，“主要是手续问题，省外事局出国指标有限，仅以行协的名义不好申请到批复。所以建议能不能由国家几部委联合就此发个文，以便于各试点院校能更好地寻求到当地行政部门的支持”。

哈尔滨职业技术学院 2016 年派出的 3 名教师均未成家，但也都到了该成家的年纪。“年轻教师有顾虑，老教师相对语言水平较差，后续的教师派出该如何来安排?”该校党委书记刘敏指出，希望国家层面做好顶层设计，“只要有了具体的路线图、时间表和任务清单，再困难我们也能克服”。

经费及长效机制尚待落实

“俗话说，巧妇难为无米之炊，试点工作能否顺利开展，重中之重是经费上的支持与保障。”范顺科介绍说，试点工作的前期，资金多由中国有色矿业集团和参与的职业院校垫付，设备由厂商捐赠，但这不是长久之计。下一阶段的工作，也是攻坚阶段，更迫切需要解决经费上的困难。

“希望各参与单位积极寻求有效渠道，解决好经费的保障问题。”梁赤民也在试点工作汇报中呼吁，落实经费仍是试点工作的重中之重，下一阶段工作需要的经费分为两部分：一是即将开办的能力建设学院的建设经费，这需要国家财政上支持；二是后续运营经费，主要指试点项目驻赞工作人员开支和能力建设学院管理经费，这需要各教育省厅落实对参与院校的经费支持。

白银矿冶职业技术学院院长梁惠明算了一笔账：包括工资、住宿、吃饭等，学校派出3名教师3个月的支出一共就得50万元人民币左右，这还没算上津贴，所以，要建立长效机制。

对此，有色金属工业人才中心副总经理丁跃华建议，除了要盘活现有政策、资金渠道，保证对试点的经费、设备、师资、技术等持续投入，还要积极探索和发现其他支持方式和渠道，特别是社会力量的投入。比如：亚洲基础设施投资银行、中非合作基金、中国-东盟合作基金、独联体合作基金等，可以通过这些渠道争取资金支持；国家对“走出去”的企业都有经费支持，可以考虑从这些企业中争取对职业教育的支持；国家在实施“软实力”建设过程中，有大量经费投入，如国家汉办对外汉语教学、广电部门对外宣传、文化部对外巡演等，也可以考虑从中争取支持。

教育部职成司巡视员王继平也表示，教育部将会同有关部门进一步探索构建“走出去”的政策保障体系和工作推进机制。同时，教育部也会在自身渠道内加大对试点工作的支持力度，比如，利用“丝绸之路”奖学金项目、国别双边项目、专项奖学金项目、支持地方奖学金项目，以及“中非高校20+20合作计划”的实施等，积极支持试点项目的开展。

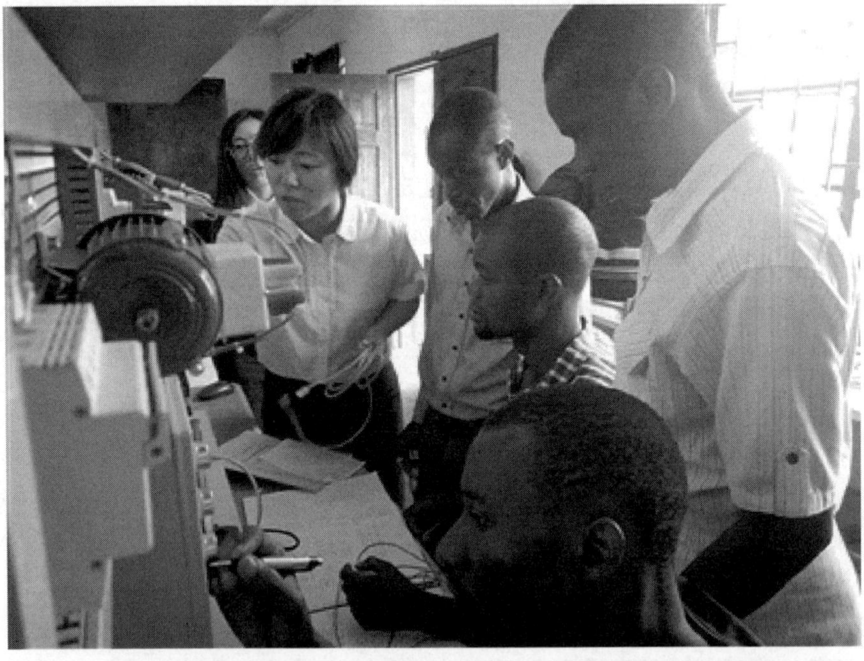

我国赴赞比亚职教教师在为当地企业员工进行电工动手能力培训

资料来源：李丹．职业教育“走出去”还有哪些“坎”．中国教育报，2017-04-11.

小结与展望

职业教育国际交流与合作是我国教育对外开放事业的重要组成部分，是推动我国职业教育现代化建设的重要途径。改革开放以来，我国职业教育国际交流与合作呈现出良好发展态势，发展水平不断提高。我国职业教育国际交流与合作进一步深化，在政策制定方面，不仅从宏观层面引领职业院校的发展，而且充分体现了对职业院校在师资建设、人才培养、课程设置、中外交流等微观运作上的关注，关于国际交流与合作的举措也更加细致深刻、更加全面可操作；在职业教育的“引进来”方面，通过引进国际化专业教学标准和师资、引进高水平的合作办学项目、引进世界性职业教育会议等，提高我国职业教育国际交流与合作的水平；在职业教育的“走出去”方面，则通过对人才培养、大赛赛项标准等的输出，配合企业“走出去”，带领我国职业教育迈向高水平国际交流与合作的新阶段。

然而，在看到我国职业教育国际交流与合作成效日益显著、国际化办学水平持续提升、国际影响力逐步显现的同时，必须清醒地看到，面对经济全球化深入发展的新形势、我国产业转型升级的新要求、职业教育现代化建设的新任务，我国职业教育国际交流与合作还存在顶层设计有待加强、理念相对滞后、发展基础薄弱、总体水平不高、国际化专门人才缺乏等问题。站在发展国民经济、深化教育改革和对外开放的高度，进一步提升职业教育国际交流与合作的质量和水平，是推动世界一流职业学校和专业建设的必然选择。

参考文献

[1] 曹晔．新形势下我国中等职业教育功能定位与推进策略．教育发展研究，2016 (13).

[2] 黄睿彦，汪霞．纵横交错、协调合作：哈佛大学教育国际化组织与管理的创新．中国教育国际化论坛，2011.

[3] 教育部．第三届国际职业技术教育大会简介．(2012－04－17). http://old.moe.gov.cn//publicfiles/business/htmlfiles/moe/moe_866/201204/133600.html.

[4] 黎志东，张鹏．渤海“鲁班工坊”天津职教国际化发展的创新之举：职业教育活动周“一带一路”建设成果分享．中国职业技术教育，2016 (16).

[5] 李丹．职业教育开创了中国企业集群式“走出去”模式．中国教育新闻网，2016－06－28.

[6] 李伶俐，罗尧成．高职教师国际化的问题分析及其改革思考．职业教育，2013 (1月

下).

[7] 吕景泉，汤晓华，周志刚．建设国际化高职教育专业教学标准的学理考量．中国高教研究，2014 (9).

[8] 吕景泉，杨延，芮福宏，等．“鲁班工坊”：职业教育国际化发展的新支点．中国职业技术教育，2017 (1).

[9] 马德益．网络化：高校国际合作发展新动向．清华大学教育研究，2004 (4).

[10] 闵京华．“走出去”“引进来”：双管齐下促发展．中国政协，2005 (4).

[11] 任凯，孟志咸，黄旭升．技能大赛国际化发展的成就、不足与对策．中国职业技术教育，2013 (18).

[12] 芮志彬．全国职业院校技能大赛国际化之路．中国职业技术教育，2016 (16).

[13] 上海市教育委员会．2013 年开发 50 个国际水平职业教育专业教学标准情况．(2014-09-15). http://www.shmec.gov.cn/web/wsbs/webwork_article.php?article_id=76087.

[14] 尚志平，孙培东．第三届国际职业技术教育大会综述．中国成人教育，2012 (11).

[15] 世界职教院校联盟大会首次在我国召开．职业技术教育，2015 (3).

[16] 翟帆．国际职业技术教育大会召开．中国教育报，2017-07-05.

[17] 张晓光．探索大学国际交流与合作的新模式 推进人才强国战略的实施．黑龙江教育学院学报，2006，25 (1).

[18] 周菲．我国高等教育国际化政策的嬗变及特征：基于国家教育政策文本的分析．黑龙江高教研究，2014 (4).

[19] 周艳．“一带一路”战略与我国高等教育的发展路向．扬州大学学报（高教研究版)，2016 (6).

第九章
中国职业教育的成就与经验

中国职业教育自其诞生之日起，就承担起了救亡图存、振兴民族、强盛国家的历史任务。21 世纪以来，中国职业教育不断地深化改革，在改革中不断发展，建立起了世界上规模最大的职业教育体系，走出了一条中国特色的职业教育发展道路，为中国的社会经济发展做出了突出贡献。

第一节 中国职业教育的成就

职业教育是面向人人、面向全社会的教育。党的十八大以来，习近平多次就职业教育做出重要批示指示，并多次深入职业学校考察，就加快发展职业教育提出明确要求。2014 年，习近平对职业教育做出重要指示：职业教育是国民教育体系和人力资源开发的重要组成部分，是广大青年打开通往成功成才大门的重要途径，肩负着培养多样化人才、传承技术技能、促进就业创业的重要职责，必须高度重视、加快发展。要树立正确人才观，培育和践行社会主义核心价值观，着力提高人才培养质量，弘扬劳动光荣、技能宝贵、创造伟大的时代风尚，营造人人皆可成才、人人尽展其才的良好环境，努力培养数以亿计的高素质劳动者和技术技能人才。要牢牢把握服务发展、促进就业的办学方向，深化体制机制改革，创新各层次各类型职业教育模式，坚持产教融合、校企合作，坚持工学结合、知行合一，引导社会各界特别是行业企业积极支持职业教育，努力建设中国特色职业教育体系。要加大对农村地区、民族地区、贫困地区职业教育支持力度，努力让每个人都有人生出彩的机会。各级党委和政府要把加快发展现代职业教育摆在更加突出的位置，更好支持和帮助职业教育发展，为实现“两个一百年”[①] 奋斗目标和中华民族伟大复兴的中国梦提供坚实人才保障。

习近平专门就职业教育工作做出的重要指示，系统回答了职业教育“怎么看”和“怎么办”两大根本问题，明确了发展职业教育的重大意义、工作方针、根本任务、办学方向、支持重点、党政职责等重大问题，为新形势下加快发展现代职业教育指明了总方向，提出了新要求，在此背景下，中国职业教育取得了伟大成就。

---

① 建党一百年时全面建成小康社会，这是中国梦的第一个宏伟目标；中华人民共和国成立一百年时建成社会主义现代化国家，这是中国梦的第二个宏伟目标。

一、建立了比较完备的职业教育法律法规政策体系

党的十八大报告提出要“加快发展现代职业教育”，党的十八届三中全会进一步强调要加快现代职业教育体系建设，彰显了党对职业教育发展的高度重视。党的十九大报告提出：“完善职业教育和培训体系，深化产教融合、校企合作。”2014 年，国务院召开了 21 世纪以来第 4 次全国职业教育工作会议，印发了《国务院关于加快发展现代职业教育的决定》，对推进职业教育现代化做出专门部署。以《职业教育法》为引领，适应经济社会发展需要，形成了涵盖学校设置、专业教学、教师队伍、学生实习、经费投入、信息化建设等一系列制度和标准（见表 9－1）。建立健全职业教育督导制度、教学工作诊断与改进制度、年度质量报告制度，促使职业学校认真落实国家发展职业教育的方针政策、管理规范、教学要求，健全内部质量保证体系，着力提高质量、办出特色。职业教育法律法规、政策标准体系基本建立，从“参照普通教育做”走向“依据专门制度和标准办”，依法治教、规范办学的体制机制日益健全完善。

表 9－1　　中国职业教育制度框架

《中华人民共和国宪法》	
基本法律	《中华人民共和国教育法》《中华人民共和国劳动法》
相关法律	《中华人民共和国职业教育法》《中华人民共和国高等教育法》《中华人民共和国教师法》《中华人民共和国民办教育促进法》《中华人民共和国就业促进法》等
行政法规	《教学成果奖励条例》《普通高等学校设置暂行条例》《扫除文盲工作条例》《教师资格条例》《中华人民共和国民办教育促进法实施条例》《中外合作办学条例》《国务院关于大力发展职业教育的决定》《关于进一步加强高技能人才工作的意见》等
标准与规范	中职职业学校设置标准、教师专业标准、校长专业标准、高职生均拨款制度、专业仪器装备规范、数字校园建设标准等
部门规章和地方性法规等	

二、建成了世界上规模最大的职业教育体系

2015 年，全国有中职学校 1 万多所，在校生数约 1 600 万；高职院校 1 300 多所，在校生数 1 000 多万。“十二五”时期，各级各类职业学校及机构（见图 9－1）累计为社会输送了近 5 000 万名毕业生，非学历教育注册学生 5 287 万，

学生参加各类培训达上亿人次。可以说，中职、高职分别占中国高中阶段教育和普通高等教育的“半壁江山”。

图 9-1　各级各类职业学校及机构

三、走出了一条中国特色职业教育发展道路

形成分级管理、地方为主、政府统筹、社会参与的中国职业教育管理架构（见图 9-2)。按照“适应需求、面向人人、有机衔接、多元立交”的思路，各级各类职业教育统筹发展，职业教育、普通教育、继续教育沟通衔接，高职学校与普通高校考试招生相对分开，初步构建了人才成长的“立交桥”。支持行业企业举办职业教育，行业企业办中职、高职学校分别占比为 10%、25%。深入推进产教融合、校企合作，国家层面组建了 62 个行业职业教育教学指导委员会，全国建成 1 400 多个职业教育集团，覆盖了 60%以上的学校，吸引了 3 万多家企业参与办学，广泛开展订单培养、校中厂、厂中校、现代学徒制等，基本形成产教协同发展和校企共同育人的格局。坚持多元办学，加强分类指导，统筹发挥政府推动和市场引导的作用，动员社会力量参与办学，民办职业教育得到持续发展。职业教育作为一个教育类型，逐步形成了具有自身特色的办学体制机制和培养模式，与经济社会的融合度、契合度不断提升，办学活力持续增强。

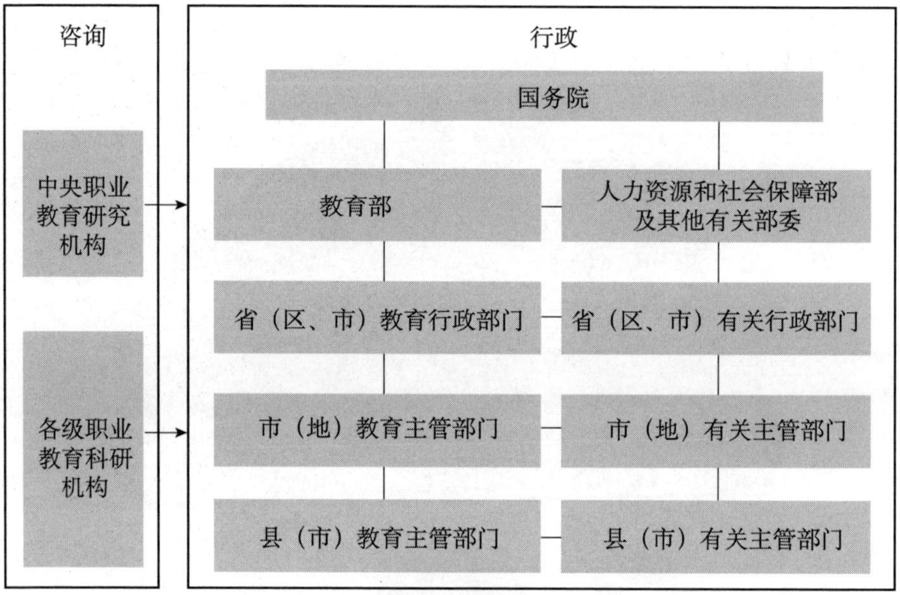

图 9-2　中国职业教育管理架构

四、职业教育经费保障能力持续加强

国务院把职业教育作为教育投入的重点倾斜领域，近年来投入力度之大前所未有。2015 年，全国职业教育财政性经费达 2 950 亿元，比 2010 年增加 1 490 亿元，增长了 102.1%，年均增长 15.1%。近年来，国家实施了示范性中等和高等职业学校建设、职业院校教师素质提高计划、实训基地建设、中职基础能力建设、高职提升专业服务产业能力建设、现代职业教育质量提升计划等重大工程，中央财政投入超过 800 亿元，打造了一批骨干学校、专业和师资。家庭经济困难学生资助体系逐步健全，中职免学费、助学金分别覆盖超过 90%和 40%的学生。中职学生国家助学金标准从每年每生 1 500 元提高到 2 000 元，在实行中职免学费和国家助学金补助的同时，为每个建档立卡的农村贫困家庭每年补助 3 500 元，帮助贫困家庭子女接受职业教育。高职学生享受国家奖学金、助学金的比例为 30%和 25%以上。850 万个家庭的子女通过职业教育实现了拥有第一代大学生的梦想，为他们职场成功、人生出彩提供了更多机会，职业学校办学面貌为之一新。

五、职业教育发展的环境氛围不断优化

2015 年，国务院决定将每年 5 月第二周设为“职业教育活动周”，定期组

织各地开展开放校园、开放企业、为民服务等宣传展示和交流体验活动。大赛、学生文明风采竞赛等活动持续举办，展示了职业学校学生德技并重的风采。近年来，中国政府与联合国教科文组织等国际机构联合举办了第三届国际职业技术教育大会等重大国际会议，面向国外特别是发展中国家实施了一系列人才培训、学校援建项目，向世界传播了中国职业教育的声音。发展职业教育越来越成为社会各界的广泛共识，中国职业教育的发展理念、模式和成就在国内外广受赞许，正在以更加开放和自信的姿态走向世界舞台。

第二节　中国职业教育的贡献

中国职业教育取得的伟大成就与其巨大贡献是相伴随的，它为中国现代化进程提供了强有力的支撑，主要体现在以下几个方面：

一、助推经济增长

“十二五”期间，全国职业院校平均每年有近 1 000 万的学生毕业，是中国中高级技术技能人才的重要来源（见表 9 - 2）。在高速铁路、城市轨道交通、现代物流、电子商务等快速发展的行业中，新增技术技能人才的 70%以上来自职业院校。职业学校毕业生成为支撑中小企业集聚发展、区域产业迈向中高端的一支生力军，有力助推了产业升级和经济增长，中国已基本具备了大规模培养高素质劳动者和技能型人才的能力。

表 9 - 2　2011—2015 年中职、高职毕业生　单位：万人

年份	2011	2012	2013	2014	2015
中职毕业生	660.35	674.89	674.44	622.95	567.88
高职毕业生	328.53	320.89	318.75	317.99	322.30

资料来源：2011—2015 年《中国教育统计年鉴》。

二、提高就业水平

人才培养质量稳步提高，中职毕业生就业率连续 10 年保持在 95%以上，高职毕业生半年后就业率达到 90%，就业质量持续向好，近 70%的职业学校毕业生在县市就近就业。职业院校共开设了 1 000 多个专业、近 30 万个专业点，积极适

应就业需求。反映毕业生就业质量的指标持续提升（见图 9－3 至图 9－6）。

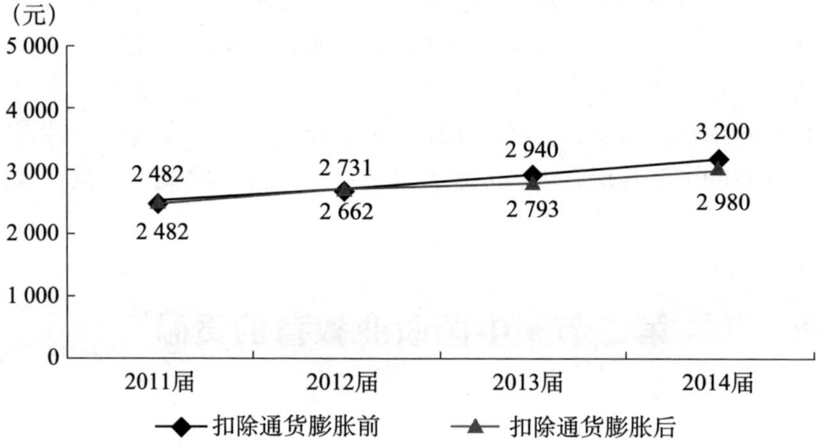

图 9－3　2011—2014 届高职毕业生半年后平均月收入

资料来源：高职毕业生月收入数据来自麦可思中国 2011—2014 届大学毕业生社会需求与培养质量调查，通货膨胀率来自国家统计局。

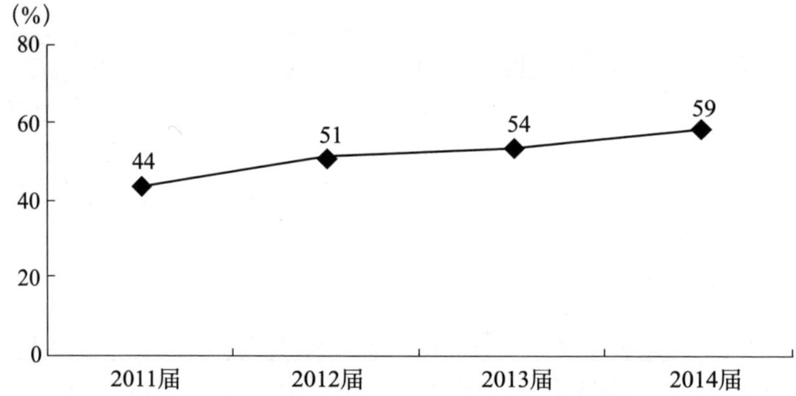

图 9－4　2011—2014 届高职毕业生的就业现状满意度

资料来源：麦可思中国 2011—2014 届大学毕业生社会需求与培养质量调查。

三、完善劳动力结构

10 年来，职普比保持“大体相当”，有效改善了劳动力结构。全国累计有 2 亿人次参加职业技能鉴定，1.6 亿人次取得相应职业资格证书，共有高级技师近 150 万人、技师 600 多万人、高级工 3 300 多万人。

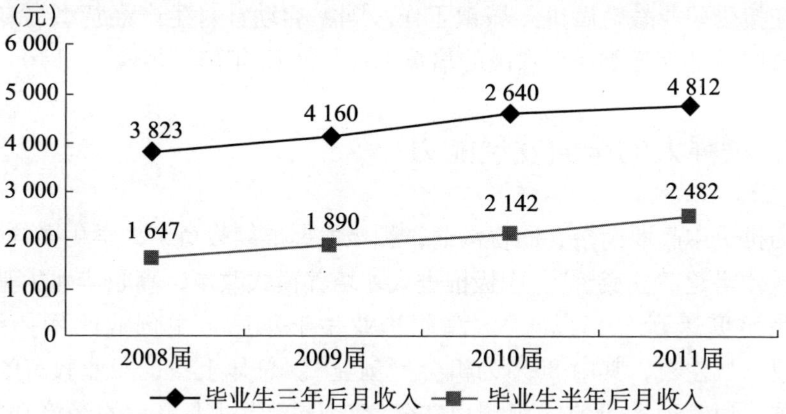

图 9-5　2008—2011 届高职毕业生毕业半年和三年后月收入比较

资料来源：麦可思中国 2008—2011 届大学毕业生三年后职业发展调查和 2008—2011 届大学毕业生社会需求与培养质量调查。

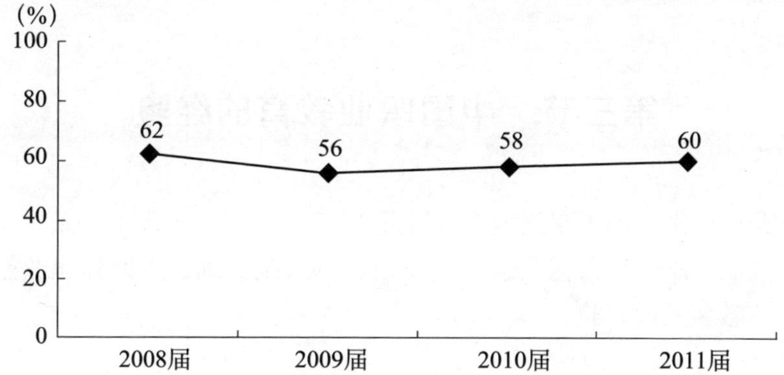

图 9-6　2008—2011 届高职毕业生三年内平均获得职位晋升的比例

资料来源：麦可思中国 2008—2011 届大学毕业生三年后职业发展调查。

四、促进社会公平

通过覆盖广泛的资助政策，让每个有学习职业教育意愿的孩子都能“有学上”“学得好”。实现高职校设立遍布地市级城市，中职校设立遍布县区，使求学者都能在“家门口上学”。高职教育每年使近 300 万家庭实现了拥有第一代大学生的梦想。

五、服务城镇化和农业现代化建设

10 年来，年均培训进城农民工 2 000 多万人，累计有 4 000 多万农村新生劳动力在接受职业教育后进入城镇工作。国家启动针对生产经营型、专业技能型和社会服务型等三类新型农民的培育工程，2015 年培训规模达到 100 万[①]。

六、增强人的全面发展能力

大力推进中高职衔接、职普沟通，积极发展继续教育，为学生多样化选择、多途径成才搭建“立交桥”。积极推进人才培养模式改革，高职毕业生基本工作能力的满足度达到 80%以上[②]。高职毕业生半年后自主创业比例持续增长，2015 年为 4%左右，其中 85%为机会型创业[③]。总体上看，职业教育的功能在不断拓展，对其现实价值的观照也在随之变化，从过去单一的经济功能视角，逐步转变为经济功能、社会功能和人本功能并重的视角。这一趋势对判断未来一个时期职业教育与经济社会发展的互动方式和价值取向的变化具有重要的启示意义。

第三节　中国职业教育的经验

改革开放以来，中国职业教育经过近 40 年的发展，走出了一条中国特色的职业教育发展道路。这条道路越来越清晰、越来越明确，为世界职业教育确立了中国职业教育发展经验。

一、坚持“大力发展”方针

21 世纪以来，中国召开了 4 次全国职业教育工作会议，出台了多个文件，有 2002 年《国务院关于大力推进职业教育改革与发展的决定》、2005 年《国务院关于大力发展职业教育的决定》，以及 2014 年《国务院关于加快发展现代职业教育的决定》。这些文件都把职业教育看作重大的经济问题、民生问题、发展问题，将其摆在更加突出的战略位置，要求坚持大力发展、加快发展。

---

① 农业部认真落实国务院要求　扎实推进农民创业创新．农业农村部网站，2016－11－25.

② 基本工作能力主要包括理解与交流能力、科学思维能力、管理能力、应用分析能力和动手能力五大类计 35 个能力项；基本工作能力满足度是指毕业时掌握的能力水平对岗位要求的能力水平的满足程度。

③ 机会型创业（opportunity entrepreneurship）指的是为了抓住和充分利用市场机会而进行的创业。

二、坚持服务国计民生

正因为中国认识到了职业教育与经济社会发展的关系非常紧密，因此，职业教育的专业设置、人才培养能及时回应国家与民族发展的重大诉求，围绕国家重大发展战略，服务产业转型升级、区域发展建设和民生改善。当前，职业教育积极回应“中国制造 2025”“精准扶贫”等国家战略及“一带一路”倡议，已经做出了或正在做出自己的贡献。

三、坚持政府统筹规划

同步规划职业教育与经济社会发展，协调推进人力资源开发与技术进步，统筹发展各级各类职业教育、学校教育与职业培训、职业教育与普通教育，体现职业教育的跨界性。

四、坚持推进体系建设

建立起现代职业教育体系一直是中国职业教育长期追求的目标。2014 年全国职业教育工作会议不仅颁布了《国务院关于加快发展现代职业教育的决定》，而且推动印发了《现代职业教育体系建设规划（2014—2020 年）》，把职业教育体系建设作为发展的总目标，确定建立现代职业教育体系的路线图和时间表，不断优化结构布局，打通技术技能人才成长通道，保证教育和人力资源开发整体协调发展。

五、坚持创新体制机制

充分发挥市场在教育中的作用，引导支持社会力量兴办职业教育。坚持行业指导、企业参与的办学体制，深化产教融合、校企合作，创新发展集团化办学、现代学徒制。完善学校治理体系，建立兼职教师制度，激发办学活力。

六、坚持提高教育质量

加强社会主义核心价值观教育和职业道德教育，注重提高科学文化素质，推进人才培养模式改革，把职业精神养成与职业技能传授融合在一起，培养数以亿计的高素质劳动者和技术技能人才。

值得注意的是，近年来一些新兴元素迅速成长，对职业教育发展产生越来越大的影响，成为新的核心元素。比如共享包容的元素，强调职业教育的全纳性、共享性，注重发挥它在消除贫困、促进公平，实现共同发展、共同富裕方面的独特作用；比如绿色发展的元素，强调职业教育的绿色技能开发功能，以及在传播和建设绿色文化方面的作用；比如中国文化的元素，强调职业教育对中华优秀传统文化的传承和弘扬，建构中国职业教育的文化育人体系。通过这些核心元素，我们可以把握中国特色职业教育发展道路的整体特质，并在发展和创新中进一步推动其走向成熟。

参考文献

[1] 刘延东．加快推进职业教育现代化　开创我国现代职业教育新局面：在推进职业教育现代化座谈会上的讲话．教育部官网，2016－12－02.

[2] 张德江．全国人民代表大会常务委员会执法检查组关于检查《中华人民共和国职业教育法》实施情况的报告．人民网，2015－06－29.

[3] 农业部认真落实国务院要求　扎实推进农民创业创新．农业农村部网，2016－11－25.

[4] 上海市教育科学研究院，麦可思研究院．2014 中国高等职业教育质量年度报告．北京：高等教育出版社，2014.

[5] 上海市教育科学研究院，麦可思研究院．2015 中国高等职业教育质量年度报告．北京：高等教育出版社，2015.

第十章
中国职业教育的未来走向

在全球经济将迎来新的科技革命和更加激烈的创新竞争的背景下，中国要实现“两个一百年”奋斗目标，必将在2030年前跻身中高收入国家行列，如果应对得当，中国将成为现代、和谐、有创造力的社会。与此同时，中国将实现教育现代化，构建世界上最大规模的全民学习、终身学习、灵活学习的学习型社会，形成现代化教育体系，建成世界人力资源强国。这是中国职业教育发展所处的总格局，在这个总格局中，中国职业教育将有更加清晰的发展思路和美丽蓝图，实现从职教大国迈向职教强国的历史跨越。

第一节 从职教大国迈向职教强国是时代要求

中国在未来一段时间内，仍处于可以大有作为的重要战略机遇期。构建现代产业体系、实施创新驱动发展、推进新型城镇化和加快改善生态环境等发展任务，要求职业教育提升适应和服务经济社会发展、满足人民群众多样化和个性化教育需求的能力水平，继续为全面建成小康社会和实现“两个一百年”奋斗目标做出贡献。

（一）构建现代产业体系要求职业教育继续培养大量高素质技术技能人才

优化产业结构是加快转变经济发展方式、适应产业革命需要的根本出路。加快传统产业转型升级、培育壮大新兴产业、加快推动服务业发展，离不开数以亿计的高素质劳动者和技术技能人才。实施制造强国战略，实现从“中国制造”到“中国创造”的飞跃，将对劳动力的技术技能水平提出更高要求。中国正加速进入老龄化社会，预计到2030年，65岁以上的老龄人口占总人口的比例将达到16.2%。按照联合国定义，届时中国将迎来一个深度老龄化社会。从产业结构和就业结构来看，根据国际经验和对中国产业、就业结构变化预测，第三产业对GDP的贡献率和就业人口比率持续上升（见图10-1)。在人口红利开始消退的形势下，要提高从业人员素质，破解就业结构性矛盾，将人口资源转化为人力资源，将人口红利转变为人才红利，就必须推动职业教育建立结构合理的技术技能人才培养体系，在关注规模的同时聚焦内涵发展和质量提升，增强人才培养与产业结构的匹配度，为构建现代产业体系提供有力的技术技能人才支撑。

（二）人民群众日益增长的多样化教育需求要求职业教育提供丰富的学习机会

努力办好人民满意的教育，是未来中国教育事业改革发展的方向。发展全民教育、终身教育，建设学习型社会，要求职业教育提供多样化的学习机会，丰富供给结构，提升供给质量，满足人民群众日益增长的多样化和个性化教育需求。特别是在人口年龄结构、就业结构和就业形式等变化的新形势下，扩大职业教育的服务对象，建立灵活开放的技术技能人才培养体系，充分运用信息化教学手段为不同年龄的各类人群提供职业准备、在职提升、职业转换所需要的知识和技能，为实现人人皆学、时时能学、处处可学提供制度和机制保障，是职业教育改革发展的重要任务。

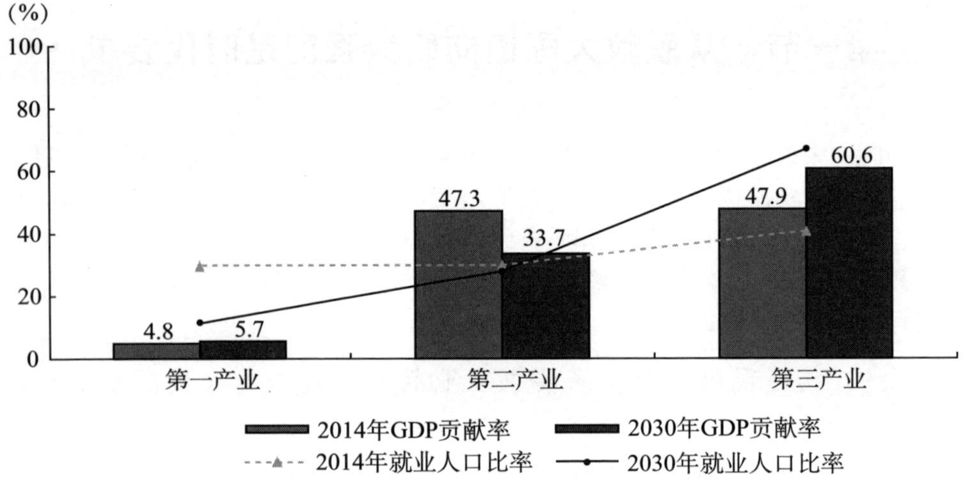

图 10-1　2014 年、2030 年中国三次产业贡献率及就业人口比率

资料来源：国务院发展研究中心，世界银行．中国：推进高效、包容、可持续的城镇化．北京：中国发展出版社，2014.

（三）创新驱动和绿色发展要求职业教育深化人才培养模式和教育教学改革

创新是引领发展的第一动力，人才是创业创新推动经济社会发展最活跃的因素。“大众创业、万众创新”首先要解决的是育人问题；开展自主研发、设计创新、工艺创新、技能创新，解决核心技术受制于人的问题，迫切需要加快培养大量的创新创业型技术技能人才。与此同时，实现绿色发展要求增强生态意识，推进清洁技术、低碳技术的创新与应用，也对职业教育人才培养提出了新要求。职业教育担负着创新、积累与传承国家技术技能的重大使命，只有坚持创新发展，深化理念、课程、教师、教学等领域的改革，切实推动产教融合、校企合作、工学结合、知行合一，培育学生开阔的思维、勤勉乐观的品质、良好的沟通能力和强烈的社会责任感，才能更好地履行时代赋予的历史重任。

（四）推进农业现代化和新型城镇化要求统筹促进城乡职业教育协调发展

根据联合国开发计划署发布的《2013年中国人类发展报告》，2030年，中国城镇化率将达到70%（见图10-2）。实现城乡共同繁荣，是我国全面建成小康社会的突破点。推进农业现代化需要懂技术、会经营、懂管理的新型职业农民，新型城镇化需要非农产业工人，并帮助进城农民顺利实现市民化。根据国家统计局《2014年全国农民工监测调查报告》，本地农民工文化程度在初中及以下的占78.6%，高中程度的占16.2%，大专及以上的占5.2%，接受过技能培训的农民工只占34.8%。这种文化程度构成严重制约着新型城镇化的推进。职业教育要统筹城乡职业教育协调发展，发展农村职业教育，为农民和农业转移人口提供学习文化技术和参与培训的机会，帮助他们转变生产方式、生活方式和文化观念。同时，需要发挥职业教育和培训在精准扶贫中的作用，提升贫困家庭新生劳动力创业就业能力，帮助实现一人长期就业、全家稳定脱贫的目标。

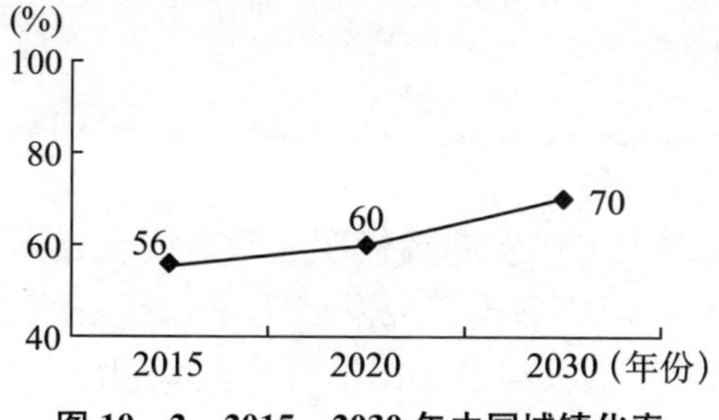

图10-2　2015—2030年中国城镇化率

资料来源：联合国开发计划署，中国社会科学院城市发展与环境研究所．2013年中国人类发展报告．北京：中国对外翻译出版有限公司，2013.

（五）推进国家治理能力现代化要求建立多元参与的职业教育治理体系

推进国家治理能力现代化，核心是发挥市场和社会组织在发展经济和社会中的作用，建立多元化、参与式的社会治理模式，形成政府作用和市场作用相互协调、相互促进的治理格局。与国家治理体系建设的总体目标相适应，职业教育应建立起政府依法管理，行业、企业多元主体广泛参与，学校依法自主办学，社会各界依法参与和监督的职业教育治理新格局。通过多方互动合作、优势互补，消除治理风险、降低治理成本，显著提高治理效能，提高职业院校办学水平和技术技能人才培养质量。

第二节　职教强国的目标和美好图景

中国职业教育要实现由大到强的跨越，基础是进一步完善体系，关键是形成一整套以法律为基础的更加成熟和定型的制度和机制，使职业教育服务经济社会发展的能力显著提升，在国家人力资本提升中发挥关键作用。

职业教育是各类教育中与经济联系最紧密、最直接的教育，是把科学技术转化为现实生产力的桥梁，是培养和提高数以亿计高素质技术技能人才的基本途径。职业教育现代化与否，直接影响着产品的质量和经济效益的提高，制约着国家现代化的进程。同时，职业教育现代化也是实现教育现代化的重要内容，没有职业教育的现代化，就没有中国教育事业的现代化。

21 世纪中叶，中国将完成从传统教育向现代教育的转变、从职业教育大国向职业教育强国的转变。在这个过程中，渐进的积累与飞跃的突变相交织。因此，要依据职业教育发展规律与发展特征，科学地确立阶段性发展目标，以推动中国职业教育实现质的飞跃。

（一）2020 年的目标和图景

2014 年《国务院关于加快发展现代职业教育的决定》明确了 2020 年职业教育发展目标：到 2020 年，形成适应发展需求、产教深度融合、中职高职衔接、职业教育与普通教育相互沟通、体现终身教育理念、具有中国特色和世界水平的现代职业教育体系。

这一发展目标体现了：建立现代职业教育体系是未来一个时期职业教育发展的目标定位，是国家发展职业教育长期坚持的统领性目标。推进体系建设是中国实践认识不断深化的结果，也是凝聚社会各方面共识、推进职业教育理念创新的结果。体系建设的主要特征表现在“大”和“全”上，建设重心是在保证发展规模、健全层次结构、建立内外部的协调关系方面。未来一段时间，中国职业教育在这个方向上的努力仍要继续，还有相当的短板需要补齐。这是中国确立未来职业教育发展目标的重要政策背景与实践基础。

（二）2030 年的目标和图景

2020 年到 2030 年，要在已经形成的现代职业教育体系的基础上，进一步加快职业教育现代化进程，为人民群众提供更加灵活多样、更加公平、更高质量的职业教育和培训机会，为国家经济社会发展培养更多高素质的劳动者和技术技能人才。

2030 年中国职业教育的发展图景是：职业教育理念更加先进，职业教育法律法规更加完备，职业教育体系结构更加完善，职业教育体制机制更加健全，职业教育内容更加适应时代发展要求，学习环境更加优化，师资队伍专业化水平更高，职业教育的服务力、贡献力、竞争力和国际影响力显著增强，总体发展水平达到发达国家水平，实现职业教育现代化，为实现“两个一百年”奋斗目标和中华民族伟大复兴中国梦提供坚实人才保障。

职业教育现代化具体体现在教育理念、体系结构、体制机制、教育内容、学习环境、师资队伍等六个方面。

——教育理念现代化。将“以人为本”作为职业教育基本价值追求，坚持全面发展与个性发展相统一，满足人民群众多元化的职业教育需求。以经济社会发展需求为导向，主动为经济社会发展服务。面向人人，保障每一个人平等接受职业教育的机会，无论其性别、年龄、种族、地域或个人出身，特别是弱势群体，促进全体劳动者可持续职业发展。树立终身教育理念，以开放、灵活的方式为学习者提供终身学习的机会。

——体系结构现代化。现代职业教育体系结构更加健全合理，院校布局结构、学科专业结构、人才层次类型结构与经济社会发展相协调，实现职业教育与技术进步和生产方式变革以及社会公共服务相适应，人才培养的数量、质量与经济社会需求匹配度较高。形成普通教育与职业教育相互沟通、全日制与非全日制协调发展、学历教育与非学历培训沟通衔接、公办民办共同发展的现代职业教育格局。

——体制机制现代化。建立完备的职业教育法律法规体系，进一步完善监督执法机制。进一步健全社会力量、行业企业重要办学主体参与职业教育的保障政策，职业教育治理体系和治理能力现代化建设取得重大进展。完善校企合作的现代职业院校治理结构，全面施行现代职业学校制度。健全职业教育督导评估机制，完善职业教育社会评价机制。建立统一的国家资格框架体系，推进职业教育与普通教育的互认与融通。

——教育内容现代化。建立行业企业参与专业教学标准、课程标准开发制度，构建教育与产业、学校与企业之间深度对接的专业教学标准、课程标准。建立体现职业教育特点、符合能力发展规律的专业课程体系，实现职业教育专业教学科学化、标准化、规范化。强化信息技术与管理等方面的教学与实践，提升学生的信息技术应用能力。将职业精神养成融入教育教学，培养具有良好职业精神和道德素养、具有可持续发展能力的高素质技术技能人才。

——学习环境现代化。强化职业教育基础能力建设，全面优化办学条件，确保所有职业院校达到现代化建设标准。推进信息化基础环境建设，建立职业教育信息化管理平台和数字化资源共享平台，全面发展“互联网＋”教育，构建职业教育网络学习体系，实现信息技术与教育教学深度融合，优质教育资源共建共享，为职业教育终身化、个性化和国际化提供保证。推进优秀产业文化、企业文化进校园，为学生成长构建良好环境。

——师资队伍现代化。构建符合职业教育规律和特点、相对独立和完善的职业教育教师制度。建立体现职业教育教师劳动价值的薪酬体系，提升职业教育教师职业吸引力。形成完善的职业教育教师培养培训体系，全面提升职业教育师资队伍专业化水平，造就一支与职业教育现代化发展需求相适应的高素质职业教育师资队伍。

中国作为一个职教大国，在未来必将担当起一个大国的责任，不仅为国内的经济社会发展提供人才支撑，还将走向世界，在国际舞台上发挥影响力和辐射力，为世界职业教育发展做出贡献。

后　记

新时期，我国职业教育迎来了“加快发展”阶段，培养面向未来的高素质技术技能人才成为职业教育的主题。《新职业教育：培养面向未来的人才》试图用“鸟瞰”和“聚焦”两种手法，展示当前我国职业教育改革与创新的画卷。本书以技术技能人才培养为主线，突出“改革”与“创新”特色，不仅客观记录了国家职业教育的顶层设计，更全面反映了地方层面的积极实践，并结合各地的社会背景，对其改革与创新进行了分析与评述，总结其中的经验和教训，探索我国职业教育高质量发展的改革逻辑和发展路径。

本书的编写工作自 2016 年启动，由时任教育部职业技术教育中心研究所副所长刘立新（现任中国驻德国使馆教育处公使衔参赞）、教育部职业技术教育中心研究所评估中心副主任周凤华编著。编写团队由教育部职业技术教育中心研究所、高等教育出版社、北京教育科学研究院、天津市教育科学研究院等单位的科研人员组成，编写的基本思路、基本框架、基本内容、基本观点由编写团队共同研究确定。本书吸收了现有的相关方面的研究成果，特别是重点参考了王继平先生主编的《中国教育改革大系——职业教育卷》，在此一并表示感谢。

本书共 10 章，各章编写分工如下（除注明者外，均为教育部职业技术教育中心研究所研究人员）：第一章：周凤华；第二章：汤霓；第三、第四章：刘红；第五章：李术蕊（高等教育出版社）；第六章：侯兴蜀（北京教育科学研究院）；第七章：耿洁（天津市教育科学研究院）；第八章：汤霓、胡微（华东师范大学）；第九、第十章：周凤华。刘立新、周凤华负责全书的统稿工作。

由于时间和能力有限，本书可能存在疏漏和不足，恳请广大读者给予批评指正。

编者

2019 年 9 月

图书在版编目（CIP）数据

新职业教育：培养面向未来的人才/刘立新，周凤华编著. --北京：中国人民大学出版社，2019.10

（当代中国教育改革与创新书系/朱永新总主编）

ISBN 978-7-300-27500-0

Ⅰ.①新… Ⅱ.①刘… ②周… Ⅲ.①职业教育—教学研究—中国 Ⅳ.①G719.2

中国版本图书馆 CIP 数据核字（2019）第 219450 号

国家出版基金项目

当代中国教育改革与创新书系

总主编　朱永新

新职业教育：培养面向未来的人才

刘立新　周凤华　编著

Xin Zhiye Jiaoyu：Peiyang Mianxiang Weilai de Rencai

出版发行	中国人民大学出版社		
社　　址	北京中关村大街 31 号	**邮政编码**	100080
电　　话	010－62511242（总编室）		010－62511770（质管部）
	010－82501766（邮购部）		010－62514148（门市部）
	010－62515195（发行公司）		010－62515275（盗版举报）
网　　址	http://www.crup.com.cn		
经　　销	新华书店		
印　　刷	天津中印联印务有限公司		
开　　本	720 mm×1000 mm　1/16	**版　　次**	2019 年 10 月第 1 版
印　　张	21.5 插页 1	**印　　次**	2024 年 10 月第 4 次印刷
字　　数	367 000	**定　　价**	59.00 元